TALENT IS KING
— THE MYSTERY OF HEADHUNTER

人才为王

猎头谭

项秉榔◎著

浙江工商大学出版社
ZHEJIANG GONGSHANG UNIVERSITY PRESS

图书在版编目(CIP)数据

人才为王——猎头谭 / 项秉榔著. —杭州：浙江工商大学出版社,2010.10(2016.8 重印)

ISBN 978-7-81140-201-8

Ⅰ.①人… Ⅱ.①项… Ⅲ.①企业管理-人才学 Ⅳ.①F272.92

中国版本图书馆 CIP 数据核字(2010)第 200807 号

人才为王——猎头谭

项秉榔 著

责任编辑	赵 丹	
封面设计	刘 韵	
责任印制	包建辉	
出版发行	浙江工商大学出版社	
	(杭州市教工路 198 号 邮政编码 310012)	
	(E-mail: zjgsupress@163.com)	
	(网址：http://www.zjgsupress.com)	
	电话：0571-88904980,88831806(传真)	
排 版	杭州兴邦电子印务有限公司	
印 刷	杭州杭新印务有限公司	
开 本	710mm×1000mm 1/16	
印 张	14.75	
字 数	220 千	
版 印 次	2010 年 10 月第 1 版 2016 年 8 月第 6 次印刷	
书 号	ISBN 978-7-81140-201-8	
定 价	29.80 元	

目录

附 录

一辈子的投入和守望
（自序）

踏入猎头行业，完全是在不经意间。因为对猎头，除了在以前的工作中有所接触外（曾经被猎过），对我来说，这可以说是一个完全陌生的行业。我想是理想和使命的感召，使我下决心去从头开始，开始一段波澜壮阔的创业历程。

从踏上征程的那一刻开始，我真正感受到了什么叫隔行如隔山。我翻阅了许多书籍，搜索了大量网页，但结果并不理想。涉及猎头的具体操作和细节评判的书籍寥寥无几，这对我这个初入行者而言，尤其感到无助与迷茫。我时常感叹，当时如果能有一本为猎头入门者提供指引的书籍该有多好啊！现在回想起来，这应是我起笔写作本书的初衷。

我是一个理想主义者，既然踏入了猎头这个行业，就希望能做到对行业的发展有所贡献，哪怕能尽的只是微薄之力。因为我信奉这样一句话："既然存在了，就不要可有可无的存在。"这也算是成就本书的另外一个原因吧。

在从事猎头的过程中，我接触了大量的职业经理人，我为有些经理人优秀的职业规划而喝彩，也为有些经理人对自己职业的不负责任而叹息。为此，我希望通过本书，能给职业经理人一些来自猎头从业者的忠告和建议，从而对经理人的职业发展有所裨益，这也是我写作本书的动力之源。

我曾经跟不少朋友说过，如果你用心看完这本书，只要你愿意尝试，就可以按照书中的思路开始你的"猎头"职业生涯。至于会不会是夸大之词，我想看过本书之后，你就会有答案！

看过书稿的朋友都有一个这样的疑问：你这么敢写，把猎头的操作内幕与细节都抖搂出来,你不担心别人学了去,成为你的竞争对手吗?还有,如果客户看了后都学着操作,不来找你们做猎头,到时候你的业绩又怎么办?这些问题我是这样看的:猎头行业现在还缺乏规则,甚至可以说是鱼龙混杂,而我只是希望能为这个行业的更加规范化出点力。如果我的书能让更多的人去从事猎头行业的工作,未尝不是一件好事。从事猎头工作的职业人士多了,对行业的要求就会更高,行业的规范性也会更强。至于丢失客户,那更不需要担心,如果企业的人力资源都去做猎头了,那么人力资源又由谁来做呢!我始终相信,专业的事情,还是需要专业的人来做。

终于到完稿付梓了。从起笔到完稿,历时16个月,这是一个不断总结、学习、思考、研究、深化的过程,个中滋味五味俱全,不待细表。在此有两点需要特别说明:一是鉴于本人从事猎头行业资历尚浅,加之学识浅薄,书中或有不准确甚至错误之处,恳请专家学者、同行不吝赐教,以便在出新版时能加以修正,以免误导他人;二是在成书过程中,学习、消化、参考了不少专家、同行的思想、文章,有些不可考之资料来源,如有侵犯他人著作权益之处,也恳请作者谅解并及时与本人联系。

成书过程中,我始终怀揣感恩之心。感谢几年来和我们合作的数百家企业客户、数万个人才客户,是你们不断给我提供思考的案例;感谢我的团队给我的支持,是你们的付出成就了我们今天的品牌;感谢我的家人默默地为我所付出的一切。值得感谢的人真的还有很多很多,作为对他们的回报方式之一,我愿尽我所能把这份事业做得更大更好,因为我坚信:猎头是需要一辈子投入和守望的事业。

项秉榔

2010年9月9日于杭州

猎头谭

第一章

猎头的前世今生

● 野蛮的起源

时光回到了古老的原始部落时代,在遥远的欧洲大陆上,生活着众多的食人族部落,为求生存和发展,部落之间的战争可谓此起彼伏。伴随着有些部落的不断壮大,有些部落则被消灭。在那些不断壮大的部落中,有个部落特别强大,叫阿洛塔部落,部落首领叫兹特。

兹特从小到大经历了大小战争不下百场,积累了丰富的战争经验。他不但身强力壮,而且拥有非凡的领导能力。他发现,每次战争的胜利关键就是击溃或俘获对手的首领,只要首领被杀或被抓,这个部落就一定会被打败,抓获的人多了,相应地,储存的"食物"也就多了。为此,每次战争发生前,兹特总会召开大会,讨论如何猎杀对手的首领,他把这样的大会称之为"猎头"会议,"猎头"便成为阿洛塔部落每次战争的重要目标。正是这一策略的运用,使阿洛塔部落发展得越来越强大。

为了更好地表明自己的强大,兹特还让部下把每次战争俘获的俘虏头颅割下来,悬挂在部落内,以至于部落中到处都挂满了敌人的头颅。这既展示和炫耀了自身实力,也可以有效地威吓来犯敌人。这种行为给"猎头"做出了另一层次的注解。

可见,"猎头"一词虽然在历史的发展中显得相当野蛮、神秘和恐怖,但也可以从中得出一个结论:"头"在任何时候都是很有价值的。

● 猎头三国谭

一、诸葛亮出山

早在西汉时期,著名思想家扬雄就说过"猎德而得德"的箴言。三国时期,群雄割据,豪杰四起,一些经典的猎头案例便在此时不断涌现,首先便是诸葛亮的出山事件。

话说刘备被曹操打败后,去投靠他的远房亲戚刘表,刘表考虑到有那么一点点的远亲关系收留了他,并给了他一块豆腐块大小的地方,归他治理。刘备是志向远大的人,这么点地方,他哪里看得上啊,然而人在屋檐下,岂能不低头啊。

面对现实,刘备是相当郁闷,常想何时才是个尽头,不免唉声叹气。此时,刘备手下有个叫梁耳的谋士来找他,给他出主意:

——主公,看您精神气色很不好,是不是为刘氏集团的前景担忧啊?

——是啊,梁先生,想我刘备是当今皇叔,却落得寄人篱下的地步,每每思之,不免叫人有天妒英才之感呐!

——主公,某有一言,不知当讲不当讲?

——先生有言,但讲无妨。

——主公认为刘氏集团面临如此境地的根本原因是什么?

——(刘备想了想)我们的对手太强大了,他们兵强将勇啊。

——主公此言差矣!岂不闻得人才者得天下。刘氏集团面临困境,最根本的原因在于缺少一个能站在战略高度,会打理大型集团的总经理人选。主公,我们刘氏集团的各部门经理还是能胜任岗位的,像关羽、张飞、赵云,都是好的经理,管一个部门是没有问题的,但要管整个集团,那就不能胜任了。

——先生一言,如醍醐灌顶。不知先生有何锦囊妙计?

——主公,我建议您花重金聘请高级人才加盟我刘氏集团。

——可这样的人才何处寻找?

——主公,您是否听说过一种专门物色高级管理人才的公司,叫猎头公司。

——我当然听说了。只是我不太相信我们找不来的人,他们能找到。

——主公,我建议您试试看。虽然要支付点费用,但如果能找到好的人才,回报也是很大的。

——哦,是吗。先生可有信得过的猎头公司?

——我听说水镜先生开了一家猎头公司,做得很不错。

——那好,你私下跑一趟,要保密啊。

——好的,主公。我这就去。

于是梁耳找到了水镜先生,水镜先生听说是刘皇叔的人,亲自接待了梁耳。梁耳如此这般地说了一下,水镜先生想,这是刘皇叔的项目啊,哪怕不赚钱也得做,赚个口碑也好。当然,为了慎重起见,水镜先生和刘备亲自谈了项目的要求,双方达成了共识,签订了合作协议,并支付了三十金作为定金。

水镜先生开始行动了,一个星期后,找到了一个人——贾某,有年营业额20亿大公司高层管理工作经验,MBA学历,擅长经营策划,就推荐给了刘备。三国时候不像现在,推荐人才可以做到三个一批,那时候发现一个人才都是相当不容易的。

刘备面试了这个候选人。在面谈的过程中,刘备发现这个人可谓才高八斗,学富五车,是个能人。不过刘备并没有看上他。为什么呢?刘备这个人有一个毛病,就是不任用长得难看的人。这个贾某什么都好,就是长得太寒碜了,刘备不愿意每天见到这样一个人,影响他的工作情绪。自然地,这个人没有推荐成功。

水镜先生一看不行啊,那就继续找吧,这回他把长相因素考虑了进去。经过千辛万苦,终于又找到了一个很合适的人,不但长得眉清目秀,能力也是没的说,按照东北人的说法,那是杠杠的!这个人叫什么呢,叫徐庶,字元直。刘备一见,先是眼前一亮。再和徐庶这么一聊,好家伙,还真是让人佩服,见解绝非一般人可比。于是从老板椅上赶紧走下来,向徐庶一拜,说:"蒙先生不弃,愿拜先生为我公司总经理一职。"徐庶是个高傲的人,原本想考验一下刘备的诚意,一看刘备这阵势,哪儿还挡得住啊,赶紧跪下,三呼"主公"。这样,徐庶加盟了刘氏集团,并出任总经理。

项目成功了,水镜先生收到了刘备的高额猎头服务费。

在徐庶的打理下,刘氏集团连续打了几个胜仗,士气高涨。大家都觉得这笔猎头费花得太值了。

很快,半年过去了。徐庶的名气大振,引得刘氏集团的竞争对手曹氏集团大为紧张,经过紧急的背景调查,查到徐庶母亲就在曹氏集团的地盘上。于是,一个阴谋被策划出来了。不久,徐庶便收到了他母亲重病的告急信。徐庶老家在河南许昌,刘备呢,在湖北荆州,按当时的交通情况,又逢战乱,回一趟家,至少也要三个月。徐庶想啊,工作没了可以再找啊,老妈没有见到,那是一辈子的遗憾,而且徐庶是个至孝之人,所以不得不提出辞职。刘备虽然非常痛苦,但也没有办法。

对刘备来说,有徐庶的日子,每天过得很从容,很自在,还养了几个小秘。可徐庶一走,刘备的日子就急转直下,不得不每天处理公司业务直到深夜,而且收效也不好。

这让刘备想起了水镜先生,这个知名猎头公司的首席顾问。尽管人才三个月的保证期已过,但痛苦的现实让刘备觉得很有必要再通过猎头公司寻找徐庶的接班人。

于是刘备再次找到了水镜先生,把徐庶离开的事情如此这般说了说。水镜先生大吃一惊,说这可能是竞争对手使坏,因为水镜先生曾经做过徐庶的背景调查,徐庶母亲的身体一向很好。不过现实如此,徐庶既然走了,刘氏集团还是要继续运作,人还是要找的,可要想找到这样的人才,谈何容易啊。既然刘皇叔信任,那还是要接下这个项目。

其实,水镜先生心中有一个合适人选,只是怕刘备出不起大价钱请这个人,最重要的是怕刘备不能放下身段,去见这个人才。但他还是很快想到了说服刘备屈尊的办法:

——刘皇叔,您是否听到过这么一句话,叫"卧龙、凤雏得一者可安天下"?

——嗯……(刘备不好意思承认没有听过)有所耳闻,但不是很清楚,愿闻其详。

——所谓卧龙、凤雏是指两个人。这两个人无论谁到您的公司,都能胜任这个职位,只是凤雏长得有点歪瓜裂枣,我就不推荐给您了(有前车之鉴),但卧龙此人颇有仙人之气,风度翩翩,很是合适。不过此人恐怕要委屈皇叔做一件事。

——先生说来听听。(刘备一听,来了精神。有这等人能为我所用,何愁天下不定?委屈点又算得了什么。)

——(水镜先生知道火候到了)要您屈尊去请,而且非您去不可,我这个猎头恐怕也是请他不动啊!

——这个好办。只要是人才,总有一点脾气。(刘备一想这有何难,想当初自己也就是个编草鞋的,现在虽然是一个集团的董事长,但只要那人能帮自己打天下,这点事算不了什么。)

——那好吧,我给您一个地址,到时候您就说是我介绍的就行了。

刘备听说有这么个人，回去和关羽、张飞说了说，关张二人一致反对去见这个卧龙先生，认为肯定是吹牛皮的，还说什么得一者可安天下呢！不过刘备这个人有一个很大的优点，就是自己认准的事情一定要去做，更何况猎头公司的老总这么说（从徐庶的情况看，猎头公司也不是徒有虚名），信息的准确性不会差。于是他命令关羽和张飞与他一起去请卧龙先生。关张本不乐意，但董事长下命令了，也只好遵命。

尽管刘备很虔诚，但老天似乎要考验他的耐心，前两次去，都没见到卧龙先生。可见高级人才总是隐蔽的、稀缺的。到了第三次，刘备终于见到了这个卧龙先生。

卧龙先生者，孔明也，也就是诸葛亮大帅哥！

刘备爱美，前言已述。见到孔明的第一眼，就被征服了。孔明那是真有仙人之气，且颇有风度。

宾主坐定。

刘备就刘氏集团的现状向孔明做了说明，并向孔明讨教经营与管理之道。孔明看刘备说得很是有诚意，也就不保留，向刘备说明了目前集团面临的局势和可以采用的策略，并创造性地提出了"三足鼎立"的市场瓜分策略。

听了孔明一席话，刘备算是彻底被征服了。他不顾皇叔的身份，向卧龙先生拜了又拜，盛情邀请孔明加盟刘氏集团。

——听先生高见，使备茅塞顿开，如拨云雾而见青天。愿先生不弃我刘氏集团庙小，能加盟相助。

——我乃山野村夫，疏懒成性，恐有误皇叔大事，不能奉命也。

——先生为高士，水镜先生之言岂是虚谈，再说，大丈夫抱经世奇才，岂可空老林泉之下。愿先生出山助我。

——皇叔，自由诚可贵啊。

——先生，我愿出年薪500万，您看如何？

——我能力有限，怕误了皇叔啊，毕竟是家族企业，我一个空降兵，要管理好很不容易啊！

——先生谦虚了，我欲拜先生为总经理，掌管刘氏集团，关羽、张飞都归先生调遣。

——如果我出山，希望不仅仅任职业经理人，我希望能和集团一同成长。

——这个自然，我们还给期权，未来还有上市的计划。

孔明看看条件也谈得差不多了，就答应了刘备的出山请求。事实证明，在孔明的英明领导下，刘氏集团迅速壮大，最终三分天下有其一。

二、庞统求职记

自从孔明被猎头成功推荐后，业界众说纷纭，羡慕者有之，鄙视者有之，怀疑者有之。当时三国的另一位名人庞统同志便颇为不屑，岂料没过多久，庞统就用血淋淋的事实为自己的无知付出了代价。

话说襄阳人士庞统，本与诸葛亮齐名天下，并称卧龙凤雏。怎奈运气一直欠佳，没能得到重用，不像诸葛亮，人家刘备三顾茅庐把他请出山去，是何等风光！庞统不被人重用，并不完全是他的才华太过别人请不起，主要原因是他长得太丑陋，所以那天他在报上见一个长相不佳的人找了几百家公司都找不到工作时，禁不住一声长叹：我比你还苦啊！

且说庞统为了养家糊口，四处求告无门，一日来到江东，正好碰上诸葛亮前来出席周瑜的葬礼。诸葛亮知道他是个人才，于是主动充当猎头，要把他举荐到刘备门下。庞统暗想："你小子本事跟我差不多，却要我做你的下手，老庞不干。"于是把诸葛亮的举荐信揣在怀里，偏偏跟鲁肃去见孙氏集团的老总孙权。

孙权才失去周瑜，正在气头上，一看庞统长得丑陋，顿时没了兴趣。于是就问："你有啥本事？会做假账吗？会卖耗子药吗？"

庞统说："我从来不干违法乱纪的事情，我只搞营销策划，绝不上街卖耗子药。"

孙权又问："你和周瑜哪个能干？"

庞统暗想周瑜算只鸟，张口就说："周瑜适合上街卖耗子药，我适合教他卖耗子药的方法。"

孙权大怒，说："好了，你回去等通知吧。"

庞统知道这个工作又没戏了，于是决定还是去刘氏集团。鲁肃看他可怜,又给他写了推荐信。这庞统揣了两个大猎头的推荐信,坐个偏三轮直奔刘氏集团。但是,庞统自认为比诸葛亮还高明,哪里愿意要这两个不如自己的猎头来推荐,只想凭自己的本事在刘备那里搞个副总来当。

在刘备的办公室,庞统说:"听说贵公司要招个副总,我来面试。"
刘备暗想:"你小子长这么丑,也敢来面试!"于是就问:"你会干什么?"
庞统为了找到工作,于是夸下海口:"我什么都会干!"
刘备说:"那好,既然什么都会干,你去本公司在荷花池的专卖店当营业员。"转念一想,这小子太丑当营业员不合适,又说:"算了,你还是去八里庄守仓库算了。"
啊——庞统几乎要愤怒了,堂堂的凤雏先生,居然被派去守仓库!

但是为了有个糊口的地方,庞统只好忍了,打起铺盖卷去了八里庄。

且说诸葛亮回到总公司没见到庞统,心里奇怪,就问刘备:"刘总,我推荐来的那个庞统,你给了个什么官?"
刘备正在跟漂亮的小秘调笑,头也不抬地说:"你说那个丑八怪啊?我派他守仓库去了。"
诸葛亮大吃一惊:"刘总,他是大名鼎鼎的凤雏先生啊,本事不在我之下,我辛辛苦苦把他从东吴挖回来,你却派去守仓库,实在太浪费了。"

刘备这才醒悟过来,连忙亲自开车把庞统接回总公司,任命为副总,分管刘氏集团的销售工作,而诸葛亮则分管生产工作,自己当起了跷脚老板。一时间,刘氏集团有了卧龙、凤雏的帮助,生意一天比一天好起来。庞统因为经济收入增加,营养有了改善,面色也一天天红润起来,远远看去,风采也不输给美男子诸葛亮。
庞统后来对诸葛亮说:"要不是你这个天字一号的大猎头,老庞只有屈死在仓库里了。"诸葛亮说:"有本事当然重要,但没伯乐也是麻烦事,我就是你的伯乐。"
经此一事,庞统痛心疾首地留下了一副对联,上联是"说不行就不行,行也不行",下联是"说你行你就行,不行也行",横批"没猎头不行"。从此,庞统对诸葛亮佩服得五体投地,言听计从。

● 神秘的现代猎头

我们把目光转回到现代社会。

猎头手段秘密、方法多样,一般通过特别的程序和方法为客户搜寻、挖猎、获取高级人才,比公开招聘更具私密性和专业色彩。对客户来说,猎头犹如都市猎人,穿着便装,背着带有瞄准器的枪,每根头发都是架在自己头上的天线,搜寻着四面八方的人才信号;对候选人来说,猎头犹如幽灵般遍布才市,潜伏于"猎物"周围,伺机出击……

这个组织的成员极善伪装,犹如间谍。这是一群特殊的人,精明、神秘。他们的出现,首先与某个行业精英办公桌上悄然响起的电话铃声有关;此后,一个戴墨镜的人,在一间不起眼的咖啡屋里,介绍两个陌生的人握手;随后,在一家公司举办庆祝新经理履行职责的酒会上,一个拎着装满钞票的密码箱的人在开香槟的前一刻匆匆离开大厅,无声无息地消失在夜幕中……

其实,猎头没那么神秘!这个行业的真正发展应该是在第二次世界大战之后。

"二战"后,美国的经济获得了飞速的发展,除了其拥有众多的物质资源外,一个重要原因便是他们从战败国猎取了大量高素质战俘,为美国带来了非常宝贵的人力资源财富,而寻找精英人才的过程,被称为"headhunting"即"猎头"。在国际上,猎头除了"headhunting"这样的俗称,还有个很专业的名字叫"executive search"——高层人才搜猎,与律师、会计师等行业有着相似的地位,是颇受人尊敬且薪水不低的"黄金"职业。

对于猎头,可以简单地进行切割理解,猎头的"猎"就是搜猎的意思,非常形象化地揭示了猎头采用的手段。大家知道打猎是非常辛苦的,高超的猎手,不但要非常谨慎、周密、细致,而且要有耐心。"头"有两层含义:一是"头"者,脑袋也,指聪明智慧、才能出众的大脑,代指拥有智慧、能力和专业知识的人才,而猎头业内是指某行业中具有丰富的理论知识、先进的管理经验、高超的技术水平、超前的意识和敏锐观察力的高级人才；二是头领、头目，代表一个组织的高级管理人员或企业的经营者。所以猎头可以简单地理解为"通过非常辛苦的劳动，找到具有智慧、能力并能做头领的人"。由此看来，"猎头"其实是一个动态的过程，是一个非常辛苦又充满智慧的过程。

从猎头的起源来看，有四点值得我们玩味：

第一，猎头的猎物是"人才"，而且是高级人才。现今商业社会，人力资源的重要性被提到了前所未有的高度，而人力资源的作用更多的就是通过高端人才的优异表现而被认可的。

第二，打猎非常辛苦，一般人并不会打猎，所以需要职业猎人，只有职业猎人才能保证打到的猎物是最好的，价值最高的。

第三，付出与回报应该是对等的。猎头的过程是辛苦的，是高强度的脑力活动，是高端智慧的碰撞，所以从回报上应该是丰厚的。

第四，猎头产生及发展是要有合适的土壤的。一是要存在一个成熟的职业经理人阶层；二是存在以人力资本的价值为基础的市场价格体制。而猎头在美国的率先发展正是因为美国的经济发展与制度建设提供了这样的土壤。

第二章

实战看猎头

● 运作流程

嘟呜……

——您好,九斗猎头,我是梁耳。

——你好,你这边是猎头公司吧?

——是的,有什么可以帮您?

——哦,是这样,我们想通过猎头找一个市场销售总监,我们是一家正在筹建的五星级标准酒店。

——那您是找对了,我们是酒店业的品牌猎头。请问您贵姓?

——免贵,姓张,我是酒店的人力资源总监。

——您好,张总监。不知道您之前是否接触和使用过猎头?

——不好意思,我们还没有用过这种招聘人才的方式,所以想尝试一下。

——了解了,那么不知您对猎头的流程是否熟悉,我把我们的猎头步骤跟您说明一下吧。

——好的,您说。

——我们的猎头流程分为八步,我分别给您解释一下。

一、分析、评估客户需求

您需要填写我们提供的《企业职务需求表》,我们将对您填写的详细资料进行评估,同时需要与贵公司高层进行充分、有效的沟通,以对贵公司的企业文化、历史、管理风格有透彻的了解。然后根据贵公司提供的聘用条件和职位说明进行讨论,以明确该委托猎聘岗位的工作职责和资历要求及相应的薪酬水准。

二、签订委托协议,制订并实施寻猎方案

在我们分析认为有能力和把握完成贵公司交给我们的任务后, 贵我双方需要签订《人才猎头委托协议》,明确双方的权利与义务。我们将开始制订寻猎计划,并向贵公司收取服务定金,正式开始服务。根据贵方提供的信息,确定搜寻范围,寻找潜在的候选人。

三、筛选候选人

首先,我们将基于对行业的深刻认识,结合岗位的具体要求,为贵公司空缺岗位制订详细的搜寻方案;其次,将依据搜寻方案,利用庞大的候选人数据库,以及行业有关机构及人士的网络关系,凭借专门的技巧,与每一位潜在的候选人进行接触;最后,将该岗位的招聘广告以匿名形式刊登在我们的网站上,同时通过专业职业顾问全方位搜猎合适的人选,确定候选人。在与候选人秘密接触时,我们会了解候选人的学历背景、工作资历、薪资要求、对新机会的真正兴趣等;然后安排高级顾问进行初步面试,判断候选人的资历是否满足贵公司的要求;并进一步了解应聘者的动机、个性、能力、潜质和期望薪水等有关信息,从而最终选出3—5位基本符合要求的候选人,并安排面试。

四、面试、评估候选人

我们将依据专为此岗位编制的测评指标对候选人进行面试,主要评测候选人的性格、管理能力、专业知识与技巧、工作成就、长处与不足、离职原因等。在测评的基础上,撰写人才推荐评估报告,对候选人进行综合评价。然后将候选人的简历及详细的面试评价报告提供给委托客户。您可以挑选出需要面试的候选人。最后由我们双方共同协商,制订面试计划,与候选人确认面试安排与行程。

五、安排面试并协助候选人最终受聘

按照确定的面试时间,我们将安排候选人参加面试,同时协助双方就具体聘用条件进行有效沟通。

六、确认录用

经过面试,贵公司需要给出正式答复,录取哪位候选人,并需要填写《人才录用确认函》,约定双方洽谈的具体事宜,包括报到时间、薪资标准、岗位职责等,双方在确认函上签字,表示意向达成并正式生效。

七、协助完成人才报到事宜

被录取人员应按照《录用确认函》上的报到时间到贵公司报到,报到时被录用的候选人应提供与原单位解除劳动合同的证明。同时携带毕业证书等各种有效证明材料。

八、咨询与后续服务

一般地,我们的后续服务时间为三个月。在此期间,我们将会和贵公司及被录用人员保持联系,为贵公司提供必要的沟通、咨询和指导,使被录用人员能尽快适应新环境。

——张总监,不知我这样介绍是否到位?

——嗯,基本了解了,那你先把有关资料发给我看看,我会向总经理请示的。

——好的,我给您发三个资料,分别是《九斗猎头岗位需求表》、《九斗猎头委托订单》和《九斗猎头服务合同》。请您查收。谢谢。跟您再次介绍一下我自己,我叫梁耳,是这边的项目总监。

——好的,有需要我会联系你,谢谢,再见。

——再见。

● 合作前奏

嘟呜……

——您好,九斗猎头,我是梁耳,请问有什么可以帮您?

——您好,梁总监,我是张明,上次给你去过电话咨询市场销售总监猎头的事情。

——哦,您好,张总监。贵公司考虑得怎么样?

——是这样,经过评估,我们总经理决定还是通过你们来猎聘这个市场销售总监。我已经把你上次发给我们的《九斗猎头岗位需求表》填好了,是不是给你发e-mail过去就可以了?

——是的,我们会针对贵公司提交的《九斗猎头岗位需求表》中的具体要求,召开专门的项目分析会,共同讨论一下是否接手贵公司的项目。只有在有把握完成的情况下,我们才会和贵公司合作,因为我们把口碑看作是企业的生命。

——对了,梁总监,猎头费能不能优惠一点?

——张总监,这个问题我们放在下一步谈好吗?毕竟我们现在还不能判断是否会接贵公司的单子,等开过项目分析会后,如果我们认为可以接贵公司的单子,我们再来谈服务费用问题,您看这样好不好?

——那也好,那你们大概什么时候能给反馈信息呢?

——最快明天,最迟后天吧。

[附录1]

企业职务需求表

企业信息		
企业全名:上海××国际大酒店有限公司		
企业体制:中外合资 (备选:外资、国有、民营、股份制、合资)		星级标准:五星级标准
客房数:××间	餐位数:约××位	主营项目:客房、餐饮、康乐
企业投资规模:××亿人民币	占地面积:××亩	员工人数:约××人
开业(或新装修)时间:20××年×月×日	联系人姓名:张明	
联系人电话:021-85××××××	传真:021-85××××××	
e-mail:job@×××.com	联系人手机:138××××××××	
企业详细地址:上海市×××路×××号		
企业描述: 　　上海××国际大酒店是由中国××集团在上海投资的第一家按照国家五星级标准建造的酒店,属于中外合资的酒店,也是上海首家××主题风格的五星级酒店……		

续　表

岗位信息					
职位名称	市场销售总监	招聘人数	1 人	期望到职 日　　期	××年×月
下属人数	15 人	工作地点	上海市××区	所属部门	市场销售部
职位发展前景	副总经理、总经理			直接上级	总经理
职责范围	1. 对市场营销活动的计划、组织、指导和监控的过程进行直接的管理。 2. 按照酒店、市场状况制订营销策略。采取有效方式提升上海××国际大酒店的形象和经济效益。 3. 制订市场销售部内部各种管理制度。 4. 制订合理的价格体系。 5. 制订每年每月的预算并负责执行完成该预算。 6. 制订每季度每月各销售代表的业绩任务和总结业绩完成情况。 7. 维持并提升最大营销额,客人及客户满意度。 8. 管理销售部、客服部、预订部的工作。 9. 协调各种因素,包括:广告,促销活动,宣传,营销人员社会关系,特别营销专案,客户关系,以巩固和提高企业的商业价值。 10. 根据市场特点和潜力,建立并不断更新营销计划和促销活动。 11. 制订、筹划年度营销方案,监督其执行情况,如有必要则进行复审和定期修订。				
任职资格	1. 本科以上学历。 2. 具有三年以上五星级酒店市场销售总监工作经验。 3. 在上海本地具备社会人脉及客户资源,有很强的市场分析能力和应变能力。 4. 具备、监督并推进实施全面销售方案的能力。 5. 能用英语进行流利的交流。 6. 有著名国际联号酒店从业背景的人士优先考虑。				

薪酬福利	
薪资结构 及标准	￥25000 元/月＋业绩提成。
社会保险	■　养老保险　■　失业保险　■　生育保险　■　医疗保险 ■　工伤保险　■　住房公积金
其他方面 特殊要求	(例如加班、倒班、出差、性别、年龄要求等情况的说明) 1. 男女均可,年龄 45 岁以下。 2. 偶尔出差。
附　　注	若应聘者为外地过来面试,公司可否报销来回路费(是)。

填表人:**张明**　　　职务:**人力资源总监**　　　联系电话:**021-85×××××**

● 项目分析会

18:30,梁耳召集项目小组成员就张明委托的市场销售总监等项目召开专题项目分析会。

梁耳:这是我们这个月接到的第八个基本年薪在30万以上的项目,我希望"八"能带给我们顺利的好运气。接下这个项目,我们本月的业绩不但能超额完成,而且有机会成为所有项目小组中的第一名,希望大家努力,力争拿下,到时我要好好犒劳一下各位,我请客,到西湖边喝茶。

众人:好耶……

梁耳:好了,言归正传。下面每个人对项目的情况发表看法。张杰,你先说,这个项目你是项目经理,在开会之前,我让你重点查一下我们现有库里的人才资源,并对该酒店的外围情况做过调查,你先把情况说明一下。

张杰:好的,通过对现有人才库的搜索,符合要求的营销总监人选倒是有两个,也都是在知名国际联号品牌酒店工作,而且稳定性比较好,但他们是否有意向换平台还不得而知。对该酒店的调查,由于是新开酒店,酒店的口碑没有很好的渠道可以调查到。我更多的是了解了一下地理位置和投资商的背景。经过调查,我发现该酒店地理位置相当好,是市中心的黄金地段,交通相当方便,投资商实力雄厚,其董事长是知名人士,业界口碑也很不错。不过现在这个酒店的总经理我们还不知道,需要以后您出面跟他沟通一下,了解一下他的用人理念,据说来自新加坡,也是国际联号酒店出身。

梁耳:好的,回头你先把那两个人的资料发给我看看,顺便把基本背景调查一下。徐清,你谈谈看,你先前已经操作过上海五星级酒店销售总监的项目,应该有不少心得和体会,和大家分享一下你的看法。

徐清:好的。是这样,上次操作的五星级酒店地理位置不如这个酒店,而且是个销售总监,与这次的市场销售总监差一个级别。不过上次操作时留下了不少人脉,发展了一些线人,估计这次能用得上。从我个人的观点来看,这个项目的难度在于对人才稳定性的要求非常高,而且给的薪资也还不错,客户虽然说国际联号人士优先,但操作起来,我看是非国际联号人士不可。而国际联号人士对于到非连锁酒店发展一直是相当顾忌的。

林力:徐清说得不错,确实存在这种情况,我手头的项目也碰到了这样的问题。不过我还是比较乐观,我发现现在愿意到新的酒店或内资酒店发展的国际联号人士越来越多了,毕竟发展空间更大。

梁耳:嗯,你说的是个趋势,项总上次在全球酒店业论坛上发言,就提到这个现象了。杨波,你皱眉头干吗?谈谈你的看法吧。

杨波:梁总,我以前曾碰到有家上海公司一定要找户口在上海的专才,这样的要求往往很难,我有这个担心。看过职务需求后,感觉对市场销售总监职责上的要求是比较格式化的,这个没有什么难度,难点主要体现在任职资格的第三点,肯定要在上海地区的五星级酒店中找了,要不然就谈不上有人脉和客户资源了。另外,国际联号酒店出来的,英语应该是不成问题的。从薪资角度看,也可以接受,如果提成高一些,应该很有吸引力。

梁耳:嗯,这个要和客户明确,是否一定要上海户口的。如果是,确实会大大增加难度。小金,你在上海工作过,你怎么看这个项目?

金莉莉:我是这么看的,任职资格的第二点有必要关注一下,一般地,已经做了三年以上五星级酒店的市场销售总监的人,再跳槽出来肯定是希望有所提升的,要么当副总,要么是总经理。说服合适候选人应该说还是有点难度的。至于薪资,我认为还是有优势的,特别是新开酒店,在提成方面不会低,市场也会比较好做。

梁耳:说得有道理。

李芳:梁总,我觉得还有必要关注一下酒店的定位。××主题风格的酒店在上海是否有吸引力,对人才是否有障碍,市场定位不同,对人选的要求也不一样。

梁耳：李芳说得很对，市场销售总监的能力与成绩，同酒店的定位是息息相关的。这种主题风格使我想起了深圳××酒店。这种酒店的市场销售总监应该是有思想和文化品位的人。我分析，能符合第二点和第三点要求的候选人还是不少的，关键是找到有思想和文化品味比较高的候选人。其他都不应成为问题。

……

梁耳：好，大家的看法对这个项目来说都很有意义，下面我来明确一下各自的分工。项目是张杰的，当然你是主要负责人；徐清、金莉莉，你们负责协助物色、联系相关候选人的工作；林力、杨波，你们负责对客户资料的进一步收集；李芳你协助安排候选人的面试和客户问题的协调。只要我们把刚才所谈的情况与客户落实后，这个项目我们是要接的。我会去联系一些上海地区的老总，请他们推荐合适人选。总之，动用我们所有的力量来保证项目的按期完成，大家有没有信心？

众人：有。

梁耳：好，这个项目分析到此为止，下一个。

● 合作谈判

嘟呜……

——您好，××国际大酒店。

——您好，请接人力资源部张总监。

——您稍候。

——您好，人力资源部。

——您好，是张总监吗？

——是的，您是梁总监吧？

——张总监，您都记得我啦，谢谢。我今天打电话给您，是要告诉您，经过分析，我们还有几个问题想和您探讨明确一下。

——好的，您说。

——……

——……

——好的，大家都达成共识，那么我们有把握来接贵公司市场销售总监的猎头项目。

——你们的效率还是可以的嘛。不过我上次想跟你说的，在服务费方面是不是可以优惠一点啊？

——张总监，在这之前贵公司是否有过与猎头公司合作的经历呢？

——没有合作过，但对收费标准还是有所了解的。

——那张总监您了解的收费标准是多少？

——这个就不说了吧。看看你们能给我优惠多少啦，我想如果这次合作顺利，以后还有很多的合作机会。

——张总监，其实您也知道，我们的收费还是比其他猎头公司低一些的，主要的原因是我们是专做这一块的，比如对行业的调查、薪资的了解等就不需要花太多时间去做，另外，我们在行业内的人脉资源比较广，利用率高。

——这个也清楚的，但你也要让我在老总面前有说法啊。

——那您说说您的方案，到时我帮您向我的上司申请试试看。

——按你们协议上的标准，再降两个百分点。我也不过分要求啊。

——好，除了这个要求，还有其他您要说明的吗？

——我们在接触一些猎头公司时，对方都不要求支付定金，你们怎么要支付定金啊？

——我们并不想贬低同行，但是猎头公司也是良莠不齐的，对于其他公司不收定金的做法我们不想做评价，但我想告诉您的是，收不收定金，效果是不一样的。我们公司是要收预付款的，一直以来都是这样。

——嗯，这个也能理解。还有，关于人才的保证期，有没有可能延长。我们希望保证期改为半年。

——张总监，真的很抱歉，这是行规，我们也不想破坏行业已经达成的共同协议。

——好的，知道了。你先跟你的上司说说，给我们优惠啊。

——嗯，我会想办法说服我的上司。不过您以后的项目也要交给我们啊。

——这个好说。先这样，再见。

——再见。

[附录2]

人才猎头服务协议

甲　方：　　　　　　　　　　　　（以下简称"甲方"）
乙　方：九斗人力资源开发有限公司　（以下简称"乙方"）

甲方因业务发展需要，特委托乙方以猎头服务方式招聘_____职位人选，甲乙双方本着"平等合作，互惠互利"的原则，经友好协商达成如下协议：

一、甲方权利与义务

1. 甲方应向乙方提供详细、真实的公司背景资料，包括但不限于公司背景、经营状况、发展战略、企业文化等。

2. 甲方须负责提供所需招聘岗位的详细资料，认真填写《企业职务需求表》(附件)。

3. 收到乙方提交的候选人资料后，甲方应在五个工作日内通知乙方是否要求候选人面试。如果面试，应告知时间和地点。面试结束后，甲方应在五个工作日内告知乙方面试结果，对不合适的候选人，应给出说明。如果不面试，应给出具体的不面试原因。候选人面试所产生的费用由甲方承担。

4. 甲方应在面试后积极与乙方沟通、协调，一周内做出是否复试(聘用)决定。

二、乙方的权利与义务

1. 乙方应了解候选人的情况，分析其背景资料，并在此基础上进行筛选后，向甲方提交合适候选人的个人资料。

2. 乙方须在寻访服务期(自____年____月____日至____年____月____日)内利用各种渠道为甲方寻访、招聘所需人才。

3. 如果在寻访期内，甲方未能对乙方提供的候选人给出明确答复，乙方有权终止合作。

4. 若出现以下任何一种情况，均视为乙方已完成猎头服务全部工作，

乙方有权要求甲方在五个工作日内支付全额猎头服务费;如逾期支付,乙方将保留诉诸法律解决的权利:

(1)甲方将乙方所推荐的候选人转荐给其他雇主,并且候选人被其他雇主聘用的;

(2)甲方面试乙方所推荐的候选人后表示拒绝聘用,却在面试后一年内聘用乙方曾推荐的人选;

(3)甲方面试乙方所推荐的候选人后因某种原因不能聘用该候选人,而聘用该候选人做兼职或其他短期服务;

(4)甲方面试乙方所推荐的候选人后因某种原因不提供所聘用岗位,但录取该候选人为其他岗位职员;

(5)甲方面试乙方所推荐的候选人后并没有聘用,而采用咨询、承包等方式与候选人保持合作关系。

三、服务费标准及支付方式

1. 收费标准如下:

人民币_____万元(岗位年薪标准)×_____%(年薪的百分比)。

说明:也可以约定固定金额的服务费。

2. 支付方式:分两次支付猎头服务费。

(1)双方签订协议后的三个工作日内,甲方须向乙方支付服务费总额的20%作为定金,共计人民币_____元(定金包含在服务费总额之内);

注:如果甲方提出的岗位薪酬是某一区间的,定金按区间上限的标准收取,如20万—30万的岗位,则按30万档位的标准收取定金。最终服务费总额按实际达成年薪的标准收取。

(2)乙方推荐的候选人到岗后七日内,甲方向乙方支付该岗位剩余的猎头服务费(总服务费用扣除定金)。

四、保证内容及违约责任

1. 乙方自收到定金之日起,需在十五个工作日内向甲方提交候选人资料(参照《企业职务需求表》),如未能及时提交,甲方有权要求解除本协议,并可以向乙方要求双倍返还定金。

2. 甲方有权对乙方提供的候选人进行面试(含电话、在线聊天、视频、邮件来往、面对面等形式)或不面试,但对于不面试的候选人,甲方应给出明确的意见,为乙方物色新候选人提供参考依据。

3. 乙方承诺,为甲方提供三个月的服务保证期。如果所录用候选人在上岗后三个月内辞职或因工作表现不好被解雇,甲方应提供解雇理由的书面文件,乙方将会免费再找一个候选人以填补该空缺,如果乙方不能再推荐令甲方满意的替代人选,应退还已收服务费的50%(不包括定金部分)给甲方。但如果是因为甲方无正当理由解雇候选人,或该候选人的辞职是由于甲方改变了他/她最初的职位、职责范围、所属部门,未实际履行与候选人达成的聘用协议,有任何事实上的欺诈等引起候选人的不满而离开甲方,乙方对此不承担责任。如果候选人离开甲方后,甲方更改了该空缺的职衔、职责范围、工作性质、所属部门,要求乙方提供人选,双方将理解并视此为一个新的岗位,而重新签订新的协议,从而产生新协议的服务费。

4. 乙方保证在本协议签订后的一年内,不猎取甲方公司的任何在职员工。

5. 乙方应确保被录用之候选人与原工作单位按正常的程序办好离职手续,但甲方不得利用被录用之候选人盗取原工作单位之商业秘密,否则由此引起的不良后果由甲方负责,乙方不承担任何责任。

6. 双方签署本协议后,甲方不得以任何理由拖欠服务费,否则视为甲方单方违约,乙方保留索要服务费之权利,同时乙方每天将加收猎头服务费总额8‰的滞纳金。

五、其他事项

1. 双方在履行本协议过程中发生争议时,应协商解决,协商不成的,任何一方均可向人民法院提起诉讼。

2. 因某种原因,甲方暂停了项目,乙方可接受甲方暂停项目的最长期限为三个月,在此期限内如果甲方要求继续该搜寻项目,乙方将继续人才搜寻工作。如果甲方通知暂停此搜寻项目超过三个月,该委托项目将自行结束。

3. 本协议经双方签字后立即生效,一式两份,甲、乙双方各执一份。

甲　　方(签章):　　　　　乙　　方(签章):

地　　址:　　　　　　　　　地　　址:

代　表：　　　　　　　　　　代　表：
开户行：　　　　　　　　　　开户行：
账　号：　　　　　　　　　　账　号：
签订日期：　年　月　日　　签订日期：　年　月　日

● 正式合作

——您好,麻烦接人力资源部张明总监。

——好的,您稍等。

——您好,人力资源部。

——您好,是张总监吗? 我是梁耳。

——哦,您好,梁总监。

——张总监,是这样,您上次提出的要求,我跟我们的老总请示过了。考虑到贵公司还有大量的需求, 我们老总表示可以按照你们希望的标准执行,就降两个百分点吧。如果这次猎头成功,我想以后可以建立长期的合作关系。

——嗯,那是当然。那接下来的流程是怎么样的?

——是这样,我把定金的发票先给您寄过去,收到后,您把钱款给我们汇到指定的账号。在收到您钱款的15个工作日内,我们要按照您《企业职务需求表》上的要求给您推荐合适人选。钱汇出后,您唯一要做的就是等我们把候选人的资料提交给您了。当然我们会随时把工作进度向您通报,以保证合作的持续性。另外,在这个时间段,我们的项总经理想和贵酒店总经理和董事长沟通一下,以更好地了解贵公司的用人理念。

——好的。我跟我们总经理请示一下,回头给你答复。我们的地址在上次发给你的表格中已经写明了。你就寄到上面的地址好了。

——嗯,我今天就把盖章后的协议和发票给您寄出,请您注意查收。祝我们合作愉快。

——好,bye-bye。

——再见。

● 猎头出猎

根据首席猎头顾问项总经理与对方李董事长和陈总经理的沟通结果,梁耳对××国际大酒店在市场销售总监人选上的要求已经十分明确,下一阶段的主要任务就是通过各种渠道去物色合适人选了。为此,梁耳按照项目分析会上的安排,落实了项目的各项工作。一个星期后,梁耳的手头上有了五个比较合适的候选人资料。他对每个候选人的资料进行了详细的分析,并对每个候选人进行了初步的背景调查,获得了更多的信息。其中一人在背景调查的过程中,存在一些不足之处,其他人的情况都还不错。梁耳决定跟每位可能的候选人沟通一下,看看他们的意愿如何。

嘟呜……

李强拿起电话。

——您好,市场营销部,我是李强。请问哪位?

——您好,是李强先生吧?我是猎头公司的,我姓梁,叫梁耳,是项目总监。不知您现在说话是否方便?

——哦,方便,有什么事,你说吧!

——是这样,李总监,我们现在受一家五星级酒店的委托,要猎聘一位市场销售总监。我们通过朋友推荐,有了您的资料,您非常优秀,我想正是我们要找的人。不知道您对这个信息是否感兴趣。

——能具体介绍一下吗?

——是这样,这是一家正在筹建的五星级标准酒店,计划于今年9月28日开业,这家酒店的投资方实力雄厚。企业的董事长是知名人士。

——是吗? 那有什么要求呢?

——李总监,您看这样好不好,如果您方便,我想请您喝个茶,我们见面认识一下,到时我把详细情况和您当面说明一下好吗?您看什么时候方便呢?

——我明天下午有时间。

——好的,李总监,就安排在明天下午2:00,地点就在目前您所在酒店斜对面的咖啡吧,如何?

——好的。

——那您记一下我的手机号码,138××××××××。如果有事,您可以直接联系我,再次自我介绍一下,我叫梁耳,很高兴认识您。

——好的。

——谢谢,明天见。

随后,梁耳又与其他三位候选人通了电话,也分别预约了其他时间,其中一个候选人只能通过网上视频聊谈。

[附录3]

高级人才履历表

一、基本情况

姓　　名	李强	性　　别	男	年　　龄	36 岁
出生日期	1974 年 10 月 24 日	身　　高	176cm	体　　重	73kg
民　　族	汉	婚姻状况	已婚		
毕业学校	上海××××	学　　历	硕士	个人数码照片	
所学专业	工商管理	毕业时间	1997 年 6 月		
政治面貌	其他	工作年限	13 年		
目前所在地	上海市	户口所在地	上海市		
外语水平	英语精通	职　　称	无	血　　型	B
身份证号码	略	星　　座	天蝎座	生　　肖	虎

您的职业总体历程:

您现已从事酒店行业__13__年,国际联号__11__年,国内酒店__2__年;

您在酒店最高任职__市场销售总监__,最擅长部门__市场销售部__。

二、工作简历(不够填写,可以自行添加)

_2006_ 年 _7_ 月—至今　　　　公司:__上海×××酒店(国际联号)__

星级:__五__　　　　　　　　　职务:__市场销售总监__

岗位描述：

1. 确立酒店市场定位和稳步调整酒店市场客源结构。

2. 执行管理公司19项市场销售系统。

3. 制订酒店年度市场销售收入计划和销售人员奖励计划。

4. 制订与年度收入计划相关的产品销售计划。

5. 制订并执行酒店的广告计划、促销计划、个人销售计划、公共关系及社区活动。

6. 参加该酒店筹建到开业的全过程。

离职原因：__目前还在职__

证明人：__刘××__　职务：__人力资源总监__　电话：__1397638××××__

__2003__ 年 __7__ 月—__2006__ 年 __6__ 月　公司：__苏州××饭店(国际联号)__

星级：__五__　　　　　　　职务：__市场销售副总监、市场销售总监__

岗位描述及业绩：

1. 确立酒店市场定位和稳步调整酒店市场客源结构。

2. 制订酒店年度市场销售收入计划和销售人员奖励计划。

3. 制订与年度收入计划相关的产品销售计划。

4. 发展酒店品牌战略，提升酒店市场形象。

5. 实现2005年营销总收入比2004年同期增长33%。

离职原因：__合同到期，有更好的平台__

证明人：__李××__　职务：__酒店总经理__　　电话：__0512-63436×××__

__2001__ 年 __11__ 月—__2003__ 年 __6__ 月　公司：__上海××酒店(内资)__

星级：__四__　　　　　职务：__销售副总监__

岗位描述：

1. 配合饭店总经理进行深圳酒店市场调查工作。

2. 全面负责酒店开业前期市场工作，其中包括：市场调查，制订市场营销计划，搭建部门组织机构，人员招聘，人员培训，酒店 VI 设计，与当地媒体建立和保持良好的关系，酒店媒体广告宣传，建立市场信息系统，制订销售部员工工资和奖励计划、人员评估计划、促销计划、重点城市销售拜访计划，策划开业庆典。

3. 实现 2002 年营销总收入比 2001 年同期增长 25.88%。

离职原因：<u>去更高星级酒店发展</u>

证明人：<u>张××</u>　　职务：<u>总经理</u>　　电话：<u>021－××××××××</u>

<u>1997</u> 年 <u>6</u> 月—<u>2001</u> 年 <u>11</u> 月　　公司：<u>东莞××酒店(国际联号)</u>

星级：<u>五</u>　　　　　　　　　　职务：<u>销售经理、高级销售经理</u>

岗位描述：

任职期间，实现个人销售业绩增长34％。其中本人于1998年9月向酒店提出重点发展外地市场，直接面对最终客户，并于当年12月被任命为高级销售经理。在职期间，本人建立了稳固的市场客户基础和销售渠道。

离职原因：<u>有好的平台，升职，回家发展</u>

三、求职意向

意向工作地点：<u>上海、广州、深圳、杭州、苏州等发达城市</u>

意向酒店类型：<u>　A　</u>（A.星级酒店　B.经济型　C.度假村　D.会所　E.社会餐饮　F.纯娱乐）

意向星级水平：<u>五</u>　　　　意向薪资：<u>面议</u>

意向职位一：<u>副总经理</u>　　意向职位二：<u>市场销售总监</u>

最快到岗时间：<u>确定意向后45天内</u>

四、自我评价

1. 本人在国际饭店管理集团从事市场销售工作多年，十分了解酒店市场综合情况。所悉内部情况包括：组织结构、管理职责、市场策略及市场销售人员综合能力评估；外部情况包括：客户构成和市场竞争状况分析。

2. 熟悉中外酒店管理集团的管理模式，能够更好地协调和促进业主与管理方的合作关系，从而提高饭店竞争实力，扩大市场占有率，最大限度地维护酒店的利益。

3. 本人对酒店市场销售工作有极高的热情，乐于接受新的挑战，并对未来市场发展趋势有敏锐的洞察力；本人富有创造性思维，且独立思考能力强；性格开朗正直，善于与各类人群沟通，具有出色的团队工作能力；精力充沛，有忘我的工作热情和强烈的责任心。

五、联系方式

联系电话：<u>135×××××××</u>
电子信箱：<u>×××××@126.com</u>
方便联系时间：<u>18:00 以后</u>

备注：

1. 您填写的内容由九斗猎头负责严格保密。

2. 您填表后即成为九斗猎头候选人，成为九斗猎头的长期合作伙伴。

3. 九斗猎头将免费为您推荐最合适的岗位。

4. 九斗猎头将为您提供免费的HR咨询、职业发展规划等服务。

5. 您将有机会参加九斗猎头每年不定期组织的高级人才交流会、业主交流会等。

6. 您提供的以上信息务必真实可靠，如有虚假，将从候选人名单中剔除，并列入猎头黑名单。

● 面试、筛选候选人

时间：下午2:00
地点：咖啡吧

梁耳提前了15分钟到咖啡吧等李强的到来，西装笔挺的李强也提前了5分钟推开了店门。由于手头有李强的个人照片，所以梁耳一下子就认出了李强，李强留给梁耳的第一感觉是"很是个酒店人"，于是马上上前与李强打招呼，并领至座位。双方稍稍寒暄后，梁耳便切入了主题。

——李总监，我们把这个项目的相关背景资料向您说明一下。委托我们的是上海××国际大酒店，不知您在上海有没有听说过这个酒店。

——听说过，他们好像正在筹建。不过不是很了解，现在公司的业务也忙，事情很多。

——是这样，目前酒店建筑工程已经全部完成，而且已经进入全面装修阶段。酒店的建筑面积和投资额都比较大。客房数对做酒店的人来说，规模还是很有吸引力的。这是客户发给我们的《企业职位需求表》，您先看看。

　　——嗯，看过之后，我觉得这个酒店是不错。不过我还是有两个疑问想咨询一下。

　　——您说。

　　——据我了解，这个集团的主业是房地产和外贸，在酒店方面好像刚涉及，为什么不找酒店管理公司或者干脆与国际联号合作，请他们派员管理呢？

　　——关于这个问题，我们也和客户谈过。客户给我们的说法是国际联号的管理费太高，而且好多国际联号的经营情况并没有想象的那么好，所以还是考虑自己管理的好，而且酒店总经理的能力也相当强。

　　——哦，这倒也是。那我还想知道，这个酒店的总经理是职业经理人，还是投资者本人。我很担心能不能做得专业，您知道，酒店业和房地产行业还是很不一样的。作为酒店职业经理人，我最怕的是外行领导内行。

　　——这个问题我们已经调查过，我们的首席猎头顾问项总也和对方的总经理聊过。他是个很专业的职业经理人，在酒店行业有多年的从业经验，并且成绩斐然，叫陈××，是投资人的朋友，您听说过他吗？

　　——哦，陈总我还是听说过的，那我希望有机会能认识一下。如果你们推荐了，是不是会安排我与陈总见面。

　　——流程是这样的，先是我们对您的资料做个匿名处理后发给客户看，如果客户看了您的资料后，表示很有兴趣和您见面聊聊，那么我们会安排你们会面。

　　——好的，那接下来要我配合做什么呢？

　　——项目的情况我基本介绍到这里。李总监，接下来我有几个问题想和您聊聊。

　　——您说。

　　——对于一个正在筹建的五星级酒店，如果您被推荐成功，您将从哪些方面着手开展工作呢？

　　——……

　　——嗯，在市场营销方面，您真的很专业。有个问题，这个问题也是先代客户问的。如果要您给个让人信服的理由来说明为什么您要离开现在这个酒店，您将如何回答？

　　——……

——好的，我知道了。其他的，我暂时也没有什么要问的。那么，按照我们猎头的流程，我们会对您的情况做个相应的背景调查，还有，您要配合我们完成电子版的《高级岗位管理咨询卷》、《测试1》、《测试2》和《测试3》。我们把所有有关您的资料做个整合，形成最终的《高级人才推荐报告》发给客户。我们会努力呈现给客户一个立体的人，而不仅仅是一份简历这么简单。

——背景调查没有问题，需要配合的地方您尽管说。不过我希望不要调查现在我所在公司的情况，毕竟我还在，不想受什么影响。其他的，给我三天时间，我会把这些资料做完发给您。

——这个您放心，我以我们猎头的名誉向您担保，哪怕是调查现在的公司，我们也绝不会影响到您的工作，我们会有我们的方法。

——那是最好。

——那么，李总监，您也很忙，就不多占用您的时间了，我们今天就到这里吧。但我要说的是，不管结果如何，我们还要保持联系啊。谢谢！

——谢谢您，梁总监。能认识您这个朋友，我也很荣幸。

在接下来的几天内，梁耳相继约见了另外三个候选人（陆先生、钱小姐、高先生），其中对高先生的面谈是通过网络视频的方式进行的。他把工作进展情况向张明做了通报，并表示等候选人的资料收齐后就给张明发过去。张明对工作进展表示满意。过了三天后，梁耳把整理好的资料呈交给首席猎头顾问项总，并把相关情况做了汇报。在听过相关的汇报和看过候选人的资料后，项总对陆先生做了保留，同意先把其他三个人的资料传递给客户，并要求重点推荐李强先生。

随后，梁耳对三个候选人的简历做了匿名处理，分别为G先生、L先生和Q小姐，整理形成了三份高级人才推荐报告。并在当天下午以e-mail的形式发给张明，同时打电话告知张明，请其注意查收，并特别推荐了一下L先生。张明表示看过资料后会给梁耳来电话。

● 客户面见候选人

嘟呜……

——您好，九斗猎头，有什么可以帮您？

——您好,梁总监,我是张明。

——哦,张总监,您好!

——你上次发给我的三个候选人的资料我看过了,也把资料给我们的总经理看了。你们的推荐报告写得不错,很有参考价值,特别是对人才的推荐理由和猎头角度的专业评价。老总觉得每个候选人都不错,希望能都安排见面聊聊。

——您们的工作效率真高。

——不过在见他们之前,我想了解一下,这些候选人的资料都经过背景调查了吧?

——是这样,初步的背景调查我们已经做过了,任职经历和岗位的真实性不需要怀疑,管理能力、业绩、为人处世等还没有深入调查。

——好的,这个问题不大。

——那陈总什么时间有空呢?我要和候选人提前预约时间,毕竟都是高级管理人员,大家也都比较忙。

——嗯,这个我理解。陈总希望安排在下星期二和星期三,见面还是错开好。

——那是,我来安排。时间一确定,我会马上给您回复。

——谢谢。那先这样,bye—bye。

——好的,再见。

星期二,上午10:00。

在陈总经理办公室,梁耳优先安排了李强和陈总经理见面,张明也参与了面试。由于客户的要求,梁耳也留在了现场。

陈总稍微寒暄了几句,便直入主题。分别与李强谈了酒店市场的未来定位、酒店产品的突出卖点、客源渠道建设、市场营销机制建立、营销队伍建设等,全方面考察了李强的专业能力、应变能力、领导能力、沟通能力及决策能力等。面试进行了近两个小时,一直到了吃午餐的时间,陈总命人安排了中餐。在用餐过程中,陈总再次考察了李强的职业素质和职业表现(这一手法经常被客户采用)。为了避免首因效应,对于李强的面试结果,陈总并没有马上给出答复。

在下午3:00和第二天的10:00,陈总又分别面试了钱小姐和高先生,并在第三天给了梁耳反馈，希望进一步了解李强和钱小姐的工作背景情况，特别是上司对候选人的评价。按照客户要求，梁耳对李强和钱小姐的背景做了细致周到的调查，特别是几任上司对他们的评价，最后形成了完整的人才推荐报告，并附上了猎头的专业推荐意见和建议。

● 确认录用和报到

经过一周的评估，张明给了梁耳答复。

嘟嘟……
——您好，我是梁耳。
——梁总监，您好，我是张明。
——张总监，您好。
——我是来告诉你结果的，经过我们慎重考虑，计划聘请李强为我们酒店的市场销售总监。
——你们的选择和我们的看法一样。
——那接下来还有什么手续要履行呢？
——我们这边有一份《录用确认函》，里面约定了双方的确认意向，我发给您；您按照贵公司的标准，填写后发给候选人，双方签字后，再发给我们；我这边会跟候选人约好的。您可以随时给候选人打电话，保持联系，一般地，国际联号人士离职时间会要求长一些。
——好的，你发过来吧。

李强和张明约定了各项事宜，并在录用确认函上签了字，盖了章，然后传真给了梁耳。梁耳特别向李强提醒了要把原来公司的所有事情处理好，不要留下后遗症，以便带给自己更好的口碑，同时把《解除劳动合同证明》拿好。李强表示会处理好。由于梁耳的良好表现，客户对猎头服务很满意，并与梁耳签订了长期合作协议。

第三章

破解猎头局

● 如何打开BD大门

嘟呜……

——您好！人力资源部。

——您好！请问是陈经理吗？

——是的，你是哪位？

——哦，陈经理，您好。我是九斗猎头公司的，叫李梅，不知道您现在说话方便吗？

——猎头公司的，有什么事情？

——是这样，陈经理，我看到贵酒店正在通过网络招聘酒店副总经理，不知您这边的招聘效果怎么样？人选是否到位？

——我们刚发布这个岗位不久，效果要等等再看。

——那么，陈经理，是否考虑过通过猎头来招聘这个岗位人员？

——猎头啊，我们不考虑的。

——为什么呢？不知原因是否可以告知？

——没有为什么，就是不考虑啊。

　　在很多刚入行的新手眼里，猎头就是找人，即为客户找到合适的人选，所以不少来应聘的人告诉我，选择当猎头是因为这样的工作很有意思，像个媒婆，感觉挺好。那么这样的认识是否正确呢？我给的回答是正确了一半，但猎头还有一个很重要的属性没有被看到，即销售属性。其实猎头具有销售和人力资源的双重属性，而很多的人只看到了人力资源属性，而忽视了销售属性，所以真正开始做猎头时，往往不能适应做销售的过程，而这一过程在猎头行业被称为"BD"过程。

　　BD（business development），业务拓展（商务发展），简单地说，在猎头业通常指开发新的客户公司（当然也包括维护老客户及开发老客户的新case）。BD与做单是猎头服务的两个主要阶段。BD的形式多种多样，例如通过电话、上门拜访、网络推广、整体咨询，等等。

一、猎头BD的一般步骤

1. 寻找和评估潜在客户

对于刚起步,没有多少知名度的猎头公司来说(我认为任何猎头公司在任何时候都不能放弃BD),寻找潜在客户显得特别重要。哪些公司有招聘需求?招聘职位的难度如何?是否有可能通过猎头招聘?这些情况都需要猎头公司好好分析。如果你在网上看到某公司招聘高级管理人员(一般总监级以上),就应当想办法找到招聘负责人,然后给他打电话,告知你可以提供服务。总之,你要评估客户使用猎头的潜在可能性,要换位思考,明白什么公司什么职位在什么情况下可能使用猎头,或者使用猎头的可能性有多大,然后去主动开发。

2. 了解客户要求和客户具体信息

如果对方确实需要招聘高级人才,而且有考虑用猎头,最重要的是找到潜在客户中的key person(能拍板合作的人)。那么你就可以向对方了解一些情况,比如:客户公司的发展历程,公司网站提供的信息,公司产品是什么?客户以前是否和其他猎头合作过?如果有,合作效果如何?这次哪些岗位可能通过猎头招聘?这些岗位招聘多长时间了?符合岗位要求的候选人需要具备什么资历?这个岗位提供的薪资是多少?职责范围是什么?等等。

3. 约见客户,谈合作细节

约见客户前,应尽可能地多了解客户。如果可以,应尽可能争取到客户公司去面谈。一方面可以通过拜访,加深对客户公司文化的了解;另一方面,可以对客户的管理方式、工作环境等进行了解,以便与未来候选人面谈时给予最直接最有用的信息。

约见客户时,要注意约谈时间,千万不能迟到,一般提前10分钟到比较好。面谈时,应尽量请对方详细介绍公司情况、企业领导人情况、领导人用人理念和岗位空缺原因、岗位要求等,不要花大部分时间谈猎头是怎么回事。当然,你要让客户认为你能提供专业、高效的猎头服务,给客户留下你是专家,你代表的公司是专业公司的印象。在这一阶段,客户一般都会初步筛选几家猎头,然后分别致电或者面谈,所以这一阶段是BD最关键的时期,你要让客户相信你们对这个行业的熟悉程度,如果能有成功案例是最有说服力的。另外,尽量不要先报价,等真正了解了客户的需求,和对方探讨猎头服务费用和付费方式时,当面探听对方的口气。等到主要条款协商好后,可以把准备好的服务合同文本提供给对方并请对方签字盖章。签好合同后,开始寻找并推荐人才。

二、猎头BD的重要技巧

1. 声东击西,投其所好

尽管行业发展并不规范,但猎头公司越来越多却是事实。对于刚起步或处于发展中的猎头公司,自然少不了将更多的工作放在BD上,所以作为可能的潜在客户,会经常接到猎头打来的BD电话,为此弄得这些"大"客户已觉厌烦,特别是很容易受"骚扰"的人力资源经理们,他们对猎头的BD电话会有更多的敏感,如果感觉是猎头在"推销",会找很多理由回绝。作为猎头,这时就需要使用一些技巧,比如"假挖",简单的做法是直接找到HR负责人,表明有新的发展机会,与人力资源经理混得较熟后,再慢慢自然过渡到BD。这样做的出发点是:以关注对方的利益为前提,容易得到对方的信任(谁会拒绝对自己有好处的事情呢)。当然你要学会"演戏",而且要演得非常逼真,做到不急于求成,收放自如。这样,只要运用恰当,效果一般会比较好,甚至会令你事半功倍。

2. 背景调查,专业征服

与猎头打交道,很多企业客户最看重的还是猎头的职业水准。在BD时,表现出应有的职业水准很重要。所以,有时你可以找到一些客户对曾经为该公司服务过的某某人做背景调查(所有与猎头打交道的人都知道,猎头会对每一个候选人进行背景调查)。在做背景调查的过程中,对方在配合你的同时,也是你做BD的绝佳机会。这样做不仅不唐突,而且会收到很好的效果。

3. 了解客户,共话天地

很多猎头在刚开始做BD时,很容易犯过早进入主题的毛病,总是直接就问要不要猎头服务,这样很容易遭到拒绝。因为此时客户对你根本没有信任度可言,人家对你的身份都是不确定的,你需要做的工作是从各个方面先了解你的BD目标客户,了解客户的基本情况,推测对方可能感兴趣的话题,找到好的切入点,同时要了解行业的最新发展状况。这样,在与客户谈的过程中,客户会感觉你真的很关注他,也很了解行业,从而比较容易相信你。若你掌握行业内著名公司的人员名单则更佳(包括你要开拓的准客户),令其觉得你不仅熟悉行业概况而且神通广大。

4. 巧妙设计,妙语生花

如果客户说:"我没兴趣",那么你可以说:"您看,猎头作为高端人才招聘的一种渠道已经越来越为企业所接受,85%的高端人才也更倾向于通过猎头寻找新的平台。我相信作为您这样的高端人才,今后与猎头打交道的机会是很多的,建议您对猎头做更多的了解,相信会很有帮助的!"

如果客户说:"请你把资料寄过来给我怎么样",那么你可以说:"××总/经理,我放下电话就会给您发资料过去,不知您是否知道全球75%左右的高级人才流动是由猎头公司协助完成的,90%以上的跨国公司和所有的世界500强企业均使用猎头招聘高级人才?您是否想过为什么高级人才总是那么难觅?如何选择好的猎头公司?在与猎头交往中,经理人该注意什么?这一切的答案您都可以在我发给您的邮件附件中找到。"

5. 上门实践,展示实力

首先,在你的文件包里应放着各项资料,如公司介绍、合作协议、优势行业、成功案例、几份优质简历(最好是能符合所谈岗位的)。特别是简历准备很重要,能够体现你的优势和能力,使客户可以判断是否应该把case交给你来做。其次,商务谈判表现出专业非常重要。你应该拟一份问题清单,问题有层次,有不同侧重,招聘中的结构化面试也可以在这里引用。问题至少要涉及客户聘人的原因、企业领导人的用人风格、职位的等级、候选人的要求,还有是否存在某方面的顾忌等。总之,表现得越专业,胜算率就越高。很多猎头在BD的时候太随意,虽然这可能容易拉近关系,但在BD的时候专业水准永远是No.1的。最后,还要注意谈判的人员组合。如果有条件,最好能两个人搭档,配合得好,作用会比一个人更好。特别是谈判进行得比较困难时,可以有缓和的余地。一般地,最好的组合是一个偏重客户层面,一个偏重候选人层面,相互打配合,成功率会更高。

总的来说,BD是一门艺术,而不只是技术。BD的水很深,优秀的猎头往往在这一阶段就能征服客户,充分展示自己出色的职业素质和个人魅力。

● 如何做好商务洽谈

……

——梁总监,欢迎到我们公司来考察,希望这次考察能有助于您为我们找到更合适的人。

——谢谢,张总监,也感谢您对我们公司的信任,选择我们公司作为贵公司的人力资源提供商。

——贵公司的口碑不错,我也相信您的职业能力,所以我相信我们的选择是对的。

——谢谢,那我们就不客套了。今天我是想了解更多的情况,还请您配合我们对贵公司有个更深的了解,对该岗位也有更多的认识。

——梁总监,有什么要了解的,你尽管问吧,只要能帮我找到合适的人选,完成我们老板交给我的任务,我肯定配合你。

——好,我这里有一份问题清单,我逐一向您发问,可能有点太正式了,但请您理解我们的出发点。

——没关系。这样你们才能帮我找到我们需要的人才,你问吧。

——好,谢谢。

与客户进行商务洽谈,至少要做好两方面工作,一是了解客户,明确需求;二是表现专业,征服客户。

一、了解客户,明确需求

了解客户是猎头业务开展的第一个基本步骤,也是能否为客户找到合适候选人的前提条件。所谓"知己知彼,百战不殆"也就是这个道理。只有明确了客户的需求,才能"按图索骥",捕获"猎物",顺利达到目标。

了解客户,可以从以下角度进行:

1. 企业现状

主要涉及的内容有:企业成立时间、企业规模、企业品牌影响力、企业产品、企业发展阶段、企业文化建设、企业发展规划、企业人力资源状况、企业营收状况、企业在行业中地位,等等。

2. 企业所有者状况

主要涉及的内容有:股东结构,所有者权利结构,所有者姓名、性别、年龄、性格、忌讳、爱好、管理思想、事业心、格局、优缺点、实力、家庭观念,所有者在公司的关系结构(是否有家族、亲友)、人格魅力、业界口碑、品性、格调,等等。

3. 岗位需求分析

主要涉及的内容有:岗位空位原因、岗位发展趋势、岗位直接上级工作方式与理念、委托猎头原因、岗位具体要求、直接上司的独特要求、所有者的用人忌讳、岗位可提供薪资标准、岗位所享受福利与权利、理想候选人可能来源,等等。

4. 与猎头的配合

主要涉及的内容有:谁是联系人、决策程序、付款程序、面试程序、项目矛盾协调人,等等。

二、表现专业能力,得到客户认同

1. 针对要了解的问题,设置专业问题提纲

恰当的问题,是一次商务谈判取得理想效果的重要条件。在问题设计方面,必须做到该了解的信息都能了解到。有些猎头人员,在谈判时说话过于随便,虽然表面上看能拉近距离,表现得比较亲切,但往往带给客户不专业、不职业的感觉。

2. 工作专业化

向客户说明猎头的相关细节时,要简洁明了,思路清晰。特别要澄清一下,猎头绝不是人们所想的那样,约个人出来喝喝茶、聊聊天就能把事情做成。猎头工作是件十分机械的苦力活,有十分繁杂的程序:分析客户需求,进行职位分析;制订搜寻方案;初试及综合测评;推荐候选人,安排面试;录用候选人,办理入职手续;结算及后继服务。其中每一步都体现着专业和巨大的劳动付出,需要一丝不苟的服务精神和良好的职业素质。

3. 提供专业建议

我总结过候选人的许多特点,在商务谈判的时候,会告知客户这些候选人的特点,这样会带给客户"专业的就是不一样"的感觉。例如高级人才候选人一般不接受试用期;高级人才候选人一般谈的工资是指税后工资;

高级人才候选人一般不愿意接受低工资高期权的薪酬结构；高级人才候选人需要明确去面试的交通方式及路费报销方式；入选面试的高级人才候选人一般希望在面试前能同用人方的高层直接对话，以判断是否要到该公司去当面面试，等等。这些信息的告知，让客户也了解了猎头工作的技术含量。

总之，与客户进行商务谈判时，最重要的是表现专业，让客户信赖你，接受你。

案例1：客户并不总是对的

九斗猎头公司的项目经理林力是黑龙江人，以老乡的名义，和哈尔滨市一家准五星级酒店人力资源张总监建立了良好的关系。林力了解到这家酒店正在物色一位总经理，他希望能通过自身的努力为这家酒店找到合适的总经理人选。

据了解，这家酒店属于新开张的酒店。在开业之前，酒店老板就通过朋友关系，四处物色合适的经理人。可惜人脉关系毕竟有限，一直没有找到合适的总经理，因此此前酒店一直由老板兼任总经理。但老板自己在酒店经营管理方面并不专业，所以总经理人选问题也就成了一直困扰酒店发展的大问题。通过BD阶段的沟通，张总监觉得与林力合作的可能性非常大，就让林力做个方案给老板看看。林力则表示需要酒店方提供基本要求后，才能做出更符合要求的方案。

分析完张总监提交的《企业职务需求表》后，林力总结出了这位总经理迟迟不能到位的真正原因：原来酒店老板对总经理人选的要求相当高，要求这位总经理有五星级酒店总经理工作经验，并且在国际联号酒店有过从业经验，具备良好的沟通能力和管理能力，能够为酒店带来新客户和利润，最重要的一条就是需要有成熟的社交网络。但承诺给予的年薪仅仅是税后15万元。

这真是典型的"牛头"不对"马嘴"型客户！相当于要买一辆车，要求沃尔沃的配置，但只能给吉利的价格，这在当前的人才市场上根本不可能存在！林力马上从行业的角度撰写了分析报告，明确指出了这一要求的不合理和不现实，并给出了专业的意见和建议。通过报告数据的直观展现，给了客户强烈的震撼，最终，客户认识到了问题所在，并委托林力代为寻找人才。经过艰苦不懈的努力,新的总经理终于到位,并为企业赢得了巨大的经济效益。

客户付给我们钱,是我们的衣食父母,但是客户不见得总是对的。敢于指出合作者的问题,实际上也是一种为对方负责的态度,也是专业精神所在。一流猎头凭理念,二流猎头靠服务,三流猎头拼价格。真正优秀的猎头,不仅能理解客户的用人理念,还能引导客户的用人理念,只有真正专业的表现,才能让客户没有理由拒绝!

● 猎头必修课:人才搜寻

猎头的第二个阶段工作便是做单了。做单是猎头的核心工作,包含了客户需求分析,猎寻候选人,评判简历,面试候选人,候选人匹配度分析,候选人的教育、职业经历背景调查,候选人的优劣势分析,候选人性格分析,书写猎头推荐评语,形成猎头推荐报告,辅助客户面试候选人,协助候选人办理离职手续等很多复杂而又专业的工作。

搜寻人才,是猎头人员最基本的工作,也是猎头们的必修课。搜索能力是猎头的核心能力之一,人才搜寻工作也是猎头在开展业务时花费精力最多、时间最长的一部分。很多客户都很奇怪,自己找不到的人才,为何猎头却能找到。其实这是因为猎头掌握了一些非专业人士不会或者说不怎么考虑去做的方法。

一般客户(公司)获取人才的基本渠道是:

有通过人才市场(招聘会)的;

有通过报纸、杂志广告的;

有通过人才网站招聘的;

有通过熟人介绍的;

有通过校园招聘的;

有通过网络工具的(如QQ群、MSN群);

有通过搜索引擎的(如谷歌、百度等);

……

而猎头除了通过以上几种常规的途径和方法外,还会采用非常规的

途径和方法,具体有:

1. 打 CC 电话(cold call)

"打CC电话"是猎头区别于一般人力资源部招聘的最主要方式之一,也有人把打CC看成是猎头能否成功的"杀手锏",是最能体现猎头价值和专业能力的技巧。如何打CC电话,下文会有专门说明,在此强调一点,打CC电话技巧的高低,会直接影响猎头公司做单的能力和效率,所以CC电话至关重要。

2. 发展顾问

一般地,猎头公司会发展两种顾问人员:一是比较高级的专家型顾问。能成为专家型的顾问,一般要符合一定的条件,如在一个行业内是有一定知名度的"人物",拥有良好的人脉和号召力,同时也有与猎头公司合作的需要(如企业管理咨询、提供培训等);还有一种是人力资源型顾问,一般以人力资源从业者为对象,由于工作性质,他们会接触很多人才,手头也会有很多人脉资源。这种人往往是以兼职猎头顾问的身份,在有空的时候,为猎头公司提供辅助性帮助。

3. 参加行业论坛、沙龙,结识各类人才

如今行业同仁之间的交流日益密切,常常会有行业协会等组织举办一些论坛、沙龙等,这也是结识各类人才的好机会。

4. 成功案例中的候选人推荐朋友

能够成功推荐的候选人,一般对猎头公司会有一个好的印象和判断,会比较愿意推荐他的朋友和同事给猎头顾问。

5. 社区网络

自从facebook取得很大的发展后,社区网络(SNS网站)开始非常流行,也会提供比较好的认识人才的渠道。

6. 博客/微博

博客是很多高端人才总结和展现自己的平台,不少高端人才都会考虑开博,表达观点。如果能找到他们的博客,也可以获得人才的一些信息。

7. 网络寻人

网络时代的人肉搜索强大到出乎你的意料,在必要的情况下,这也是很好的寻人渠道。

当然,除了以上几种方式外,还有一些鲜为人知的方法。总之,猎头往往通过"出奇",从而"制胜"。

案例2:缘分,有时就是这样

九斗猎头公司曾经接到过某餐饮公司老总M先生的邀请,为该公司猎聘一位财务总监。通过前期沟通,身为老总的M先生对我们很认同,对人才的要求也并不苛刻。这个任务对于经验丰富的我们来说,可谓是手到擒来。

于是,在接到任务两周之内,我们就提供了三位候选人供M总筛选,同时按照我们对人才能力的评价标准,对三位候选人做出了重点推荐的排序。但是,出乎我们意料的是,在M总面试过之后,本来作为重点推荐的S小姐并没有进入M总的"法眼",反倒是各方面表现中规中矩的Z小姐受到了M总的大力赞赏。

通过回访我们发现,M总喜欢Z小姐的原因并不是因为其突出的能力,而是两个人有不少的共同语言。这对于企业老总的用人相当重要,投缘才会有默契,才会心往一处想,劲往一处使。于是,我们及时调整了后续工作的重心,对Z小姐进行了多次指导。在我们的帮助下,再加上M总的大力扶持,Z小姐很快融入到该企业的文化中,发现了企业财务管理方面的诸多漏洞,并及时提出了解决的方法,为企业发展做出了重大贡献。同时,这也更加肯定了M总的眼光,上下级之间相处也变得更加默契。

最终,经理人、用人企业和猎头公司都得到了满意的结果。

可见,在企业寻找人才的过程中,除了需要人才有真材实料外,更有一个不可忽略的要素就是所谓"缘分"。猎头在猎聘过程中,应该加强对企业用人理念和候选人个性的考察。如果发现与之前的结论不一致,就需要及时做出调整。这样,不仅可以让猎聘的成功率大大提高,也可以让客户越来越满意我们的服务。

● 如何打好"CC"电话

嘟呜……

——您好,销售部。

——您好,请问您是这边的销售总监吗?

——不是,我是他秘书。找我们总监有事吗?

——是的,我想和他谈一下订房的事情。

——您是哪里? 订房由预订部负责,我帮你转过去好吗?

——小姐,我找你们销售总监还有其他事情,你帮我转过去就是了。

——抱歉,我们总监正在开会,要不你有什么事情可以留言,我会帮你转达的。

——那算了,我下回再打过来吧。

一般新进入猎头行业的人,被称为猎头专员(也有叫"猎头助理"、"助理顾问"),英文是"researcher"。作为新入职的researcher,通常要为客户委托的职位寻找潜在的候选人,而这些潜在的候选人是"散落"在职场各个角落的,需要有人专门去联络这些候选人。此时,猎头行业一般的做法就是通过打大量的"陌拜"电话(cold call,简称"CC"),这也是猎头行业人员入门必须要经历的阶段,但这样的工作并不容易,甚至可以说是很难。然而,通过"CC"与可能合适的候选人联系,助理顾问才能获得经验,获得自己对行业的认识,并积累能力值。

打陌拜电话,对很多researcher来说,是个很大的挑战,特别是对没有电话销售经验的人来说,更是难上加难。要想使陌拜的效果好,必须解决好遇到的问题,同时要掌握陌拜的技巧。

在陌拜时,最容易碰到以下问题:

1. 新人心态问题

对猎头行业来说,心态非常重要,很多新人都在心态上有问题。比如说,感觉打陌拜电话时,有欺骗人的感觉,不是为真实目的打去的,而是为找到合适候选人,心理上难接受。其实,猎头的工作性质就决定了操作的方式会与众不同。要明白,这是猎头的工作方式,并不存在什么欺骗行为,只是一种工作方法而已。相反,你要感觉这正是证明你比别人灵活的地方。

2. 碰到难沟通的候选人,或者干脆拒绝的候选人,常有吃力不讨好的感觉

因为"我给你机会,你居然不领情"。其实对于候选人来说,他本来就有拒绝的权利。要知道,你看上的人当然是厉害的,既然是人才,肯定有不

同于常人的地方。和候选人沟通,要保持一个很中立的态度,不要有求人的感觉。你的感觉会影响他,如果你说话没有自信,别人就会觉得你不专业,自然不愿意和你通话。

3. 打了大量的陌拜电话后,常有效果不佳的感觉

付出与回报不成正比,同时由于业绩的要求,觉得压力大,工作很累。其实这是很简单的道理:要想获得就要付出,这个过程是必然的。另外,扪心自问,你是否把这个职位当作自己的事情来做?是否真的用心到位了?真的没有其他办法了?真的调动你所有的力量去做了?想要做好,你就会努力去想合适的候选人在哪里?他关心什么?客户关心什么?这时的你会考虑很多的问题,也会更用心,更努力。

4. 绕来绕去,找不到关键人

现在很多公司的前台(总机)对外来电话有了更多的敏感,加上很多高职务人员都配备秘书或文员,很多事情由他们转达,这增加了猎头找人的难度。

下面我们来探讨一下陌拜的一些技巧:

1. 直截了当法

打电话时直接告知要找总经理(或人力资源总监),告知猎头是很高端的业务,一定要总经理来处理才可以,强调责任重大,请务必转接。有时候这种办法能达到目标,不过成功率不高。

2. 谈业务法

比如你在找一个工程总监,那么你可以打电话到工程部门,说是要谈一笔工程项目,希望能与工程总监聊聊,这个比较容易找到关键人。

3. 冒名法

在你知道候选人姓什么的情况下,对方总机或秘书就是不转接,你可以冒充候选人的亲戚,比如"李叔叔在么?我是他的侄女李××!"不过,这个方法有点冒险,对女孩子更适用。

4. 官方法

比如你要找行政总监,你可以说你是电信公司的,好像这个月他/她们公司的费用不对,要找他/她核对一下,看问题出在哪里。

5. 调查法

如果你要找市场总监,你可以说是某行业协会的,需要找他了解一下

客户信息和数据,并亮出身份是某某调查科科长等。

6. 分步击破法

接电话时,不同的人会有不同的反应,所以在一个电话遭受挫折后,可以用不同的号码去打,这样成功的几率就比较大。还有些公司不设置转接服务,直接按分机号,这时你也可以随便按,错了,再打,多打几次,就能找到人。

7. 合作法

每个人打电话时都会遇到无话可说的时候,你可以找另外一个同事帮你打,相互合作,可能会迎来转机。

以上只是初步列了几种方法,初学者可以参考,应该会有所收获,但方法是无穷尽的,希望大家多多总结,为自己"打"出一片灿烂的天空。

● 怎样有效筛选和搜索简历

——哎,头疼。

——怎么啦?

——为这个岗位寻找到的候选人简历,我今天已经看了不下50份了,好像没有看到合适的。

——那就看更多的简历啊。

——可是简历实在太多了,看都看不过来,每个候选人看看都有合适的地方,又都不是很符合要求,眼睛都看花了。

——慢慢来,别灰心。

——但这样看简历的工作,真的好枯燥啊。

——这很正常。作为好的猎头顾问,每天看一两百份简历很正常,从中找出二三十份相对合适的简历,再加以详细分析,再找出三五份,然后与这些候选人去沟通,这就是猎头的基本工作啊。

——是啊,这个我当然知道,但要判别这些简历是否有效和有用,还真的不是一件容易的事情。

——只要功夫深,铁杵磨成针。你多练多看,肯定能行的,继续努力吧。

世界上哪怕最优秀的CEO都会有其个人CV,但要看你有没有能力拿到它。当你拿到花了九牛二虎之力得来的简历时,你会很有成就感。但当你面对如海的简历库,你每天要反复做的工作就是不断看简历时,你是什么心情呢?

推人先看简历,这是猎头业一贯的规矩。我每天至少要看200份简历,有时更多。有时候三个候选人就是从400—500份甚至是更多的简历中搜索出来的。每个猎头公司都有自己的人才库,我的一些同事为了找到合适的候选人,整天要埋头于大量的职位候选人搜索,这时,如果不掌握一定的筛选和搜索技巧,经历痛苦是必然的。那么对猎头来说,如何有效地筛选和搜索简历呢?

一、明确客户需求点是搜索简历的第一要诀

为客户猎寻人才,并不是找最好的人才,而是找最合适的人才。所以,在面对很多好的人才时,你需要做的是鉴别人才,做配置。每个客户在委托猎头时,都会提出其特殊的要求,客户的特殊要求就是寻觅人才的方向。一般情况下,我们会要求客户填写《企业职务需求表》,表中会明确写明客户的用人标准,这时可以和候选人简历中的岗位职责描述来判断契合度:候选人简历中之前的经历与现在职位要求的契合度越高,说明越符合客户要求。

二、学会从专业的角度来分析客户需求

所谓专业,也就是说对客户所在的行业知识、行业品牌、行业内的企业管理模式、企业管理体系和结构、用人标准有个比较好的掌握。比如说,在酒店行业,就存在国际联号与国内酒店的区别。有相当部分的国际联号酒店从业者不愿到国内酒店(集团)发展,而国际联号出来的人则比较受国内酒店企业的欢迎等。

三、学会分辨简历的优劣真伪

好的简历就像一篇好的文章、一件好的艺术品,让人一看就喜欢。如何定义为好呢? 我认为可以从三方面来衡量:一是书写简历的态度。一个不愿意花时间在书写个人简历上的求职者,不是一个好的求职者,你怎么能指望一个对自己都不够负责任的人,能对客户负责,对猎头顾问负责。二是求职者的职业发展轨迹。一份优质的简历应该是作者在各个企业工

作有一定的稳定性,比较好的是2—3年,甚至是5—10年再转换,而且职务发展整体是上升的,这样的人职业规划很科学,有实力,当然对客户就有吸引力。三是语言的表达。如果行文流畅,用笔独特,富有激情,是上选;如果用词一般,平铺直叙,没有什么逻辑性,则可能是个性中庸、很普通的人。

对于真伪,最基础的是看时间的衔接和岗位的变化。查阅一份简历,可从简历中的教育、工作经历等看其年限的跨度是否衔接,读书时间与工作时间是否有矛盾来判断简历的真伪;简历中容易有虚假的地方主要集中在:任职职位、工作时间、具体工作内容,特别是隐瞒一些工作经历等。对这一点,下文会有专门论述简历包装的一些手法,及如何辨别。

四、从网上搜索简历的方法

1. 普通搜索方式

一种是用"行业＋职位"的关键词搜索,另一种是用"行业＋企业或项目"的关键词搜索。

2. 定向搜索方式

建议可以用公司的名称去搜,或者一些行业通用的专业名词去搜,这样就更有针对性。另外,简历搜索更侧重于持续化的人才储备。在搜简历时有一点需要特别注意,当你看到一份质量好的简历,即使现在暂时不需要也要及时保存下来,因为过一段时间有可能在网上就搜不到了。

3. 模糊搜索方式

当定向搜索不能获得所要的信息时,也可以考虑采用模糊搜索,改变不同的角度搜信息。具体搜索时可采用不同的行业不同的职位多组合地来进行搜索,这样能增加搜索到有效简历的数量。

总之,面对海量的简历信息,只有做到去粗取精,练就火眼金睛,才能让猎头工作开展得高效、顺畅,才能做到乐在其中。

案例3:另辟蹊径,水到渠成

一天,九斗猎头公司的项目经理张清在BD阶段从一个客户处获得信息,上海某高端会所在物色一个销售总监,价格开得很高,但迟迟没有合适人选,有计划通过猎头招聘,并给了我们这个会所董事长助理刘总的联系方式。

　　张清马上通过各种关系,获得了这个潜在客户的基本信息,她和刘总取得了联系,经过沟通,情况并不乐观。一是客户已经和两个猎头公司合作过,效果并不理想;二是对这个销售总监的人脉资源有很高的要求,也就是说要认识相当多的"有钱人";三是时间比较紧,任务重;四是同类的会所基本都已经看过了,目前没有满意的。当然也有有利的一面,这个岗位的薪资给得相当高,对候选人行业背景并没有太多要求,关键是具备销售的高度,懂销售的"道道",客户确认还会继续通过猎头方式去找合适的候选人。

　　为此,张清觉得还有合作的可能。晚上,项目小组召开项目分析会,大家都觉得这是个难题,毕竟很多的潜在挖掘对象已经被排除在外了。会议讨论得很激烈,结果大家经过分析讨论,提出了一个大胆的想法:既然对方的会所是一所高档豪华会所,在里边消费的也都是有身份有钱的会员,那么我们为什么不到同样拥有一个类似客户群的其他业态中去寻找呢?容易接触到高端客源的业态有哪些? 名车俱乐部、奢侈品公司、顶级杂志会员俱乐部,等等。似乎,项目出现了曙光。

　　有了这样的思路,第二天,张清和客户取得了联系,把分析会的情况进行了说明,并告知了找人的方向,客户对分析会的结果表示认同。

　　找准了方向,大家就发动起来,做调查,搞讨论。经过不到一个月的时间,成功地在上海的一家高级轿车4S店中找到了担任销售总监的F先生。经过探讨、背景调查,我们发现他是个很合适的人选。在这之前,F先生曾在五星级酒店有过一段从业经历,对会所的经营也颇有见地,并且F先生有意向换个平台发展。在我们的引见下,会所董事长和F先生见了面,相谈甚欢,可谓一拍即合。随后F先生交接完4S店的相关工作到会所报到。用了大概一个月的时间,F先生很快上手,并带来了过去4S店里的不少客户,业绩也稳步提升。最终,客户和F先生获得了双赢!

　　这个案例告诉我们,有时候,猎头需要做到"不拘一格找人才"。尤其当初定方向走入死胡同时,猎头顾问可以改变角度和方向,扩大搜索范围,增加搜索到有效信息的可能性。

● 约谈候选人的技巧

——跩什么跩，有你求我的时候！

——怎么回事？

——这个候选人没听我说完，就表示不考虑我的推荐。

——你怎么和人家说的？

——我说张先生，您好，我是九斗猎头公司的，我这里有个好机会，您有没有兴趣？他什么都没有说，就说忙，给挂了电话。

——这很正常，你问得这么直接，人家没有建立起对你的信任，谁能保证不是老板叫人在背后试探他呢？我告诉你一个办法，你试试看，说不定就有效。

——哦，您说来听听，我也好学一招。

——你刚才是不是打他的手机啊？

——嗯，是的。

——你现在马上发条信息给他，内容可以这样：您好，张先生。我是九斗猎头的张杰，刚才冒昧地给您打电话，可能影响了您的工作，在此表示抱歉，但我手头正好有个总经理的项目，我想可能是适合您的，如果方便的话，希望能与您进一步联系。如果您想了解我们公司情况，可以上网登录我们的网站，网址是www.jooduu.cn。这是我的手机，欢迎您联系我，谢谢。

——好，我试试看。（一会儿，张杰的手机上显示：我现在有事，晚上7:30联系，谢谢。）

如何取得候选人的积极回应，是猎头人员在工作中必须面对的问题。很多新手在与潜在候选人的沟通中，往往由于沟通技巧不娴熟，说话不到位，造成了原本可能有意向的候选人拒绝了猎头的邀请。那么如何和候选人联系才能取得良好的效果呢？以下一些技巧供参考：

一、"卖自己"优于"卖产品"

一些新人在与候选人打交道之初，总想着是给人送机会，所有的人都不会拒绝,所以刚联系时就把岗位描述得多么好,机会是多么难得等,而忘了基本的信任关系。任何人在接到陌生人的电话时,总会有一种警惕感,更何况是涉及自身职业发展的问题,是不能马虎的。所以,第一次通电话的主要任务是把你介绍给候选人,让他/她相信你,而不是急着卖你的"猎头产品"。

二、试探需求,邮件先行

不难想象,好的高级人才也许会经常被猎头的电话"轰炸",对猎头变得有点不耐烦,根本就不愿听你说完所谓的机会,就"礼貌地"把电话挂了。也有很多时候可能是因为不方便,或许是他对这些机会并不感兴趣,又或者是他刚刚接了另一个很棒的offer,根本就不愿意了解你提供的机会。如果在你电话联系候选人之前,能给他发个e-mail,告知你的情况,你联系他的目的是什么,把项目的情况也进行分析,并在e-mail中说明,如果方便,将在某个时间(要非常具体)给他来电话,希望他不介意。有礼有节,就能收到意想不到的效果。

三、短信息,此时无声胜有声

时代在发展,任何一个候选人,都会有个人的手机号码。有些时候,短信息的效果比电话要好。一般的人,总不是那么容易相信别人,但如果你的信息设置巧妙的话,就能够让候选人很好地找到你,很好地建立起对你的信任。

四、熟人策略,建立信任

信任在陌生人之间是不会产生的,但对熟人来说,如同学、朋友等,相互之间的信任度就会比较高。如果你能找到候选人的朋友,通过朋友来认识候选人,那么被接受的概率就会大大增加。

五、打造知名度和影响力

知名度不仅仅指个人知名度,也指企业知名度。如果你的名号足够响,当然会有很多人很愿意认识你。就如同在猎头行业,你提到万宝盛华、光辉国际这样的知名猎头公司,一般的候选人肯定会比较重视;在酒店猎头界,你提到九斗猎头,候选人大都也会有所耳闻。

总之,只要你不表现傲慢,坚持通过各种方式,不断尝试和交流,以真诚去打动你的候选人,相信很快就会见到成效。

案例4:熟人策略,曲线挖人

某猎头公司受某投资公司之托寻找一位电子商务公司CEO。通过大量的寻访工作,终于将目标锁定为一个海外归来的博士,他目前担任一家集团公司的副总裁,同时兼任网络公司的总经理,对行业精通,非常符合客户的需求。

但当猎头与他联络时,却碰了一鼻子灰。他不愿考虑猎头的邀请,甚至没有兴趣了解客户的情况。

猎头公司不得不寻访其他人选,却始终没有找到更合适的人选。看来最好的方法是说服这个博士接受客户的邀请,但谈何容易啊!于是猎头顾问通过各种渠道,对该博士进行了全面调查和了解。结果发现,此人年薪已经比较高,老总对他也不错,公司的前景也比较好,而且他也不是特别看重金钱的人,因此没有跳槽的欲望。

经过分析后,猎头公司说服客户制订了更加可行的物质条件和个人发展空间:年薪在百万级,同时赠送一定的股权和股票期权;对个人未来发展也进行了明确的规划等。然后再次通过朋友与其接触,却仍然不能使他认真听完猎头顾问的介绍,行动再次失败。

正在项目进展陷入僵局时,猎头顾问了解到一个重要信息:该人选当初曾经受到一个被他称为"导师"的人的帮助和教诲,他非常尊重这位导师。于是,猎头顾问通过特别制造的机会与"导师"认识,并以自己真诚直率的处世态度获得了对方的信任,双方成了很好的朋友。接下来,猎头顾问顺势与"导师"共同分析了候选人到底在现有公司发展好还是在我们客户那里更好,结果当然是显然的。

最后,在"导师"的帮助下,在客户董事长求贤若渴的态度感召下,博士终于答应了客户的邀请。

猎头公司收取客户的费用,肯定会碰到许多非常难以处理的项目。此时,猎头顾问必须使用一切可以使用的合法手段,在替候选人进行利益平衡的同时,采用非常手段将人才猎到客户那里。想人所未想,至人所未至,才是优秀猎头应有的职业素养。

● 三招搞定电话约谈

——您好,张总,我是梁耳,上次给您发过短信,您还记得吗?

——哦,梁总监,您好啊。

——张总,我这边有个项目,我看过您的资料,觉得很符合您的要求,对这个信息您是否感兴趣?

——您说来听听。

——这是一个大型连锁酒店集团的下属五星级酒店,需要找一个分管营销的副总经理。

——工作地点在哪里?

——在上海,我看您在上海呆了好多年,对上海的市场肯定很熟悉。而且这个酒店集团的发展势头很好,未来还要上市,发展空间也很大。所以我觉得真的很值得您考虑一下这个机会。

——我在目前这个酒店呆了也有三年多了,是有计划换个发展平台。

——张总,您看这样好不好,我们找个时间,见面聊聊。

——好的,这个星期五上午我有时间。

——好的,到时我们找个地方坐坐,在您公司附近好了。我安排好地点,到时告知您,好吗?

——好的,谢谢。

电话邀约工作是与候选人建立初步联系的最基本也是较为关键的一步,是猎头顾问通过电话沟通的方式把企业和相关的岗位信息传达给潜在候选人,并且了解和引导候选人的应聘意向,最终邀请他在一定的时间、地点和猎头见面的工作。

电话邀约的重要性决定了这项工作不能被轻视,但在有些猎头公司的操作中,不少猎头顾问都会觉得这项工作太简单,无足轻重,随便安排个助理甚至是实习生来打这个电话,其实是大错特错。与候选人电话邀约,特别是与高端人才(总裁级、总经理级)邀约,如果出问题,或者未能获得候选人的认同,后果可能非常严重。电话邀约得好,就能充分展示猎头的职业形象,引起候选人对委托客户和委托岗位的兴趣,同时也能消除候选人自我保护的心理。邀约得不好,就会使该猎头公司和猎头顾问在目标人选心中留下不好的第一印象。进而有可能关系到猎聘能否成功实施,最终会影响到委托项目能否及时、高效完成。

那么如何才能做好电话邀约工作呢? 以下有些技巧可供参考:

一、分析结合点,一语中的

在电话沟通之前,应该准备好可能要用到的资料,包括委托企业可以提供给候选人的基本信息、委托岗位的要求,对客户的委托进行深入分析,找出委托项目的吸引点。分析候选人资料时,可以用笔圈出候选人的亮点,从而找出双方可能的结合点进行重点突破。

沟通时,要做到语言亲切、平和并能准确、精练地将委托客户的情况和岗位信息传达给潜在候选人。同时还应该了解他们的应聘意向,最后将猎头计划和候选人面试的时间、地点等信息进行确认和传达。

二、换位思考,尊重选择

委托猎头的一般都是高级管理岗位,面对的也多是高级人才。那么只有站在高级人才的思维立场上,才能体会他们的感觉。有些经理人根本没有换工作平台的打算,对于这类人才我们只有把握好他们的心理,站在他们的角度考虑问题,才能保证电话邀约的有效实施。例如,在电话沟通中确认对方是要找的人后,应该主动做一个简单的自我介绍,并马上询问对方"现在是否方便接听电话"。这样容易让对方感到你站在了他的角度,从而感受到你对他的尊重和重视。此外,也许对方现在由于某种原因的确不方便接听电话,通过这样一个简单询问,一方面避免了目标人才因不方便接听,而我们又对其滔滔不绝,致使对方产生反感的不良后果;另一方面,更让对方感觉到猎头顾问人员考虑问题全面,素质高,从而增强了其对猎头人员的尊重及认可程度,为后续工作的开展打下了良好的基础。另外,对于拒绝的候选人,猎头顾问也要本着理解的心态去平和对待,千万不能因恼生恨,影响工作情绪。

三、关注细节,考虑全面

一般情况下,我们可以从电话沟通的语音、语调和候选人的反馈,来判断他是否对委托的职位感兴趣。如果对方兴趣不大,我们可以适当地再说说企业的发展前景和吸引人才的优势,或者是这个职位本身可能会给候选人带来的发展空间, 引导候选人考虑机会。对于有兴趣的候选人,我们可以当场商定面试的时间,尽早商定时间也可以减少候选人此后放弃面试的几率。考虑到候选人在电话中可能不太方便记录面试的时间、地点等信息,所以, 不妨在电话中确认一下候选人简历中的邮件地址是否准确, 之后再发一封简短的邮件或发一个提醒的手机短信给候选人。为了促进和候选人沟通的效果,不妨在简单介绍后通过邮件方式把委托客户的可公开信息与职位信息发给候选人,让对方先去进行了解,也可以打听一下对方是否有MSN或QQ等沟通工具,通过这种渠道进行有效沟通。

总之,电话邀约环节对于整体猎头工作的顺利开展、品牌形象的提升都具有重要的价值和作用。因此,猎头顾问人员必须具备良好的沟通表达能力,耐心、细致的工作方式,平和、稳定的工作心态,以及较高的职业操守。

● 如何高效面试候选人

嘟呜……

——您好,李先生,现在忙吗?

——还好,梁总监,您说吧。

——好的,按照我们的一般操作规则,在把候选人推荐给客户之前,我们猎头需要对您的情况有个更深入的了解, 有几个问题需要先和您聊聊,大概会占用您10分钟时间。

——可以,您有什么问题想了解呢?

——谢谢,那么我们现在开始,第一个问题是……

按照猎头业的一般操作规则,在把候选人推荐给客户之前,猎头公司要先对候选人进行面试,这也是判断猎头公司是否专业的基本标准之一。如果猎头公司是直接将候选人的简历和背景资料交给客户公司,并且马上要客户与候选人进行沟通,这一类公司离真正的猎头还有相当的距离。如果猎头公司先对候选人进行面试之后再提交给客户,这才是符合猎头行业操作规范的做法。因此,猎头公司在给客户输送候选人前,必须要花费一定的时间进行先期面试,以确保候选人是"合格人选"。

传统的面试方式是指面对面的交流形式,但随着现代技术的发展,面试的形式变得也更多样化,除了面对面,现在流行的还有电话面试、问卷式面试、在线聊天面试、在线视频面试、邮件往来面试等。每个形式都有各自的特点,可以单独使用,也可以结合使用。

下面我们着重谈一下电话面试。

一、电话面试

由于人才流动的地域范围越来越广,所以电话面试应用越来越广,但电话面试只是初步面试,并不能起决定性作用。电话面试也叫"远程面试",在猎头收到候选人简历之后,为了在推荐给客户之前做进一步的了解和筛选,往往用打电话交流的形式进行首轮面试。电话面试的特点是节省时间,节约成本,主要用于考察候选人的表达能力、沟通能力和应变能力等。

1. 电话面试的流程

(1) 问候对方,确认身份,自我介绍。如:"您好,我是××猎头公司的项目总监梁耳,您是张××先生吗?"

(2) 邀约面谈,明确占用时间。如:"您的资料我们已经收到,经过评估,我们觉得这个项目比较适合您,所以给您来电,有些问题想和您聊聊,可能占用您15分钟时间,不知是否方便?"

(3) 设定面谈问题,逐一发问。常问的问题有:"请问您现在是在职还是已经离职了?""如果有合适的机会,您换平台发展的意向有多大?""如果要您给出跳槽的缘由,那会是什么呢?""能说一下您对我们提供的这个岗位的理解吗?""谁是您的报告对象呢?""请问您有下属吗?""您未来3—5年的职业规划是什么?""您那边的薪酬大概是个什么样的呢?""薪酬结构如何？""如果您被录用,您需要的交接和到岗时间是多久？""您简历中说到的'××情况'是什么意思？"

(4) 感谢接受咨询。如:"谢谢您,您的资料我们会在编辑后,再推荐给客户看,如果有新的进展,我们会第一时间和您取得联系。再次感谢。"

2. 注意事项

在电话面试前,先花几分钟浏览一下候选人的简历,如果简历中有时间空当或是有疑问的地方,用红笔标记出来,在电话面试时,可以有针对性地询问。

猎头面试与一般面试是有区别的,尤其在面对特别高端的候选人时,猎头顾问的身份也很重要,不要轻易让"新手"去接触这些高级人才。

3. 排除标准

目标候选人尽管是从众多候选人中挑选出来的,但并非一挑一个准。有以下情况也很正常,这些人应该排除在推荐的行列之外:

(1) 吐字不清或是无法清晰表达自己观点的人,或者地方方言味太重的人。

(2) 人岗匹配度不高的人。

(3) 薪资要求与客户给出的标准严重不符的人。

(4) 态度比较冷漠的人,或态度比较傲慢的人。

(5) 只看重钱,明显不符合猎头价值观的人。

二、问卷式面试

高级人才面试,仅仅通过交谈,往往会感觉有所欠缺。考察高级人才,最重要的是考察人才的思想高度、专业能力和思维方式,所以有越来越多的公司开始采用更为深入的问卷式面试。所谓问卷式面试就是通过设计书面的问卷,多方面考察候选人素质的面试形式。如为了掌握应试者的全面素质,包括个人兴趣爱好、处世能力、合作精神、个人利益、吃苦精神、战胜困难的勇气等方面的内容。一般要求候选人在一定时间内完成。比较常规的有管理咨询问卷、IQ问卷、EQ问卷等。问卷式面试一般需要设计的问题比较巧妙,能够多维度地考察候选人情况,有些机构也通过和一些测评机构合作来实现考察人选的目标。

三、在线聊天面试、在线视频面试

电话面试的局限在于如果是长途,特别是国际长途,不但费用高,而且有时候存在不方便的因素,如正在上班,办公室里不好接听等情况。现在的即时聊天工具已经非常普遍了,如QQ、MSN等,在线聊天也可以看得出候选人的思维能力、表达能力、计算机运用能力、现代交流意识等。另外,电话面试一般看不到对方(一般很少用可视电话),用在线视频就可以弥补这一缺陷。应该说,在线视频的应用已经越来越广泛,而且费用低廉,效果好。

四、面对面面试

在所有面试方式中,采用面对面的方式还是最重要也是最有效的选择。经过电话等方式面试,最终还是需要面对面进行交流。猎头的面对面面试一般针对高级人才设置,是评估候选人是否适合所委托岗位非常重要的一个环节。在面试候选人前,猎头公司一般会提前设置好相应的问题,这些问题会从多个维度来考察候选人,也就是人力资源领域常说的结构化面试方式。当然,针对高级人才设置的问题会更有讲究。附录中的表格是网络上比较流行的结构化面试题目,不妨借鉴。

五、其他面试方式

其他面试方式,如邮件面试,往往会要求候选人在给定时间内完成一个调查,并形成报告,以邮件的方式递交给应聘的公司,从而考察候选人的整体策划能力。还有专家面试,它的特点是一般会在遴选环节设有情景测试题,难度大,要求候选人的应变能力强等。要说明的是,面试方式无优劣之分、好坏之别,只有合适的,才是最好的。

[附录4]

结构化面试题

一、语言表达、仪表

序号	题目	面试要点参考
1	简单谈一下自己。	观察应试者的语言是否流畅、有条理、层次分明,讲话的风度如何。
2	请你告诉我你的一次失败经历。	如果能迅速作答,则应试者反应灵敏,或可能是应试者善于总结教训。
3	你有什么优点和缺点?	应试者对自己的判断是否中肯,自信、自卑和自傲倾向如何。
4	请讲述一次让你很感动的经历。	考察应试者是否感性。

二、工作经验

序号	题目	面试要点参考
1	你现在或最近所做的工作,其职责是什么?	应试者是否曾关注自己的工作,是否了解自己工作的重点,表述是否简明扼要。
2	你认为你在工作中的成就是什么?	了解对方对"成就"的理解,了解对方能力的突出点,是否能客观地总结回顾自我。
3	你以前在日常工作中主要处理些什么问题?	通过对方对自己工作的归纳,判断其对业务的熟练程度和关注度。可依此继续追问细节。
4	以前工作中有过什么良好的建议和计划?	了解对方对工作的改善能力。要追问细节,避免对方随意编造或夸夸其谈。

三、应聘动机与期望

序号	题　　目	面试要点参考
1	你最喜欢的工作是什么？为什么？请谈谈你在选择工作时都考虑哪些因素？如何看待待遇和工作条件？	可同时判断对方的分析能力和自知力。
2	你为什么选择来我公司工作？你对我公司了解些什么？你为什么应聘这个职位？	只为找到一份工作糊口而盲目求职的人培养潜质不高，但对公司不了解不应成为重点。
3	你对我公司提供的工作有什么希望和要求？	能大胆而客观地提出要求的人优先，提出不切实际要求的人可不予考虑。
4	你喜欢什么样的领导和同事？	喜欢什么样的人，自己也将最终成为那种人。
5	你认为在一个理想的工作单位里，个人事业的成败是由什么决定的？	价值观的一种。不同的职位需要不同价值观的人，但基本观念不能和企业文化相差太远。
6	你为什么要选读这个专业？你所学的专业和我们的工作有何关系？	当对方专业与本职位关联不大时使用本条。
7	你更喜欢什么样的公司？	判断对方在本公司的适应性和稳定性。

四、事业心、进取心、自信心

序号	题　　目	面试要点参考
1	你个人有什么抱负和理想？你准备怎样实现它？	追问题，避免对方夸夸其谈。
2	你认为这次面试能通过吗？理由是什么？	理想情况是既自信又不狂妄。
3	你认为成功的决定性因素是什么？	追问题：你认为自己具备其中的哪些？
4	你的职业发展计划是什么？如何实现这个计划？	有计划的人才真正有进取心，但要看对方所描述的是否适合本职位。

五、工作态度、组织纪律性、诚实可靠性

序号	题　　目	面试要点参考
1	你认为公司管得松一些好还是紧一点好？	无标准答案,关键在于对方思路。
2	你在工作中喜欢经常与主管沟通、汇报工作,还是最终才做一次汇报？	无标准答案,系工作习惯问题。
3	你如何看待超时和周末、休息日加班？	理想情况是既能接受加班,又不赞成加班。
4	你认为制订制度的作用是什么？怎样才能保证制度的有效性？	观察对方是否言不由衷。

六、分析判断能力

序号	题　　目	面试要点参考
1	你认为自己适合什么样的工作？为什么？	希望对方能切实结合自己的性格、能力、经历特点有条理地分析。
2	你认为怎样才能跟上飞速发展的时代而不落后？	追问题:你平时主要采取一些什么学习方式？
3	"失去监督的权力必然产生腐败",对于这句话你怎么理解？	虽与工作无关,但能观察对方观察问题的角度与推导的思路。
4	吸烟有害健康,但烟草业对国家的税收有很大的贡献,你如何看待政府采取的禁烟措施？	虽与工作无关,但能观察对方观察问题的角度与推导的思路。

七、应变能力

序号	题　　目	面试要点参考
1	在实际生活中,你做了一件好事,不但没人理解,反而遭到周围人的讽刺和挖苦,这时你会如何处理？	反馈的时间应作为主要参考因素,若对方在20秒内还没有回答,自然转入下一个问题。
2	在一次重要的会议上,领导做报告时将一个重要的数字念错了,如不纠正会影响工作。这时你会怎么办？	反馈的时间应作为主要参考因素,若对方在20秒内还没有回答,自然转入下一个问题。

八、自知力、自控力

序号	题　　目	面试要点参考
1	你认为自己的长处和短处是什么？怎样才能做到扬长避短？	关注对方对自己短处的描述。
2	你听见有人在背后议论你或说风凉话，你怎么处理？	关注对方思维的出发点。
3	领导和同事批评你时，你如何对待？	观察对方是否言不由衷。
4	假如这次面试你未被录取，你今后会做哪些努力？	观察对方听到问题时瞬间的反应。

九、组织协调能力、人力关系与适应能力

序号	题　　目	面试要点参考
1	你担任过哪些社团工作？	顺势追问细节，全面观察对方。
2	你喜欢和什么样的人交朋友？	营造轻松氛围，尽量让对方放低戒心，展开阐述，从中观察细节。
3	从一个熟悉的环境转入陌生的环境，你会怎样努力去适应？大概需要多久？	不妨先举个实例引导对方，如：想象你到了一个陌生的城市拓展市场业务……
4	你更喜欢主动地开展工作还是由上级指挥工作？你喜欢独立工作还是与别人合作？	两类人都有可取的地方，当对方选择其中一个时，可追问他对另一类人的看法。

十、精力、活力与兴趣、爱好

序号	题　　目	面试要点参考
1	你喜欢什么运动？	将对方的兴趣分为身体接触对抗型、不接触对抗型、非竞争型、静止型、独享趣味型等，再进一步分析。
2	你业余时间怎么度过？你喜欢什么电视节目？喜欢读哪些书籍？	将爱好与应聘的职位一起分析，试寻找共同点，判断对方今后对职业感兴趣的可能性。
3	你一般什么时候休息？什么时候起床？	休息有规律者优先。
4	你经常和朋友玩到很晚才休息吗？	能熬夜是精力充沛的表现，但若是经常"玩"得很晚则上进心不足。

十一、专业知识水平及特长

序号	题　　目	面试要点参考
1	你认为自己最擅长的是什么？	与应聘职位一起综合考察，寻求共同点。
2	谈谈你对本专业现时发展情况的了解。你认为业界今后的发展如何？	时刻掌握专业最新资讯的有培养潜力。
3	你有什么级别的专业资格证书和能力证明？你认为它们能证明你能应付工作中的什么具体问题？	对本专业的深度理解。
4	你最近阅读、写作或发表了什么专业文章或书籍？有何收获？	一般侧重于阅读的收获。

● 正确认识人才测评

——梁总监，张先生的测评结果出来了，您要不要看看？

——情况你先说一下，我听着。

——张先生的沟通能力、计划能力、执行能力都很强，但培养下属能力、情绪控制能力、组织能力表现的都存在不足。

——跟我面试后的判断基本一致，看来他做总经理有一段距离。我们不把他作为优先人选考虑吧。那王先生的报告情况如何？

——也已经出来了，比较理想，您看看。

电影《天下无贼》里黎叔(葛优饰)曾说过一句现在大家都耳熟能详的话：21世纪什么最宝贵？人才！管理大师彼得·德鲁克(Peter Drucker)也认为："企业只有一项真正的资源——人。管理就是充分开发人力资源以做好工作。"德鲁克同时强调：没有什么决策比人事决策更难做出，后果会持续作用这么久。但总的来说，经理们所做的人才选聘决策并不理想，一般而言，平均成功率不大于1/3，即在多数情况下，1/3的决策是正确的，1/3的决策有一定效果，1/3的决策彻底失败。

在人才竞争日益激烈的今天，如何准确快捷地甄别人才已成为企业管理的重中之重。权，然后知轻重；度，然后知长短。人才测评正是在这样的背景下,由于其科学的理论依据和技术的可操作性,已成为许多国际知名企业选择与考核人才的必备手段，如今也越来越被更多的中国企业和人员认同并采用。

一、什么是人才测评

人才测评是指运用心理学、管理学等多学科的原理和方法,对所需人才的知识水平、能力结构、道德品格、个性特点以及职业倾向和发展潜力等多种因素进行的测量和评价。通俗地解释一下：一把米尺可以帮助我们了解一个人的准确身高，一个血压计则可以帮助我们掌握一个人的心跳快慢和血压高低,此二者皆可帮助我们了解一个人的身体状况。标准化人才测评,则可以帮助我们相对迅速精确地掌握受测者的兴趣、性格、能力倾向等人才特征和发展潜能。

二、人才测评的作用

1. 人才测评能帮助企业从另外一个角度了解人才

以往企业识别人才,主要看学历,看档案(工作经历)。因为学历能说明一个人具有某一学习经历,或者说具有某一专业系统知识的可能性。档案(工作经历)对人的职业历程有所记载,也能从中看出人才的职业经历,从而证明了个人的能力。但相对来说，这些资料都疏于对人才特质的分析。具体岗位对人才都有特定的素质要求,如有重要的研究能力,有重要的公关能力,有重要的组织能力,而这些在一个人的胜任力评价中至关重要。新兴的人才测评正好能较好地解决上述问题。它可以从人才的能力、个性等给出一个完整的剖面图,从而对人才进行全方位的评价。

2. 人才测评能减少用人的主观性,增强客观性

传统的用人过程中,企业管理者选择人才时,常常凭个人偏好,有很强的主观性。个别管理人员甚至在选择人才时,还存有私心,搞任人唯亲,拉帮结派,从而背离了任人唯贤的原则,打击了大批人才的积极性,削弱了企业的整体效能。人才测评可以帮助用人者科学、客观、有效且可靠地录用员工,为各个职位安排合适的人选。采用人才测评选人任人,可以避免人才聘用、录用、使用中的一刀切、平均主义、大锅饭思想和各种主观偏见,从而民主、公平、有效地录用与安置人才。

通过人力测评,不仅可以了解人才的能力与职位要求的匹配度,而且可以了解其工作动机、性格气质特点等与职位发展的匹配度,实现人与事的科学配置,从而消除这些人事配置中的主观臆断的弊端。

3. 人才测评有助于实现因才施用

企业使用人才,只有各有所得,各展其志,才能人尽其才,才尽其用。反之,小材大用或此才彼用,会危害企业的运作,而大材小用,则会埋没人才,浪费企业资源。人才测评有利于企业管理者知才之长、知才之所、知才之志,从而将人才安置在最适应的岗位,发挥其最大作用。人才测评还可促使员工了解自我、认识自我,从而激励自己不断完善自我,在工作中扬长避短,发挥自己的优势。

三、人才测评的误区

1. 测评万能论,以人才测评代替人事决策

有的人过分夸大现代人才测评的作用,期望把人才测评结果直接用作人事决策,所以有必要说明一下,人才测评只能为人事决策提供一些参考信息,而不能取代用人决策。一个人是否录用或晋升,不仅要看这个人的综合素质,还要考虑到岗位特征要求和企业文化等客观环境因素。最终的用人决策必须有主观判断,人才测评只是降低这种主观判断的失误率。这与医生看病的道理是一样的,血液化验只能提供一些生理指标状况,如白血球是多了还是少了,血糖浓度是高了还是低了,等等。但至于病人得了什么病,还有赖于医生在综合各种化验结果后做出判断。

2. 测评只是个测试游戏

有的人认为人才测评就是心理学测试游戏,是计算机标准化量表测试,任何人的结果都是差不多的。这也是对测评的错误理解。人才测评是有科学体系的,结合了很多的学科研究,诸如心理学、管理学等,是比较科学的现代人才评价方法。人才测评一般包括问卷测试、结构化面试和情景模拟作业等。

3. 对测评结果的准确性期望过高

许多组织机构对人才测评结果过于相信,以至于把测评结果报告中的每一句话都当作真理,这也是不可取的。我们认为,现代人才测评技术比传统的选人用人办法要客观准确,但这种准确性永远无法与物理测量

相比。因为首先,人的测量要比物理测量复杂得多,有时连测评要素的界定也不是很明确, 以至于明明想测某种特质, 结果却测量了另外一种特质。如本想测"应变能力",可实际测的是"社交能力"。其次,在人才测评过程中,经常会受到多种因素的干扰,特别是受测者自身因素的干扰(如紧张情绪、心情、身体状况,等等)。所以,人才测评的准确性并不像物理测量那么理想,千万不能把测评报告中的每一句话都当作真理。

4. 人才测评无用论

尽管现代人才测评技术的应用越来越广, 但仍有人认为它并不比传统的选人用人办法高明多少, 不用这些测评技术, 企业照样能很好地发展。事实上,这种看法也是不可取的。西方有人计算过人才测评在选人用人中的投人与产出之比,结果发现,用人的准确性每提高1%,所带来的经济效益非常可观。

目前还有一些人没有很好地认识到人才测评的重要性, 比如组织内的晋升往往是从现有岗位中表现较好的人中选拔。这里有一个基本的逻辑:"一个在某个职位上干得好的人,在更高的岗位上也一定干得不错。"但有时候情况往往事与愿违。如在某企业里,有一个技术上过硬的员工,因其出色表现被破格提拔为车间主任,可干得一团糟,车间的许多员工纷纷抱怨,士气低下。结果,对于一线来说,少了一个技术骨干;而对于管理层来说,多了一位很蹩脚的领导。如果在选拔前经过测评咨询,恐怕结果不会这样。

总之,好的猎头公司会有专门的测评软件,而这种软件都是专门开发的,如人才测评软件是针对酒店行业人才特点,与专业机构共同开发,效果相当不错。

[附录5]

人才测评报告

××部高级管理人员胜任力
欠缺　　　　　　　　　合格　　　　　　　　　优秀
您对该职位的胜任力较强。具备胜任××部高级管理人员一职的基本素质,并在学习意识、执行能力这两个方面表现非常突出,胜任这个岗位的工作不会有什么问题。
计划能力 　　计划能力是确定未来工作开展目标以及实现目标的方式的能力。
计划能力得分:5.7分 　　您的计划能力比较优秀。您擅长策划,思维的条理性强,注重计划的质量,能够通过制订合理的计划来引导工作的顺利进行、组织的健康发展。
创新能力 　　创新能力是为了一定目的,对现有事物进行合理变革,使其得以更新与发展的能力。
创新能力得分:5.5分 　　您的创新能力一般。您能从生活、工作中受到一些启发,从而设计出新颖而有价值的产品来。但总的来说,您在思考问题时容易被思维定势所束缚,不算是最具创造性的那类人。
沟通能力 　　沟通能力是准确地理解信息,并清晰、合理地表达信息的能力。
沟通能力得分:3.8分 　　您的沟通能力较弱。您的理解和表达能力不是很出色。您在沟通中不太注意场合和对方的情绪,有时候会说一些不恰当的话,引起对方的反感,在以后的工作中需要注意。
应变能力 　　应变能力是当意料之外的事件发生时,合理处理事件、解决问题的能力。
应变能力得分:6.6分 　　您的应变能力比较强。即使是意料外的事件发生,您也不会感到惊慌失措,而是能够冷静地思考解决问题的最佳方法,并及时把问题处理好。

续 表

组织能力

组织能力是通过统筹和管理各方面资源提升整体工作效率的能力。

组织能力得分:6.3分

您的组织能力比较强。您善于用人,长于统筹协调,能够合理分配资源、安排时间,使得项目工程有条不紊地进行。您也有出色的事务性工作能力,能把一切安排得井井有条。

执行能力

执行能力是通过对员工的监督和激励,确保整个工作团队向着工作目标有序前进的能力。

执行能力得分:7.1分

您具有很强的执行能力。您做事雷厉风行,意志坚强,处事果断,能够坚定严格地贯彻执行既定的计划和上级的意图。您能够及时检查下属的工作进展,以确保工作的如期完成;即使在工作中遇到难以处理的问题,您也能想尽办法把困难克服。

识人能力

识人能力是通过观察和接触,准确地把握他人的情绪、人格、能力和动机的能力。

识人能力得分:5.0分

您的识人能力一般。您有一些社会经验,对他人的身份、情绪有一定的分辨能力。不过,您不能在较短时间内看透他人的深层心理,有时会被一些虚假的表情所蒙蔽。

领导意识

领导意识是个体对成功的渴望程度和统帅他人能力的总体评价。领导意识是影响管理人员绩效的一个重要特质。

领导意识得分:5.6分

您的领导意识中等。您会认为成功没有一个绝对的标准,相对而言,别人眼中的巨大成功在您看来却不以为然。在这样的双重标准下,您对成功不会进行刻意的追求,顺其自然的成功才会使您感到享受。您很重视自己的心理满足,在工作中会取得意想不到的成功。虽然您很有能力,但不会去追逐团队的领导位置,您总是容易淹没在积极进取的众人中。因此您的人缘很好,别人不会把您列为一个有力的竞争对手,而是一个可以信赖的朋友。

原则性

原则性是在各种情形下都能灵活地坚持原则、维护已有规章制度的能力。在实际工作环境中,坚持原则是个人基本的职业素质,具备高度的原则性才能维护组织利益。

原则性得分:5.7 分

　　您的原则性较强。在大多数情况下,您都能坚持原则,在特殊情况下,您也能灵活地运用原则办事。您是一位有人情味的领导,能够有技巧地调和原则与现实状况之间的冲突。您能够公平地对待下属,甚至能破格提拔人才,原则和规章制度并不是您为人处世的唯一标准。

情绪管理

　　情绪管理能力是通过对自我情绪的有效管理和调节,使自己更好地适应外界、保持自身心理健康的能力。情绪管理能力会影响到个体的沟通、交际等各方面的能力。

情绪管理得分:4.6 分

　　您的情绪管理能力一般。您能够使用一般的情绪调节策略进行情绪管理,在交际场合能够觉察到情景的变化并努力改变情景。您能注意到沟通过程中他人的情绪变化并试着进行调节,当自己的情绪不佳时您能及时查找原因并防止它继续蔓延,从而使自己尽可能地处于一个良好的状态。

职业意识

　　职业意识是指对所属职业的归属感,它的具体表现为:工作积极认真,有责任感,具有基本的职业道德。

职业意识得分:6.2 分

　　您有较强的职业意识。您能够很认真地对待自己的工作,某些时候您会认为自己的工作更重要,会主动提出对组织发展有意义的建议。您认为自己所在的组织能够为自己提供良好的发展机会,自己可以在这个岗位上施展才华,并打算长期做下去。工作中您能恪尽职守,严格要求自己,尽量把工作做得更好。您对每个人的发展都怀有良好的意愿,并能在他们需要的时候提供帮助。您会因为自己对工作精益求精的态度得到上司的嘉奖,在他眼中您是一名优秀的员工,是组织可以信赖而得到发展的中坚力量。在下属眼中,您是一个有能力的人,具备出色的工作能力和乐于助人的品质,能够较好地把握时机引导激励下属,形成强大的团队凝聚力。

下属培养

　　培养下属的意识是管理者能够不断促进下属成长的意识。

下属培养得分:5.5 分

　　您的培养下属意识较强。您知道培养下属的重要性,也意识到自己该给下属分权,不过在实际工作中,您有时会担心下属不能胜任任务,从而在分配权力的时候有所保留。在

续　表

决策的时候,您也会听取一些员工的意见,但总的来说仍是自己做决定。在您的领导下,比较勤奋的员工会有发展机会。

学习意识

　　学习能力是学习新事物,掌握新技能,并能加以灵活运用的能力。学习能力是个体成长过程中的重要能力,学习能力的强弱会直接决定个体的发展状况。

学习意识得分:6.9 分

　　您的学习能力很强。您会认为个人能力的提高是很重要的。不管从技能上还是思想上,这都是一个自我提升的过程,这样的过程会让您觉得很兴奋。您对新事物有敏锐的觉察力和强烈的兴趣,会迫不及待地了解它的实质和过程,并在自己的工作中加以灵活运用。在不断的学习中,您很快会变得富有经验和能力。

团队协作

　　团队协作意识是为实现一个共同目标,促进彼此合作的意识。

团队协作得分:6.1 分

　　您的团队协作精神较强。您易于相处和沟通,有较强的合作性,在工作中能够从集体的利益出发,不会为了追求个人的效率而损害整个团队的效率。您有一定的大局观,在工作中不仅仅追求自己部门的效率,也能为其他部门提供方便。

测评显示:

　　●您有以下优势(标有★的为突出优势):

　　　　◎善于从环境中学习,思想开放,能够很快接受新事物。★

　　　　◎执行能力很强,能够坚定地贯彻执行上级的指令。★

　　　　◎长于规划,制订计划的能力非常强。

　　　　◎有很强的原则性,严于律己,能够自发地维护组织的秩序。

　　　　◎职业意识很强,有奉献精神。

　　●您有以下劣势(标有★的为突出劣势):

　　　　沟通能力有待提高,与人交流的技巧存在欠缺。

案例5：了解候选人的真实要求

浙江某酒店管理公司曾委托我们为其物色市场销售总监，我们很快找到了一个非常不错的候选人。由于这个候选人可以一人兼两职（对连锁开发很有经验），这次工作还为客户节省了一大笔费用，候选人也自然很顺利地拿到了客户的offer。之后，候选人的离职申请获得了批准，30天后就能按时去客户那边报到。就在我们都认为这个事情是铁板钉钉的事情时，天有不测风云，在即将入职的前两天，候选人突然发了e-mail，说他又接受了另一家的offer。经过紧急电话沟通，我们才知道找到他的是一家国际联号酒店集团，两年前候选人在美国攻读硕士时就曾接触过，而候选人也一直想加入这个集团，只是当时还没有很合适的职位给他。直到我们找到候选人并推荐给客户的这个期间，那家公司才向他伸出了橄榄枝。

事后总结来看，关键在于我们对候选人的真实需求把握不够，只是看到了表面而没有深入了解候选人的内心。对于猎头行业来说，深入了解候选人的真实想法是非常重要的工作，否则很容易出现上面的情况。有时即使候选人入职，短期内也容易再次发生变故。我在跟候选人沟通的时候，就经常听到这样的抱怨：以前也有猎头找过我，但他们根本不知道我想要什么。可见，只有充分掌握候选人的真实情况，掌握候选人真正的职业素质和个性特征，才能使后期的推荐工作事半功倍。

● 如何做好背景调查

——梁总监，项总说上海××酒店集团的张董事长来电话，要让我们帮忙猎头五星级酒店总经理，让您有时间时亲自做一下这个酒店的背景调查，回头把报告提交给项总。张董事长希望项总能亲自操作这个项目，项总答应了。

——好的，项总有什么特别交代吗？

——他说您如果有关于这个酒店的问题要咨询，可以直接跟对方的人力资源总监柯总监联系，他会提供一些您需要的信息。对方的号码后台有记录，您看一下。

——好的,我知道了,你跟项总回复一下,我大概需要两天时间,到时我会提交报告给他的。

——好的。

一、如何做好企业客户背景调查

猎头公司在接到客户的委托意向时,需要对客户的情况进行摸底,特别是首次和某个企业合作时,更要慎重地进行企业的背景调查。

(一) 企业背景调查的内容

从硬性指标上看,有企业历史、企业投资规模、企业产品、企业营收数据、企业员工数量等。

从软性指标上看,有企业文化建设、企业品牌影响力、企业内部管理、企业领袖个人情况、企业员工状态、企业发展规划等。

(二) 企业背景调查的方法

1. 观察法

通过对企业宣传册、企业网站、产品资料等的查阅,可以看出企业的风格。企业的自我介绍有几种形式,包括网站介绍、企业宣传画册介绍、文字介绍、口头介绍等。特别需要提醒注意的是,企业提供给猎头的自我介绍中,一方面因为企业平时准备的相关资料(网上、画册等)出于自身宣传的需要,存在着宣传不实、美化夸大等现象;另一方面,企业希望猎头公司为其搜寻到具有竞争力的高级人才,也常常会有意或无意地美化和夸大自己的投资规模、行业前景、经营状况等,掩盖或回避自身存在的问题和不足、面临的困难和压力、内部管理的不合理性等。所以这就需要猎头顾问在做企业背景调查时,既要参考企业的自我介绍,又不能只是停留在企业自我介绍的基础上,需要审慎评估企业的状况,做出比较客观实际的判断。

2. 调查访问法

猎头顾问可以凭借工作性质的便利条件,到企业进行实地调查和访问。广泛听取企业内部员工、已离职员工对企业的评价;可以通过网络资源了解企业在行业、社会上的信誉度、影响力,以及公众的评价等;可以向同行业企业或竞争对手企业相关人员了解实际情况。

3. 多方打听法

任何稍具规模的企业都会有客户、离职员工等,通过对客户的调查,对离职员工的调查,能够获得更多的真实信息。

4. 网络查询法

通过口碑网站、行业论坛网站、消费者反馈等,获得企业知名度和信誉度的公众评估结果。

总之,一份真实详尽的企业背景调查报告,是猎头业务取得成功的前提和保证,也是候选人利益的最大保障;有实力和耐心做出一份合格的企业背景调查报告,也是一个猎头顾问的必备技能。

二、如何做好个人背景调查

——梁总监,您上次叫我推荐给上海大酒店的张总,对方看上了,您和他是不是很熟悉啊?

——是的,我们认识有两年了。平时也有联系,怎么了?

——您这么熟悉,背景调查是不是不用做了?

——谁说的,平时有这么教导吗?

——哦,那我还是要做?

——当然,不管多么熟悉的朋友,毕竟只是一段经历。总之,无论遇到谁,背景调查的程序是不能少的。

——好的,知道了。

很多朋友对猎头公司的运作感到很神秘,尤其是对背景调查,不知道猎头顾问是怎么把候选人的情况掌握得那么清楚的。其实,关于背景调查也并没有多少神秘可言,它就是根据委托职位的胜任力素质模型开展的一系列科学严密的调查和分析。

背景调查,英文翻译为background investigation,或者reference checking,是指通过从外部求职者提供的证明人或以前工作的单位那里搜集资料,来核实求职者个人资料的行为,是一种能直接证明求职者情况的有效方法。背景调查既可在候选人面试之前也可在其后进行。这将花费一定的时间和财力,但一般仍值得去做。

(一) 个人背景调查的必要性

根据我国人口普查资料,全国持假文凭者已达60万人以上,相当于20世纪90年代一年的普通高校毕业生总数,同时有1/3的求职者的简历有不同程度的虚假。据美国一项资料显示，有3000万人曾经因为伪造简历被录用。在我国，这一数字到底有多少无从知晓。防假于未然，背景调查是拒假于门外的有力武器。

猎头公司会对每一位推荐的候选人进行深入的背景调查，这不仅仅是猎头行业的基本规则，也是猎头公司存在的重要价值体现。越来越多的企业，对求职者简历的造假表示非常反感，而录用背景不真实的人，有时候的代价是十分巨大的。

马瑟斯不久前为一家国际企业工作，这家公司聘用了一个哈佛毕业生，此人的资格"几近完美"。聘用此人后不久，公司便产生了狐疑：他总是很晚才离开公司，而且举止怪异。后来，人们发现他在偷公司的软件。"在做出解雇决定前，我们向他先前的三个雇主求证，他们都道出了此人的丑闻：他曾经滥用职权，他曾经虐待他的妻子，他曾经因为偷窃而被公司开除。"

另据媒体报道，在广东曾经发生过竞争对手派人打入对方窃取技术资料的"工业间谍"案。一家微电子企业在招收了五名技术开发人员后的半年里，公司的许多重要技术被竞争对手掌握，凡是新开发产品，对方都会抢先一步推向市场，专利也会被抢先申请，为此，公司遭到巨大损失。这个情况引起了公司的高度重视。经过内查外调，终于发现，在最新招聘的五名技术人员中，有一个人原是竞争对手企业的职工，他的任务就是窃取技术秘密。后来虽然公安检察部门做了处理，但是企业遭受的损失却无法弥补。

有一家企业招收财务主管时，没有对录用人员进行起码的审查，结果，被录用的人虽有高级职称，却是个有贪污前科的人。仅在一年内，他就利用自己手中的财权，将公司的近200万元资金转移并吞为己有。当公司发觉时，此人已逃离出境。

由此可见，对录用人员，特别是关键岗位、重要人员的背景调查不但是必要的，而且是必需的。所以有些猎头公司已经专门把背景调查服务列为可以提供的核心产品之一。

（二）个人背景调查的内容

当猎头告知候选人已经开始着手对其进行背景调查，那么通常这个候选人已经被客户认可了。获得这个职位的可能性已经在80%以上了。

猎头的背景调查是针对候选人的各种情况进行的，调查的内容包括以下几方面：

1. 候选人学历、证书的调查

对于学历的调查，比较容易判断出来，现在很多的学历证书、英文证书网上都可以查出来。猎头公司一般会采取"证书编号网上查询"或"直接找其毕业学校请求配合调查"的方法，除非是一些年代比较久远的学校或者是已经不存在的学校，一般的学校的档案馆都会存放学生的学历证明，都会很快调查出结果。学历存在的问题，主要有几种类型：一种是完全伪造，根本就没有在这个学校读过书，拿过学位；一种是入学的时间有出入，或者是专科写成本科；还有一种是确实在该学校读过书，但是不是该专业。

除了学历以外，对于一些英文证书、技能证书的调查也是如此，一般网上都可以查到。但如果是无关紧要的证书，则一般不会做细致调查。

2. 工作经历的核查

猎头公司一般会对候选人近十年的工作经历进行调查，年代太久远的意义也不大了。针对工作经历的调查，猎头公司经常采取咨询访谈的方式进行，主要是针对候选人提供的工作经历和内容，在其以往工作的单位的同事中展开调查。这方面的调查尤为重要，往往很多看似合适的候选人就是在这样的调查中被排除和淘汰掉的。关于工作经历调查，核心的内容有：

（1）任职时间。有不少的经理人，喜欢在任职时间上作假。一般表现形式是加长任期时间。很多经理人也知道，频繁的跳槽对于应征新的岗位是个很大的障碍，因为频繁跳槽给人的感觉是能力不够、心浮气躁，或是忠诚度很差等。为此，为了带给未来业主好的印象，部分经理人对其任职时间进行了篡改。我碰到最过分的一个情况是S总在某五星级酒店任职只有三个月却改成了三年。

（2）任职职位。职位不实这个现象也很普遍。第一种表现是给自己"升官"，比如任职是经理，说成是总监；任职总监的，说成是副总或总经理；任职副总的，说成是总经理或CEO。第二种表现是捏造任职经历。不曾在某公司任职过，但对该公司比较了解，就谎称在该公司任职。

（3）具体工作内容。候选人担任某职务应该负责的工作有哪些，只有弄清这些问题才能避免浑水摸鱼的现象发生。有的候选人可能也就在前一个公司刚刚被提拔为经理,大部分时间是主管,却在简历上写担任经理职位两年时间;不分管销售的副总,说成了分管销售。因此,背景调查能够挖掘出一些不真实的信息。

(4)候选人的工作表现。候选人的业绩如何,尤其与其他同事比较起来看表现如何。比较了解到的情况是否和简历中描述的一样。其上司和下属对候选人的评价如何,这也是十分重要的,因为他们最了解候选人的工作表现。有些候选人喜好吹嘘,说业绩翻了两番,等等,这种情况就特别需要查证。

(5)人际关系能力。与其他同事相处得如何,是喜欢单打独斗,还是团队精神很好?人际关系紧张,还是特别受欢迎?特别是对从事管理类工作的候选人来说,良好的交际能力和人际关系是不可或缺的。

(6)离职原因分析。真实的离职原因是什么,若有机会他的上级或公司是否还愿雇用他,或者还希望与他共事。看看与候选人自己说的是否一致,也许能发现候选人可能在某些方面有掩饰。

3. 辅助资料调查

(1)个人魅力如何。做事风格如何,工作积极性和热情如何,下属对其服从性和佩服度如何,独立开展工作的能力如何,是否以身作则等,可以通过证明人对候选人的评价反映出来,再结合面试的情况共同进行评价。

(2)在个性和诚信上的表现。如内向还是外向,热情还是冷淡,是否待人真诚,诚信方面有无问题,是否发生过经济问题等。诚信作为一种社会美德,是人人都应具备的。同时,诚信也是所有企业的经营发展之本,一个不讲诚信的人无论在什么样的企业里都不受欢迎。对个人诚信品格的调查非常重要,对不讲诚信的人,就算能力再强,企业也不会聘用。

(3)证明人与候选人之间的关系。证明人与候选人认识多久,关系如何,证明人担任什么职务。这样才能检验该证明人提供的信息是否有参考意义以及参考的程度如何。另外,也可以请证明人评价一下候选人的优点和不足之处(或者是需要提高的方面)。

(三)个人背景调查的方式和方法

1. 电话方式

猎头公司在推荐候选人时,一般会要求候选人提供2—3名证明人,并提供证明人的姓名、联系方式、职位等信息。一般地,应通过电话的方式与证明人取得联系,在确认身份的情况下,按部就班地咨询相关问题。由于候选人一般会和证明人事先说明,所以通过电话的方式,也能够取得证明人的信任。

2. 书面方式

人力资源部是官方调查渠道,猎头公司在做调查时,肯定要和人力资源部打交道。现在,越来越多的人力资源部对背景调查都愿意给予配合,但人力资源部一般会要求出具书面的正式函件,而通过这样的调查的效果往往比较好。

3. 上门拜访

针对有些项目候选人,特别是非常重要的岗位,猎头公司会采用上门拜访的方式,对原先候选人所经历的公司情况进行调查,并多方面对候选人的情况进行访问。这种方式往往能获得大量的一手信息,特别是很多董事长,对猎头公司这种负责任的态度都会给予配合。

4. 其他方式

利用猎头公司的人际关系网络,在比较熟悉、了解候选人并且能保守秘密的朋友中做调查;在候选人的亲朋好友中做调查;在候选人的同学、老师中做调查;还有,针对有些知名度的候选人,在网络平台上调查,在合作客户中调查等。

(四) 如何让背景调查的结果更有效

候选人提供的证明人对他的评价有多少可信度呢?很多人对此都持怀疑态度。当然猎头公司作为专业机构,不会不知道这个情况。一般情况下,也对证明人的评价只能打对折。那么如何才能使背景调查的结果更可信呢?以下几个建议可供参考:

1. 兼听则明,偏信则暗,360度调查

除了听证明人的评价,也要多方调查才好。人力资源部作为官方渠道,肯定要联系,如果有办法获得雇主的评价将更好。另外,也可以找候选人曾经的同事,相信如果10个人里面有7个人以上说好,那可以基本认为这个候选人是值得推荐的。有些猎头公司也同样采用360度调查的方法,有点类同于人力资源绩效管理中的360度考评法。对接受调查的证明人的划定范围,一般涉及候选人的"上级、下级、平级、原单位其他相关部门以及候选人以往的部分客户等",全方位的360度调查有利于得到准确的信息,从而对候选人得出公正的评价。比如一个销售总监,我们调查的时候,调查的范围会涉及"上司、下属、平级同事、客户、公司老总、人力资源部"等跟销售总监接触比较多的部门。这样,就保证了这个销售总监调查的维度。如果大家对他的评价都比较一致,那问题也就比较明确了。

2. 设计"结构化调查"问题提纲

"结构化调查"问题提纲的设计类似人力资源面试时常采用的"结构化面试"问题提纲,采取这种方法可以让调查变得更有效,也更容易达到猎头的调查目的。另外,请证明人按照提纲的要求来回答问题,也防止了被询问者无主题无边际地空谈。具体步骤有:

(1) 针对委托职位,设计候选人应具备的能力素质模型,就模型要素设计调查询问的问题,有针对性地展开调查,最大限度地保证调查询问的有效性和准确性。

(2) 根据素质模型设计"结构化"问题,尽量做到问题的具体化和可量化。询问的问题设计应该注意对诉求答案的具体化和可量化,"结构化面试"式的调查访问,更有利于我们得到准确真实的结果,从而帮助我们对候选人做出客观公正的评价。

举例:对一名人力资源总监的背景调查。

①这名人力资源总监的关键素质是:

A. 人力资源体系的搭建;

B. 绩效管理方案的设计与执行;

C. ……

②对证明人的提问。

如针对绩效管理方案的设计与执行,可以问:

"您认为××设计的绩效管理方案是什么样的方案? 能达到怎样的效果? 您认为这个方案是否达到了预期的目标? "

"如果满分是100分的话,这项工作您给他评分多少? 如果您给他打80分的话,您认为他还有20分是哪方面做得不好? "

"在这项工作中,有没有什么您觉得有代表性的具体事例,可以给我们描述一下? "

所以,在设置提问的时候,不能泛泛地提问,要把这些问题具体化和量化,才能得到我们想要的答案。

（五）个人背景调查应该特别注意的几个问题

第一，在流程上，在做背景调查之前，要先和被调查者事先签订一份《背景调查授权书》，这个证明文件是非常重要的。一方面，它做到了对被调查人的尊重。另一方面，在进行背景调查时，也可以作为说服被咨询对象接受询问的有力的授权证明，尤其是一些港资和外资公司，如果没有被调查人的背景调查授权书，对方公司根本不会搭理你。提供授权书以后，还得要求被调查人提供一些证明人的联系方式。

第二，限定要调查问题的范围。主要对求职者的工作情况进行调查，而无关的特别是涉及个人隐私的问题，要坚决避免。

第三，应该优先选取求职者的前上司或同事进行调查。这些人与求职者有更多的工作接触，对求职者的品行、能力、工作态度有更深入的了解。

第四，对在职人员的调查要特别谨慎，难度也比较大。因为如果你去进行背景调查的话，会对人才造成严重的影响。个人认为，可以通过这个公司已经离职的员工去了解。

第五，背景调查要和人员测评结合使用。背景调查并不是万能的，错误和失真有时难以避免。但如果将背景调查同其他甄别手段相结合，就会大大提高选择的正确度。

第六，谨慎看待推荐信的价值。在中国，人才推荐信的作用远不如国外来的有效，原因是大多数推荐信对求职者所提供的证明材料是积极的，因而很难利用它们对求职者进行区分。

第七，不要轻易承诺客户你可以调查候选人是否有犯罪记录。因为"犯罪记录"是内控有犯罪前科人员的重要资料，只能由公安部门掌握。"犯罪记录"也属于个人隐私，公安部门负责为当事人保密，一般不能随便公开，只有军事机构、司法机关出于职业和保密工作的需要才可调查。其实一般的公司在正常情况下不需要也不允许做这种调查。

第八，与接受调查的人沟通交流时，必须清楚地表明身份及来意，明确告知对方目的所在，让对方确知你们之间的对话内容是绝对保密的。告知对方候选人目前所应聘的是哪一项职务，以便让对方可以就事论事地评论。

第九，如果觉得对方似乎有意回避某些问题时，你仍然应该锲而不舍地追究，并诚恳地告知对方，你之所以如此执著，无非是希望确定这个录用的决定对于公司及求职者双方都是最合适的选择。

总的来说，目前国内的猎头市场处于一个快速发展的阶段，市场秩序比较杂乱，各猎头公司的服务水平和专业程度参差不齐，有些猎头公司也不怎么会做背景调查。以上各操作程序和观点相信能对业内同仁有所裨益。

案例6：人人都需要背景调查

这几年来，猎头公司的项目越做越多，知名度也越来越高，常有客户委托寻找有国际联号酒店背景的职业经理人。

曾有位客户委托我们搜寻国际联号酒店出身、了解中国市场并能讲汉语的外籍人士。经过多方努力，我们找到了一位新加坡籍人士、一位马来西亚籍人士、一位澳大利亚籍人士。从简历所描述的经历来看，三位都是很合适的人选。而第一位候选人最受客户方关注——新加坡籍人士，45岁，其十多年的工作经历均是国际联号知名酒店，有洲际、雅高、希尔顿等。此时首先要做的就是背景调查。

一般情况下，国外公司对接受背景调查很慎重。在美国，一般的公司对离职人员资料的保留时间是6年，中国的公司是5年或更短。由于目前国内很多中小型企业的人力资源系统并不完善，往往随着人力资源部门人员的流动，相关离职人员的资料也不知去向。而人才的职位越高，相对来说经历就越丰富，因此调查具有海外工作经验的候选人，往往跨度和难度都非常大。

拿到了候选人的授权书，通过对候选人将要担任的岗位进行分析，并与客户进行深度沟通后，调查事业部小组人员即着手进行背景调查，并将担任该岗位应具备的重要素质之一——酒店筹建与开业经历加入了背景调查的范围。在与客户确认了调查的详细内容后，我们通过多种途径找到了候选人的上司、同事等，并通过电话、登门拜访、问卷等方式搜集到了第一手资料。

经过历时两周的调查，我们对候选人提供的职位、任职时间、业绩、工作经历等方面均做了确认，结果发现候选人提供的信息与其在酒店筹建与开业方面的情况有较大的出入：一是在候选人的简历中显示他负责筹建过两家五星级酒店，而调查显示他并未曾负责筹建，更多的是做支持性工作；二是开业方面的工作也并非由他主导的。由于该候选人应聘的职位是一个投资额在10亿以上的高星级豪华酒店项目，筹建经验非常重要，因此，客户经过慎重考虑后放弃了此候选人。

可见,对职业经理人而言,诚信就是其职场生命力的源泉。每个人都应该重视诚信,因为人人都逃不开背景调查的"法眼"。

[附录6]

背景调查授权书

尊敬的＿＿＿＿＿＿＿小姐/先生:

您好!恭喜您成功通过＿＿＿＿＿＿＿公司的面试。为了让用人单位能够全面地了解您的工作经历与能力,加深用人单位对您的认可,我们将在您收到此函之日起的四十八小时内开展针对您的背景调查。我们的调查是多样化的,在对您现在的岗位情况调查时,我们将以××身份实行调查,特此告知。

我们承诺:背景调查将不会对您现有的工作和生活产生影响。在此非常感谢您对我们工作的支持和配合!

如果您同意,请您签字确认,同意授权本公司对您的情况进行调查,谢谢。

授权人:

年　　月　　日

[附录7]

候选人背景调查问卷(简单版)

尊敬的＿＿＿＿＿＿＿＿＿＿:

现在有＿＿＿＿＿＿＿＿＿应聘我公司提供＿＿＿＿＿＿＿＿＿岗位,作为成功通过面试的高层岗位候选人,我们需要对其以往的工作进行背景调查。经候选人同意,我们很冒昧地打扰您,您看能否帮助提供一些信息?请配合填写以下资料,非常感谢!

1. 您与候选人共事过的单位是？您的职位是？您与候选人认识多久？

   _____

2. 候选人在贵公司的工作时间：从____年____月至____年____月。
   候选人在贵公司的职位是什么？_____

3. 候选人主要负责的工作？（简单描述）

   _____

   _____

4. 就候选人的工作表现，您如何评价？如果满分100分，您会给他打多
   少分？打分的基本评判是什么？

   _____

   _____

5. 您认为候选人个性及为人如何？诚信如何？

   _____

   _____

6. 候选人与同事相处如何？通常如何评价他？（上司、下属、同级）

   _____

   _____

7. 据您了解，候选人离职的原因是什么？

   _____

   _____

8. 如果需要这样的人才，贵公司是否会愿意重新聘用该人？

   _____

   _____

9. 候选人的薪金水平：____元/月(____元/年)
   非常感谢您的诚意配合。您是否还有其他情况要补充？

   _____

   _____

   　　　　　　　　　　　　　　　　　××猎头公司
   　　　　　　　　　　　　　　年　　　月　　　日

[附录8]

候选人360度背景调查报告

调查情形选择:□任职前　　□任职后

一、候选人基本信息

候选人姓名:××先生　　　　应聘职位:××总监

二、被咨询人基本信息(至少两个单位但不包括现任公司)

被咨询人姓名:××小姐　　　所在公司:中国××酒店管理公司
职　务:品牌总监　　　　　　联系电话:×××××××

被咨询人姓名:××小姐　　　所在公司:北京××酒店公司
职　务:人力资源部经理　　　联系电话:×××××××

……

三、背景调查问卷

A:1. 候选人在___××××××有限公司___单位的确切工作时间:
于××年××月至××年××月为止。

2. 候选人在贵单位从事的工作岗位名称为___××总监___。

3. 候选人的工作表现情况
□表现出色 □表现良好 □表现一般 □表现较差 □表现很差

4. 候选人离开公司的真实原因是_____

B:1. 候选人在___××××××有限公司___单位的确切工作时间:
于××年××月至××年××月为止。

2. 候选人在贵单位从事的工作岗位名称为___××总监___。

3. 候选人的工作表现情况
□表现出色 □表现良好 □表现一般 □表现较差 □表现很差

4. 候选人离开公司的真实原因是_____

C：1. 候选人性格特征

　　候选人个性中没有突出的很强烈的自我意识，喜欢迂回地表达自己的想法和观点，但有自己的个性的同时和同事们也能很好地沟通和相处。

　　2. 候选人与同事相处的关系

　　　　□非常融洽　□融洽　□一般　□有隔阂　□非常不好

　　3. 候选人在公司任职期间有无不良记录

　　　　□有　□无

　　4. 请就下列指标对候选人进行评价

指标项目	非常好	好	一般	差	非常差
可信度		★			
忠诚度			★		
工作能力	★				
工作态度	★				

　　注：工作内容、业绩、管理团队规模、汇报对象等项目，可根据企业具体要求而修改。

总体评价结果

　　　　□很好　□好　□有些保留　□一般　　□差

调查人签名＿＿＿＿＿＿＿　　　调查日期＿＿＿＿＿＿＿＿＿

四、评语或小结

第一位调查人提供的信息是：＿＿＿＿＿＿＿＿＿＿＿＿＿＿＿

＿＿＿＿＿＿＿＿＿＿＿＿＿＿＿＿＿＿＿＿＿＿＿＿＿＿＿＿＿

第二位调查人是他的下属，他的评价是：＿＿＿＿＿＿＿＿＿＿＿

＿＿＿＿＿＿＿＿＿＿＿＿＿＿＿＿＿＿＿＿＿＿＿＿＿＿＿＿＿

第三位调查人是前公司的平级部门的经理，他的评价是：＿＿＿＿

＿＿＿＿＿＿＿＿＿＿＿＿＿＿＿＿＿＿＿＿＿＿＿＿＿＿＿＿＿

　　综上所述，候选人的诚信和专业度得到了各企业的认可，在背景调查过程中也发现了候选人的一些性格特征和之前工作中的表现评价，特供用人企业参考为感！

● 怎样写人才推荐评估报告

——梁总监,客户对张先生和罗先生的简历比较感兴趣。

——嗯,和我的判断一致,这两个候选人都符合客户的要求。

——接下来是不是要写候选人的推荐报告给客户?

——是的,这次你负责写,我来完善。

——好的,总监,到时有哪些不足的地方,您给我提出来,我会努力学习的。

——好好努力吧。主要是注意候选人与客户要求的匹配度。总之,要时刻表现出专业水准。

——记下了,谢谢总监。

猎头推荐报告是猎头公司在给客户推荐人才时的重要资料,猎头推荐报告质量的好差,也可以判断出一个猎头公司的水平。好的报告会有利于促成项目的完成,有利于促进人才和客户的交流;而不好的报告,则会把合适的候选人,变得客户没兴趣进一步了解。

人才推荐报告往往被视为猎头公司的机密文件,有些猎头的培训课在涉及这一环节时,也基本上一带而过,少有深入探讨的。其实,这也没那么神秘,最重要的是分析客户需求与人才素质、经历的匹配度。

一、人才推荐报告的主要内容

1. 简历模板的统一

专业的猎头公司一般都有公司专用的简历模板,在给客户推荐若干位候选人时,都采用统一的格式,这样便于客户在筛选候选人时进行比较。有些猎头公司比较懒,随便从网站上下载一个简历,甚至连基本的编辑都不做,就发给客户去审查了,结果不但是客户看得很累,自己回答客户有关候选人的情况时也很难做到心中有数。

2. 客户需求的着重点分析

所有猎头岗位的需求都来源于客户,猎头公司本身并不需要客户所需人才。所以,猎头公司在物色候选人时,肯定是针对客户的要求来"百里挑一"。正因为如此,猎头顾问必须分析客户的需求点,以保证客户需求被正确理解。对其中的特别要求,也要学会做理解说明。

3. 候选人匹配度分析

匹配度分析从三个角度展开,一是候选人的工作经历;二是候选人的教育背景和知识结构;三是候选人的行为素质(管理风格、领导能力、沟通能力、顾客导向、个性特征)等资质评估。这是推荐报告的核心。

4. 候选人职业经历调查说明

详细的背景调查一般是在客户看上候选人之后进行,但初步的职业经历调查应该提前做好,免得浪费候选人、客户和猎头的时间。职业经历的基本调查主要有两点,一是时间;二是任职公司与岗位。

5. 猎头推荐评语

猎头推荐候选人,应该给出专业意见,主要是说明推荐理由,同时应该说明一下推荐和录用候选人的风险点和利益点。

总之,猎头给客户推荐人才,绝不只是提供简单的人才简历,而是一份内容完备的推荐报告。

案例7:找最合适而非最优秀的人选

某猎头公司接到了国内某知名家居集团公司委托寻找南京店总经理职位的寻访任务。经过三周的行业内外调查摸底,终于找到了两个非常有竞争力也非常符合企业要求的人选:A君和B君。A君目前担任国内著名家电企业部长职位, 具有丰富的开店运营经验;B君目前也是一家著名连锁企业的卖场总经理,具有丰富的基层销售管理经验和良好的个人素质。在推荐之后,两位优秀的职业经理人也立刻引起了客户企业的高度重视,再三斟酌之后,他们觉得两个人都非常优秀,各有千秋,一时也难以取舍,于是,企业再次提出要求,恳切地希望猎头顾问能帮助他们,提供参考意见。

专业的猎头顾问自然明白鱼与熊掌不可兼得的道理。于是,他再次与两位候选人做了深度沟通,进一步了解了他们各自的职业理想,并且与这个职位可提供的未来发展规划客观地做了比较分析。最后,猎头顾问谨慎地向企业重点推荐了B君。因为,和A君相比,B君虽然在处理问题上显得有些强势,但是他作为管理者的决断能力、丰富的卖场经验都与该职业的要求比较相符,而且该职位的职业发展前景与他本人的期望值也相当契合。

事实证明,B君的工作能力确实如预想的那样强。到岗后,B君听取了猎头顾问的建议,在处理问题的方式上也做了调整。结果性格强势不但没有成为沟通的障碍,反而最终让他成为了新团队的领军人物,为企业在南京的初创立下了汗马功劳。

这个案例让我们深深懂得:人无完人,每个人才和企业都会有自身的优缺点,猎头要提供给企业的并非是完美的个体,而是最适合企业的人选。要做到这一点,就需要猎头顾问们充分了解企业和人才本身,真正扮演好参谋与顾问的角色!

二、外资与本土雇主对推荐报告的要求与态度

外资企业雇主非常重视猎头顾问的推荐评估报告,他们非常重视报告中体现的候选人的行为素质、know-how、发展潜力、领导能力以及战略眼光。外资公司认为猎头公司是中立的,来自市场的压力会让猎头公司保持客观诚信,而客观、公正、诚信是任何一家公司在市场规则中必须坚持的原则。一旦认可了猎头顾问公司的服务提供资格,外资雇主公司就会信任他们的工作,因此猎头公司与外资企业配合一般效率比较高。

本土企业雇主的态度就比较复杂。首先他们对猎头顾问的推荐评估报告本身就半信半疑(当然不是所有雇主)。他们的判断价值准则是,猎头顾问为了一个服务项目的成功销售,往往会站在候选人的角度,甚至可能会润色候选人的资料。由于本土企业雇主大部分没有良好的绩效评估体系,他们对候选人入职后的业绩和工作能力缺乏科学的判断,因此对猎头公司服务的衍生效果缺乏客观的衡量,导致本土企业雇主的许多判断始终模棱两可。事实上,这种态度从一开始就影响了双方的合作,这主要体现在本土企业雇主在甄选猎头服务供应商时,并不深入调查猎头公司的背景,而把关注点一味放在服务价格的谈判上,使得主管招募业务的人力资源承受的费用压力比选到一位合适人才的压力更大。

案例8：信任就是责任

一家西式快餐连锁公司遇到了一个极好的发展机会，但公司没有人可以为董事长分担更多的责任。出于自身发展的需要，董事长亲自委托我们寻找一位总经理来担当发展重任。

在电话交谈时，我们发觉这位董事长虽然急于求才，但对要招聘的总经理的真正定位并不特别清楚。针对这种情况，秉承"对企业负责，对人才负责"的服务准则，我们并没有急于直接去寻找人才，而是首先帮助客户理清思路，让客户对该职位人选的定位有一个全新的认识。为了打好合作的基础，我亲自上门拜访，并与企业中的高层人员进行了深入交谈，通过前后三天的时间，明确了职位定位与任职要求。

由于沟通到位，理解透彻，我们很快找到了三个很合适的人选，并提供给了客户董事长。董事长的回复有点出乎我的意料："这三个人的资料我都看过了，都很不错，项总，你来定好了，你认为哪个比较适合我们企业，就来上班吧！我相信你们专业水平！"

面对客户的信任，我深感责任的重大。最终在与三位候选人多次接触和评估后，我们提交了建议书，确认S君最合适。此时董事长的话语让我非常欣慰："你们的判断和我一样，不过你们的专业度让我更佩服，也更放心。"事实证明，企业和人才在之后的合作中都感到非常满意。

可见，对猎头公司而言，一方面扮演的是企业的顾问，另一方面扮演的是人才的代表。既要站在企业的立场为企业选拔优秀人才，又要站在人才的立场为人才谋求利益。诚信、公正、专业、高效的处理态度，才可以让企业满意，让人才满意，也才能体现出一个猎头公司的品质和核心理念所在！

● 辅助客户面试候选人

——王倩，三天后的面试很重要，你去找个五星级酒店的小型会议室。

——梁总监，您有什么特殊要求吗？

——注意私密一点，毕竟这是总裁级别的面试，项总到时候会亲自参加。

——好的，安排好后我马上向您汇报。

——我和客户及候选人都约好了,时间上都没有问题,所以要赶紧把地点定下来。

——项总去,到时您还去吗?

——当然,到时有些东西还要做记录,不管怎么样,双方肯定还有些地方要撮合,把他们的共识与分歧记下来,到时分析一下双方合作的可能性。

——哦,要这么麻烦啊。

——你以为猎头有想象的那么容易吗?!

通过猎手的筛选,猎头顾问一般在第一轮会为每个职位提供3—5名合格的候选人,供客户选择。在和客户确认初选合格的候选人后,猎头顾问就要安排候选人给客户面试了。有些客户会提出要求,让猎头顾问一起参与面试,而有些客户则会选择自行面试。一般要求顾问一起面试的公司,是和猎头公司合作比较久,对猎头顾问的专业能力比较信任,并把猎头公司看作合作伙伴的公司。

参与客户和候选人的面试,对猎头公司的顾问来说,也是一个进一步了解客户和候选人的过程。特别是在双方谈判中,如果在某些方面暂时不能达成共识,猎头顾问能够起到比较好的协调作用,同时在面试时可以记录面试的过程,发现双方的分歧。

鉴于大部分候选人当时仍在职,因此猎头顾问一般都要求客户能提前3—5天告知面试时间,并要求安排出两个以上面试时间供候选人选择,最后以书面的方式进行确认。

面试地点可以安排在客户公司现场,可以由猎头公司提供面试场地,也可以安排在第三方地点,以保证该招聘过程的充分保密性。

案例9:预则立,不预则废

某猎头公司推荐的候选人一路过关斩将通过了前几轮面试,最后一次是与亚太区总裁面谈,一个美国人。这个职位的line manager和HR manager对候选人的整体情况相当满意,他们和猎头顾问一样,认为给big boss看一下只是形式问题。

但问题往往就出现在疏忽大意、掉以轻心的时候。

由于面试地点路途遥远,候选人被折腾得比较疲惫,面试前又连续开了一天半会议,无暇做充分准备,候选人此轮的整体表现大不如前,外籍总裁面试下来后觉得其不够有工作激情, 不合公司的要求。事后,line manager只好对猎头顾问说了"sorry"。就这样,客户丢了一个优秀的销售管理人才,猎头顾问收获了"失望"。

这次面试主要失败在两点,一个是没有安排好时间,明知道候选人连续开会,不能为面试做充分准备,还是没有及时做调整;二是对候选人的coach不够,美国面试官的风格和中国面试官多有不同,如果猎头顾问能事先从line manager那里了解到并通知候选人, 对候选人将是非常宝贵的信息。

● 如何说服候选人

——梁总监,邵先生对是否要接受运营总监的职位表现得很犹豫,您看我该如何处理呢?

——这很正常,你先不要仅仅从项目的角度来思考怎么促成,应该更多地关注邵先生的职业发展情况, 帮助他来一起分析这次机会对他职业生涯发展的影响,是利大于弊,还是弊大于利。

——您的意思是从职业生涯规划的角度来和他谈?

——嗯,我想,只有帮助候选人获得更好的职业发展,才是猎头工作的方向。

——好的,我先看看如何和他谈这个问题。您能否给我些意见或建议呢?

——建议你去和林秘书约一下,请她帮你安排和项总聊聊,你会受益匪浅的。

——对啊,我怎么把这个给忘了。我马上去。

猎头们通过千辛万苦,四处寻觅,终于找到了"千里马"。但是当合适的候选人出现在猎头面前时,大多数猎头往往都会碰到一个难题,就是如何说服候选人。"到嘴边的肉",岂肯轻易放弃。那么如何说服候选人呢?

一、摆正心态,稳住阵脚

能入猎头"法眼"的高级人才,一般职位不低、待遇优厚,要"挖走"他们,其难度可想而知,所以面对候选人的"犹豫不决",首先要做到摆正心态,不急功近利。有时候选人拒绝我们,是不是他的本意表达,需要我们仔细分析。每个人都有自己的朋友圈,自己的决定有时会受身边人的影响。我们经常和什么人在一起,我们也会变成什么样的人。所以面对拒绝,是猎头修炼说服工作的绝佳时机。良好的心态在这时显得尤为重要。我们可以询问候选人,是他自己,还是他的爱人、父母、岳父母、师长、同事等的想法,在做工作时不妨一一排除。比如,在说服时,你可以试探着问一个关键的问题:"是您不同意去吗?"这个问题一定要先问,如果候选人明确表示是的,你可以施缓兵之计,先交朋友,再谈工作。这时,猎头要时刻坚信,自己推荐给候选人的工作是肯定能给候选人带来很大发展的,并且,切不可急躁冒进,好的候选人其实就那么几个,必须谨慎对待。当然也可以从候选人的外围入手,了解候选人的目前状况,有何困难,如果你能帮他这个忙,或者能帮他出些不错的点子,那么你离成功又会近一步。

二、表现专业水准,建立信任

在说服候选人的过程中,猎头顾问最重要的就是要给候选人留下专业的印象。一位好的猎头顾问,必须要让候选人感觉到,正在与自己进行沟通的这个人是两方面的专家——自己所从事行业内的专家和人力资源专家。具备行业专业知识是交流的重要基础。此外,每一位猎头顾问还必须是人力资源专家。在与候选人的沟通中,一定要从专业的人力资源角度来分析候选人的基本情况。这是赢得候选人深入信任的基础。

通过专业表现,赢取信任,是进行说服的基础,没有这个基础,任何说服都不会取得理想的效果。面对一个可能带给自己发展,也会带来巨大挑战的机会,如果候选人信任你,他就容易接受;相反,如果候选人不相信你,那么,他就会犹豫甚至拒绝。所以,猎头顾问自己首先必须是一个正直诚实的人。

三、双赢原则

从猎头公司的角度,想方设法促成项目无可厚非,但绝不代表猎头公司为了完成项目可以不择手段,损害客户的利益,也损害候选人的利益。

职业生涯规划对于个人职业发展的重要意义是不言而喻的。猎头顾问在与候选人进行初步接触时,首先要考虑到候选人的职业生涯规划。真正站在候选人的角度,以专业的知识、中立的态度,综合评估每一次新的机会对候选人未来职业发展的意义。在职业生涯规划理论的指导下,在充分尊重候选人职业选择的前提下,帮助候选人选择或者放弃新的工作机会。之所以如此说,主要是因为,每一次新的工作选择,都会影响到候选人的未来职业发展。尤其对猎头所看重的高级人才来说,每一次工作变动,对其未来事业发展的成败都有直接影响。所以,如果猎头不重视候选人的职业生涯规划,只是单纯地以促成委托企业与候选人的合作为目的,那么,对于委托企业和候选人都是不负责任的做法。长此以往,猎头公司也会最终失去企业和候选人的信任。

四、充分运用数据,清晰表达项目情况

在条件合适的情况下,提供有力的数据支持,甚至提供书面资料,会使说服变得非常轻松。所以在说服中运用数据、事例绝对是个行之有效的好方法。例如,候选人通常对新职位所提供的薪酬待遇在同行业内是否具有竞争优势判断不准。此时,猎头顾问就要向其详细介绍目前行业内的薪酬待遇、福利情况,帮助其做出正确的判断。

尽可能详细地说明用人单位的情况,包括目前可提供的职位情况、上升空间、职位职责、该职位的领导是谁,下级是谁,工作环境,介绍得越详细越好。这里要注意,薪水待遇视情况而谈,因为虽然薪水有时是最吸引人的,但也是大家都不愿意先说的,所以,只有在水到渠成时,谈薪水才比较能打动候选人。再高的薪水,如果候选人有情绪,也是无吸引力的,即便成功,用人单位花了冤枉钱,候选人也只是没觉得不满意,但绝对达不到满意的效果。

五、选择合适时机

时机的选择十分重要,要注意避免选择干扰较多的氛围,要避免选择被说服对象情绪反常的时候(如极度兴奋或沮丧)。通常,建议选择候选人心情舒畅、精神状态良好的时机。研究发现,早上10点钟是人体的最佳状态,人的积极性、热情上升,并将一直持续到午饭时分。所以,这是一个比较好的推荐时段——早上10点。

总之,在猎头服务中,说服候选人是常事,但也要呼吁同行们,多多关注候选人的职业生涯规划,坚决不以促成业务为目的,盲目说服候选人跳槽。

案例10:即使到了最后一刻也不放弃

我们曾受某沿海城市五星级酒店老总的委托,要在同城高星级酒店中猎聘一位餐饮总监。经过多方搜寻后,我们提供了五位候选人的资料给客户。经过一轮面试后,留下了两位条件基本符合客户要求的候选人,一位是C先生,一位是H小姐。从客户的要求来看,H小姐的基本条件更加符合客户方的要求,客户方也提出想更多考虑H小姐。

在与两位候选人的最后几轮沟通中,我们发现H小姐有点想要放弃跳槽的想法。之前H小姐想跳槽,是由于丈夫的事业遭挫,她需要有一份更高的收入来协助家庭和丈夫。但就在我们与她进行沟通谈判时得知,H小姐的丈夫已经摆脱困境,目前正在步入正轨。而H小姐在原来的酒店已经任职多年,工作环境熟悉,收入状况稳定,有固定的客户资源,上司对她的努力和能力也表示赏识,所以她表示不到万不得已,舍不得离开原先的公司,也不愿意冒风险跳槽。

令人为难的是,当我们向客户转达了H小姐的想法后,客户老总却坚定了要这个候选人的想法。

这使我们陷入了两难的境地,因为H小姐已明确拒绝了我们的邀请。项目谈到这里,我们也大致做好了项目不成功的心理准备,但是我们决定还是要做最后的努力。

于是,我们再一次对H小姐的背景展开了调查。从H小姐的同事以及同学的口中发现,H小姐其实是一个喜欢挑战自我的人,以前在念大学的时候,就因为班级管理的几项创新被学校嘉奖,现在求稳可能也是为了家庭和丈夫的事业着想。在明确了沟通突破口以后,我们决定开展新一轮的攻势。

我们的顾问在一次沟通中,试探性地说起了创新的话题,结果H小姐滔滔不绝,十分感兴趣。我们的资深猎头顾问凭着敏锐的洞察力发现最佳时机已经来临,于是向H小姐转达了客户方的意向:愿意将餐饮部完全放手让她去打理,给予最大的支持,特别在餐饮创新方面将搭建最好的平台。这次会谈进行了整整五小时,最终H小姐决定与客户老总见面。

最后的会谈当然十分顺利,双方很快达成了合作意向。事实证明,此候选人确实为我们的客户创造了可观的经济效益。

有的时候,在客户方目标和意向很明确时,客户满意的候选人往往会因为种种原因没办法任职,这时猎头顾问不能轻言放弃,而需要深入分析双方合作的可能性,动用高超的谈判技巧得到候选人的信任和认可,为双方提供最佳的机会。

● 协助候选人办好离职手续

——小杨,张总监的离职手续办好了吗?

——办好了,离职证明已经开出,也传真给我们了。

——嗯,那就好。我们要保证客户的用工安全,不能出现双重用工的现象,这也是对候选人的负责。

——我让张总把社保手续也带上,一起交给新的雇主。

——特别提醒一下张总监,请他务必做好交接工作,不要留下后遗症,以免到了新单位,老的单位还是动不动打电话给他,影响不好。

——是的,我已经和张总监说过,他表示肯定会配合做好工作交接,更何况这次客户给他的离职时间还是比较宽裕的。

——那就好。我们的目标是让双方都放心。

候选人接受了猎头的推荐,接受了新东家提供的offer,接下来要做的就是办理离职手续。这时候猎头要做的是提醒候选人做好离职前的工作交接,给老东家留下好的印象,同时提供各种离职证明,帮助委托客户(新东家)避免出现双重用工的法律风险。

一、离职手续的步骤和流程

1. 书面提出辞职申请

一般要提前一个月,有些高级人才,离职期可能要2—3个月。

2. 工作交接

工作交接是离职前要办理的最重要的手续。特别是高级人才,手上要处理的事情非常多,所以规范的工作交接要做好清单,按照开列的清单要求交接,特别是正在经手的工作进度情况等。

3. 财务清算

交出属于公司的书籍、物品,如有欠款或借物,都要一一归还,同时约定好工资结算的时间。

4. 办理合同解除手续

经理人的档案和保险一般都由所在公司帮助保管和缴纳,离职时,这些手续都应该办理,转到接收单位或者转到劳动中心。重要的是要开《劳动合同解除证明》并加盖公章,不管新的单位需不需要,这都可以有效避免多余的劳动纠纷,而且这还是经理人的工作经历证明。

5. 人力资源部门清除其数据库记录(略)

6. 其他

有的公司会对离职员工做离职面谈,以便提高人力资源的管理水平。有些公司会给离职员工开具《推荐信》,以帮助离职员工找到下一个工作。

二、经理人离职要注意的若干问题

1. 注重职业生涯发展

经理人离职一定要做到"表现职业"。所谓表现职业,就是指尊重自己曾经的工作,包括工作内容、工作职责、人际关系、职业口碑等,做到"好聚好散"。有些经理人,擅自离职而不回公司办理离职手续,并且带走其在公司所领用的办公设备(如笔记本电脑等易携带物品),给企业正常工作造成一定负面影响与财产损失。这样做的结果,从轻看,是给自己的职业生涯抹黑;从重看,会涉嫌违法犯罪。现在基本上所有的高级人才交流都要进行背景调查,如果发生了类似的情况,无异于断送自己的职业生涯。

2. 注重职业口碑

如果你想把属于自己的档案带走,递交辞职信前就应该处理好。任何资料要带走前,应先确认是否有知识产权问题,伤害原公司利益的事情不要做。若是进入原公司的竞争公司,则应尽量避免谈原公司的竞争策略与业务机密。谈论这些虽然可能会暂时讨得新主的欢心,甚至可能因此提高自己的薪酬与职位,但会因而落个背叛与出卖的恶名。避免以负面方式谈论原公司,这会影响你在行业内的声誉。另外,千万不要积极挖原公司的人进新公司,否则新公司虽然短期获益,却会令新公司对你渐生防范之心,怕你再度离职时再挖墙脚。所以,纵使你对原公司有强烈不满,离职要低调。因为外人很难搞清楚到底发生了什么,弄得满城风雨,不免让人质疑你的EQ和为人处事的方法。

3. 要求合理补偿,不要事后"打官司"

常有这样的情况发生:经理人离职,原公司要求其不能到对手公司,但又没有给予补偿。经理人可能也不好意思跟公司要补偿,公司看经理人没有要求补偿,也就不提。公司后来发现经理人还是出现在了对手公司,于是要打官司,但这种官司往往都以原公司失败告终。其实这里最关键的因素是没有签订竞业避止约定。所谓竞业避止,是指限制员工在离开本单位后一定期限内,不得在生产同类产品或经营同类业务且有竞争关系或其他利害关系的其他单位内任职,或自己生产、经营与原单位有竞争关系的同类产品或业务。企业在员工入职、工作期间可与员工签订竞业避止协议,也可以在员工离职时与员工签订。签订此类合同应注意两个问题,一是竞业避止期限;二是竞业避止补偿。根据劳动部《关于企业职工流动若干问题的通知》规定:"用人单位也可规定掌握商业秘密的职工在终止或解除劳动合同后的一定期限内(不超过三年),不得到生产同类产品或经营同类业务且有竞争关系的其他用人单位任职,也不得自己生产与原单位有竞争关系的同类产品或经营同类业务,但用人单位应当给予该职工一定数额的经济补偿。"企业可以结合自身情况拟定相应条款。

总之,经理人办理离职手续要做到"挥一挥衣袖,不带走一片云彩",让新东家满意,让老东家放心。

[附录9]

录用确认函

_____先生/小姐：

我公司通过与您的面试沟通和对您的综合测评,现正式录用您为_____一职。相关内容如下。

1. 薪资待遇:月工资为人民币_____元(税后),考核与奖励制度面议确定,如完成业绩,年底按协议进行业绩奖励;

2. 福利待遇:五险一金,其他按公司相关制度执行;

3. 合同期限:_____年;

4. 工作职责:详见《××××说明书》;

5. 报到日期:_____年____月____日;

6. 其他:

(1) 自上岗之日起,经公司考核认为不能胜任工作的,公司可以解除劳动合同,但需提前一月通知;

(2) 若在试用期内,公司不承担违约责任和经济补偿;

(3) 如在试用期后,公司按劳动法规规定给予相应的经济补偿;

(4) 合同期内,如因个人健康原因不能履行工作职责,公司可以解除劳动合同,并不承担违约责任和经济补偿;其他原因离职,双方协商解决。

如果您接受,请在本确认书上签字认可后回传给我们,并在约定的时间内到我公司报到。报到时请携带以下材料:

1.《录用通知函》(传真件);

2. 本人身份证;

3. 现任职公司签署的离职证明;

4. 最高学历证书;

5. 近期免冠彩照三张(1寸);

6. 其他资格、培训等相关证书。

我们希望尽快得到您的确认信息,并期待您尽快处理离职与工作交接手续,希望您能与我公司共同发展。

感谢您的合作!

企业名称(盖章):　　　　　　被录用人签字:

企业代表签字:

年　　月　　日　　　　　年　　月　　日

● 如何做好猎头后续服务

——您好,人力资源部。

——您好,是张总监吗? 我是梁耳。

——哦,您好,梁总监。

——张总监,徐总到贵酒店已经有一个月了,我今天打电话是想了解一下徐总在酒店的工作情况,看看有什么需要我们协调的。

——梁总监,你们的服务真不错。徐总在我们这边挺好的,在他的带领下,我们酒店的各项工作变得比以前顺畅了很多,徐总是个很专业的总经理。

——这也是你们有眼光啊,是章董事长善于用人的结果。如果有什么需要我们协调的,尽管告诉我,我们也会和徐总保持经常性的联系。

——好的,谢谢。

按照猎头行业的规则,猎头公司在项目合作成功,人员到岗后,有三个月的保证期。在此期间,不管是由于候选人自行辞职,还是客户认为人选不能胜任工作,导致候选人和客户的劳动关系解除,猎头公司都有义务给客户推荐另外的人选。因此成功猎头后的后续服务工作非常重要。

一、为什么需要后续服务

1. 协调彼此,促进融合

猎头的产品是"人",人的复杂属性决定了人与人的看法之间经常存在矛盾之处,这就需要有人从中协调。从用人单位的角度讲,老板总是希望经理人把所有的时间都花在工作上,尽量多赚钱,少花钱。而经理人往往希望能得到更大的支持和权限,先有投入,后有产出。双方由于立场不同,容易产生观点上的碰撞,这时第三方的作用就比较容易发挥。

2. 后续服务是营销的最后过程,但也是再营销的开始

猎头要树立这样一个观念,一个项目完成以后,如果所承诺的服务没有完成,那么这次销售就没有完成。一旦保障期的服务很好地完成了,客户成为回头客的几率就会大大增加,也就意味着新客户成为了老客户,后续会有源源不断的项目合作。

3. 后续服务能与客户进一步增进感情,为下一步合作打下基础

好的后续服务,能够给客户留下一个好的印象,建立良好的关系,甚至使猎头与客户成为朋友,从而为下一次的合作增加成功系数。当然这需要有扎实的技术功底、良好的职业道德和服务技巧。

4. 后续服务也是一种广告,是为公司赢得信誉的关键环节

市场规律已经证明,猎头公司的项目主要来源于客户对公司的口碑效应,而信誉积累很大程度上来源于售后服务。

5. 后续服务的过程也是猎头项目人员积累经验、提高技巧、增长才干的过程

优秀的猎头顾问都是从项目中成长起来的,好的客户还可以起到帮助你成长的作用。

二、如何做好后续服务

1. 把握好后续服务的时间和频率

后续服务并不是跟得越紧越好,要控制好服务的时间和节奏。一般地,候选人到位后,一周后可以去电了解一下情况,这时是考察候选人是否比较好地融入了客户企业的时间点位;接下来是到了一个月,这个时候,候选人对企业有了更多的了解,企业对候选人也有了比较深入的认识,在某些方面可能存在碰撞,那么作为中间方,可以帮助协调;第三次可以在三个月之后,安排去客户处考察和回访;第四次可以考虑安排在半年后,或一年的时间点位。

2. 纠正客户和候选人的一些不切实际的想法

客户通过猎头找高级人才,往往存在“既然通过猎头找来的人,肯定什么都行”的想法,于是在工作中,什么事都要求这个候选人来解决。猎头

顾问应该告知客户,猎头找到的是人,而不是神,不能指望他能解决所有的问题。而候选人总是希望猎头公司提供的机会,肯定是企业情况很好,很有实力,有着巨大的发挥空间。其实任何一个需要猎头的企业,多多少少都是存在一些问题的,是需要候选人来解决问题的,可以说没有问题,就没有候选人的机会。

3. 抓住主要服务对象

做销售时我们经常说搞定某个人,就是指拍板的人。做后续服务的时候也是如此。所以对于总经理级的人员评价,就是征询董事长的意见;对于总监级别的人,要征询总经理的意见:他们说好,才是真的好。

总之,好的后续服务对提高客户满意度,增加候选人的职业历程将会有很大的帮助。

案例11:用后续服务打造猎头口碑

我们曾接受了某国内知名连锁餐饮集团的委托,为其寻访集团首席运营官。这家公司不仅在业界拥有较高的知名度,而且有上市的计划。

我们进行了大量的寻访工作, 按照客户的需求进行了认真仔细的发掘和筛选, 最终将目标确认为中国餐饮前100强的某餐饮公司副总经理A先生。与A先生进行接触非常顺利,我们也对此人进行了多方面的调查了解,发现此人的确非常符合我们客户的要求,于是向客户推荐了他。

不出所料,客户的集团总裁与A先生也是一见如故,谈得非常顺利,并希望A先生能够尽快到位。为了防止企业与人才之间头脑发热,我们提出希望他们适当冷处理,并建议企业出费用邀请A先生到总部考察,充分了解企业的业务、文化、习惯等,以便候选人认真对待可能面临的挑战和困难。通过多次的接触和实地考察,A先生还与客户的许多高管人才进行了深入的沟通,发现尽管企业管理方面有很多不足之处,但是发展与提升空间非常大。

为了使这次招聘工作能平稳过渡, 我们还向企业提醒了与高级职业经理人合作时应该注意的各种事项, 促使他们为空降人才准备好着陆的基本平台。A先生进入酒店后,开始的一个阶段我们与他和企业之间进行了非常紧密的沟通, 协助他们处理了很多有可能影响他们合作的实际问题,并对空降人才A先生进行了着陆技巧方面的沟通,为客户提供了免费的顾问服务,帮助企业员工充分理解了A先生高效率的工作风格并积极配合企业改革。

最后,A先生在新的岗位上表现十分出色,为企业创造了很大的价值。

可见,猎头工作绝不能在人选到位后就结束,而应该提供更多的保证期服务,这样才有助于客户与人才的有效融合,最终建立猎头公司更好的口碑。

第四章

猎头，助力企业腾飞

● 你需要猎头服务吗

嘟呜……

——您好,人力资源部。

——您好,请问是高总监吗?

——是的,你是哪位?

——哦,高总监,您好。我是九斗猎头公司的,叫张倩,不知道您现在说话方便吗?

——有什么事情,你说吧。

——是这样,高总监,我在××人才网站上看到贵公司正在招聘公司总经理,我看发布的时间也挺久了,不知道是否已经有了合适人选?

——我们还在找。

——高总监,我们是专做酒店行业的猎头,我想向您了解一下,不知您是否考虑通过猎头的方式来招聘高管?

——猎头我们考虑过,不过我们还是想继续通过网络再找找。

——高总监,贵公司的职位招聘发布也比较久了,我想效果您应该感受到了,网络上很难找到高级人才,您也是高级人才,您在网上有注册简历吗?

——没有,我不愿意被别人看到我的资料。

——那就是了,作为高级人才,您知道原本就是稀缺和隐蔽的。

——这是不是你们猎头公司存在的原因啊?

——是啊,而且有资料统计显示,全球75%左右的高级人才流动是由猎头公司协助完成的;90%以上的跨国公司和所有的世界500强企业均使用猎头招聘高级人才。

——这样吧,张小姐,要不你把你们的合作协议和相关资料先发给我看看。如果合适,我们也可以考虑和你们合作。

——好的,高总监,您能留个邮箱给我吗?我把资料发给您。

——好,我的邮箱是×××@126.com。

——嗯,我跟您核对一下,×××@126.com,对吗?

——对。

——好的,高总监,过会我就把资料发给您,请注意查收。很高兴和您认识。在邮件里,我会向您详细介绍一下我们公司的情况和我的情况。谢谢。

——好,再见。

——再见。

素有地产思想家之称的冯仑先生在他的《野蛮生长》一书中曾写到,步步高公司的老板段永平讲过一个现象,很有意思。他说经常听到一些领导抱怨公司没人,但查看他们的日程表,几乎没有和猎头公司、潜在招聘对象见面的时间。一边把自己忙得够呛,一边抱怨没有得力的人,问题究竟在哪?冯仑先生提到,近几年他开始和猎头公司保持联系,在日程表中留出与企业家、高级经理人、猎头的交流时间,结果发现了不少优秀的人才。

由此可见,现代企业需要猎头服务。具体而言,猎头于企业有八大价值。

一、获得高级人才交流渠道的价值

猎头公司是以寻找和推荐人才为主业的,他们拥有丰富的人才数据库。现代企业考虑采用猎头服务,往往就是希望通过猎头找到合适的高级人才,因为企业自身往往缺少获得高级人才的渠道。所以在猎头行业有句话:买猎头服务,就是买高级人才的交流渠道。

那么,为何企业找不到的人才而猎头公司能找到呢?

第一,"隐蔽性"和"稀缺性"决定了高级人才在市场上很少流动。高级人才是企业的宝贵财富,他们大部分都有较好的职位和待遇,就算有跳槽的想法,也不会轻易在公开的人才交流场所露面,而且优秀人才往往被原来的"老板"重金笼络和重用,所以靠招聘广告和交流会的方式很难找到他们。

第二,流动市场(招聘会、报刊及其他媒体广告)上获得的人才多为流动人才,极少高级、顶级人才。很多高级人才交流会的效果往往不佳:一来交流会再保密,毕竟是公众场合,谁也不想被"熟人"看见;二来高级人才很少有时间去现场,多数会选择"有事下班聊"。

第三,观念的改变。这世界变化实在太快,人才被猎头相中更代表一种荣耀和资历。高级人才跳槽喜欢通过猎头公司推荐,不仅比较体面,也可以获得更多的"好处",如薪金谈判的缓冲、交通的安排与保险等。

第四,高级人才的特色决定。我们与大量高级人才的交往过程中发

现,高级人才普遍还有如下特点:

"懒",懒得自己去投简历,他们目前的职位都已经到了一定的高度;

"忙",忙得没时间去投简历,职位高,没有很多时间去关注其他的职位;

"傲",傲得不愿自己去投简历,不愿降低身价,不愿有求人的感觉;

"怕",怕让自己简历在外曝光,怕被骚扰,也怕被人侦知跳槽动向。

而这些特点决定了高级人才难觅,"千军易得,一将难求"确有其合理原因。

二、节约成本的价值

"这个岗位我们很着急,一个月内能帮我们物色到合适的人选到位吗?"我们常常会接到这样的委托,在重要岗位空缺时,需要在最短的时间里招聘到合适的人。其实很多公司之所以使用猎头,很大程度上是职位的急迫性。如酒店两个月后就开业了,但市场销售总监却迟迟没有到位。此时通过普通招聘根本不能达到目的。这时候,猎头是最好的选择。在使用猎头公司的客户当中,相当部分是在通过其他招聘渠道失败之后才找到猎头公司的。无数经验证明,使用猎头公司招聘高层岗位常常能更省时、省力、省钱。

三、实现"暗度陈仓"的价值

"这个岗位我们在公司内部并没有公布信息,是秘密操作,贵公司能做得到吗?"这是"老板"和我们联系时常问的一句话。高层管理岗位的招聘常常要求高度保密,"老板"并不希望员工知晓公司高层岗位的对外招聘计划,尤其是现有岗位上有人员要被顶替的情况下更为慎重。此外,企业一般不愿意同行特别是竞争对手知道其人事的最新动向。在招募高级人才时,如果操作不当,会或多或少地暴露企业经营的机密,如某上市公司要招募一个CFO,采用报纸招聘的方式,广泛刊登招聘广告,结果人才没有得到,反而导致企业的股票价格跌幅很大,原因在于很多人认为这个企业的内部财务出现了问题,对企业的信任度迅速下降,造成很大的经济损失。而猎头操作是本着谨慎、为双方保密的原则展开的,不对外界公开,所以不会对企业的经营情况造成影响。

在猎头公司中,越是专业的、声誉卓著的猎头公司,保密工作做得越好。

四、咨询的价值

九斗是专注于酒店行业的猎头。行业猎头有个很好的优势,就是对行业的理解比较透彻,对行业内的各种规则、各岗位职责与任职标准、行业薪酬等情况比较熟悉。猎头绝不是简单地按照客户的要求去找人,也不仅仅是为客户找到合适的候选人,还要为客户提供有益的用人建议、岗位设置、薪酬战略、人力资源规划战略等企业管理咨询服务。

曾经有一个知名猎头公司的项目经理给我打电话,希望我能帮他推荐一个岗位(酒店企业)的合适人选。我让他发JD给我看看,看过后,我和他说,你这个岗位的title设置得不对,从岗位要求和职责来看,应该是营销副总的岗位,但你招的是销售部经理,建议和客户谈一下,改一下这个title。结果怎么样,我没有去关注。但我感觉遗憾的是,有些猎头公司并没有能力提供应有的咨询服务。

五、享受点对点服务的价值

通常企业在委托猎头公司时都会对职位做出较为具体的描述,并对人才提出一定的要求。全面理解客户的需求是成功找到合适人才的前提。所以猎头服务针对的是特殊要求,寻找与这些要求符合的人才,是点对点的服务。猎头顾问不能仅从字面理解岗位要求,而应该弄清目标职位所处的行业标准,在公司结构图中处于什么样的位置,向谁汇报,接受其汇报的人是什么样的性格、什么样的背景等。只有真正把握住职位要求,才能全面理解客户的需要,紧接着的人才搜寻工作才不会走偏。

六、变革催化剂的价值

有些公司的管理人员非常稳定,但从个人的职业生涯来看,长期呆在一个岗位上,容易产生职业倦怠感。这时往往需要进行一些变革,空降高管是个很有效的策略。

之前有个国有企业性质的酒店委托我们猎聘一个营销总监,我们了解后发现,这个企业的中高层稳定性很好,在岗时间最短的也在5年以上。总经理告诉我,现有的这群人都已没有多少激情,而自己刚上任才半年,他计划进行改革，靠内部的变动无法实现改革，所以需要外部的力量。正所谓"外来的和尚好念经"，有时从外部引进一个人才可以搅动一池死水，激活整个环境的竞争力。

七、胜任力的价值

有不少客户打电话给我，说委托的酒店管理公司派的人根本不能胜任岗位，对酒店管理公司很是失望。实际上，酒店行业确实存在这样的情况。有些酒店管理公司接得项目较多，而能派的人才并不多，不免会出现把一个只能胜任总监位置的人直接派去客户那里当总经理的情况。我还曾经遇到某酒店管理公司将一个采购部主管直接推荐为总经理人选，这样的结果可想而知。

与酒店管理公司不同的是，猎头公司是从外部找人，对人才的甄选有一套严格的程序。专业的猎头公司拥有一批人才顾问，他们从事人事管理工作多年，对人才情况了如指掌，同时拥有丰富的经验和广泛的渠道，能很快定位企业需要的人才，通过细致考察，选出合适人才。同时，专业的猎头公司都有一套有自身特色的人才测评手段，从而使人才选拔变得更有保障。另外，猎头公司对每一个推荐的候选人都会进行深入的背景调查，对候选人的学历、基本情况、背景、资历、人品等进行深入的调查，保证人才条件的真实性。只有在原来岗位上做得比较成功的经理人，才会最终通过猎头的评估。

八、战略合作伙伴的价值

猎头作为一种高级人才交流方式，是被广泛认可的通用手段，同时也是高级人才认可的方式。通过猎头可以很快与高级人才建立联系，而企业自身很难做到这一点。同时，高级人才都希望寻找一个更有发展空间、待遇更好的新岗位，他们也很愿意与一个或多个猎头专业公司建立长期的伙伴关系。因此，为了企业的长远发展，与猎头互动，建立长期的合作关系，能极大节省企业的用人成本。

案例12：用优质的服务助力企业腾飞

A集团是一家实力雄厚的大型多元化集团，因集团业务发展迅速，开发配套高星级酒店的需求应运而生，但在前期投资时，该集团急需一名酒店筹建与管理专家对项目进行评估策划，以使整个投资及预算、盈利过程顺利进行。

通过在多家全国知名人才网站和当地人才网招聘，该集团人力资源部搜集了上百份资料，可在层层对比、面谈、审核后，均未找到合适人选。最终想通过猎头物色该岗位人选。

我们接到这个项目后，首先从一些酒店投资做得比较成熟的集团猎寻人才。经过大量的工作，我们在一周内陆续搜集了十份简历，在分析了各候选人目前的工作状况和薪资，并经过面谈后，选定了三位候选人推荐给客户。三天后，客户有了反馈意见，集团总裁计划分别在候选人所在地面见这些人才，最终选定了F先生作为最终人选。

在接下来的时间里，我们协助F先生办理了相关的离职手续，F先生在约定时日内顺利到岗工作。通过三个月的协调沟通和相互适应，F先生很快进入了状态，并给A集团确定了正确的投资思路及营运方式，为用人单位创造了巨大的价值。而我们的能力也得到了A集团的认可和赞誉，建立了长期合作伙伴关系。

可见，猎头除了要为客户猎聘优秀人才外，还要为客户创造"猎才"之外的价值。而为客户提供咨询建议，供客户决策参考，则有利于促进猎头与客户形成更为紧密的合作关系。

● 如何选择猎头公司

嘟呜……

——您好，九斗猎头。有什么可以帮您？

——您好，我们是上海××公司，我们想通过猎头寻找总经理。怎么称呼您？

——我叫徐杰，是这边的项目总监。您贵姓？

——徐总监,你好,我姓王,是这边的人力资源部总监。

——王总监,您好,您能具体说说贵公司对该岗位人选的要求吗?

——是这样,徐总监,不瞒你说,我们正在接洽多个猎头公司,通过比较各猎头公司的报价和优劣,然后汇成报告,上报董事长,请他定夺。所以我今天打电话过来,是要贵公司提供你们的合作协议和报价的。

——可以理解。那么您留个e-mail吧,我把相关资料发给您。我想和我们合作是贵公司的最佳选择。

——好的,谢谢!

对急于寻找高级人才的企业来说,通过猎头公司来代理招聘不失为一个有效的招聘策略。然而,就目前而言,猎头行业还是一个新兴行业,其中还有很多不规范和不成熟的猎头公司。据有关方面统计,以上海为例,猎头公司鱼龙混杂,数目庞大,竞争非常激烈。为了谋求各自的生路,不规范的竞争手段屡见不鲜,使得很多企业虽然有聘请猎头公司的想法,但总不敢贸然行事,担心会无果而终,或者起到负面的作用。因此,在决定和猎头公司合作时,企业也要做好功课,免得上当受骗。

选择一个优秀的猎头公司为企业服务,实际上是企业猎取人才能否成功的首要前提条件。就像在商店里买商品一样,各猎头公司的服务能力和水平也不尽相同,企业只有细心挑选、慧眼识珠,才有可能选择到满意的合作对象,从而保证猎取计划的成功。但是面对越来越多的猎头公司,企业往往无从选择。在此我谈谈个人的一些看法,供有计划和猎头公司合作的企业参考。

一、看合法手续是否具备开展人才服务的资质

这一点是最容易查的,只要看营业执照就可以了。小的猎头公司往往不具有开展人才服务的资质,要么通过挂靠生存,要么缺乏相应资质,这种打游击的猎头公司,建议您千万别考虑。一方面,您的钱很可能会打水漂(有的虽然不用付定金,但时间浪费也很可怕);另一方面,这样的公司也不可能为您找到合适的人选。有的甚至连发票都开不出来,只好找其他公司开具发票。

二、看操作流程是否专业规范

首先我要澄清一下，猎头并不是许多人想象的那样，把手里已有的人才资源简单地介绍给客户，然后收取高额费用。也绝不是人们所想的那样，约个人出来喝喝茶、聊聊天就能把事情做成。其实猎头工作是件十分辛苦、颇有难度的智力活，有着十分繁杂而又规范的程序。如前文所述，企业可以综合考察猎头公司在猎聘前期、猎聘中期、猎聘后期各个阶段的表现与服务情况，并最终选出专业规范的公司进行合作。

三、看历史，听口碑，观品牌

所谓看历史，就是看猎头公司以往的成功案例。成功率最能说明这个猎头公司的实力，同时可以关注该猎头公司都曾经和哪些公司合作过。世界500强公司都有合作的猎头公司。如果是专注某个行业的猎头，您可以看其是否与行业的知名企业合作过。当然，有些猎头公司为了保护客户隐私，并不对外公开客户信息。

如果您不相信猎头公司自己所宣称的，那么还有一招，就是不妨问一问您的同行这家猎头公司到底怎样。猎头行业是一个口碑相传的行业，猎头公司并不需要花很多钱打广告来宣传和展示自己的实力，业内人士的口碑就是其最有效和最具决定性的宣传。选择与在业内最具良好口碑的猎头公司合作，是最明智的选择。

做得好的猎头公司自然会形成一定的知名度，也就是品牌，这是企业品质最好的体现。这一点可以从猎头同行、服务的企业、服务的人才等多个角度得到证实。还有一个重要标准，您所在行业的专行猎头公司或知名的综合性猎头公司往往可以作为优先考虑的对象。

四、看公司优势

可以从两个角度看，一是从猎头公司专注的行业，二是猎头公司所拥有的人才数量。

从行业而言，猎头公司开展的业务有专注一个行业的，也有面向多个行业的，比如酒店猎头、房产猎头、IT猎头、金融猎头、快消猎头、奢侈品猎头、物流猎头、医疗猎头等，不管是哪一种猎头，都必须对所服务的行业的运作模式,企业的业务流程,关键职位的职责、任职要求,业内薪酬水平,主要品牌企业等都有比较全面深入的了解。提醒一下,如果您碰到猎头公司号称每个行业都专注,那么建议您用相反的理解来判断。

拥有人才数量是判断的另一个依据。拥有的人才资源越多,越有利于找到好的人才。如果您找到的猎头顾问对业内的精英如数家珍,对业内的领先公司了如指掌,那么恭喜您,他将是一个很好的合作对象。

五、看猎头顾问的能力与经验

猎头服务最终要由猎头顾问来落实,如同医院与医生、管理咨询公司与咨询师的关系一样,好的猎头公司依靠的是好的猎头顾问。但是,知名猎头公司里的猎头顾问也并非都很优秀,而普通猎头公司的猎头顾问也并非水平都不高。

要考察猎头顾问的水平,可以与之进行深入的面谈,了解其对行业的认识,对公司业务流程和相关职位的认知和理解,对业内品牌企业的认知,对人才选聘、甄选方法和面试技巧的掌握,以及其以往猎头案例等。通常情况下,不善于沟通的猎头顾问,很难让被猎者全面了解客户的情况,或者让被猎者对客户产生良好的印象。善于沟通的猎头顾问,或者具有把握他人心理的超强能力,或者在行业中有资深经验,因而能够取得被猎者信任,从而真诚地表露自己的想法和意愿。当然,猎头顾问自身的经历也很重要,如果猎头顾问具有深厚的人力资源管理经验,就可以传递更多的行业概念和职业规划指导给客户和候选人。

六、看能否诚信和保密

如前所述,很多企业委托猎头招聘有其特殊原因,比如说不想为外人所知。所以猎头公司是否诚信就显得尤为重要。猎头公司应该替客户保守猎取计划和其他相关的商业机密。保守秘密也是猎头行业最基本的行业准则,是猎头从业人员最起码的职业操守。如果让一个心术不正的人掌握这些信息,对谁都是一个灾难。

保守秘密还体现在保守被猎人才的秘密。因为被猎人才大多属于企业的高级管理人才,并且在本职岗位上承担着重要的工作。如果猎头公司不能够保密,很可能会对被猎人才造成极大的伤害。优秀的猎头公司总是能够很好地处理猎取和保密的关系，尽量减少猎取过程中可能出现的负面影响。

七、看猎头推荐报告是否专业

猎头报告是猎头公司提供给客户的重要产品。专业的猎头报告要基本涵盖以下这些内容：客户需求分析，候选人匹配度分析，候选人教育背景、职业经历调查说明，候选人的优劣势分析，候选人性格分析，部分测评辅助分析，猎头推荐评语等。猎头报告绝不只是简单的人才简历资料。

八、看合作条款和猎头承诺保证

猎头公司与客户合作的条款应该是公平公正的，既要保护客户的利益，也要保护猎头公司自身的利益。对那些什么条件都接受的猎头公司，您不要认为自己是捡到便宜，反而应该引起警惕。有实力和品牌的猎头公司从不需要担心客户来源，有的为了维护自身品牌还需要挑选客户。这类猎头公司都遵循业内普遍接受的条款和费率。对那些不收取定金的猎头公司要谨慎选择，因为从合作角度而言，这显然不对等。猎头对免首付项目和交首付项目的用心程度自然不一样。另外，猎头公司是否会对你委托的项目盲目承诺，也是考量的重要因素。即便是最出色的猎头公司也不可能对每个猎头职位有100%的把握，品牌猎头公司是不会有单必接的，出于对自己和客户负责的考虑，他们往往只接成功率在某个百分比之上的单子。

案例13：用能力和经验抓住客户的核心需求

在客户找到我们之前，已经与两家猎头公司合作寻找过财务总监岗位人选，但客户不满意他们的工作结果。经过分析，我们发现这个岗位要求比较高，要求此人熟悉资本市场，精通资本运作和税务筹划，有酒店业与房地产业双重背景，同时要经历过企业上市过程，具有国外工作背景，有相当的融资渠道，对国内民营企业有相当的了解，能适应复杂的企业内部管理环境，精通大陆本土管理文化。

如果完全按客户的要求，不能说绝对找不到合适的人选，但会明显延长寻访时间。于是我们一边通过自己的寻访网络加紧寻访，一边与客户的董事长进行沟通,对一些可能影响较小的条件进行弱化,使这个项目变得更具可操作性。

通过千辛万苦的努力,最后我们找到了十个初步人选,这些人基本上都有与企业要求相匹配的地方,但也并非完全按照客户的标准。我们对每个人的背景进行了十分细致的调查了解,就匹配问题进行了深入研究,最终选定了三个候选人推荐给客户,并把我们为什么推荐、匹配在哪些方面、我们的专业意见等都与客户进行了深入沟通。客户对他们都有较好的感觉,最终选定了其中一个我们最看好的候选人。接下来,在客户与候选人进行沟通的过程中,我们也发挥了良好的桥梁作用,使双方在尽可能短的时间内达成了良好的信任和深入的了解。

这个案例告诉我们,对于猎头行业来说,真正理解客户的需求是非常重要的,必要时猎头顾问要有矫正实际职位需求条件的能力。

● 猎头价格到底贵不贵

嘟呜……

——您好,九斗猎头,有什么可以帮您?

——您好,我们是一家正在筹备的五星级酒店,想委托贵公司帮我们找筹建总经理。

——感谢您来电,不知您怎么称呼?

——我姓郭。

——郭先生,您好。您能基本描述一下贵公司的要求吗?

——这个不着急,我想先了解一下,你们的费用是怎么收的?

——郭先生,在这之前,贵公司采用过猎头服务吗?

——没有,这是第一次有通过猎头找人的想法。

——那您对猎头的收费标准有所了解吗?

——我通过网上查过一些信息,说是要年薪的25%—30%。你们也是这样的收费吗?

——我们按照年薪的20%来收费。

——那也太贵了,我们总经理年薪50万,要给你们10万以上,这个费用有点厉害啊。

——21世纪最缺的就是人才啊，我们找到的人可以给贵公司创造的利润远远不止这个数呢！五星级酒店筹建，最少也要花3亿元人民币以上，在筹建期，好的总经理就能为企业省下几百万甚至上千万的费用呢！

——能不能再降低点收费标准啊，我们是第一次合作嘛。

——这样吧，我介绍您和我们梁总监谈谈。我还没有这个权限可以给您降价。

——好，你给我接过去。

如果问猎头费用到底高不高，不同的人会给出不同的回答。

按照国际通行的猎头行规，猎头成功完成客户委托，客户需要支付首年年薪的1/3—1/4作为猎头的服务佣金，但是有的客户觉得还是贵。尤其在中国，猎头行业的生存土壤并不是非常肥沃，客户认为猎头收费过高的观点所占比例还较高。而猎头公司认为，猎取高级人才的成本很高，带给客户的利益很大，并不认为这样的收费标准贵。

那么猎头费到底贵不贵呢？答案在于这笔账该怎么算。

一、浅层次比较，猎头是贵的

招聘一个年薪40万的总经理，猎头费支付大概要8万—10万，表面上看费用比较高。于是有人就拿传统招聘方式所需费用来推定猎头的费用不是高，而是相当高。传统的招聘可采用的方式一般有以下几种：在报纸上登招聘广告，到人才市场设摊，到大型网站招聘，通过熟人朋友推荐，需要支付的费用可能仅为1万—2万。从这样看，通过猎头的费用高出了好几倍，似乎不值得。

二、从有形支出和无形收入来看，猎头是便宜的

如果说普通招聘是"下里巴人"的话，那猎头服务就应是"阳春白雪"。采用猎头服务，支出的是有形成本，是现金的付出，但马上就会产生无形的收入，收费不一样便很自然了。首先是时间效率，现在的猎头大多都在1—3个月内就能完成订单，而通过传统招聘方式招聘某些高级职位，用一两年也未必能找到合适的人才。其次是渠道，自行招聘高级人才，因为人

才来源有限、可供比较的人选有限，结果往往是延期到位或降低水准求其次。许多项目因为关键人才的不能及时到位而迟迟不能运作或流产，加上公司因此付出的机会成本或潜在损失，种种损失与猎头的费用相比到底孰重孰轻，明眼人都清楚。同时自行招聘的招聘成本是刚性的，不管结果如何各项成本通常都会付出，即使没有招到人，付出的各项费用基本上都不会少。而在同样的情况下，猎头公司是分阶段收取费用的，如果人才不能到位，要支付给猎头公司的费用只是一小部分。

三、从短期支出和长期回报比较看，猎头是免费的

曾经有一个工业制造公司委托一家猎头公司猎聘分管生产的副总裁，猎头公司经过多方努力，最终为客户物色到了一位非常合适的候选人，并顺利说服候选人到客户公司就职，为此客户公司支付了20万元的猎头费。该候选人到位后，通过对生产流程的改造和创新，当年就为客户创造了近千万的利润，而如果没有猎头顾问的谆谆劝导、利弊分析、职业规划分析，以客户的影响力是没有办法请到这样的人才的。相对于1000万的利润，20万的猎头费真的可以说是九牛一毛(相当于免费)。其实猎头并不是一个简单的人才中介，而是通过周密的人才选拔，通过素质考核、业绩核定、专家鉴定、电脑测评等多种手段来物色人才。这也就是为什么猎头推荐的人才往往更能胜任岗位。

此外，使用猎头的回报是巨大的。首先，好的猎头顾问一般在人力资源管理方面有丰富的工作经验，其吸取众家之长而总结的用人理念精华，完全可用于指导企业的人力资源管理工作。其次，因为猎头公司希望所推荐的人才都能和客户长久合作，因此他们会结合每一位人才的实际情况和企业的需求，为客户做好留人和用人方案。再次，当您和猎头成为合作伙伴后，您可以随时向猎头咨询本行业的薪酬趋势及行业发展动态。最后，猎头行业素有人才保护的行规，任何一家专业猎头都有在一定时间(1—2年)内不许在客户内部挖人的承诺，因此您一旦成为猎头的客户，猎头就不会到您企业内部来挖人，从而使您的人才得到保护。

综上所述，使用猎头所付出的费用是相当低廉的，也是物有所值的。

案例14：是亏，还是赚？

某餐饮连锁酒店集团董事长慕名找到我们，希望我们为他找一位优秀的运营总监。在沟通的过程中，该企业董事长充分表达了他渴求人才的期望，并且表示希望运营总监到位后，对现行的运营体系进行调整，以适应企业快速发展的需要。同时许诺如果这个人选找得好，还将再通过我们找一批酒店总经理级人才。

很显然，这是一个有长远合作可能的客户。在沟通需求和分析需求后，该董事长非常满意我们对职位的理解和定位，并肯定我们为行业内的知名猎头，很快便确定由我们来操作这个项目，签订了合同并支付了定金。

通过大量的寻访和人事调查工作后，我们终于为客户物色了三位非常优秀的候选人，并推荐给了董事长，同时附有每位候选人的匹配原因和我们的专业看法，由该董事长自行定夺。董事长也非常配合，对每位候选人都进行了面试，通过我们多次安排的见面之后，确定了一位非常合适的候选人，双方感觉都很好。

但有一天，我们接到了该董事长电话，说因为企业内部原因，暂停与人选的沟通和其他寻访工作。我们虽然感到非常意外，但并没有怀疑其中存在欺骗行为。然而在我们接到暂停寻访的通知不到一周时，我们的候选人打来电话，告知了一个惊天秘密。原来该董事长隐瞒我们，私下与候选人协商，让候选人直接到他的公司报到，并表示如果答应可以将省下的猎头费用的一半用于奖励给候选人。然而，我们的候选人认为，董事长能够欺骗我们，将来也一定会欺骗他，因此明确拒绝了这个企业。

到头来，这个董事长搬起石头砸了自己的脚。我们也从此把这这家企业和这位负责人列入了黑名单。职业经理人最重要的品德就是诚信，他们不仅要求自己具备良好的职业道德，同时也非常看重合作者的品德。如果客户为了节约成本而不守信用，那么他绝对不可能得到优秀的职业经理人。

● 该不该先支付定金

嘟呜……

——您好,九斗猎头,有什么可以帮您?

——您好,你们是猎头公司吧?

——是的,请问您贵姓?

——免贵,姓张。我想问一下如果和你们合作的话,我们要给多少服务费啊?

——张先生,我们的收费标准是按照年薪的20％来收取。

——费用是不是等你们完成了我们的委托后一次性支付?

——不是的,我们在项目启动时,需要贵公司支付定金。

——不会吧,我们以前合作的猎头公司都不收定金的。

——十分抱歉,其他猎头公司的操作我们不想过多评价,但我们还是要收预付款的。

——那我们再考虑吧,如果有需要,再联系你们。

——好的,谢谢来电,期待能有合作的机会。

——再见。

在多年的猎头工作中,我遇到过不少希望不支付猎头定金的企业。对此,我虽能理解,却从未让步,因为不管从猎头行业的角度,还是从双方合作的角度,我都认为支付定金是必须的。

为什么一定要支付定金呢? 我认为,定金至少可以表达这几个意思:

一是企业合作诚意的表示;二是企业委托职位真实招聘的保证,不是虚假需求;三是可以促进猎头的工作进程,任何活动的开展都需要有经费做支持;四是防止企业套取猎头的人才信息,无偿占用猎头的劳动成果,毕竟猎头公司的人才信息都是辛苦找来的。

当然有些企业会信誓旦旦地跟猎头公司说,只要推荐了合适的人选,人才一入职,就马上付款,不会拖欠一分猎头服务费。这种说法看似有一定合理性,其实也是不正确的行为和想法。我们都知道,任何合作都是基于合作双方权利义务对等情况下的互利互惠, 也就是说协议的双方应该是平等的主体。如果把所有风险都留给别人，把更多利益留给自己，就违背了合作的基本原则。即使暂时达成了所谓的合作协议，由于双方的不对等，在某一方付出了一定劳动又得不到相应回报和反馈时，就会使得合作协议无法继续履行，结果只能是双方都不满意。有个猎头朋友告诉过我这样一个故事：曾经因为"朋友"的关系，基于信任，"朋友"拍胸脯向他打包票，说只要找到人，"朋友"的老板肯定会给钱。于是这位同行没有和"朋友"签订猎头服务协议就开始提供服务。后来在合作过程中，"朋友"的老板总是反应"迟钝"，不重视他的劳动，对他要求按时反馈的候选人信息总是在反复催促的情况下才给出答复，而且借口千奇百怪。他强烈地感觉到了客户的不尊重，最后果断结束了"合作"，即使他的"朋友"多次来电话希望能再帮忙，他也只能谢绝。用人企业出于自身利益的考虑，老想无偿占用猎头的劳动，占用猎头公司的资源，这是对猎头公司劳动的不尊重，是对规则的破坏，将会妨碍猎头行业的健康发展，同时，对用人企业也是不利的。

当然，在现实中也存在不要定金的情况。我认为，出现这种情况的主要原因如下：

(1) 不规范的猎头公司，尤其是一些新开的、没有实力的小猎头公司，为了拉客户，可以答应任何不合理、不对等的苛刻条件。虽然他们的客户企业大多数最终并没有找到合适的人才，但这种恶意无序竞争造成很多客户对猎头有了很片面的，甚至是全面否定的看法。

(2) 企业自身的因素。有些企业以为，免费的猎头服务就是天上掉馅饼，不用白不用。而如何选择猎头公司，这些企业是没下工夫的。其实，他没有想到，真正有实力的猎头，绝对不会什么单都接，即便接了没有预付金的单子，也不会全力以赴。既然你不重视我，我为什么要重视你呢？猎头公司也在计算投入产出比，计算时间成本，当然会全力去做有预付金的单。谁都知道做无预付金单有50%的可能是用人单位一个电话就会让一个猎头团队一两个月的努力付之东流(比如，企业有无数个理由来取消猎头公司正在紧锣密鼓猎寻的猎头需求，或者调整猎头职位，或者降低猎头职位待遇，或者就说没有"满意"的人才等)，而这所有的风险和投入只是由猎头公司一方来埋单。

因此，"不付定金"的猎头项目成功率肯定比较低，有些猎头公司打出

"不成功,不收费"说法是基本站不住脚的。相信这个说法的企业,也很难再在规定时间内找到满意人才, 届时不仅企业的经营和管理会因为人才的缺失受影响,老板和用人部门也会对此产生看法。

其实,任何行业都有一个从无序到有序的过程,而有序发展无论对委托方还是被委托方都是有利的。在此,我郑重呼吁,希望用人企业和猎头公司能共同努力,让合作的基础对等,让合作的利益共赢!

● 企业与猎头合作常见问题解析

——您好,九斗猎头,有什么可以帮您?

——您好,是张经理吗? 我是公司的人力资源总监李伟。

——哦,您好,李总监。上次我发给您的协议看过了吧?你们董事长有什么说法吗?

——是这样,张经理,对于协议中有些问题我们还不是非常清楚,所以我今天打电话过来是想更细致地了解一下。

——您请说。

——你们的定金是不退还的,但你们如果完不成我们的项目,我们不是吃亏啦?

——李总监,定金,从法律的角度,是不能退的。猎头是一种智力付出,不像有形产品,可以退换,我们的智力劳动一旦付出,是无法收回来的,所以我们要共担风险。

——还有,你们是按照年薪百分比来收费,会不会和候选人一起抬高价格呢?

——这个问题您不需要担心, 一来我们是品牌猎头, 不会做这种事情;二来候选人的薪资谈判我们一般不参与(客户要求除外),贵公司和候选人协商即可。您只要把最后的《录用确认书》给我们就可以,我们相信很多客户是讲诚信的。

——好,其他问题在协议上都明确了,我们计划和贵公司合作。

——感谢您的信任,祝我们合作愉快。

当一个企业找了很久,也没有找到理想的人才,这时候,很多的企业

才会考虑采用猎头来猎聘人选。很多企业在选择与猎头公司合作时,总会存在一些问题和疑虑,主要表现在以下几个方面:

一、关于定金的问题

定金能退吗？定金是在合同订立或在履行之前支付的一定数额金钱作为担保的担保方式。按照法律规定的契约精神,定金一旦支付,除非出现一方违约,否则另一方无权要求返还定金。那为什么还有很多合作企业有这方面的不合理"要求"呢？一是受传统思维的影响。这些企业认为,既然买了空调不制冷,按照三包规定,消费者可以要求退还款项,那么花钱购买了"猎头"服务,如果猎头的目标达不到,当然也可以要求退钱。其实这里混淆了一个概念,猎头是一个服务过程,而不是一个有形产品,猎寻过程是无法"退还"的。二是有些公司总觉得猎头公司要求客户支付定金,就会拿到定金不干活。支付定金的意义前文已有表述,在此不再赘述,但如果认为猎头公司靠这么点定金就能养活整个团队,那未免也太小看猎头公司了。任何猎头公司都是为收到尾款而努力去物色人才,因为尾款才是大头。

二、关于修改合作合同的问题

不少的企业在和猎头公司合作时,把猎头公司提供的格式合同交由企业的法务部门去审核和修改。由于对合作细节不了解,法务部门往往会参照一般的合作合同,对很多合作条款进行修改,甚至改得面目全非,等发还给猎头公司时,往往让猎头公司感到极大的不尊重,这样的结果有时会导致猎头公司拒绝为企业提供服务。尤其是品牌猎头公司的项目往往很多,如果把协议改得面目全非,基本上可以推定,对方对猎头并不了解,即使要达成最后的合作,也要花费大量的力气协商如何修改合同,而这样做的时间成本非常昂贵,精力浪费也是巨大的。我就经常拒绝这样的合作项目。

三、关于人才保障期的问题

候选人到岗后,猎头公司一般都会约定人才在岗的保障服务期限,通常是三个月。如果在三个月内,有一方觉得另一方不合适而终止合作,猎头公司都有义务为客户免费推荐人选。但是也有不少企业觉得这个保证期太短，认为有些候选人只不过是猎头公司安排的，等三个月过去后，猎头公司就可以不承担责任了。其实这种担忧忽略了三个事实：一是不管是企业还是猎头公司，对候选人的审查都是严谨的，在猎头过程中，企业和猎头都有这份能力来鉴别候选人是否能胜任。如果不能胜任，三个月的考察期也已经足够长，绝对有时间让企业做出决策，是否继续聘用该人选。二是猎头公司本身并没有人才可供，而是通过挖掘搜索找到散布在各企业的职场人选。也就是说猎头公司并不生产人才，只是转移人才，所以猎头公司并没有能力做到安排哪个人到哪个公司，这也是违反猎头的操作原则的。三是从风险的角度来说，企业是有用人的风险，但候选人跳槽的风险更大，猎头公司找到的候选人，跳槽经历肯定不会很频繁，所以候选人接受猎头的推荐也是非常慎重的，这些高级人才本身并不缺少工作机会。

四、关于服务费不可控的问题

猎头服务费一般都是按照录用候选人年薪的百分比来收费的，这就意味着候选人的年薪越高，猎头赚的费用也越多。有些客户会担心猎头公司和候选人联合起来欺骗企业。其实品牌猎头公司根本不可能做这种砸牌子的事情。对这个问题，有两个简单的办法可以解决，一是和猎头公司商定一个固定的猎头费，不按照年薪标准执行(很多猎头公司都接受这种合作方式)，二是候选人的薪资由客户和候选人见面后共同探讨，给猎头公司一个薪酬范围即可。

五、关于长期客户和多岗位委托的问题

越来越多的企业意识到猎头可以成为很重要的合作伙伴，但费用支出也是企业经营中必须要关注的要素，那么如何既能和猎头合作，又能尽可能减少支出呢？签订长期合作协议就是个不错的选择。和猎头公司签订长期合作协议，可以获得相对低得多的协议价格，而且不少猎头公司也很愿意与一部分优质客户长期合作，这不仅可以保证猎头公司有足够的业务可供开展，同时也便于在长期合作中更好地理解该企业的用人理念，从而为客户找到更合适的人才，因此签订长期合同对双方都有利。除此以

外,企业还可以采用多岗位委托的方式来降低费用的支出。一般来讲,猎头公司对客户一次性多个岗位的委托,都能提供相对优惠的价格。

六、关于多家委托和独家委托的问题

有些企业在选择猎头公司时,喜欢与多家猎头公司同时合作,有的甚至达十家之多。这让他们觉得可以尽可能降低企业的风险,而将风险转到猎头公司身上。这种情况看似得了便宜,其实不然。一是这种情况很容易造成公司招聘信息泄密,并且无法判断众多猎头公司中哪个比较好,甚至最后都搞不清楚是哪个公司推荐的人才;二是签约的合作对象虽多,却容易导致没有一家猎头公司把你当作优质客户,要不就是找到的人不够优秀,要不就是效率非常低下,最终达不到目标;三是因为这种情况,反而搞得企业与HR负责人名声很坏,以后再也不会有优质猎头公司与该企业合作。好的客户,猎头公司们不会轻易向同行说出该企业客户的名字,但不好的企业客户或欺骗猎头公司的招聘企业就很容易成为众多猎头公司泄愤的对象了。

有些好的猎头公司在与客户合作时,也会提出要独家委托,即只能通过该猎头公司出面与候选人进行洽谈。因为好的猎头公司担心不好的猎头会损害委托结果,甚至影响他们找到合适的候选人。试想面对同一个候选人,不同的猎头出面,互相诋毁,又如何能得到候选人的信任呢?

七、关于猎头工作与推荐简历问题

不少企业认为,猎头只是推荐几份简历而已。不可否认简历在猎聘过程中的重要地位,但如果这样就简单地得出结论说猎头就是推荐简历,未免也太小看猎头的作用和难度了。委托猎头公司招聘的岗位,一般都有一定的招聘难度而且时间较紧,要找到合适的人才往往需要花费大量精力和时间。做过猎头顾问的人都知道,招聘一个合适的高级人才,并最终通过企业的严格挑选,被企业最终录用是个非常熬人的过程。猎头顾问的工作量基本如下:至少要筛选200份以上简历,和50位以上的候选人沟通,打100个以上电话,偶尔还要和候选人一起去咖啡厅或酒店面谈,从而可能选出3—5位合适并有求职意向的候选人。中间说服候选人的工作也很繁杂,猎头顾问甚至晚上做梦都在想如何和候选人沟通,如何才能找到合适人才的联系方式等。整个操作过程至少要花费猎头顾问15—60天的时间,甚至更久。所以通过猎头找人才,看似很简单,而猎头顾问的艰辛工作谁又知道呢?

八、关于猎头公司的知名度与规模问题

是不是越知名的猎头公司,猎头的能力越强呢? 这个问题仁者见仁,智者见智。一般情况下,猎头的能力与猎头公司的知名度是成正比的,因为猎头公司的知名度也是通过猎头的口碑效应得来的。通常,好的猎头公司在网络搜索中的排名会相当靠前。虽然也有可能作弊,但多数都是真实的,理由如下:一是点击率有其自然性,花钱推广是无法持续的;二是如果是长期广告也只有赚钱的公司才能打得起, 这也说明了这个公司的业务肯定不错。

猎头公司内部员工多,就代表他们规模大、业绩好吗?不见得。从事过猎头工作两年以上的内行都知道,有些猎头公司人数多达几十人,广告做得很好,但年度总回款业绩还不到100万。而有些人数不多的猎头公司,网络排名虽不太靠前,但也可能有能力强的猎头顾问,一个人的年度回款就可以达到100万。

九、关于猎头价值的问题

常有老板说,帮我推荐人吧,成功了请你吃饭。似乎猎头的价值就是一顿饭,这实在可笑。某猎头公司老总王洪浩先生曾经举过一个颇具黑色幽默的例子,不妨在此分享。"三年前,我们的顾问人员和一个保健品公司(这个公司的母公司主业并非保健品)接触了一下,这个公司希望我们帮助他们寻求一个营销总监或者是销售总监, 实际上他们自己也不太清楚自己要一个什么样的人。由于我有一些营销方面的背景,所以我们的同事希望我可以参与这个项目。和他们接触以后,我发现这个公司的问题非常多,除了还算有点钱外,其他什么也没有;而且,他们正在犯一些常识性的错误。我的判断是,如果真的要做好这个项目,需要花很大的精力。但问题是,这个公司的老板对咨询行业的收费是不认可的,他认为这些东西看不见,摸不着。你让他出100万买辆车没问题,你让他给咨询公司10万元他就想不通了。结果,正如我们所担心的,这个公司连支付我们首期的定金都

不愿意给,而愿意支付给我们的佣金也少得可怜。这样,由于风险和收益不成比例,我们决定放弃这个项目,毕竟,我们不是慈善机构。出于礼貌和职业道德,虽然我们明确表示了退出这个项目,我还是亲自回答了这个公司开始询问的几个问题。我以为故事结束了,没想到才刚刚开始。他们紧接着询问我的问题如同排山倒海,如果我一一答复这些问题简直是一个巨大的项目。因此,我只能礼貌地告诉他们:对不起,我实在不能做免费的回答。对方的反应更令我吃惊,他们认为就是问点问题,你也没少什么,干吗不和我们说一下呢? 我可以请你吃顿饭啊。而且,你回答得好我们也可以考虑给你点钱。到了这个份上,我也实在没话可说了,我能说的只能是抱歉。"

十、关于与猎头合作中的小聪明问题

有些与猎头合作的企业,想通过猎头的渠道去获得更多的资源,甚至采用欺骗的手段,但结果可能是得不偿失。

在市场发展不规范的情况下,有些招聘企业的确想出了不少"好方法"。比如有的企业通过猎头公司推荐的简历私下找候选人或录用候选人;有的企业在面试了候选人后,表示不打算录取候选人,但在一段时间后,隐瞒猎头私下录用;也有的企业把候选人的待遇降低(非真实待遇),从而降低支付给猎头的成本。这些不道德的做法,看似一时得逞,实则后患无穷。猎头公司与猎头顾问身在信息咨询行业,信息来源很广泛也很及时,如果被猎头顾问发现了,招聘企业不但要赔偿猎头公司违约金,猎头顾问还会把该企业与HR负责人的名字在猎头圈公布,后果可想而知。另外,该企业的高层招聘信息很容易泄密,如果让该企业的竞争对手知道了有同行曾刻意挖他们的人才,对手企业很可能会采取"以彼之道,还之彼身"的方式,通过其他猎头公司把你们公司高层与核心人才挖个遍,从而使双方陷入恶性人才竞争当中。

以上是企业在选择与猎头公司合作时经常面对和思考的问题,希望通过对这些问题的解析,能帮助企业判断如何与猎头进行友好而又高效的合作。

案例15:虚假委托,猎头的陷阱

曾经有一个有国际背景的管理公司委托我们找一名五星级酒店总经理,开出的条件也相当诱人,而且跟我们约定,如果这个总经理到位,并且能很好地胜任岗位,以后的项目都会交给我们来操作。

起初,该集团一直希望说服我们,让我们把目光放远一些,项目很多,赚钱的机会也很多,以达到不支付定金的目的。但这不符合我们合作的基本原则,所以在我们的坚持下,还是预付了一部分定金。

项目开展相当顺利,我们按照要求,很快找到了比较合适的人选,共三名。在对项目背景做了调查后,我们把资料发给了客户,客户的反馈也是相当满意,并要求见所推荐的候选人。三名候选人很快与客户见了面,并谈得相当愉快。

就在我们认为基本上可以从三个候选人中确定一个人选时,客户给了我们三个候选人都没有选上的结论,希望我们能继续推荐更合适的候选人,同时客户给的理由也相当不充分。鉴于对客户的信任,我们继续按照标准去找更优秀的候选人,经过艰苦的工作,我们又找到四名候选人,并推荐给客户。但结果还是一样,四个候选人都见面,并且谈得很好,但客户给的结论还是一样:继续推荐人才。

这样的结果给了我很不好的感觉,但一时又找不到原因。于是,在推荐第三批人选前,我又和这个集团的CEO沟通了两次,在确保已经对客户需求充分了解的情况下,我亲自负责面试和挑选候选人,并推荐给客户。但结果还是一样。

很快,我们知道了真正的原因,原来这个集团要在中国发展多家连锁五星级酒店,对总经理的需求非常多,想通过这种方法获得我们的人才信息。我们果断结束了与该集团的合作,并发表声明,按照协议,如果有我们推荐的人才被客户在未来一年内录用,也需要支付相应的费用,同时保留采取法律所允许的方式维护我们的权益。

● 企业应知的猎头行业规则

——您好,九斗猎头,请问有什么可以帮您?

——您好,我在网上看到贵公司在招聘一个酒店管理公司的总经理,我想问一下是哪个酒店管理公司?

——先生,您怎么称呼?

——我姓王。

——王先生,是这样,我们对客户的信息负有保密义务,我们不能泄露。

——那我不知道是哪个公司,怎么应聘呢?

——其实,我们不仅对委托客户信息保密,我们对候选人的信息也会做保密处理,比如说,您的资历如果合适,我们会对您的资料先做保密匿名处理,然后发给客户看,如果客户看了您的资料,觉得合适,我们会向您公开客户信息, 也会向客户公开您的信息。这时候双方再来判断是否合适。所以您可以先把个人简历发给我们,我们评估过后,如果是合乎客户要求的,我们会做个推荐。

——哦,原来是这样。那我把简历发到你们在网站上的邮箱,可以吗?

——好的,那就是我们的工作邮箱。

——好的,谢谢。

企业找猎头公司猎聘人才,出发点各有不同,那么猎头行业存在哪些通行的行业规则呢?这些规则是否既能保证企业的利益,又能促进猎头企业的发展呢?

一、保密规则

保密性是猎头行业最为重要的规则, 因为它不但关系着猎头公司本身的商业秘密,也涉及客户的商业秘密,更包括候选人的秘密。

这里所说的保密,有两层含义,一是作为猎头人员,对企业客户的委托项目信息要保密;二是对候选人的情况也要做必要的保密处理。

对企业委托项目信息保密,因为这不但涉及客户的商业秘密,也涉及客户的内部工作安排。比如有的客户, 对现在在岗的某个负责人不满意,但又不想在毫无准备的情况下,贸然采取可能带来不良后果的行动,那么做好接替人选的安排就显得非常必要,而通过猎头,是个非常好的选择。

对候选人的情况进行保密,也是为维护候选人的职业安全着想。很多猎头公司都采用代号形式。所谓代号形式, 是指在把候选人推荐给客户时，猎头人员对候选人资料中的部分信息不公开，采用某种代号来代替实际名称、姓名、现工作单位及相关内容的一种保密形式。可能有客户认为这是猎头公司故弄玄虚，其实这是保密的需要。由于猎头公司并不能保证候选人100%能被客户看中，客户也不敢保证来自猎头公司的信息一点也不走漏，而候选人也不敢断定自己会把握住这一机会，所以，猎头公司用代号或数字来代表这位候选人的敏感信息，对三者来说都是非常公平的。

保密规则，可以很好地解决企业需要保密招聘的诉求。而对高级人才来说，也是很好的保护。

二、合同规则

合同规则，也称协议规则。是指猎头在为客户猎寻人才前，必须与客户签订《委托猎头合同》。按照委托合同的内容开展猎头业务，口说无凭，立字为据，这在猎头服务中是必须要做到的。大家都明白，猎头公司本身并不需要人才，是在获得客户委托后，为客户去找寻相关人才。那么在找人之前，有些事宜要先和客户确定，比如职位描述、薪资标准、工作条件、任职资格等，都要在文字上体现出来，并以这些共同确认的评判标准来作为未来衡量猎头服务质量优劣的准则，所以在猎头行业有"不签合同，不做业务"的说法。

合同规则既可以保证客户的利益，也可以保护猎头的权益。

三、付费规则

猎头服务并非"免费的午餐"。找猎头，要付相对高昂的费用，这一点为许多企业所熟知。在猎头行业，基本的收费标准早已不是秘密，凡是了解猎头行业的人基本都知道猎头费用是所聘人才年薪的1/3—1/4。但对具体委托的收费标准来说，不同行业或不同定位的猎头公司收费并不相同。一般地，老客户或是大客户(委托职位比较多)可以有一定的降价余地，但很少会低于所聘人才年薪的18%。也有一些公司不参考年薪标准，而只是按个数算，在这种情况下，收费标准会偏低一些。再有些比较知名的公司，对岗位和薪资都有门槛，比如总监级别以上年薪至少要在30万元以上。低于这个价格，猎头公司就不能接单了。一般情况下，美国猎取一个人才的价格下限为6万美元，香港为6万港元；而中国目前已有几家知名猎头公司提出下限为6万元人民币。

付费规则是猎头行业能蓬勃发展的根本规则。

四、保护规则

保护规则是猎头行业另一项重要规则。保护规则有两层含义,一是人才专送保护;二是客户人才回避规则,即合作猎头不挖客户现有在职人才。

所谓"人才专送保护",是指猎头公司在向客户提供候选人资料时,只能向一家合作客户推荐该候选人,而不能把同一位候选人的资料同时向多家推荐,这是一种对客户负责的做法。除非客户明确表示不考虑该候选人。

所谓"客户人才回避规则",是指某个用人单位一旦委托猎头公司,并又聘用了该猎头公司推荐的人才,此时即成为该猎头公司的客户,而对于客户所有在职人才,猎头公司在一定期限内不能再从此处挖走,否则就违反了这一猎头界的重要规则。一般猎头公司都对客户有一年期、二年期、三年期时间长度不一的承诺,很多的客户也会有类似的合理要求。

保护规则是一个好的、正规的猎头公司必须遵守的行业规则。

五、满意规则

满意规则也称为包换规则。猎头公司虽然并不生产有形产品,但通过艰苦的劳动,为客户找到合适的高级人才,也能获得可观的劳动报酬。所以,从某种程度上讲,人才也可算是猎头提供的"商品"。而现在大家都清楚,我们在购买某些大件商品时,商家或厂家都会给予一些包修、包换、包退的承诺。而作为猎头公司也需要向客户保障提供的"商品"能同样享受类似的待遇。因此当候选人上班后,若遇到不能得到客户的认可,或顶头上司不满意,或与其他股东、经理人合作不愉快等情况时,客户也可以提出"退货"或者"换货"的要求。因为猎头的信誉就是从高质量的服务中累积起来的。

满意规则是猎头和客户良好合作的基础。

六、保证期规则

很多的商品都存在保证期(保质期)情况,如果在保证期内,商品出现问题,生产厂家应该承担相应的责任,如果过了保证期,那客户应该自行承担后果。在猎头行业,也是有保证期规则的。一般情况下,候选人被客户录用后,猎头公司都会对客户承诺一个保证期,如果在保证期内客户对候选人不满意,猎头公司就要立即开始新一轮的搜寻工作,直到找到满意的候选人为止。一般情况下,猎头公司承诺的保证期为三个月。一方面,三个月的时间足够客户考察候选人,另一方面,一般高级人才能接受的试用期至多也是三个月。

保证期规则,既维护了客户的利益,也维护了猎头公司的利益,是个双赢的规则。

[附录10]

猎头的专业规则

1959年,一些早期的独家受聘猎头公司在美国成立了猎头协会,后来该协会迅速发展成为一家全球性的行业协会,至今已拥有160家会员,均属独家受聘猎头,这些会员在全球拥有3000名专业人士。他们于1977年订立了《行为规范》,并于1984年制定了《专业实践指南》。这两个文件在1996年又被重新修订,使之更臻完善,成为猎头业的"圣经"。

行为规范全文

猎头协会会员应做到——

专业精神:所做活动务必善始善终,树立猎头人员作为专业人士的良好形象。

诚实笃信:在一切业务活动中均须保持诚实的态度,避免欺骗或误导他人的行为。

足以胜任:掌握适当的知识,审慎行事而又能反应迅速,有能力胜任所从事的一切猎头项目。

公司招聘:奉行平等应聘、公平竞争的精神,客观地评估一切资质合格的面试人选。

社会利益:在开展猎头业务的过程中要尊重社会利益。

客观公正:在实施猎头项目的过程中,要实事求是地全盘考虑问题,避免一切主观的或不公正的判断。

准确无误:在客户和面试人选之间做好沟通,尽力做到准确无误,并鼓励他们交流一切相关的真实信息。

利益冲突:避免利益冲突,或通过主动申明和弃权来消除利益冲突的发生。

忠于客户:要忠于所服务的客户,并在实施猎头项目过程中保护客户的利益。

这些原则与做法能有效地弘扬专业精神,使猎头人员能无愧于新世纪所赋予的使命。

● 企业如何与猎头合作共赢

——您好,九斗猎头,我是张群,有什么可以帮您?

——您好,我们是上海的一家五星级酒店,我们想委托你们找一个餐饮总监,你们的收费如何?

——哦,您好,您贵姓?

——姓刘。

——刘先生,您好。不知道之前您是否采用过猎头的方式找过人?我们和行业内的其他猎头公司的收费标准差不多,一般为年薪的20%。

——当然用过,不过你们的收费也太高了,对你们来说,找个人不是挺容易的吗?需要这么多钱啊,也太黑了吧。我们合作的猎头多了,听说你们不错才考虑和你们合作的。这是送上门的机会啊。

——如果找人容易,您就不会找我们了,从来没有哪个猎头项目是好做的。那您认为应该收费多少才好呢?

——10%差不多了。不少猎头公司给我的报价就是这个数。

——那很遗憾,我们不反对您多做比较,但这样的收费标准我们实在无法操作,对我们来说,这样的收费,只能是赔本赚吆喝了。

——有钱都不赚啊,现在猎头公司多了,就这样标准,要和我们合作的猎头公司很多,原本想给你们这个机会的,那算了,有钱还怕找不来人?

大家都知道,这是一个双向选择的时代,企业在采用猎头时,会选择猎头公司,而猎头公司在为客户服务时,也会选择客户(不选择客户的猎头公司不是好的猎头公司)。那么企业如何与猎头合作,才能达到共赢的目标呢?

一、相互尊重,相互理解

猎头公司是企业的客户和合作伙伴,双方是合作关系,并不是上下级关系。但不少企业认为既然我出了钱,就可以对猎头公司指手画脚,傲慢对待,对猎头推荐的候选人也是熟视无睹。这非常容易引起猎头公司的反感。因为在这种情况下,猎头能完成项目的可能性会大大降低,也会招来候选人对猎头公司和客户的不满。企业既然选择了与猎头合作,就应该尊重猎头公司的劳动,这样不仅能尽快达到目标,而且可以促使猎头公司为企业寻觅更加优秀的人才。

二、充分重视,顺畅沟通

企业委托猎头公司寻觅人才,往往是高级岗位人才或是特殊岗位人才。但有时候企业会犯很低级的错误,即派一些级别非常低的职员和猎头公司的高级顾问打交道。由于这些员工的谈吐和想法无法达到应有的高度,大部分情况下只是传声筒,导致很多的时间和精力都被浪费了,传递的信息被误传了,更谈不上什么效率。为此,要想尽快实现委托时想达到的效果,作为企业,应该选择素质和级别都比较高的员工与猎头公司打交道。

三、平等互利,合作双赢

企业在与猎头公司合作时,总希望能尽可能少花些钱,因此在谈判的过程中,总希望把猎头公司的服务费用压得很低。这样的想法可以理解,但很难被接受。其实从某种程度上说,猎头是一种咨询方式,而在咨询界都会遵守一个简单的原则——咨询有价(consulting for cash)。所以要想得到好的猎头服务,就应该支付应支付的费用,让与你合作的猎头公司也有合理的收入和利润空间,这才能达到双赢的效果。猎头公司在为你物色人选的过程中,也会竭尽所能,尽心尽职。

四、信守承诺,不透支信用

在与猎头公司合作的过程中,因为一些特殊情况而取消委托猎聘事宜的情况是有的,也是可以理解的,但这种情况如果经常发生,就不应该了,因为这不仅浪费彼此的时间和成本,也会对候选人造成干扰,最终导致客户和猎头公司的信用遭受双重损失。如果还有其他不可告人的目的,如虚假委托、套取猎头资料和行业敏感信息等情况,更会给合作带来无法弥补的伤害,这也会极大地透支客户的信用,使得企业未来在物色人选方面存在极大难度。

五、一主一次,精胜于多

如前文所述,客户在选择猎头公司合作时,不宜同时选择过多单位。那么该选择几家猎头公司作为合作伙伴呢?一般情况下,2—3家是个不错的建议,即以一家猎头公司作为主供应商,另外一家猎头公司作为次供应商,如果还不放心,预备第三家。不过按照目前各公司委托猎头的项目量来看,基本上选择两家猎头公司已经足够。

案例16:三方共赢才是赢

某猎头公司承接了某民营企业的人力资源总监职位,通过多方寻访和认真甄选,选出了最符合客户需求的两个人选,一位是T先生,一位是B女士。而B女士的背景和性格特点更适合客户的企业:年龄34岁,阅历丰富;工科学士、MBA,还进修过英语,是个好学上进的人;做过编辑,在外贸公司任过职,又在一定规模的企业集团担任过行政人事副总,资历上比较过硬;在每个单位都做得有声有色,有着良好的工作业绩;客户希望的英语、计算机、驾驶都没有问题。

通过朋友引荐,与B女士接触,发现她的确非常优秀,是非常标准的职业女性和职业经理人。在调查时发现,B女士在现在的企业工作已经4年,而该企业的业务和发展都处在缓慢增长阶段,人力资源的管理工作已不再具有挑战性。B女士是一个非常注重成就感的经理人,于是猎头顾问向她分析了目标客户的企业状态,如具有非常好的成长性,事业领域的空间非常大,在人力资源管理方面有许多问题并且企业的领导人非常重视这方面的工作,愿意以较高的代价聘请合适的人选。

通过多次沟通,终于说服她同客户的老总会面,由于事先与老总进行过该人选的分析,沟通过程非常顺利。仅通过三轮接触,双方就在猎头顾问的促成下达成了合作的协议。

事实也证明了这个候选人是非常合适的人选,为客户的企业做出了重大的贡献。B女士对她现在的状况也非常满意,不仅因改善公司的管理秩序而获得了成就感,也因为她的工作得到了老总的承认并在物质利益方面得到了回报。总之,皆大欢喜。

对于猎头公司,应该使人才获得更大的发展空间、事业的成就感、良好的物质利益回报,使企业因为引入高级人才而提高经济效益,完善企业管理。只有使人才和企业都得到利益,猎头公司才能获得真正的最大利益,除了企业支付的佣金外,还可以因此提高信誉、口碑、知名度。

● 哪些岗位应当考虑选择猎头

——您好,九斗猎头,有什么可以帮您?

——您好,你们是猎头公司吧?

——是的。

——我们计划通过你们找一个总经理,但要做到保密,是否可以派人到我们公司谈一下,我们董事长要就这个事情和你们探讨一下。

——可以,您如何称呼?贵公司的名称是什么?地址在哪里?

——我姓刘,是这边的董事长助理。我们公司是……地址在……

——刘总,贵公司和地址我都清楚了。请您留个手机号码给我,我安排一下时间,回头我给您回复。

——好的,您贵姓啊?

——免贵,姓张,我叫张倩,是这里的项目经理。如果我们总经理有时间,我会请他和我一起去贵公司拜访的。

——那最好不过了,我也希望你们老总能过来,我的手机号是159×××××××××。

——好的,等我安排好后,再跟您联系,谢谢。

——谢谢。

随着中国经济的发展,企业发展的速度也越来越快,对人才的需求也非常旺盛,而仅仅依靠企业自身的培养,已经跟不上发展的需要了,这时就需要从外部招聘好的人才。但好的人才又往往比较稀缺,于是很多企业都会想到与猎头公司合作。那么在目前的情况下,哪些岗位应该考虑找猎头呢?

大致可以归纳为以下几类:

一、涉及需要保密招聘的高级岗位

需要保密招聘的原因是多样的,有现有岗位人员不能胜任又不能轻易让其"下岗"的,有为了减少对股价(对公司)负面影响的,有为了不泄露未来公司发展方向的,等等。通过猎头操作这些岗位,既可以达到保密的目的,也可以找到优秀的人才。在猎头公司中,越是专业化的、声誉卓著的猎头公司,保密工作做得越好。

二、对公司未来发展影响重大的岗位

公司要招聘职位很高的职业经理人(如CEO),而且该职位对公司的利润将有重大影响。即使猎头公司找到的候选人赚得的利润只比其他人多1%,增幅也会比聘请猎头公司的成本要多出好多倍。每个人都有自己的能力范围,有些老板能把企业从0做到1000万,但要从1000万做到10亿,就要找更职业更有高度的经理人才行。

三、人选到位速度决定公司发展前景的岗位

一个公司的产品要推广到新市场,该市场的负责人越早到位,对工作开展越有利,这时采用猎头是很好的决策。由于在行业内积累了很多的人脉和人才渠道,猎头能够在较短的时间内找到合适的人才,为企业发展赢得最宝贵的时机。

四、新领域,不知该如何评判胜任力的岗位

某公司要走多元化发展道路,实现公司多元化经营,进入新市场以及组建合资公司,因而打算招人,此时寻求外部猎头公司的帮助也是有意义的。在这种情况下,公司可能对空缺职位所要求的关键能力心里没底,对潜在的候选人也了解有限而且不知道该怎样去评价他们。找到这个行业的专业猎头公司将可以帮助公司建立起对这类岗位的综合评价体系,并

根据这一体系找到合适的人才。

五、需要从行业内领先企业中抢优秀人才的岗位

行业中刚发展不久的公司或者品牌知名度还不高的公司, 为了公司能获得长足的发展, 从业内领先的企业中找人是一条捷径, 但如果贸然地自行出击去找候选人, 往往很难成功, 因为候选人基本上是没有兴趣的, 而企业又不能轻易说自己公司的平台有多大, 未来有多好, 这时候就需要第三方出面来讲, 才不至于引起候选人的反感。猎头公司可以帮助企业说服候选人, 也可以帮助候选人分析新机会的利与弊, 而且往往最终能达到目的。

六、其他岗位

如果公司要招聘一位非常抢手的候选人, 也可以考虑聘请猎头公司。因为这类候选人通常对聘用合同有着复杂的要求, 而很多猎头公司在拟订这种合同方面富有经验。这些公司知道如何创造性地设置激励条款和奖金, 并尽可能降低候选人感知到的风险。如今一些新奇的金融工具, 如股票期权(stock options)、优先录用函(exploding offers)等都很复杂, 寻求专业公司的帮助将会使你事半功倍。

案例17:急客户所急,做企业的人才储备库

我们曾接到上海某国际联号背景的五星级酒店的委托, 为其寻找一位以商务市场为主的销售总监。对方开的价格相当高, 但要求在相当短的一段时间内就要为其成功猎聘。因为接到这个单子的时候, 酒店马上要进入营销旺季, 客户方迫切希望在旺季来临前, 这位新总监能带领团队投入工作。

在时间很短的前提下, 客户方还要求这位即将任职的总监必须是上海本地人, 有五星级酒店商务市场销售的带队经验, 并且有自己的固定客户, 能为酒店带来一批客源。

我们的猎头顾问团队在做了可行性分析报告之后决定接单。签订协议之后, 团队的伙伴暂停了手中可以暂缓的项目, 齐心协力全力投入工作。在动用上海方面的多方资源后, 工作进行得很顺利, 我们锁定了三位候选人提交给客户。然而, 客户在面试之后提出了一个顾虑, 那就是此三

位候选人都在或者曾经在上海别的区域五星级酒店任职，他们所在区的商务市场一直氛围很好，而客户酒店所在区一直以旅游市场出名，在商务市场方面是个弱势。出于这一顾虑，客户方认为三位候选人都不太适合。

在这次挫败之后，我们猎头中心的团队冷静下来做了进一步的分析，得出客户方最大的顾虑是担心新到的人才"水土不服"而耽误他们的最佳营销时间。得出结论后，我们把目标锁定在客户方酒店所在区域的五星级酒店的销售队伍，进行定向猎头。

经过多日的专业性调查和沟通，我们将目标再次锁定在客户酒店附近的一家五星级酒店的销售总监身上。这位总监到该酒店两年半的时间里，主攻商务市场，在其努力下，酒店的商务业绩有了明显的上升。而且我们再次调查发现客户方给的薪资待遇大大高出他现有岗位的水平，并且有更好的工作环境。于是，我们集中火力对其进行说服工作，经过几轮层层深入的谈判，候选人的意向由小变大，终于决定与客户老总见面。

由于前期工作到位，面试进行得非常顺利，候选人很快到岗，并利用他在原先商务市场的名气，为客户的酒店商务市场开拓了非常好的局面。

这个案例告诉我们，在客户对人才的需求非常急切的时候，猎头可以根据自身的资源，高效地替客户找到合适的人才。急客户之所急，想客户之所想，是猎头业永远的服务宗旨。

● 结构化面试可以这么做

——您好，项总在吗？

——我就是，您是？

——我是××大酒店的李××。

——哦，李总，您好，好久没有联系了。

——是啊，项总，无事不登三宝殿，有个问题想请您帮忙。

——不客气，您说。

——我们公司人力资源建设相对落后，资料很不完整，您这边有面试高级管理人员的资料吗？

——我推荐您采用结构化面试的方法，效果会比较好。我发给您看看。

——好的,谢谢项总。

在一般层次的求职中,面试环节相对简单,考官向求职者提出若干问题,再对其言谈举止、性格等方面做一个直观评价,其后就可以按部就班地执行下一步程序。但在高端人才领域,面谈不是如此简单,求职者需要展示更多内涵的东西,比如气度、领导能力、决策力等。

作为企业,如何才能把握好招聘高级管理人才这道关呢?除了提高自身素质外,掌握一系列先进的招聘方法和面试技巧是必要的。在这里我想介绍一下近年来人才招聘常用的结构化面试。

结构化面试程序是对原来面试程序的修订和补充。原来的面试程序是从筛选简历开始,经历面谈程序后直接转入是否录取。而结构化的面试程序可以分为招聘前准备、招聘实施、招聘后续工作这三大环节。具体见下图:

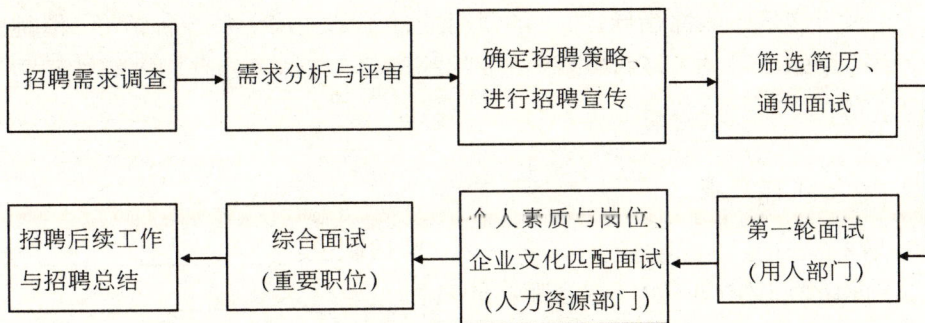

结构化面试流程图

企业在决定结构化招聘流程时,可以根据实际情况设计符合自己企业实际情况的招聘流程,但大体上应符合此三个环节。在招聘实施中可根据招聘岗位的性质决定是由业务部门第一轮面试还是人力资源部第一轮面试。

结构化面试的提问方式。根据应聘职位的不同可以采取不同的提问方式或几种方式的综合。常用的提问方式有:教育背景提问、工作经历提问、能力提问、压力提问等。

在结构化面试中,主要的环节可分为:(1)开场白,主要目的是营造轻松的面试气氛,告诉应聘者面试中采用的面试方式;(2)主要背景回顾;(3)行为事件回顾;(4)附加信息咨询;(5)结束面试评估。其中行为事件回顾是主要部分,面试人员应认真倾听,并做好记录。

结构化招聘是大势所趋。但结构化面试需要一个过程,对大多数企业来说要经历非结构化、半结构化、结构化、高度结构化这四个转变过程。根据企业实际情况,可先从半结构化的面试着手。通过半结构化的招聘积累结构化提问的技巧和能力,在条件成熟后实施结构化面试。

［附录11］

结构化面试表格

致主试者:求职者面试指导的目的是帮助进行雇员选拔和配置。若用于某一职位的全体求职者,则可帮助你对求职者进行比较,并且可提供比非结构化面试更客观的信息。

因为这是一般性指导,所列项目可能并不都适用于每一种情形。请跳过不适用的项目,加入对特定职位适用的项目。在结尾处有加入额外问题的空间。

一、工作兴趣

姓　名:＿＿＿＿＿＿　　　　　申请职位:＿＿＿＿＿＿＿＿

你认为工作(职位)应包含哪些职责?＿＿＿＿＿＿＿＿＿＿＿

你为什么申请这一工作(职位)?＿＿＿＿＿＿＿＿＿＿＿＿

你具有哪些工作的资格条件?＿＿＿＿＿＿＿＿＿＿＿＿＿

你的工资要求是多少?＿＿＿＿＿＿＿＿＿＿＿＿＿＿＿

你对我们公司有哪些了解?＿＿＿＿＿＿＿＿＿＿＿＿＿＿

你为什么要为我们工作?＿＿＿＿＿＿＿＿＿＿＿＿＿＿

二、当前工作状况

你现在有工作吗?□是　□否。如果没有,你失业多久了?＿＿＿＿

你为什么失业?＿＿＿＿＿＿＿＿＿＿＿＿＿＿＿＿＿＿

如果你在工作,为什么申请本职位?＿＿＿＿＿＿＿＿＿＿＿

你什么时候能开始和我们一起工作?＿＿＿＿＿＿＿＿＿＿

三、工作经历

(从求职者的当前或最后职位开始往后,所有时期都应当计算。依据求职者的年龄,至少追溯12年,服役也视为工作。)

当前/最后雇主:_____　　地　址:_____

就业日期:从_____到_____

当前/最后工作名称:_____

你的职责是什么?_____

你是否在该公司中一直从事同样的工作?□是　□否。

如果不是,说明你从事的各种工作,每份工作的就职时间,及担负的主要责任:_____

_____

你的起薪是多少?_____你现在的收入是多少?_____

评　语:_____

你最后或当前主管的姓名:_____

对于当前/最后工作你最喜欢的是什么方面?_____

_____

你最不喜欢的是什么方面?_____

你为什么要离开?_____

你为什么要立即离开?_____

主试者评语或观察:_____

在从事最后一项工作前你做什么?_____

你在哪里工作?_____

地　点:_____　工作名称:_____

职　责:_____

你在该公司一直从事同一工作吗?□是　□否。

如果不是,请描述你所从事的工作、时间及每一项工作担负的责任:

_____

_____

你的起薪是多少?_____你离开时的工资是多少?_____

你最后的主管的名字:_____

我们可以和公司联系吗？□是　□否。

你最喜欢在什么地方工作？_____

你为什么离开现职？_____

你考虑过在其他公司工作吗？_____

_____

（如果各就业时期之间有间隔，主试者应当向求职者询问间隔问题。）

主试者评语和观察：_____

在当前/最后公司工作前你做什么？_____

你有什么其他的工作经历？简要地进行说明并解释每一工作的一般职责：_____

在过去五年里，你是否曾经失业？　□是　□否。

为寻找工作你作了什么努力？_____

_____

你具有其他能帮助你胜任本职位的经历和培训吗？解释你在什么地方和怎样获取这一经历或培训的。_____

_____

_____

四、教育背景

你接受过哪些能够帮助你从事所申请工作的教育和训练？

_____

说明你接受的任何正规教育（如果相关，主试者可用技术培训代替）

_____

_____

五、业余活动

业余时间你做些什么？

□兼职工作　□竞技运动　□娱乐活动　□俱乐部　□其他

请说明_____

六、主试者的特别问题

(补充面试中提出的其他问题，留出空间用于作答。)

_____

七、个人问题

你愿意迁至新地方吗？□是　□否。

你愿意出差吗？□是　□否。

你愿意出差的最长时间是多少？_____你能够加班吗？_____

你怎样看待周末上班？_____

自我评价：_____

你认为你的优点是什么？_____

你认为你的缺点是什么？_____

(主试者比较求职者的回答和求职者申请表提供的信息，问清任何不一致的地方。在求职者离开前，若主试者尚未提供关于组织和职位空缺的基本信息，主试者应当予以提供。求职者应当得到关于工作地点、工作时数、工资或薪金、报酬类型，以及其他会影响求职者对工作兴趣的信息。)

八、主试者的印象

对每一特征按1—4级来评定，1是最高评定；4是最低评定。

	1	2	3	4	评　语
个人特征					
个人外貌					
举止、姿态					
讲　话					
与主试者的合作					
工作的关联特征					
工作经历					
工作知识					
人际关系					

九、总体评定

1	2	3	4	5
很好	平均以上	平均	勉强	不令人满意

评语＿＿＿＿＿＿＿＿＿＿＿＿＿＿＿＿＿＿＿＿＿＿＿＿＿＿

主试者：＿＿＿＿＿＿＿　日期：＿＿＿＿＿＿＿

● 猎头不愿意合作的企业

——您好，九斗猎头，有什么可以帮您？

——我们是××酒店，现在有一个销售总监的职位，想委托贵公司。

——贵公司是位于××路的××酒店吗？

——是的，你听说过我们酒店吗？一下子就报上地址啊。

——您贵姓？

——免贵，姓贾，我是这边的人力资源部经理。

——贾经理，对贵公司的委托我们要评估一下，估计能合作的可能性不大。

——为什么，有钱不赚吗？

——不是的，贾经理，据我所知，贵公司这是今年第五次换这个岗位的人了吧？

——你们还真了解啊……

猎头公司在开展服务时，并非所有用人单位的委托都接受。规范的猎头公司在服务时是必须对三方负责的，即客户、人才、自身。因而规范的猎头公司不会把一位有发展前途的人才送到一个没发展前途的企业中去，更不会把不合格的人推荐给有发展前途的企业，更重要的是不给自身带来信誉上的危机。因此猎头公司在接受委托业务时，一定会对用人单位从各方面进行考察。

通常以下十种企业，猎头公司大都会拒绝为其提供服务：

1. 负债累累的企业；

2. 老板人品很差、信誉度很低的企业；

3. 不能正常经营的企业；

4. 管理混乱、老板独断专横的企业；

5. 无发展前景的企业；

6. 给猎头公司提供虚假信息的企业；

7. 无场地、无产品、无社会效益的"三无"企业；

8. 产品竞争力不强，市场需求力较低，属于夕阳产业的企业；

9. 家庭式经营的企业，尽可能不提供服务；

10. 不懂游戏规则、不守信誉、不爱履约的企业，将随时停止服务。

上述这些企业无法保证人才能力的良好发挥，把人才送到这样的企业，大多会影响人才的发展前途。

案例18：钱老板猎龙虾

一日

秘书：钱老板，明天中午你想吃什么？

钱老板：我的生意越来越大，各方面的档次也要相应提高。明天我要吃五尺长的龙虾！

秘书：可菜场里买不到这么长的龙虾怎么办？

钱老板：买不到就让猎头公司去猎嘛，钱不是问题。我愿意出100万猎头费，谁猎到了就给谁。

秘书立刻联系了数十家猎头公司，市场疯传"钱老板百万巨资猎龙虾"，众人皆被其魄力震慑，钱老板的竞争对手们感到脸上无光，也纷纷向猎头公司提出需求，"百万猎扇贝"、"百万猎鲍鱼"的消息不胫而走，猎头市场顿时一片繁荣，大量新的猎头公司也急切开张入场。

几日后

秘书：钱老板，这是各家猎头公司给您提供的龙虾，确实都比菜场上买到的龙虾长，有的三尺，有的四尺，但没有五尺长的。要不，您从中选个相对长的吧？

钱老板：胡说！我要的是五尺长的，短的龙虾我早吃腻了。四尺长有什么用，比菜场里的长不了多少，咱家自己养的龙虾还两尺半呢，我花那么多猎头费就买个"将就"吗？

秘书：可猎头公司们都说，实在找不到了，您看怎么办呢？

钱老板：实在找不到的话……

秘书：（等待）……

钱老板：（沉默）……那就让厨房给我炒盘土豆丝儿吧。

秘书：……？&@¥&

在人才市场发展还不够规范的今天，有时猎头公司也需要警惕这样一类公司。他们看起来愿意花大代价聘请人才，但是要求高得不可思议，只有神才能满足他们的用人要求。如果你的客户的表现有这种情况，那么你可能需要冷静下来仔细分析一下，如果他是"钱老板"，那么他仅仅是想通过一个不可能完成的任务来达到宣传自己的目的。既然如此，选择放弃是你最好的策略。

猎头谭

第五章

经理人，
今天你被猎了没有

● 如何与猎头"过招"

嘟呜……

——您好,九斗猎头,有什么可以帮您?

——您好,我是一个公司的行政副总,想通过你们帮我找到新的工作。

——您之前把相关资料发给过我们吗?

——没有,以前没有想过换工作,也觉得没有必要认识你们,现在受金融危机影响,我们公司效益下滑,有部分岗位要调整,所以想还是换一个公司发展比较好。

——先生,您贵姓?

——免贵,我姓刘。

——这样吧,刘总,您先把个人简历发一份给我,我们对您没有任何了解,要在对您的资料分析过后,才能判断是否可以帮您推荐。

——您无论如何要帮帮忙,我需要工作啊。

——您的心情我可以理解,但总要给我们时间,对您的基本情况都不知道,我们怎么推荐呢? 还是先发个人资料到我们的邮箱吧,回头我们会和您联系的。

——好的,谢谢。

猎头公司以成熟的人才渠道、专业化的手段,承担了企业招募"将才"中最困难的环节。另有调查表明,近两年中,85%以上的经理人与猎头公司有过接触,23%的经理人有超过8次以上的频率, 猎头公司活动相当频繁,而猎头也逐步成为经理人跳槽的首选途径。特别是在高级人才关于跳槽倾向方式的调查中,选择联系熟悉的猎头公司的调查对象占到81%,比例不可谓不高。

那么经理人该如何与猎头打交道,才能使自己成功被"猎"? 在与猎头过招时,又该注意什么呢?

一、诚信是先决条件

对企业而言, 人才的诚信比能力还重要。一个有能力而不讲道德的人,不仅不能用,也不值得培养!所以,在与猎头打交道的过程中,要保证你提供的个人资料务必是真实的,事实上有水分的简历通过盘问就会漏洞百出。要知道每一个猎头顾问均是优秀的人力资源管理工作者,一般具备良好的招聘技巧和深厚的心理学知识,而且所有通过猎头来找人才的企业,对候选人都要进行很深入的背景调查。如果你提供的信息是虚假的,很容易穿帮,也就不可能会被猎头顾问推荐给客户。

二、保持互动,增进认识

猎头推荐人选存在风险,有些风险还相当大,所以在推荐候选人时,猎头也很慎重。猎头最喜欢知根知底的候选人,但很多潜在候选人往往只会在有跳槽意向时才开始同猎头打交道。这种"临时抱佛脚"、"病急乱投医"的做法,效果往往不佳。其实高级人才应该让猎头公司成为其良好的"合作伙伴",在平时经常保持联系,经常交流沟通,特别是资料更新时,更要做好告知工作,如联系方式、职务、工作地点变化等,只有平时不间断彼此的联系,才能在紧要关头凸显作用。而这一点外籍人士和港澳台职业经理人表现得比较好。

我有一个新加坡的朋友,在我们第一次建立联系后,他总是经常性地与我保持联系,时常更新他的个人信息,同时也会跟我谈他的工作情况,谈他的一些工作想法,这样,我们建立了很好的互动关系,我对他的管理思想、处事风格等也有了更多的了解。在他有意向变动时,我们就可以很放心地将他推荐给我们的优质客户。

三、不卑不亢,有礼有节

有猎头找上门,是对职业经理人能力的一种肯定。如果你经常接到猎头的电话,首先恭喜你已经成为猎头关注的高级人才了,但千万别得意忘形,与猎头打交道也是有学问的,否则,可能会让你品尝"到嘴的鸭子也会飞掉"的滋味。

猎头顾问打电话给你的目的有很多种,而且猎头公司也有好与差之别。这时你要保持冷静、冷静、再冷静,然后了解清楚猎头顾问的致电意图。

一般地,猎头打电话给你并不是就确定你是合适人选,他们仅是做初步了解,因此做一个好的倾听者才是最佳的,最好在听完对方的陈述后,

可以对下列问题进行一些提问:

(1)明确猎头公司的名称和该猎头顾问的姓名,确认真实度,从中分析这个猎头公司的知名度。

(2)了解委托客户的情况,如企业名称、所委托职位、基本工作职责和任职要求。一来可以提高应聘的针对性,二来便于自己对企业进行选择、判断。当然,当猎头公司不方便马上告知委托客户的信息时,也要予以谅解。

(3)不妨直接问一下待遇问题,不过这个问题猎头顾问一般会直接告诉你,因为猎头第一要明确的就是待遇,如果连待遇都不能符合你的要求,其他的都没有太大意义了。

(4)为了方便进一步联系,你可以向猎头顾问要MSN或QQ号,以便有问题时方便及时沟通,也便于与猎头顾问建立融洽的关系。

(5)表示你需要时间考虑,并感谢猎头顾问给你来电话,希望保持联系。

四、认真对待,审慎抉择

在获得猎头顾问提供的基本信息后,经理人要对猎头公司和委托客户(在获知的情况下)进行一些基本调查。

对猎头公司,你要查看其实力、成功率、业界的口碑等,同时,如果决定与猎头面谈,稳妥起见,可要求直接去猎头公司谈,以获得对猎头公司的评判;有些经理人平时可能跟猎头没有什么联系,甚至是第一次与猎头交流,那么如何评判猎头公司呢?我给个相对简单的判断标准:看猎头公司如何对待你的简历和背景资料,是直接交给客户公司,还是先对你进行面试之后再提交给客户。如果是前者,你最好对它敬而远之;而如果是后者,你就可以放心大胆地与之合作,因为它是一家运作规范,并能对你负责的专业公司。此外,还可以优先考虑你所在行业的专行猎头公司和知名的猎头公司。

对委托客户,你可以上网查一下客户的网站,对公司背景、行业、历史沿革、产品、项目、组织结构、企业文化等进行了解,并对新闻事件进行关注。如果涉及该企业的相关报道和发生的关键事件以负面信息居多,比如劳资官司多、员工流动率高、客户投诉多、经营恶化等,就要引起重视。在人脉圈子里搜索一下有无与该公司有关的熟人,他们嘴里的信息可信度无疑是比较高的。关注一下该企业经营与管理的稳健性和成长性,了解一下该猎头岗位的需求原因：是因为新项目或企业规模扩大、管理升级而发生的新岗位，还是因为该岗位人员频繁变动而产生的需求……

经过考虑，如果你决定同意猎头顾问推荐你，那么你可以把自己的真实想法和职业规划告知猎头顾问，通过猎头顾问更多地了解未来企业的情况。要说明的是，在与猎头面谈时要抱着平等放松的心态，而且要尽量把自己的优势展现出来，先达到让猎头顾问看上你的"第一步"。另外关心一下猎头手中有关你个人资料的来源，如果猎头手里的简历不是自己的最新简历，要整理一份规范的最新简历给猎头。最后，如果通过猎头应聘成功，别忘记道谢，虽然这是他们的工作。

五、礼貌拒绝，买卖不成交情在

如果猎头顾问这次提供的职位并不符合你的期望，或者说在目前状况下，你的工作变动意向不强，那也要学会礼貌拒绝。说不定哪天适合你的机会就会到来。其实接到猎头公司的电话，一般不要急于拒绝，要听清楚猎头公司的意图，接受不接受其实并不重要，重要的是你被猎头注意到了，这其实并不是坏事。如果你觉得真的被"骚扰"了，也不妨对猎头公司直言，相信猎头顾问不会再找你。当然，如果对猎头提供的职位选择实在没有兴趣，不要拖延，尽快告诉猎头自己的选择，给猎头留下果断的印象，远远比留下优柔寡断的印象要好得多。

如果有时间，也可以与猎头见面认识一下，听听目前行业资讯、薪酬市场现状，了解一下业内知名企业的相关情况，还可以问问猎头对自己的评价以及对自己职业发展的建议等，同时，与猎头建立联系，为以后的职业变动做准备。但要明确说明这次来面谈的目的，要尊重猎头顾问的劳动。不要抱着做测试的想法，明明自己没有意向，为了看看自己在职场的价值如何，在与猎头面谈之后去与企业见面，面试成功后，又以种种理由拒绝。

六、做个猎头喜欢的经理人

猎头除了关注经理人的以往经历外，也关注经理人的未来价值。猎头希望经理人的价值能够不断得到提升，这样，经理人的未来平台也就更大。怎么做个猎头喜欢的经理人呢？在此我有几句忠言供您参考：

1. 大视野,大事业

想要跻身高级职业经理人行列,必须要有放眼世界的视野,有比世界还大的胸怀,而不要被短期的些许小利迷惑了双眼。人要有志气和理想,大视野成就大事业。

2. 不断学习,不断进步

古人云:活到老,学到老。不停学习、不断充实自己,那么你的价值就会更大,也更受猎头欢迎。还有,培养兴趣爱好,这是学习的另一方式。

3. 服务他人,共享共赢

要培养自己服务他人的精神,乐于与他人共享快乐的人才会更快乐。眼中只有自己的人,终会感到人生的空虚乏味。平时多与朋友联络,联络的是感情,只有感情联络久了,才有可能同对方一起发现原来是那么志同道合,这种君子之交才是淡如水,才不会因自己的职位受限制。还有记得把好的猎头推荐给朋友,成就好友,成就自己,正所谓大家好才是真的好。

4. 相信猎头,相信职业人

很多经理人希望问猎头如何取得自己的联系方式这样的问题,其实这类问题应该少问,否则会给人以之前少有猎头关注的感觉。猎头公司是专业的人才机构,肯定有不少渠道。其实,经理人不用担心自己的信息被猎头得知,一般规范的猎头公司对人才的信息都是保密的,这是行规,也是猎头的基本操守。与猎头顾问保持一个好的沟通交流,你只有"得"不会有"失"。

七、你需要知道的雇主看法

我发现,好多经理人把自己的简历到处贴,到处发,但是收效甚微,其实真相是很多的网站都会标示简历被浏览次数。如果有2000家单位看过你的资料,最后都没有要你,那么谁愿意做第2001个冤大头呢?

有些经理人喜欢以工作很忙为借口,然后简历准备得非常粗糙。可想而知,雇主看到这样的资料是什么感觉,对自己都不负责任,还会对雇主负责吗?

对于职业经理人来说,自己的业绩和能力很出色只是做好了身价提升的准备。如果你的知名度高,自然更受欢迎,雇主一般比较相信大家的"共识"。如果你相信自己已经足够优秀,但还没有猎头公司找上门,不妨这样去做:在行业内发表论文、文章;被媒体采访时介绍自己;多参加有影响的高级培训班,引起特别注意;与业内人士、同行、老板、同事保持良好的关系,也许猎头顾问会在关键的时候主动推荐你。

案例19:诚信是先决条件

我曾经接到过一个总经理候选人的电话,希望能获得我的帮助,物色新的发展平台。在其发资料给我前,我向他提了个最基本的要求,务必保证提供给我的个人简历是真实的,他也答应了。收到他提交过来的个人简历后,按照职业习惯,我让人对其背景进行了调查,当调查人向我反馈说有虚假时,我简直不敢相信。因为在电话中,我曾一再强调过资料真实的重要性。为了慎重起见,我亲自再做了一次调查,结果是相同的。对于这样占用我们时间的候选人,我非常生气,这是对我们劳动的极大不尊重。从此这个候选人被我们打入了黑名单。可能是理亏,他后来还给我来过一次电话,之后就再也没有跟我们联系过。

职业经理人是商场上的战士,为了取悦自己的老板和客户,也为了证明自己在这个位置上是最好的人选,有些经理人选择了粉饰"战绩"的捷径。然而,他们没有想到的是,在他们选择这条道路的同时,也踏上了一条职场的"不归路"。

● 重视会见,让自己脱颖而出

——您好,是张总吗?

——是,您是哪位?

——张总,您好,我是项总的助理,他让我和您确认一下明天下午面谈的时间,您这边应该没有什么变化吧?

——哦,我上次和项总约的是两点钟,我明天会准时到的。

——好的,谢谢。我会转告项总的,到时见。

——再见。

猎头顾问在获得候选经理人的资料后,往往会通过电子邮件或电话对经理人进行初步了解和接触,如果经理人对猎头顾问推荐的项目有兴趣,猎头顾问会考虑先约见经理人,邀请他与自己面谈,便于自己做出更加准确的判断。

面谈的地点一般会选择一个环境舒适而安静的场所,如咖啡厅、休闲吧、会议室等,以便候选经理人可以放松下来,双方可以进行更好地沟通。

一、会见猎头顾问的注意事项

1. 注意你的言谈举止

在会见猎头顾问时,你所用的每一个词、每一个手势或者每一种语气都会被留意和分析,你的自信、语调、观点等都是猎头顾问判断你的重要依据。曾经有一位经理人在有礼貌地和猎头交谈的同时,却对西餐厅的服务生大声训斥,不管他在猎头面前表现得如何得体,猎头已经对他的个人修养产生了怀疑。

2. 一定要诚实,不要轻视猎头

猎头们每天都在与应聘者交谈,可谓阅人无数,举手投足都会给猎头顾问留下印象。有的经理人一坐下来便表现出时间很紧张,好像猎头顾问浪费了他的时间。有的经理人不问是否可以抽烟,点上烟就抽,显得很不尊重。

3. 注意修饰,忌不修边幅

猎头顾问要找的是高级人才,高级人才应体现出你的风度,带给猎头顾问职业的感觉,如果你的穿着不雅,邋里邋遢,就会影响你的职业形象。有的经理人在面试时,居然穿着T恤过来,显得十分不合场合。一般来说,我们遇见的女性经理人会比较注重这方面,在穿着上往往能通过一定的风格体现出她的工作特性。

4. 不要羞于发问

如果你对猎头顾问推荐的职位感兴趣,建议你应该了解清楚与职位相关的以下问题:

——你的直接负责对象将是谁?什么层面的人将成为你的直接下属?这有利于你了解该职位在公司的位置以及你的合作伙伴是否适合你。

——公司的文化理念及人文环境如何?有些公司已经有成熟的管理制度,会有充分的授权,而有些公司是具有挑战性的,需要你带着自己的想法加入。这有利于你了解该公司的环境是否与你相契合。

——公司的近况如何？是正处于起步阶段、发展阶段，还是困境中？下一步公司会有些什么样的发展计划和远景目标？详细了解公司的产品和运作模式，有利于你更好地判断该职位是否适合你。

——职位空缺的原因？是裁员、人员流失、职务升迁，还是因为发展和扩张？这有利于你了解该职位的发展前景。

一旦你了解并对所推荐的职位有兴趣时，你应该让猎头知道你渴望与他合作并将全权委托他处理具体事宜。在面谈结束时，你可以礼貌地问问猎头顾问："您还需要我做些什么吗？"

二、会见客户的注意事项

在你的资料通过猎头顾问向用人单位成功推荐后，猎头顾问会根据双方的具体情况从中协调安排一次面试，专业的猎头顾问会在面试前一天与你联系，确认一下约好的时间，并就面试时应注意的问题与你进行交流。

此时你要做的，就是尽可能详细地询问第二天面试的所有细节，你可以询问面试时的流程，你将会遇到什么样的人，他们的基本情况和职务，你甚至可以向猎头顾问了解他们可能会问哪一类的问题，猎头顾问可能与用人单位有长期的往来，他可以告诉你经营记录、主要人物以及竞争形势等背景资料。

这时猎头的建议是至关重要的，他可以向你提供从如何准备到面试穿什么衣服的全套建议。专业猎头会教候选人很多知识，比如谈话的语调需要做何种改进，或者建议你注意你自己不曾察觉的一些小动作。

猎头顾问甚至会透露诸如"面试你的总裁是××大学背景，他喜欢严谨的交谈风格，他有品茶的爱好"等更细致的内容，这使你在面试时容易找到话题，注意自己的谈话风格。

询问所有重要的细节是你的权利，你了解的东西越多，面试就会越顺利。

三、面试后要联络猎头顾问

面试结束后，你要联系的第一个人就是你的猎头顾问。称职的猎头会尽快与你联络，他会听听你的感想，了解你对公司、职位、面试等问题的看法以及你所关心的其他问题。事实上，他所提供的服务往往被证明在面试后更加重要。

用人单位可能会产生一些不必要的疑虑，你可能也会对工作有一些不必要的犹豫,但猎头顾问可以通过沟通消除这些疑虑和犹豫,根据双方的反馈,猎头顾问可以继续安排面试或决定到此为止。

如果你没有得到工作,他会帮你分析原因。这时他已经与用人单位讨论过你的问题。

不要自作聪明,试图绕过猎头顾问与用人单位直接联系,很多时候这也是用人单位不考虑候选人的直接原因。

四、选择要尽快做出

如果你觉得这是个理想的工作,而且条件也合乎你的期望值,那就要尽快做决定。如果你还有所考虑，你可以向猎头顾问要求一定的思考时间,但别忘了及时告诉他你考虑的结果。

如果你总是磨磨蹭蹭,那你可能会失去机会。拖延时间对猎头顾问和用人单位来说都是件麻烦事,并且容易让人觉得你优柔寡断。

最后值得提醒的一点是:如果你决定拒绝一份工作邀请,一定要通知猎头顾问,这是起码的礼节。如果你在告诉猎头顾问:"我考虑一下,我会联络你"之后便杳无音讯,那你一定已经列入了猎头公司的黑名单,因为你的诚信出了问题。

五、成功后与猎头继续保持联系

如果你获取了一份满意的工作,仍然要与猎头顾问保持联系。猎头公司一般会有3—6个月的后续跟踪服务。在这期间,你可能会遇到一系列的问题,你可以继续通过猎头公司来沟通协调。不要忘记在成功后真诚地对猎头顾问表示感谢,虽然这是他的工作,但是他同样也是你的合作伙伴,继续保持联系是必要的。

● 做个猎头眼中的"好猎物"

——您好,请问是张××总经理吗?

——是的,您是哪位?

——张总,我是九斗猎头的项目经理小钱,打扰您了。不知您现在说话是否方便？

——方便，你说吧，有什么事情？

——张总，是这样，有客户委托我们找一个五星级酒店的总经理，我关注到您就是我们要找的人，所以就冒昧给您打电话，想了解一下您是否对这样的机会有兴趣？

——你是怎么找到我的啊？我应该没有给过你们资料吧？

——张总，您在目前这个酒店已经呆了快五年了，我们通过一些途径，打听到您的情况，您的敬业和专业都得到了很不错的评价，加上您曾经参加过知名酒店论坛，我们当然是知道您的。

——哦，这样啊，您刚才说的机会，能否详细说说？

——当然可以，张总，如果有时间，我想和您见面聊，我们可以就更多的信息进行交流，到时也可以介绍您认识我们的总经理。

——也好，后天下午我有时间。

——好的，我和我们总经理约一下，到时候见，谢谢。

在美国，有一句流行语："一个人能否成功，不在于你知道什么（what you know），而是在于你认识谁（whom you know）。"在当前十倍速的知识经济时代，人脉已成为专业的支持体系。对于个人来说，专业是利刃，人脉是秘密武器，如果光有专业，没有人脉，个人竞争力就是一分耕耘，一分收获，但若加上人脉，个人竞争力将是一分耕耘，数倍收获。因此，开发和经营人脉资源，不仅能为你雪中送炭，在"贵人"多助之下更能为事业发展锦上添花。

我曾经被邀请到全国各地的大学做演讲，给很多即将毕业的大学生做步入社会前的职业指导，也曾经给不少的职业经理人上过有关职业生涯规划的培训课。在这些课程中，我经常会问学员一个问题："什么是人才？"学员们给出的答案不尽相同，但都会提到一些共同的特点。在此我提炼一下观点，谈谈什么样的人才会容易被猎头相中，成为光荣的"猎物"。

一、诚信与敬业是首要

职业道德、诚信品质是被猎人才非常重要的素质。这些方面的缺失会使他们很难达到一个较高的职业层次。即使达到了，也不是一个完善、值得信任的人。诚信和敬业精神是一个人将来到达成功的关键因素,对于高级人才,各类企业不约而同地强调了这个首要标准。说到底,一个只有很强的工作能力却品行缺失的人不能算是一个人才,因为没有一家企业敢用和会用这样的人。在现有的从业模式中,高级人才与资产所有者之间的协作首先是一种信任机制的建立,要有一种由信任和诚信建立起来的安全感。

当然,人的道德品行属于内在的素质,具有潜藏与掩饰性,在现实生活中通过简单的言行不易判别。通过一两次素质测评就得出某人的品行特征, 往往欠科学也难有足够的说服力。对此, 做背景调查(reference check)成了猎头必不可少的一项工作——即通过对候选人档案的调查以及以前相关工作背景资料的核实走访,来确认他的个性特征。我们不仅要考察候选人在过去的从业经历中是否有不良记录, 而且要调查他在业内的口碑如何。如果口碑不佳,就只能把他排除在外了。

二、很强的职业能力

这一点也很容易被想到,因为说到人才,第一直觉就是你要有能耐,是个能干有本事的人。很多人会很自然地联想到那些商业精英、打工皇帝,在市场经济条件下,他们依靠自己的能力,赚取大把大把的money,过着富足而又辛苦的生活。如果就这么理解,未免狭隘了点。其实职业能力是指在专业领域内,职业经理人能否及时、准确地分析和处理问题的能力。这也正证明了相对成熟的职业经理人阶层的存在是猎头存在的基础之一。

职业能力当然也包含了职业经理人丰富的工作经验。客户通过猎头寻找的人才肯定是要求到岗就能上岗、上岗就能胜任,这就对人才的工作经历提出了要求。这个条件在现实招聘活动中一般都有明确的规定。就国内的跨国公司而言, 他们需要的是那些出国前就已在国内积累了一定的经验,经国外院校充实学识后又在国外工作过一段时间的人。这些人对国内外企业的运作都十分了解,同时又对两种文化非常熟悉,了解国际间的一些规则,这样的人才对于企业今后的发展有着很大的推动力。所以,真正国际化的人才应是对国际文化、商务、不同民族和不同国际惯例清楚了解的,到哪里都能适应并充分发挥自己的能力的人。可见,光有书本理论知识但缺乏相关工作经验者不符合企业对实用型人才的要求。

三、跳槽的频率不能高

我们在看经理人简历时，首先关注的是他们工作的公司和跳槽的经历。如果你每年都跳一次，那么你被猎头看上的机会很少。但从职业生涯的发展看，长期在一个企业同一个岗位，往往容易产生职业倦怠感，那么跳槽也会成为必然的选择。猎头并不鼓励频繁跳槽，我们非常不喜欢经常跳槽的人，因为频繁跳槽说明此人目标不清晰，对公司的忠诚度值得怀疑。因此我们认为在一家公司的中高层职位上至少要满两年，这样的经理人是比较理想的。在此奉劝一句：实实在在地做人做事，做出出色的业绩，不要常跳槽。

四、经常被"曝光"

对于职业经理人来说，自己的业绩、能力很出色只是做好了身价提升的准备。要想加快身价增长的过程，说白了就是要会"发光"，你就要像宣传产品一样宣传你自己。例如多写一些文章发表在媒体或杂志上，多接受采访，可以更方便地让猎头公司找到你。

总而言之，你需要设计你的职业形象，拓展社会交往面，想方设法成为业内知名人士，不断进行充电，用优秀业绩形成业内口碑，从而形成富有亲和力而又个性鲜明的性格。

我们发现，但凡职场获得成功的人，几乎都拥有相当多的社会交往，他们经常参加各式各样的研讨会、交流会、论坛，甚至行业展览会，并以积极"入世"的态度，不断结识与他们一样优秀甚至更加优秀的同行，这其中或许就有潜在的客户及可能的未来雇主。成功者善于适时而恰到好处地展示自己的过人之处，给对方留下好印象。在公众场合，若有人想主动结识你，不管出于何种考量，我的建议是你绝不应当场拒绝，而需马上做出友善回应，让对方感受到你的谦逊和真诚。永远记住，善待每一个希望结识你的人，你就多增加一份人脉并可能多一次事业良机。

五、学历和公司背景

对于猎头顾问来说，学历可能最不受重视。北大不是还有毕业生下岗卖肉吗？从猎头顾问的角度看，学历只是一道门槛而已。而且在职场中，更注重能力而非学历。我曾经认真调查过500个候选人的学历背景,发现里面清华、北大、浙大、南大等名校毕业生寥寥无几,他们中的大多数人毕业的大学几乎没什么名气,甚至有些大学在我看来还很糟。英雄不问出处,只要努力,没有名校背景同样也可以成功。当然要承认的是,好大学和高学历更容易受到欢迎。

至于公司背景,专业的猎头公司清楚地明白在代理这一行里,哪个公司、什么样的员工最有竞争力。相对而言,候选人所在公司在业内的影响力往往能决定候选人受猎头公司关注的程度。如快速消费品行业的宝洁、IT行业的IBM、酒店行业的知名国际联号酒店等大公司的高级经理找工作非常容易。但不知名的中小公司里的经理人也不用妄自菲薄,因为在大公司也有不利的一面,那就是职位分级划分太细,因此在大公司发展到独当一面往往时间比较长。如果你在中小公司里从事独当一面的工作,如区域经理、营销总监等,并取得了不错的业绩,你一样可以受到重视。

案例20:我们尊重品德高尚的职业经理人

一天,我们接到一家拥有雄厚经济实力的大型地产集团公司的委托,物色集团下属酒店事业部总经理。经过多方寻猎,最后找到了一位非常合适的优秀职业经理人,地产和酒店都有涉猎,而且现在就是一家酒店管理公司的副总经理,在其服务过的企业里都能够出色地完成公司规定的任务,而且职业记录非常好,无论在经营还是在管理方面都有非常出色的表现,还具备非常丰富的团队管理经验,完全符合该集团酒店事业部总经理的任职条件。

我们马上与其电话联系,他在电话里面很礼貌但态度非常坚决地拒绝了我们的邀请,出人意料的结果确实让我们很惊讶,相比于我们提供的平台,他现在所在的平台要差很多,企业实力与知名度、事业发展空间等都不能比,而且根据我们的调查和了解,候选人的年薪也并不高,而客户提供的薪资是其现在薪资的1.8倍。按理说在年薪、职位、企业知名度上都不如委托客户,怎么可能出现这样的情况呢?为了找到真实的答案,我亲自登门拜访了这个候选人,通过与该人选的当面交流,他的一番话让我们找到了真正答案。他说,在他人生低谷的时候,现在的老板给了他支持与鼓励,给了他最需要的关怀。因此,尽管现在的公司给予的待遇不是最好的，但是他也会为之奋斗到底！

我们非常敬佩优秀的职业经理人，并支持他们一切维护个人品牌、恪守职业操守的行为。作为一名优秀的职业经理人，找一份好工作不难，但是找一位好老板就很难，如果找到了一位好老板但又不好好珍惜，还在期待着想找另一位更好的老板，这样做的结果只会毁坏个人的职业声誉。从我们的经验看来，那些不负责任、职业品德不佳的经理人多半很难使自己的事业发展到相当高的层次，而那些目前已经在百万年薪的人才，往往是个人口碑颇佳、品德出众的精英人士。

● 猎头教你如何写简历

——您好，请问是项总吗？

——我是，请问您是哪位？

——项总，您好。早就听说过您，非常荣幸能认识您。

——您客气了，有什么可以帮您呢？

——我是一个职业经理人，我姓张，有个问题我想请教一下。

——请说。

——是这样，项总，我在不少网站上登记了简历，也给相应的单位投递了简历，但是很少有反馈的，我想是不是我的简历写得不够好，所以向您请教一下，如何写就一份优秀的个人简历？

——张先生，对于投递的效果，有些时候，我们也很难把控，因为网上发布的招聘信息的出发点各有各的不同，有为了收集简历的，有为了找人才的，也有可能是为了做广告的。加上人力资源部的工作人员的责任意识也不一样，所以有时候您能收到反馈信息，有时候，就是杳无音信了。当然简历写得好与差，也会影响应聘结果。下面我和您探讨一下，如何写就一份优秀的个人简历，个人观点，仅供您参考。

——谢谢。

在职场中，简历好比是个人求职者向用人单位递送的信物，能否顺利得到自己心仪的工作，那就得看这个信物是否能打动对方了，是对方所需求的,还是你自已在孤芳自赏。我在从事猎头工作的过程中,总结了几点建议,希望能对求职者(要跳槽的或计划跳槽的)能有所帮助,特别是对高级人才能有所指引。

一、指向明确,有的放矢

我常看到,很多的求职者只有一份个人简历,对任何感兴趣的岗位投递的都是同一份简历,也就是所谓的"万能简历"。任何时候只要你试图炮制一份万能简历,投递给你所有的未来雇主,你的简历将会遭遇到的大部分结果是被用人单位扔进垃圾箱。每一个雇主都希望你专门为他们准备一份简历。他们期望你明确无误地展现,为什么你适合他们招聘的职位,以及你将如何去适应这个职位。所以简历的指向性非常重要。在求职的过程中,应该准备多份简历,针对不同岗位,展示不同的切合点。千万别"偷懒",多付出,多机会。我曾经碰到过一个候选人,他就做得很好。在投人力资源总监时写的是针对人力资源的总体看法,在投培训总监时特别突出了在培训方面的丰富经验和雄厚实力,最终如愿以偿地找到了他心仪已久的集团工作。

二、工作经历,编排合理

对工作经历的叙述,建议由近及远,按照时间的顺序排列,不建议也没有必要做过多创新。基本上所有的面试官都会很看重求职者的工作经历,而从时间的角度看已经成为一种"规则",或者说是固定思维,所以不建议轻易去挑战这种思维模式。一般地,面试者最关心的就是你目前在哪里,所以由近及远是最好的编排顺序。另外,内容上至少要包含的要件有:企业名称、工作地点、任职时间、任职职务、工作职责、取得业绩、证明人员等。从酒店业角度,还要考虑酒店星级、连锁或单体、国内酒店或国际联号酒店等,加上所在酒店网址、酒店的基本介绍,会更显完整。

推荐一种比较有效的格式类型。请看一下其基本版面安排:页眉(姓名、住址、电子邮件地址、电话号码)、个人概述(详细设计你的主要经历和专业领域)、年代由近及远的工作记录(着重于过去10—15年的成就)、教育与培训(为了有梯度,该项也可以移到顶部)。另外的相关主题包括职业联盟、社会活动、技术专长、出版物、专利和所用语言等。

三、用语准确，数据为先

准确的语言，带给人的感觉是专业、干练。在语言表达上，尽量减少带修饰的模糊概念词。比如销售总监的业绩描述，如果描述为：在我的带领下，公司的业绩取得了较大的提升，获得了总经理的好评和同事的称赞。不如表述成：在我的带领下，公司的营业额从200万提升到350万，当年获得总经理亲自颁发的"杰出管理人员"证书，并获奖励海南游一趟。

四、掌握火候，控制篇幅

据相关调查数据表明，招聘人员平均在每份简历上花费1.4分钟，一般会阅读2—3页材料。过长的简历毫无作用，而且不容易突出重点。在简历后附上一大堆证明材料的做法并没有增加录取机会。按照我阅人无数的经验来看，简历过长会给人不够简洁、拖沓的感觉。太长不好，太短也不对。一般来讲，最好能把篇幅限定在两三页纸以内，突出重点，落落大方。

五、不拘一格，慎用网站模板

简历书写虽有一定格式可循，但并无标准格式。所以在书写简历时，最重要的是要把该传递的信息传递给用人单位。但在此声明一点：慎用人才网站提供的简历格式，对高级人才来说尤其重要。不是说人才网站提供的简历模板不好，而是太大众化的东西往往没有吸引力。很难想象千篇一律的东西能突出你的与众不同。要记住，差异化是胜出的关键。你是如此的特殊，如此的"唯一"，所以也要让你的未来雇主知道，"相信你，没有错"。

六、注意美观，增加印象分

排版问题是很容易解决的事情，但多数人不够注意。如果你的简历挤得太满，并且用了五种以上的字体，面试官一看就会头疼，视觉上太花哨或拥挤，结局可想而知。所以在你发出简历之前，最好能找几个人看看。问问他们，你的简历是不是在视觉上够吸引人？如果他们看起来比较困难，那么，重新做吧。我曾经看到过一份非常漂亮的简历，格式标准，图文并茂，很有亲切感。

七、有英文简历更佳,无也无妨

越来越多的公司希望能提供中英文并列的简历, 懂英文的求职者最好能提供中英文简历,这样也有利于你的求职目标的实现。但如果你不懂英文,大可不必强求,切不可请人捉刀。其实勇敢面对自己的不足也可以增加印象分。

最后,简历的书写无标准答案,你的出发点是最重要的参考因素,用心方能成就追求。

[附录12]

两段有个性的自我评价

自我评价一

人生态度:求于沉静守一,顺其自然;摒于心浮气躁,杂意妄念。

价值观念:推己及人、推事及理,为价值判断的基本前提;穷则独善其身,达则兼济天下。

基本心态:重于内省,笃信正心诚意之功,心志静平,少于浮躁。为人处世只求无愧于心。

性格品行:性格开朗,积极进取,自信自立,意志坚强,精力充沛,沉稳持重,豁达坦诚,重义守信,急人所难,与人为善。

职业目标:成功职业经理人,为企业和社会创造财富。

自我评价二

职业素养:胸襟广博,善于创新,敢于承担责任,富有工作激情。

管理风格:处事稳健,坚持原则,作风硬朗,自信果断,有魄力。

个性特质:性格坚毅,正直诚实,思路清晰,帅才气质。

人生信条:小胜靠智,大胜靠德。

管理理念:行胜于言。

● 你犯过这十大错误么

——项总,有个候选人希望我们能帮他推荐工作。

——是吗,有简历吗? 先发我看看。

——有的,我看了这个人的简历,很简单,内容比较少。

——那怎么推荐? 你怎么答复人家的?

——我说要他提供更多详细的资料,他说简历都是纸上的东西,不重要的,关键要面谈。

——唉,又是一个自以为是的人。

简历是求职的第一块敲门砖。忽略简历的重要性可能造成严重后果。哪怕是高级人才,虽不愁找不到工作,但要获得更高的职位、更大的发展机会、更广阔的平台,都需要提供好的个人履历给雇主看。所以,简历在求职时是至关重要的。

在简历上犯错误很容易,但挽回损失却很难,特别是在简历被未来雇主看到以后。那么,怎么使你的简历变成第一流的简历?以下是最常见却又是最致命的简历书写错误,望闻者足戒,有则改之,无则加勉。

一、轻视作用,草率对待

上面的对话就是一个活生生的例子。有不少高级人才以为简历仅是一种形式,所以不管是提供给猎头公司的,还是提供给用人单位的,都是很简单的寥寥数语,干巴巴的。我曾经接到过不少高级人才希望我能帮忙推荐工作岗位的电话,但向他们要简历时,都是说"我更看重的是面对面的沟通和交流,这种形式主义的东西,意义不大"。岂不知,时代已经改变了,任何单位都会要求提供个人简历,如果通过猎头,还要提交个人调查和推荐报告,立体化地认识一个人。在这一点上,港澳台人士绝对值得学习,他们在提交简历时,不但包含了一般简历该有的内容,还提供了证明人、证明人资料与联系方式、家庭情况、以前的各项任职证明、以前单位的推荐信等,让人一目了然。这也大大加强了雇主对求职者的信任度,所以求职的成功率就会高。

二、缺乏细节,笼统描述

有的简历只是程序化地列出接受教育、参加工作的时间段,对涉及的实质内容则轻描淡写,让人无法了解其干过哪些工作,具备什么样的知识、经验、技能,这样的简历呈现出来的信息很有限,很容易招致用人单位的不满。比如我经常看到总经理人选的工作职责往往就写一句话:负责整个酒店的经营和管理。给人的感觉是什么工作岗位都可以这么写,根本没有办法判断这个人的实际能力和管理水平。比如说,如果你在一家餐厅做经理,把简单的“负责整个餐厅的运作”,改成“负责整个餐厅的日常运营,雇用并培训、督导超过50名员工,使餐厅的业绩从原来的100万元提升为现在的180万元,同时获得了酒店的嘉奖令。在员工管理方面,使得员工满意度从70％提升为85％,员工流失率降低了10个百分点。”在看到这样的描述时,用人单位当然可以更加立体地了解你,你也更容易获得面试机会和工作机会。

三、把工作职责当作业绩

简历中最普遍的错误就是将经历变成一份枯燥乏味的岗位责任清单,并把工作的内容当作取得的业绩。许多人甚至会用他们公司的工作守则作为制作简历的指南。如果你创建一份简历是对上述内容的删节,那么你求职失败的可能性非常大。用人单位更关心的是你在这个岗位上是否胜任,是否取得了该取得的成绩。所以好的简历不该仅仅叙述必需的信息,还要说明你在每个公司的不同经历和成长。如“在董事会的支持下,对酒店的客房进行了改造,并领导酒店全体员工开展上五星级酒店的活动,并于2008年7月顺利拿到国家旅游局颁发的五星级酒店牌匾,正式挂牌五星”。

四、一把钥匙开N把锁

如前文所述,有些经理人不愿在简历上多花工夫,寄希望于用一份“万能简历”就包打天下。然而,一把钥匙开N把锁的结果,只能是没有一把锁敢用这把钥匙。

五、简历造假，弄巧成拙

造成简历造假的情况很多，花样也很多，有虚构学历、年龄，篡改职位、任职时间，删增工作经历，业绩不真实、收入不真实等诸多表现。人生在世，孰能无过。面对过错，经理人如不能真诚面对，企图蒙混过关，只会弄巧成拙，陷入更大的职业危机。

六、简历过长或过短

简历的长短没有一定之规。为什么？因为对每个人而言，他们都有不同的偏好和期望。一般来讲，最好能把篇幅限定在两页纸以内。但也不能说，你做简历必须要用两页纸。相反，也不要把细节过多地删掉，以让它适合一页纸的标准。太多的人想把他们的经历压缩在一页纸上，因为他们曾经听说简历最好不要超过一页。当将简历格式化地缩到一页时，成了"剪历"，许多求职者删除了他们给人深刻印象的成就。反之亦然，就拿那些在履历上用几页纸漫谈不相干的或者冗长的经历的候选人来说，看的人很容易会觉得无聊。所以，当你写履历时，试着问自己"这些陈述会让我得到面试的机会吗？"然后，仅仅保留那些会回答"是"的信息。其实决定简历篇幅是否恰当的规则就是没有定则。决定其篇幅的因素包括有职业、企业、工作经历、教育和造诣程度等。最重要的就是，简历中的每一个字都要能够推销自己。

七、打字或者语法错误

这样的错误应该算是低级错误了。简历的文字需要完全合乎文法，避免出现任何可能引起歧义的地方。如果不这样，带给人的感觉可能是不能理解甚至是误解。可以想象，聘用单位会给你出现歧义的地方划条杠杠，或者干脆丢在一边，给你盖棺论定："做事不认真！"或者，"连简单的简历都写不好，那还能干什么？"

我曾经遇到一个求职者，他的简历看起来不错，基本上没有大问题，但他就是没有收到任何回复。一天我半开玩笑似的问他是不是电话写错了，一检查，果不其然。他改正后，立即收到了他所期望去的公司的面试电话。从这件小事中我们得到一点教训：哪怕只剩最后一秒钟，也要检查你的联系方式两遍。这是理所当然应该做到的细节，早做比晚做好。

简历好比求职者的"脸面"，如果出现错字、时间顺序混乱或内容错误等情况，无疑会让人觉得连自己"脸面"都收拾不好的人，工作也好不到哪儿去。所以，简历填写完毕，作为求职者要反复查阅，核对无误。

八、排版不合理，有碍观瞻

如果你的简历挤得太满，并且用了五种以上的字体，三种以上的颜色，很多人一看就会头疼，结局可想而知。所以在你发出简历之前，最好能找几个人看看。问问他们你的简历排版是否合理。如果他们的回答是否定的，那么，重新做吧。

九、表述过于华丽，不切实际

最常出现的是"我在过去的经历中，取得了巨大的成功，获得了巨大的好评"，而你在该公司的工作时间可能一年都不到。还有"给我一个机会，你会发现这是贵公司最英明的决定等"，这样的叙述早已用滥了，而且太过夸张，给人感觉不可靠。

十、缺少或随意自我评价

不少简历缺少自我评价，多半是人们觉得不重要或不知道如何评价自己导致的。其实自我评价部分是求职者很好的工具。评价中应该说明自己与所求职位相关的技能等级和经验，从而让用人单位对你留下良好的印象。

以上十个方面是很多高级人才在书写简历时容易犯的一些错误。希望能对经理人在书写简历时有所参考，有所提醒。

● 过度包装要不得

——项总，这个候选人很过分，提醒过他发给我们的简历要真实可信，但还是给我们发来了存在虚假情况的简历。

——你是怎么看出来的？

——他曾经历的公司，现在的人力资源部经理是我的朋友，我打了一个电话给她,她告诉我,这个候选人在这个公司只呆了三个月,您看,他在简历中居然写了两年。

——还有呢?

——职位信息也是假的,他只是个销售总监,根本不是分管销售的副总。

——嗯,这样的简历我们要坚决封杀,你可以和候选人委婉地说明一下,如果他不改正,就列入黑名单,免得其他伙伴又找到他。

——好的,我明白了。

猎头作为高级人才交流的最有效方式已经得到广泛认同,作为猎头行业资深从业者,我接触过的高级人才可谓数不胜数。在与这么多高级人才的交流中,我发现了一个让人颇为忧虑的问题:有相当一部分高级人才对其个人简历进行了过度包装。为此我曾组织过一次调查,采集了500个样本,数据显示,13.4%的被调查者存在对其简历进行过度包装的情况,这也可以从与我们合作过的客户的反馈中得到印证。曾有客户和我说过:"项总,我考虑和你合作,最主要的原因是现在的所谓高级人才太会包装自己,让人防不胜防。你们猎头会对候选人做深入的背景调查,以你们在行业的地位,我相信能让我们放心。"

其实对个人简历的过度包装,结果往往是弄巧成拙,搬起石头砸自己的脚。以下是我在工作中常碰到的几种过度包装形式:

一、学历、年龄不真实

首先,学历作假在不少过度包装的简历中都存在。要调查学历其实很容易,现在不少大学和教育管理部门都提供查找的渠道。其次,年龄作假也很常见。到了一定年龄,不得不面对这样的事实:在某些方面年龄大就显得相对弱势了。我就曾碰到这种情况,一个55岁的人,在简历上写着43岁,整整少了一轮。其实年龄通过核实身份证就可以处理,是个很容易调查的问题。

二、所任职位不真实

职业经历在求职过程中是最受关注的,也是背景调查的重中之重。但我也经常发现还是有些人心存侥幸,捏造事实,冒天下之大不韪。

职位不实多数有以下几种现象:第一种表现是给自己"升官"。比如任职经理的，说成是总监；任职总监的，说成是副总或总经理；任职副总的，说成是总经理或CEO。这种情况最多见，我们把它归结为虚荣心作祟。第二种表现是捏造任职经历。我们曾经遇到过这样的情况，Z总对某酒店很熟悉，该酒店在业内也很有名。在沟通中，Z总对酒店的情况可谓头头是道，让我们深信Z总在该酒店任过职。后来，为了慎重起见，也为了从侧面了解Z总的情况，我们咨询了曾经在该酒店工作过的W先生（业界的朋友），获知该酒店从来没有Z总这个人。事实证明，Z总捏造了这个任职经历。更可笑的是，Z总此后还多次给我们发来新的简历，自相矛盾之处比比皆是。这样的简历自然只有一个去处——黑名单。第三种是扩大职权范围。如有些酒店设有多个副总，分管不同业务，其中负责运营的副总往往较受欢迎，不负责运营的副总很容易在简历中写上分管运营这一块。还有的情况是企业投资人(董事长)兼总经理的，下面设置了副总，这个副总的资料上也往往会写着负责酒店全部工作，总经理只是挂名等。虽然，挂名董事长在很多企业都可能存在，但有时现实并非如此。

三、任职时间不真实

任职时间不真实的一般表现形式是加长任期。很多经理人也知道，频繁跳槽对应征新的岗位是很大的障碍，因此，为了带给未来雇主好的印象，部分经理人对其任职时间进行了修改。这一点，港澳台地区和东南亚的经理人是值得我们学习的，他们往往能够做到在任职时间上的严谨。我看过不少台湾经理人和马来西亚、新加坡经理人的简历，哪怕是一两个月的任职，他们都写得很清楚。

四、删增工作经历

这种情况往往和上述的第三种情况同时出现。为了增加职业的"稳定性"和"忠诚度"，在加长任职时间的同时，就要"放弃"一部分任职经历，否则无法自圆其说。为此，有些经理人只好把自己曾经任职的经历给抹杀了，特别是只有个把月任职的"不良记录"。我们曾经遇到过一位Q经理，跳槽频繁，很多酒店都不敢要他，后来他得知是由于频繁跳槽的原因，便开始"篡改历史"。经过大幅缩减工作单位个数和大幅增加任职时间，Q经理发了一份非常"漂亮"的个人资料给我们，并委托我们寻找新的工作。刚看到同事拿来的资料时,我们都感慨这么好的简历有些难得。正好在其曾经工作过的酒店里有我很好的朋友在任人力资源总监,我马上给他去了个电话,了解一下Q的情况。真是不说不知道,听了吓一跳。我的朋友把Q原来的简历发给我看了,结果可想而知。更可笑的还有另外一种情况,为了显示自己工作经历的高端,L总告诉我们他曾在某国际联号五星级酒店做过执行总经理,并全程领导了评五星过程,时间为2003年10月—2005年8月。而我们调查的结果是该酒店于2005年11月才开业,也没有参加过评五星的计划(有些国际联号酒店并不参加评星)。

五、星级不准确不真实

不可否认,在中国,酒店星级的评定和说法都存在不够规范的地方。按五星级标准建造、准四星级酒店、经济型酒店、商务酒店、精品酒店等种种说法常搞得非行业内人士一头雾水,甚至有些酒店行业人员也是云里雾里。而经理人的资料里,最容易出现的问题是给自己所经历的酒店加星,最普遍的莫过于没有评上(或还未申评)五星级的,就写成了五星级酒店。

六、业绩不真实

业绩是聘用经理人时的重要依据。业绩不真实一般有两种表现形式,一是夸大取得的业绩,比如说酒店盈利能力翻了一番,客房入住率提高了20%,餐饮毛利提高了5%等,但真实情况可能是更糟糕而不是更好;二是借他人之实,填自己之虚。如成功策划了某营销活动,获得市领导的高度赞扬。实际上自己只是个参与者,而不是策划者。

七、收入不真实

很多经理人知道,通过猎头,在薪资方面会有比较大的磋商余地,于是把原来所在酒店的收入标准说得很高,并表示如果换平台则需要更高的标准。其实这是对猎头不切实际的要求。一方面,猎头对行业的薪资标准相对熟悉;另一方面,猎头也是有职业道德的群体,正规的猎头不会为了多收一点点猎头费,而去做伤害自己名誉的事情。

八、模糊任职职位

这种情况最常见的表现形式有两种。一是经理人目前担任高级职务,是被一步一步提拔上来的,花费的时间比较长,但在简历中会简单地写成目前的职位。比如主管到副总经理用了6年的时间,但经理人往往就写成有6年的副总经历。另外一种是经理人其实是某集团或酒店管理公司属下酒店的高级职位,但直接说成是该集团或酒店管理公司的高级职务。我曾经接触过不少这方面的案例,如某著名酒店集团的T总,其资料显示他是集团层面的老总级别人物,但后来在与其沟通中发现,T总对该集团的好多情况居然不如我了解,实际情况是他到该集团才三个月,而且只是其下属酒店的常务副总。

九、离职原因不真实

对一个成熟的经理人来说,离职也应该做得很漂亮。在这方面,我们对其推荐的候选人都有要求, 即必须不留后遗症, 各项手续都应是完整的。但现实生活中,很多经理人的离职工作做得并不好。有些经理人其实是被劝退的,也有些经理人心存埋怨,离职时不辞而别或闹得很僵,但在简历上往往都会写着正常离职、合同到期等原因。当我们进行调查时,原雇主方就会给出不好的评价。

十、经历证明人不真实

凡是撒谎的人,要圆谎就需要他人来配合。有些经理人为了得到我们的推荐,让我们相信他的经历,会提供虚假的证明人(与证明人提前打好招呼)作为背景调查的对象。不过这种情况也比较容易穿帮,我们只要多问一些问题,作假的人比较心虚,就会露出马脚。总的来说,证明人不真实的情况并不多,毕竟这种情况的后果是比较严重的,做法本身也是比较恶劣的。

以上是我在工作中碰到的一些经理人的包装手法, 当然还不可能穷尽所有。嗟叹之余,我也深感忧虑,很担心会不会因为某些经理人的不实简历,影响到企业对经理人群体的普遍不信任。好在现在也出现了一些转变,很多酒店的人力资源部都愿意配合各调查机构的背景调查要求,并且已经形成了良好的氛围。我相信,通过行业同仁的共同努力,经理人过度包装简历的现象会越来越少,从而还简历一个真实的面貌。

● 猎头评审简历"十要素"

——梁总监,有个问题我们想请教您。

——什么时候变得这么谦虚了,说来听听。

——我发现您每次看简历时,很快就会得出这个简历好不好的结论,而且好像每次都很准。因为推荐之后,客户的反馈与您说的很相像。能不能教教我们啊!您看,我每次要看好久,才能确定这份简历是否要推荐,推荐的理由是什么。

——呵呵,当初我和你一样啊,只是经历多了,慢慢练就了这个"火眼金睛"了。

——那您指点一下嘛,总有一些总结性的东西啊!您不是经常说要善于总结吗,您肯定是有心得的,说说嘛,也让我们成长得更快些,好多替您分担工作啊。

——小丫头片子,拿我的话诓我啊,还说得这么冠冕堂皇,我可不吃这一套!不过只要你们愿意学,我还是很乐意教的。

——谢谢梁总监,您说来听听,我们已经迫不及待了。

——好,分享一下评审简历的"十要素"。

猎头顾问是专门为企业客户猎寻高级人才的人,找到最合适的人才是猎头工作的终极目标。为了找到最合适的人才,首先需要训练的是看简历"火眼金睛"的本领。

看简历是猎寻人才中必不可少的过程。每天面对几十份到几百份的简历,如何才能做到有效率地评审呢,在此谈一下我评审简历的十要素。

要素一:学校与学历 重要指数★★★

不少企业在找人过程中,对候选人的学校出身和学历看得比较重,甚至有些公司很崇尚有名牌大学背景的人。因为名牌学府门槛较高,通常情况下能进入名牌大学的人一般都有其优秀之处。当然,在企业工作中,高学历好学府出身并不意味着能力强。企业重学历,更重能力。

要素二:企业是否知名 重要指数★★★★

知名企业里有先进的管理理念、规范的管理模式、成熟和新颖的经营模式、优秀的企业文化等,在知名企业里接触到的资源和人脉也是一般企业不能比的,因此以往单位是否知名也是用人企业比较看重的。例如在酒店行业,就有国际联号和国内酒店之分,国际联号酒店的职业经理人受欢迎程度相对高一些。当然,知名企业毕竟是少数,所以如果简历过多强调就职企业的知名度,也会给人只能靠企业的规模和知名度来提升个人形象和水平的不良印象。

要素三:发展路径与工作经历　　　重要指数★★★★★

从基层一步一步被提拔上来,最终做到高层管理岗位的职业经理人,往往有很好的发展潜质,而且基础也打得非常扎实。相对于那些"半路出家",专业基础不够的经理人来说,前者会显得更受欢迎。工作经历完整又有层次,经历丰富又有成功经验,这样的人往往会很容易被客户看中。

要素四:职业稳定性　　　重要指数★★★★

要说明的是,猎头并不欢迎也不喜欢频繁跳槽的人。当然现在对于稳定性的理解也有了一些变化,以前认为一个人要在一个公司呆到老,才是好员工,才是稳定性好。现在两年就算过关,三年就算稳定了。一年换一个单位甚至几个单位的简历绝对属于垃圾简历。一般情况下,如果一个人在一家企业同一职位待了五年以上还没有升迁,就会被理解为安于现状、不思进取,或是靠老资格,要不就是凭借老板的关系。当然,如果是从基层、中层再到高层,一步一个脚印走上来的则是很理想的选择对象。

要素五:薪酬标准　　　重要指数★★★★

我们不能说一个人的薪酬有多高,这个人能力就有多大。但从另外一个角度看,高薪毕竟是能力的证明之一,也就是我们常说的,每个经理人都是有身价的,就看你是否请得起。猎头业常有这样一句话:只要你出得起钱,美国总统都可以帮你做事!

要素六:语言能力　　　重要指数★★★★

委托我们找人的时候,常有客户提出要候选人会外语,但录用后发现外语基本上无用武之地,一年到头都碰不到几个外宾。虽然如此,但如果外语好的话,很多时候是可以加分的,特别是对外企,或是有外企客户的企业来说。很多人其他方面都不错,就是外语不行,这非常可惜。有时候,外语对于经理人的身价有倍增的作用。

要素七:身体素质　　　　　　重要指数★★★★★

现代社会的工作压力很大,信息也是千变万化,对应聘者的要求变得越来越高,对人的身体素质也提出了挑战。一般高管的黄金年龄段是35—45岁之间,因此处于年富力强时期的候选人往往容易被选上。如果超过55岁,在这个人才充分竞争的市场上,竞争力就会下降很多。在我们操作的众多项目中,从来没有55岁以上的经理人还能得到客户首肯的,尽管有些经理人非常优秀,客户也会担忧其精力不济的问题。

要素八:行业相关性　　　　　重要指数★★★

隔行如隔山,虽然现在的经理人都很好学,但行业差距有时会阻碍经理人的换行跳槽,哪怕是一些看似可以相通的位置,如人力资源总监、财务总监。按照惯性的思维逻辑,有行业背景的候选人比没有的候选人有资源优势、经验优势和管理优势。

要素九:逻辑思维　　　　　　重要指数★★★

简历的书写,最重要的是逻辑清晰、表达清楚、重点突出。如果候选人的简历写得非常庞杂、面面俱到、不分主次,往往给人思维混乱的感觉,结果肯定是被猎头顾问pass掉。

要素十:个人态度　　　　　　重要指数★★★

不少高级人才以为简历是一种形式主义,所以往往对简历不甚重视。岂不知,时代已经改变了。套用一句网络流行语——哥看的不是简历,是个人对工作的态度!

综上所述,优质简历=好学历+好公司+高职位+高稳定性+好身体+好态度,如果你的简历全都符合,恭喜你,你有99%的可能性成为猎头的"猎物"。

● 猎头"五箴言"

——您好,我是九斗猎头的项目总监,我叫梁耳,请问是李总吗?
——是的,你有什么事情?
——是这样,李总,有客户委托我们猎聘一个总经理,关注到您的资料,我们觉得很合适,不知道您是否有换平台的意向?
——我现在的工作很好,不需要。

——您看这样好吗?我们建立一个联系,如果哪天您有换平台的想法了,不妨来找我。

——不用了。

——那好,打扰了。

(六个月后,李总回过头来找我们……)

近年来,"猎头"这一新生事物已渐渐为人们所认识和接受,并逐步受到高级人才的欢迎。被猎头"盯"上的人才开始意识到,机遇在向他招手。但也不难看出,由于对这一行业还不够了解,或者是对本土猎头公司的信心不足,仍然有相当部分人才对猎头保持戒心,不能放开顾虑,把猎头当成自己职业发展的战略伙伴。

对于这类经理人,我想提出以下几点建议,姑且称为一个猎头顾问总结的"五箴言"吧。

箴言一:如果您的资历不是足够深、专业经验不是足够丰富,请不要给猎头发送简历,但您可以与猎头建立联系。

由于猎头的业务定位是高级人才,而且是客户支付相当高费用的猎头服务,因此猎头必须向客户提供非常优秀的人才。如果您的资历不够深、专业经验还不够丰富,您的简历往往会被猎头视为无效简历。但有职业理想的中低级人才可以提前布局,尽可能与猎头保持联系。说到底,谁又能放弃立志成功的"未来之星"呢?

箴言二:优秀的猎头,眼睛盯着的,是人才的实力;枪口对准的,是人才的弱点。

猎头看中的是实力,当然还有"内力"。在您决定给职业猎头发送简历的时候,您就等于同意职业猎头对诚信的要求。如果有不诚实的行为,您将要接受职业猎头公开您不诚信行为的后果,包括但不限于向媒体、信用机构、其他猎头公司以及您将来应聘的任何组织。如果您不能保证自己的行为是诚信的,请不要发送简历。

箴言三:当你99%适合新的工作岗位时,猎头的努力,只不过是1%;正是这1%,使得奇迹成为100%。

作为高级人才,您有足够的资本去承担更多的责任,但如果渠道不畅,也会是"酒香也怕巷子深"。现代企业的发展必然带来对高级人才的大量需求，而常规的招聘方式从质和量上均很难满足企业对高级人才的迫切要求。如果您已经小有成就并跻身于高级人才的范围，千万不要再在人山人海的招聘会上寻找自己下一个梦想，去找你的猎头职业顾问吧，你们的合作将迎来100％的成功！

箴言四：作为一个高级人才，你可以坚决地拒绝猎头的早餐。这意味着，你将不得不用自己的钱，去买午餐。

如果你在一家并不知名的公司任职，虽然一切都很顺利，但此时猎头公司提供的机会是一家更知名的企业，那为什么不考虑呢？相反，如果你在一家大公司，并且福利待遇都不错，而猎头公司给你提供的是一家规模并不大，但却是一家蓬勃发展中的公司，职位和薪水都和你的要求也不远，那你的确要很好地考虑，并应该给猎头公司一个比较确切的答复，即便是拒绝也要比较委婉地说出，相信猎头公司的顾问会理解的。

箴言五：你知道什么，并不重要，重要的是，你认识何人；认识何人也并不重要，重要的是能够被猎头盯上。

如果你接到猎头的电话，不妨问问自己：

（1）我现在的职位还有升迁的机会吗？如果没有的话，为什么要拒绝猎头公司呢？

（2）我是那种善于应付挑战的职业经理人吗？如果我现在的工作已经没有什么挑战性，那么由猎头公司出面帮我找一份具有挑战性的工作当然是好事情了。

（3）如果和同行业、同职位的经理人相比，我的薪资并没有竞争力，那我为什么要拒绝猎头公司提供的机会呢？

（4）如果我和猎头公司的目的是一致的，即都是为了抓住一个能够提高自己的机会，那么在接到猎头公司的电话后我为什么要急于拒绝呢？

● 别做猎头不欢迎的经理人

——项总，这个人的简历是虚假的。

——那就归入黑名单，免得其他伙伴哪天又推荐出去。

——问题是他老是打电话过来问有没有合适他的项目，您看怎么办好？

——那你就跟他实话实说吧，问问他是怎么想的，我要求过你们在和候选人联系时，要告知候选人我们会对其背景资料进行调查的！

——我跟他说过，但他投递过来的资料还是虚假的，看来还是侥幸心理在作怪。如果再来电话，我就客气地和他说明我们的调查情况，看他是如何解释的。

——可以，稍微委婉一些，不要太让人下不了台。

——嗯，我知道了。谢谢项总。

猎头这个圈子，其实是相通的。行业里比较出众的人才，大家多少都会有所了解，圈内人也会经常在一起交流，那些因声誉不佳而上了"黑名单"的人，可得当心！

猎头在对求职者进行调查时，如发现下列情况者，则应拒绝提供推荐服务。

一、频繁跳槽者

"刚帮他找好一家企业，起先还口口声声说各方面都满意，没想到还不到半年就走人了。"林先生这一跳槽，让企业气不打一处来，同时也让猎头公司的服务打了折扣。

再猎这种人，无疑会砸了自己的招牌，对林先生这类人，猎头们只能对他说"不"。

二、不诚实者

"明明是干了三个月，硬是说成了两年，有这么不诚实的吗？"张先生的背景调查刚到第一个公司就出了问题，这类人又如何能得到猎头和用人方的信任。

三、乱抛绣球者

为谋求高职，赵先生不仅委托多位猎头为其谋职，自己也向多家企业投去了简历，不料因此惹了麻烦：两家猎头公司差不多同时通过各自渠道向企业推荐了他，赵先生自己也私下向该企业投递了简历，自荐时间和猎头推荐时间先后顺序无从考证。而这种情况下，企业往往以"该人才是自己向企业求职，与猎头推荐无关"为由，拒绝向猎头公司支付费用。如此涮人的求职者,以后谁敢为他服务?

要特别说明的是,经理人可以和多家猎头公司联系,但要注意的是,如果你一旦被几家猎头公司同时"相中"并受到推荐,最好向猎头顾问告知目前还有其他猎头公司在帮你推荐。此外,已经得到猎头推荐的客户,不要再自己投递简历过去,否则会出现上面的情况。职场生涯漫长,因此而被猎头列入blacklist就得不偿失了。

四、缺乏职业道德者

曾有接受调查的原公司人力资源部反馈,李先生从该企业离职后,把电脑中的所有文件都删除了,导致很多数据无从查考,造成非常恶劣的影响。

即使之前的合作让你非常不满,但离开时这一切就已成为了过去。善始善终可以为你赢得很好的职场声誉,也会为你今后的工作带来便利。

五、作风不正派者

"他是被我们劝退的,在酒店工作期间,因与多个下属职员存在不正当男女关系,对工作的开展非常不利,并给企业带来了负面影响。"如果你的背景调查中有这样的记录,那么你的职场生涯堪忧了。

六、四处泄密者

刘小姐有意换个平台发展,但先后联系过的几家猎头公司似乎对她都"不上心",后得知其中原委:刘小姐嘴巴不够紧,喜欢将自己公司的机密当成拉近双方关系的"黏合剂",给客户的感觉很不职业。

七、拒绝背景调查者

任何通过猎头求职的人,都要遵守背景调查的行业规则。因为只有对自己推荐的人才有足够的信心,才能让猎头在客户面前挺直腰杆。

八、言而无信者

吴先生答应在新年过后去客户单位报到,但由于原单位留他,最后突然变卦,让客户企业措手不及,也让猎头公司所有劳动付之东流。

● 面对机会，你该怎么做

——您好，请问是Sherry小姐吗？

——是的，你是？

——Sherry小姐，您好，我是九斗猎头的梁耳，不知您现在说话是否方便？

——方便，您说吧。

——是这样，有一个客户委托我们寻找市场销售总监，我觉得您是很合适的人选，所以冒昧给您打电话，不知您对换一个新平台发展是否感兴趣？

——具体情况能说说吗？

——当然，如果您方便的话，我想明天下午约您在贵公司不远处的咖啡馆，我们见面聊聊。当然也欢迎您登陆我们九斗猎头的网页，更多地了解我们。

——你们的品牌我听说过，你们项总的介绍我也看过。我安排一下，回头给您答复明天的时间，谢谢。

——好的，我过半小时后再去电话，好吗？

——好，再见。

接到猎头的电话，说明你已经上了猎头的名单，成为了他们的人才库中的一员。很多白领也许都梦想着猎头公司给自己打电话，因为这可能意味着一个更高层次的生活的开始。

但当你面对猎头提供的机会时，又应该如何应对呢？下面的建议也许会对您有所帮助。

一、持开放态度，不拒绝猎头的善意

猎头的电话不是"骚扰电话"，是提供可能的合作机会和平台给你做参考，是善意的。其实哪怕是优秀的人也可能会失业，事业再怎么如日中天的人在失业时，也很难一下找到工作。而且转换职业也是经理人将来可能要面对的事，猎头来找你和你去找猎头完全是两种境遇。根据资深猎头顾问的意见，有经验的人不会等到他们被原来公司抛弃或者对当前工作完全绝望之后再去找猎头。无论你是否正在考虑换工作，当这样的机会找上

门时,除非你真的忙得不可开交,都应该跟猎头谈谈。置身在这个自由开放、资讯发达的现代社会里,各位职场精英最重要的是持一个开放的态度。

二、和猎头探讨岗位的匹配度和你的职业规划

猎头提供的岗位是基于你的简历分析得出的,因此,在第一次接触时,往往无法深入分析你与所提供岗位的匹配度。这时,你可以和猎头顾问一起分析这个岗位与你所追求的岗位的契合程度,并深入分析对你的职业规划是否有帮助和促进。匹配度可以从新公司的企业文化、职业平台、个人经历、发展空间及经济回报等角度来看,而职业生涯则是更广义的概念,特别是不能一味看新工作的薪酬高不高。

如果在电话里谈不大方便,你可以请猎头顾问把职位描述用电子邮件发送给你,或者在猎头网站上查看这一信息。花时间弄清楚所推荐职位的详细情况,你也可以借此了解自己在行业内的位置。猎头对行业的就业状况有很深入的认识,他可以让你知道自己的薪资待遇是否合理,甚至跟你讨论你的工作前景,帮你分析你的职业生涯等。最重要的是,让猎头熟悉你,要让他们觉得你很配合、很优雅、很有风度。即使你暂无跳槽想法或对他们的推荐不感兴趣,你的言行举止足以吸引猎头公司对你长期关注。在将来某一天,就有好工作"从天而降",让你找到一份更理想的工作!

三、了解猎头顾问及猎头公司

首先,职场人士可以根据自己的职业发展方向,选择和行业内的知名猎头公司合作。因为猎头行业内有比较清晰的行业定位,比如九斗猎头侧重于酒店行业,行业猎头公司往往对整个行业有更为清醒和全面的了解。

其次,根据自己的职业发展阶段选择猎头公司。目前国内猎头提供的职位分类比较明确,有些猎头公司专门提供高端管理职位,而有些则是侧重于提供中端的职位,职场人士可根据自身所处的职业发展阶段调整自己的选择。

最后,你应选择值得信赖的猎头公司,如实告知他们自己目前所处的职业阶段和主要的职业发展方向,与其保持长期的沟通,这样在有了合适岗位的时候,猎头会第一时间与你联系。

四、端正态度，保持低调，友好往来

接到客户委托，猎头会搜遍每一个可能的角落寻找候选人，通常要打几十个甚至上百个电话，当然，电话里很难一锤定音，所以猎头往往会给点时间让候选人考虑一下并希望得到你的回复。

有些经理人大概认为自己的时间非常宝贵，所以觉得不需要立刻回电话，也有的觉得这样可以提高自己的身价。这种想法不利于与猎头建立长久的合作关系，没有考虑到猎头公司的利益。毕竟猎头顾问必须赶在"交人"期限之内交差，你愈快给他答案，他就愈好办事。更何况他可能还需要你帮忙介绍、联系人选，或打听一下你现在的处境。猎头以掌握信息为成功之本，如果你能告诉他们自己所处行业的任何情况，他们都会感激不尽。要是你拖了一周才回电话，大概只会给人家两种坏印象：一是你过于散漫，做事情连轻重缓急都不清楚；二是你喜欢端架子耍大牌，让人感觉你傲慢、浮躁、不踏实。

所以，在合适的时间里给猎头回个电话，是经理人面对猎头的应有态度。及时给猎头回电话，以示尊重，让猎头放下手中的活来细听你的陈述，让他们觉得你应对得体，有资格成为理想人选或日后再联络的对象，将会为你带来意想不到的收获。

五、坦诚相见，诚信为本，把猎头当作战略伙伴

"诚信"是高级人才市场上出现率最高的字眼。怕失去大好机会而隐瞒掩盖自身缺点、谎报相关资料、故意省略或虚报经历，无异于"玩火"。其实这年头，履历表上出现待业的空当，已经是常见的事了，而且各种原因并不像大家想得那么单纯。企业并购，往往造成许多人被解雇，或是沦落到求助人才公司。在猎头公司和企业调查这些经历的时候，自然希望你能坦诚以对。

如果你已经联系到一位熟悉你的行业并掌握着一定的工作机会的猎头，你必须使他相信你的经历使你很有竞争力。根据猎头的建议，你可以在履历表上列出过去工作上的重大表现。

最糟糕的情况可能是，在整个猎头工作即将完成的时候，突然曝光出一件糟糕的事情，弄得猎头在客户面前狼狈不堪。"真相只有一个"，不要

以为你能躲过猎头的背景调查。要知道,从猎头约见你时,你们双方便处于"同一战线",是友非敌,你若坦诚相待,猎头会帮助你分析、沟通,解决问题。只要不是原则性问题,相信对方都能够谅解。

● 助你备战面试的十五个问题

——梁总监,你和候选人王先生再确认一下时间,明天上午10:00在我们公司见面。

——好的,项总,您是要亲自面试吗?

——是的,这个项目非常重要,我要亲自把关。

——好的,您需要我做什么呢?

——你先拟个面试提纲给我看看,要从各个角度考察候选人,力争立体化。

——好的,我拟好后发您看看,有什么需要修改的地方,您到时告诉我。

——那就这样吧。上午11:00前把拟好的提纲给我。

——好的,保证完成任务。

在把候选人推荐给客户前,专业的猎头公司会对候选人进行各种形式的面试。面试不仅是企业客户筛选人才的重要一关,也是大多数猎头顾问评估候选人是否胜任的重要环节。

作为首席顾问,我曾经面试过不少高级人才。一般而言,猎头顾问会在面谈中着重提出行为方面的问题,以作为评判未来表现的预测基础。如果候选人能针对一些常见问题进行准备,将可以事半功倍。下面是面试最常问的15个问题,希望能对你有所帮助。

1. 你最喜欢目前工作的哪些部分?最讨厌哪些部分?

提问目的:候选人目前岗位上的技能与经验将有多少可运用到新职务中,以及想从新职务中获得哪些经验、挑战或技能。

特别提醒:避免谈自己不喜欢的事,批评目前或过去的雇主是很危险的行为。

2. 目前你工作上最大的挑战是什么?你是如何应付的?

提问目的:候选人如何把握在目前职务上的机会。

特别提醒：候选人应该说明为什么你的工作对公司盈利、节省成本或时间有重要意义。

3. 对新的职务你最想做怎样的贡献？

提问目的：考察候选人的自信心和工作思路。

特别提醒：比较求才企业与自己的专长、经验及兴趣，挑选一些有证据的项目来回答。

4. 你为什么现在想换工作？

提问目的：考察候选人的工作动机和职业诉求。

特别提醒：候选人必须说明为什么希望加入这个新公司，而不是为什么要离开现在的公司。

5. 你认为你凭什么会令我的客户高兴地接受你成为高级经理？

提问目的：考察候选人的专业能力和匹配度。

特别提醒：事前详细研究求才企业的职务说明书，仔细准备好面谈脚本。

6. 你的职责、工作成就和你的职业生涯规划有何关系？

提问目的：考察候选人对自己目前发展状况的评估。

特别提醒：说明一下自己的职业目标，分析自己完成上述事业目标的方法，讨论自己目前的进展，以及目前的计划。

7. 你最突出的工作成就是什么？

提问目的：通过候选人的历史成绩考察你的胜任力。

特别提醒：尽可能根据求才企业的职务说明书来举例，建议至少引举两项负责过的活动和计划。

8. 你下一阶段的事业目标是什么？

提问目的：考察候选人的职业生涯规划。

特别提醒：表明希望继续提升专业能力，扩展个人的才能，并愿意接受更多挑战。

9. 描述你曾经碰到过的问题或危机，并说明你是如何处理的？

提问目的：考察候选人排除困难和面对挑战的处理方式。

特别提醒：事先选定两到三个问题或危机，建议其中举一个失败的例子。

10. 描述你在工作上做过的最困难的决定，还有你从中学到了什么？

提问目的：考察候选人如何定义"困难"，如何处理这些情况，以及是否从中学到东西。

特别提醒:事先准备好一两个事件,而且是真的很棘手、很困难的事件。

11. 描述你曾参与的一个重要项目,曾为公司提出且产生重大影响的方法或计划的创意。请以一个活动为例,说明你如何管理和领导,如何展现领导技巧。

提问目的:考察候选人是否确实做过在履历表上宣称做过的事。同时让客户知道候选人的策略方式、管理风格,以及如何调动各种资源完成工作。

特别提醒:准备两个例子,建议每个例子能点出一些职务说明书上所强调的任职者具备的特质。

12. 你对以前的公司将产生怎样的后续影响?别人会如何记住你?

提问目的:考察候选人对目前公司的贡献。

特别提醒:提供事例说明问题。

13. 如果我咨询你的上司,你认为他/她会怎么跟我谈你?

提问目的:考察候选人是否可以正确地看待自己的优缺点,还有候选人对与权威人物相处的看法。

特别提醒:用例证或事件来分析自己的长处与短处。

14. 列举一个你向CEO或董事会建议的最棒的点子,并说明你怎样使他们相信这是个有价值的主意?

提问目的:考察候选人的创新能力和实际解决问题的能力。

特别提醒:需要说明自己如何找出问题或机会,如何构想解决方案,如何向管理高层提出建议并取得支持,产生了怎样的结果与影响。

15. 请告诉我一个你在工作上失败或未达预期目标的例子。

提问目的:考察候选人面对困难的态度和决心。

特别提醒:不要"失败得太过头",建议选择那种开始不顺利但最后有好结果的例子。

案例21:悲惨的面试遭遇

考官:windows 7专业版在中国大陆的零售价是多少?

我:5元。

考官:出去,下一位!

虽然第一次面试失败了,但哥是不会放弃的!

因为放弃这两个字在哥的字典里面从来没有出现过!

我投啊投啊,

终于得到了google面试的机会。

但是,去google面试,才回答一个问题就又被赶出来了……

考官:你从哪里得到google面试的消息?

我:百度搜索。

考官:出去,下一位!

哥郁闷了,但是无论怎样还得养活自己啊。

托朋友找到了一个在麦当劳工作的机会……

这回对方很变态,竟让我唱麦当劳的广告宣传歌曲,

哈哈!

当时哥就笑了,麦当劳的歌曲我从小就会。

于是我张口就来:有了肯德基,生活好滋味!

考官:出去,下一位!

唉……

麦当劳面试又失败了。

我妈妈托人找了一个移动客服的工作。

妈妈说这个不要技术,你先试试,我想都没想就答应了。

面试很顺利,对方也很欣赏我,最后考官对我说:你很不错,请留下你的电话,我们好通知你上班。

我:132……

考官:出去!

哥心都碎了,失业这么久,吃家里的,喝家里的,家人看我的眼光都带着一点无奈。

走到一家商城,看到阿迪达斯专卖店正在招聘销售员,我想我大学毕业生去试试应该没什么问题。

考官:请说出我们的口号。

我:just do it。

考官：出去！

我：别，别，我想起来了，是"不走平常路"！

考官：下一位！

一次次的失败，并没有打击我的信心，

于是我静下心来，苦苦学习，终于以优异的成绩考上了我们地方的公务员。

不过，TMD还是要面试。

面试过程中我对答如流，看着考官的脸，我觉得这次工作没有问题了。

正在高兴的时候，

考官问我：小伙子，你最喜欢哪个历史人物啊？

我想都没想就回答：和珅。

考官：出去！

这一次的失败，让我对人生有了很重要的考虑，回顾以前的种种，

我终于发现，最最关键的就是，我有一些问题答的不对。

不过这一次的面试，我可是做好了最充分的准备。

诺基亚的产品销售部门通知了我，我花了一周的时间做好了全部的准备工作。

甚至连口号都没有喊错："科技以人为本，NOKIA！"

考官很满意地说：嗯，很好，如果不出意外，你明天就可以来上班。

哈哈，终于成功了，我激动地和考官握手，可是这个时候电话响了，出现了一个不和谐的声音："Hello MOTO……"

考官：滚！

我的人生从此陷入杯具……

● 项氏"三司"准则

——您好，是项总吗？

——是的，您是林总监吧？

——项总，您真的好记性。有个事情向您求助。

——您客气了，有什么可以帮您的？

——是这样，我想知道××酒店您是否熟悉？

——当然，这个酒店的副总是我的朋友。

——那太好了，我对这个公司不是很了解，他们约我后天见面，我想了解更多的信息，您是否可以给我一些建议或意见？

——没问题，据我所知，这个公司是这样的……

——谢谢您，项总，您说的信息对我来说太重要了。有好消息我会及时向您通报的啊。

不管是新人，还是职场老手，在物色新平台时，总会有诸多困惑，特别是面对即将到来的"机会"时，经理人必须有所准备，不打无把握的仗。而如何去评判这个机会是否值得抓住，我总结的项氏"三司"准则，或许可以作为一种参考。

一、"一司"是指如何选择公司

从公司的知名度、美誉度、管理情况、待遇、提供职位等方面进行考察。你可以在亲友和人脉圈(包括猎头)当中搜索一下有没有熟悉、了解这家企业的人，他们的意见无疑具有非常重要的参考价值。如果有熟人(无论直接或间接)在用人方前能说上一两句话，起码同等条件优先是可以肯定的。"有熟人好办事"绝对是放之四海而皆准的真理。

二、"二司"是指如何选择上司

从上司的专业程度、管理风格、亲和力、职责范围等方面进行考察。除非你是这个公司的董事长，一般情况下，每个职业经理人都会有自己的上司，选择上司、观察上司，可以判断这个公司的状况和应聘职位的情况。一般情况下，面试你的人当中就会有你的上司，被面试的同时也是面试上司的好机会。

三、"三司"是指选择BOSS(最大上司)

从BOSS的品行、地位、目标、口碑等进行考察，特别是应聘高管职位，最好能了解一下老板的相关背景和个性风格等(一般情况下,老板肯定是面试高管的最后一关)。如果BOSS在业内的口碑很差,这个机会不抓住也罢。我在面试猎头职位候选人时,有不少候选人会询问老板的年龄、性别、籍贯、风格,甚至成长背景等情况,知己知彼,方能百战百胜。

● 何时谈薪酬,这是个问题

——王先生,如果您考虑我们提供的机会,我们想了解一下您的薪资要求是多少?

——这个没有关系。我想先了解一下贵公司能给出的待遇水平。

——是这样,一般情况下,我们按照同行水平来给。

——那是多少呢?

——由于这个问题涉及公司秘密,我建议您给我们一个您的期望值,是否匹配,我会向您言明的。

——既然选择跳槽,我希望我的薪资能有20%的增长。

——能给个具体的数字吗?

——年薪30万以上吧。

——好的,这个我们会考虑的。

——您还有其他要求吗?

——其他的,我相信贵公司应该对高管人员享受的福利有个基本规定,参照规定执行好了。

——好的,我们评估过后,会给您反馈,谢谢。

——谢谢。

该不该在面试时提出薪资要求呢?多数高端的职业人士认为,面试的时候最好不要谈有关薪酬的事情。因为谁首先提到薪金就对谁不利。这种想法正确与否,可以说是仁者见仁,智者见智。

我个人的看法是,对于寻找更大发展机会的高端人士来说,面试过程中对薪金保持沉默并不是好的策略。在面谈的整个过程中,如果你对薪金要求一直保持沉默,会被判断为对自己并不够自信,或者说有坐地起价的嫌疑。接下来可能会发生这类情况:该公司给了你报价,但离你的期望相距甚远,这时你就不得不说出心理价位了。但此时如果你的要求高了,公司会认为你没有诚意,因为谈判这么久你一直没有提出自己的薪金要求,等到公司提出了,你又不能接受,造成浪费彼此时间和精力的恶果,也使自己处在了十分不利的地位。归根到底,是因为这本是你早该做的事情,但你却没有把它说出来。

那是不是一开始就要提出薪金要求呢? 那倒也未必。需要提醒的是,职业经理人在做出跳槽决定时,首要关注的一定不能只是薪资。你可以向公司表明,可以先就部分工作情况沟通看法。聪明的经理人在与企业沟通时,会先谈未来的上司、同事、团队及工作环境等,因为这是决定经理人未来成败的重要因素。事实上,只要公司品牌和知名度足够强,其承诺的现金收入相对来说就会具有相当的竞争优势。

那么什么时候提出薪资要求比较合适呢? 我认为,第二次面试是提出薪金要求的最佳时间。第一次面试是相互认识阶段,这一阶段你甚至不知道该公司是否是对你感兴趣。等到双方对彼此有一定意向后,约定下回就部分问题细谈时,你可以提出"我们能否能先谈一下各自的薪金期望,以便进一步达成共识?"记住,千万不要操之过急,最佳时间是在第二次面试的时候。

面试中,薪资问题其实是不可回避的,那么如何确定你的谈判薪资,使薪资水平既不让企业觉得要求过头,又不让自己太"委屈"呢?

第一,参照自己的原来薪资水平,往上浮动10%—20%的要求是合理的,30%—50%是理想的,但要达到翻番则是幻想的(哪怕碰到了,也建议你先掂量一下自己)。

第二,参照同行同岗位水平计算出一个合理的薪金数目。你可以通过一些高端网站的薪酬调查,或从猎头朋友等处获得信息,也可以结合自己的直觉和经验。

第三,改变薪金的计酬结构。如果觉得自己足够优秀和有能力,对涉及可以通过考核方式实现的岗位薪资,不妨压低一点固定工资,提高提成比例。

事实上,对于薪酬问题,任何候选人最终必须自己做出决定。但因为境遇不同,可以采取不同的策略。对高端人才来说,首先需要对工作与职业发展机会进行区别对待。如果认为这只是一份工作,你可以预先设定期望的薪酬,达不到你的要求或认为别人可以支付你更高薪酬的话,就可以放过这个工作机会,继续寻找合适的职位。或者可以跟雇主约定时限作为后备的候选者,让他们可以通过继续搜索之后再决定是否考虑你的要求。但如果你认为这是一个很好的职业发展机会,建议不要把薪资放在第一位,多和对方探讨工作思路,这样做是为了尽可能地为自己保留可能存在的谈判余地,更好地满足自己与雇主双方的需要。

因此,我认为候选人在整个面试过程中认为谁首先提出薪酬对谁不利而保持沉默是十分错误的。你必须提出自己的薪酬要求,必须做应聘职位的市场薪酬调查,只有这样,才能够获得与你的职业背景和专业技能相当的合理薪酬。

总之,通过实施以上的薪酬谈判策略,相信你一定会在面试谈判中获得优势!

● 选好你的职业经纪人

——您好,请问是项总吗?

——是的,您是哪位?

——项总,您好。您不认识我,但我对您是久仰大名啊。我叫张××,是××酒店的总经理。

——哦,张总,您客气了,有什么可以帮您呢?

——我在这个公司已经快五年了,有换一个平台发展的意向,我想把我的个人简历发给您,请您帮我看看有没有合适我的机会。

——当然好啊,我的邮箱是jobemail@126.com,您发到我的邮箱好吗?回头看过后,我一定与您联系。

——好的,谢谢您了,以后可能要多多麻烦您,您就是我的职业经纪人啦。

——客气了,有时间多联系。再见。

——再见。

演员成功需要经纪人;

模特成名需要经纪人;

体育明星商业价值挖掘需要经纪人;

作为职场人士,自然也需要职业经纪人。

而优秀的猎头顾问,就是你要寻找的职业经纪人!

如果您对现有的职业状态心生厌倦,想换个新"东家",重新定位人生,那就说明您是时候重新寻找新的职业发展机会了。这时我建议您与猎头公司先做一些接触,让职业经纪人为你的发展提出科学的建议,帮你找到新的机会和崭新的事业。

一、与职业经纪人建立联系

市场经济在不断发展,商业环境也在不断变化。作为职业经理人,你需要尽早与猎头顾问建立关系,并保持积极的联络,而不要等到对当前的工作完全绝望时,或者需要猎头帮忙时,才想到与他们联系。要知道,要在保证目前职业安全的前提下寻找新机遇,越早与猎头顾问联系,就越容易获得平等的谈判机会和更好的期望薪金。

找到你的职业经纪人可以通过多种方式实现。第一,现在猎头公司都有自己的网站,通过网络将个人资料提交给猎头公司的高级人才库是大多数高级人才的不错选择;第二,可以通过朋友推荐,与猎头顾问建立联系;第三,可以直接上门拜访;第四,通过电话、邮件联系。总之,把自己的资料尽可能详细地交给猎头顾问,把猎头顾问当作你的朋友,诚恳地对待,一定会对你的职业生涯带来有价值的帮助。

二、保持与职业经纪人的互动

猎头公司推荐人往往非常谨慎,不会仅凭提供的简历就推荐人,而会深入了解经理人的经历、能力、性格、现在的职业状态和将来的规划。正规的猎头公司考虑的是企业和个人的双赢,既帮助用人企业谨慎求贤,同时也对候选人本身抱着认真负责的态度,充当职业顾问的角色。所以对大多数人来讲,主动和猎头公司接触,让猎头了解你,是非常可取的职业发展战略。

此外,如果自己的工作职责或角色发生了变化,也不要忘记随时告知猎头顾问更新。角色变化或跳槽后与猎头保持长期联系,猎头顾问就会给你一些在新的环境中如何生存的培训,更有利于你在新的环境中发展。另外,还要想清楚你申请新工作的原因,不要因为你现在是销售经理就觉得可以申请销售总监的职位,要先有成绩单才能再找新工作。总之,经常与猎头顾问沟通你的想法很重要,不论是到岗前还是到岗后。

当然,如果你现在已经失业,你一样可以去联系猎头公司。并且注意,向他们直接说明你为什么失业,不要转弯抹角。虽然猎头们喜欢网罗在职人员,但只要你有合理的失业理由,他们也会明白——再有能力的人也可能会失业。

利用猎头来拓展你的职业生涯肯定比自己盲目发展更有效。甚至,当你已有一份稳定的工作,最好还是和猎头保持联系,随时留意他们提供的新职位。可能某一天你会突然被告知有一份更好的工作正在等着你。

综上所述,随时告知猎头自己职位的变动或简历的改动,可以为自己寻找到更高层的职位。

三、选择你的职业经纪人

在选择时有两点必须要考虑:一是有足够的能力可以帮助你;二是猎头的品牌与口碑要好。

那么好的猎头顾问应该具备什么样的条件呢?

第一,好的猎头顾问有着丰富的猎头经验。

第二,好的猎头顾问应该阅历丰富,对人才和客户能提供有参考价值的意见。

第三,好的猎头顾问一般具有良好的人事经理背景,能够提供职业发展及面试技巧指导。

第四,好的猎头顾问应该具有极高的职业道德,对人才和客户高度负责,而不只是为了赚钱。

第五,好的猎头顾问应该善于保守企业机密,更能保证应聘人员的职业安全,严守猎头行规。

第六,好的猎头顾问应该服务态度良好,与他们沟通总能使人感到心情愉悦,并能够听到他们发自肺腑的忠告和建议。

四、找到你的职业经纪人

猎头公司有行业之分,猎头顾问也分管不同的行业,所以重要的是找到适合你自己对口的猎头顾问,他恰好专攻你所在的领域。比如我本人专注于酒店行业,如果你是非酒店业高级人才,我能帮助你的可能性就非常小,因为你找错了方向。

专业的猎头顾问一般都对自己专攻的行业有深刻的了解,并与行业内的大型企业保持着良好的联系。他们负责任,不包装候选人才,能够提供候选人才的真实情况并能进行坦诚的交流。如果你对他代表的公司比较满意,可以多问他一些专业问题,看看他对你所在的行业是否了解,试着判断他到底知道多少,确认他对行业内主要企业的了解程度。

我曾经看到过一篇报道,某行业大公司想挖走同行竞争对手的高管人员,可前去洽谈的人力资源总监却吃了闭门羹。该高管人员抛出一句"这件事请你找我的猎头经纪人"后就不谈了。

以前职业经理人跳槽大多带有盲动性,就像物理学中的电子一样无序运动,另外也比较急功近利,缺乏对自己职业生涯的理性规划。近年来,找猎头顾问充当经纪人的职业经理人慢慢多了起来,我本人就遇到过很多。人力资源专家分析认为,高端人才跳槽,找猎头顾问充当职业经纪人的现象是职业经理人队伍成熟的表现。在国外,高端人才跳槽往往都是猎头出面协商、谈判的结果,否则企业很难相信候选人的资历、才干。猎头顾问公司可以在人才资源占有、背景调查、技术工具(人才心理测评等)、商业情报等方面为企业和人才提供多维度的服务。

案例22:保护被推荐人的利益,是猎头公司的应尽责任

某猎头公司为一个民营老板推荐了一个高级职业经理,由于当时有几个猎头公司同时争夺这个人选,所以此人的薪资被炒到了原来的两倍以上。当这个猎头公司推荐的候选人胜出并上任后,民营老板的亲信对这个候选人的薪资颇为眼红,不断在老板面前说其坏话。此民营老板最大的缺点就是耳根子软,加上本来就对候选人最终薪资与原有水平的差距心存不满,在拿到这个候选人的项目计划书后,又通过其他渠道从国外找到一个学历很高、资历优越而薪资要求不高的人才,并在多个重要岗位上委任自己的亲信,多次违反事先签订的合同插手正常的管理程序。而那些亲信们也依仗老板排挤新人,导致公司无法维持正常的管理秩序,候选人工作不到三个月就被迫辞职。

面对候选人的无奈,猎头公司积极进行了调查取证,与该民营老板进行交涉,并将其暗中找人和无理排挤的事实一一摆在桌面上。由于在签订合同时曾有约定,用人单位不得对候选人进行无理排挤,否则因此造成候选人无法正常工作而离职的,必须赔偿不低于三个月的工资。面对事实和合同约定,该老板不得不答应赔偿三个月的工资。

事后,猎头公司还对此事进行了跟踪,发现民营老板从海外请来的人才虽然薪资要求不高,但将老板的钱"烧"了不少之后,仍没有将事情做成。最后这一企业在新经济严冬中不得不萎缩倒闭。而猎头公司推荐的候选人由于才华出众,在新的单位中也并没有降低薪资,工作也很有起色。

应该说,民营企业是中国市场经济中的一种很有活力的业态,但由于发展时间较短,很多企业的制度并不完善,企业家本身在意识上也存在着诸多问题。在这种情况下,再加上错综复杂的人际关系,职业经理人的生存环境的确不容乐观。而专业的猎头公司,不会为了猎头费用而一味维护客户企业的利益,而会公正地评判用人方和候选人的合作情况,积极维护相对弱势的候选人利益。要知道,专业的猎头公司,绝不会做不良企业的帮凶,保护被推荐人的利益,是猎头公司时刻谨记的责任。

第六章

项秉榔品猎头

● 成为猎头顾问的基本条件

——您好,张经理,我是来面试猎头顾问的,请多多关照。

——欢迎你来面试,刘先生,首先我想了解一下,你为什么对猎头顾问的职位感兴趣呢?

——我对这一行虽然谈不上很了解,但我很看好这个行业的发展前景,希望能成为一名优秀的猎头顾问。

——那么,是哪个方面使你觉得可以能胜任猎头顾问的岗位呢?

——首先,我是人力资源专业出身,工作了一年多,一直是做人力资源招聘工作,也积累了一些经验,我想可能对从事猎头工作有帮助;其次,经过了解,我发现我很喜欢这个职业,所以我相信,只要努力,用心工作,我有信心能胜任这个岗位,希望您能给我这个机会。

——对,用心非常重要,你要知道,猎头本来就是要做别人做不了的事情,是为了解决人家在人才招聘上的难题!

——这个我有心理准备。猎头就是要迎"难"而上才对,我说的对吗?

——嗯,这样的理解说明你的心理状态比较好。那么你填一下这个测试问卷,希望能在尽可能短的时间内完成,因为这样的测试结果才更可靠。

——好的,我马上做。

——等完成后,我安排你见我们的梁总监。

——好的,谢谢。

近年来,猎头行业在中国的发展可谓迅速,从事猎头行业的人员队伍也在快速壮大。很多的求职者也看到了这一现象,从而对从事猎头行业的工作表现出了浓厚的兴趣。那么对从事猎头工作的人员要求是什么呢?

一、良好的心理素质,很强的忍耐力和抗压能力

我曾对所有来公司应聘猎头岗位的应聘者说,这是一份很有挑战性的工作。因为客户往往通过了很多的努力,还是没有找到合适的人选,所以难度可想而知。那么对猎头专员来说,第一需要的就是忍耐力和抗压能力,只有这样,才能在遭受很多挫折的时候还能继续坚持前行。

从另外一个角度看，猎头公司存在的理由并不是因为需要解决就业问题，而是一种商业行为，所以每个猎头公司对猎头们都会有相应的业绩指标和任务，以支撑猎头公司的持续运作。因此，在面对猎头运作时，就会遇到很多的变数，有来自用人单位(委托客户)的，也有来自人才的。比如委托客户发生了内部战略调整，取消或者更改了委托职位，或者职位要求变化、职位变化、上岗时间变化甚至待遇变化等；还有就是候选人才的变数，曾经有一个五星级酒店总经理候选人H先生被客户看上了，在我们联系H先生时，他也答应去工作，可是在离上岗还有半个月时，H先生给我来了电话，表示很遗憾，不能去报到。一句话就让我们一个团队两个月的努力付之东流。这时候说不郁闷是不可能的，但是我们能做的依然是继续对客户委托使命的追求，继续努力工作。

所以，可以这么说：在猎头行业没有经历过极度压力的顾问就不会成为成功的顾问！

二、很强的责任心和良好的职业操守

将心比心，急人所急，是猎头们应该具有的素养。把客户的事情当作自己的事情，站在客户的角度上换位思考，理解客户求贤的心态，不但要为客户找到最好的候选人，而且还要找到最合适的候选人，这样才有助于合作的顺利开展。

客户委托猎头时，有时候有特殊性存在，这时严格遵守猎头的职业操守很重要。比如有的客户找到我们，说要找个总经理，但现在岗位上的总经理还在岗，需要特别保密，只能单线和客户董事长联系，这就涉及保密原则；还有，现在很多候选人喜欢包装自己，把简历写得很漂亮，猎头一定要做好背景调查，保证人才信息的真实性。

三、相当丰富的任职经历和行业从业背景

猎头也是一种咨询方式。能给客户做咨询，作为从业人员，必须是专业的。这就需要对客户所在行业要有所涉猎，同时对人力资源、企业管理等有比较成熟的看法和丰富的经验。在猎聘过程中，猎头不仅要接触客户高层，还需要接触很多的行业的中高层人才，因此对猎手的要求比较高，有丰富任职经历的人是比较有优势的。

　　猎头公司有专注某一行业的,也有面向多行业的。但不管那种方式,都会要求猎头从业者了解他所面向客户的所在行业的行业特点、行业知识、产品特性、行业背景和前景、行业运作模式、业内知名企业、该行业企业通常的组织结构、主要部门和职能、关键岗位和职责、业务流程等。

　　比如说,九斗猎头专注的行业为酒店餐饮行业,因此对酒店从筹建到开业、到上星及所有的酒店工作流程都相当熟悉,对酒店行业内的品牌(国际联号酒店、著名国内酒店管理公司、餐饮公司等)都很了解。而且,九斗猎头对酒店行业的各重要岗位的薪酬水平每年都要做调查,保证对行业数据的敏感度。同样地,如果是做IT行业的猎头,也需要知道IT企业的工作模式,要掌握IT业的技术参数、开发语言等。可见,理解所猎职位及其任职要求,对猎头判断候选人的胜任力等都非常有益。

四、良好的沟通、分析、说服、协调和判断能力

　　具备很强的沟通能力是猎头的基本要求。作为一种咨询方式,猎头要面对的都是充满智慧的高端人士。而且如前所述,项目运行过程中,存在诸多变数,要使项目得以如期完成,猎头必须对每一个case进行理性又细致的分析。

　　即使顺利找到了合适的候选人,你也可能会面对这样的情况,即并不是所有的候选人对你推荐的项目都感兴趣,那么说服候选人、帮助候选人分析利弊等也是猎头必须要掌握的技巧。在与客户、人才的沟通中,猎头需要具备敏锐的感知力和准确的判断力,这两种能力既包括要感知用人企业的企业文化、对猎头职位人才的重点要求和软性要求、老板本人的风格和用人风格等,也包括对候选人的洞察力和判断力、对其与用人企业要求匹配度的把握。当然,训练准确的判断能力需要一个长期的过程,也是一个积累的过程。

五、良好的人脉关系和较强的搜寻能力

　　人脉在猎头行业的重要性是毋庸置疑的。中国的很多猎头公司,在起家的时候,最重要的就是靠人脉关系,最初走的就是关系营销的道路,在猎头界也就有了"没有人脉关系,就没有猎头"的说法。九斗猎头一向专注酒店行业,在酒店行业的人脉关系和客户资源就特别丰富。九斗的猎头顾

问一般都来自酒店行业的资深从业者。在平时,我本人也非常注意维护和经营自己的人脉关系。当然,随着网络的兴起和搜索技术的广泛使用,网络的作用越来越被看重,特别是一些SNS网站的快速发展,还有诸如QQ群、MSN群等也被广泛运用,为人脉的扩展带来了新的渠道。

但从另一角度说,个人人脉关系再大,也是有限的,在你的人脉圈不能覆盖时,就需要考验你的个人搜索能力了。猎头需要敏锐的嗅觉,能够闻到候选人的"味道"。针对客户的猎头职位,要能在最短时间内,找到最佳的路径,去寻访到最合适的候选人。

六、团队合作意识

任何人都知道,单打独斗的时代早已过去,现在讲究的是团队合作。任何没有合作意识的猎头,都不可能是一个优秀的猎头。在猎头行业,工作分工的时候,就表明这是一个很需要团队合作的行业。不管是在CC阶段,还是在BD阶段,高级顾问、顾问、助理顾问都各有分工,团队合作显得尤为重要。

当然,具备了以上六点不代表你肯定能做好猎头,但如果不具备,就肯定做不好猎头。总的来说,猎头并不容易做,如果你有志于做猎头,那么对照上面的要求先对自己做个分析,如果都通过了,那恭喜你,你可能可以成为我们中优秀的一员!

● 猎头与中介

几年前,猎头还不为很多人所知,甚至我们在与客户打交道的过程中,也要不厌其烦地给客户介绍猎头是怎么回事。等我们介绍完毕,很多客户恍然大悟:哦,你们就是中介嘛!

其实不能怪客户搞不清楚猎头与中介的区别,许多初涉此行的人也以为猎头便是人才中介,猎头公司就是中介公司,甚至有些著名猎头公司中资历较浅的顾问也分不清这两者之间的区别。

那么猎头是不是中介呢?我个人给的答案是:猎头不是中介!

一、两者代表身份不一样

从猎头的传统理论来说,猎头与中介最大的不同,便是猎头只能代表客户(公司)一方,而中介可同时代表两方(公司与个人)。猎头按照其同客户(公司)签订的代理招聘协议,以客户的名义与潜在高级人才进行接触,商谈加盟意向。这种代理行为有直接和间接两种,即一般我们在民法上所谓的显名代理和隐名代理。显名代理行为即直接以雇主的名义对外招聘,即猎头公司被雇主所聘用,作为雇主的委托代理人对外进行招聘活动;而隐名代理即猎头公司以自己的名义对外进行招聘活动,常见的一般为猎头公司的隐名代理行为,这便是猎头公司需要为雇主保密的原因所在。所以从本质上说,猎头行为并不是"中介"行为,而是一种"代理"行为。

二、收费对象不一样

从本质上讲,猎头公司开展的活动不能对个人(候选人)进行收费,而是应该向雇主进行收费,并接受雇主(公司)的委托猎寻人才;而中介公司是奉行谁需要就对谁收费,个人要找工作就对个人收费,企业找人就向企业收费。所以,如果你找的猎头公司是向你个人收费的话,那肯定不是猎头,而是中介。

三、费用标准不一样

猎头收费较高,一般按照客户委托岗位年薪的20%—30%来收取,而且一般都有服务门槛,比如岗位年薪低于10万的项目,猎头公司一般不接单。所以,通过猎头招聘人才,需要支付的费用至少是在2万元以上;而中介服务收费往往比较低,一般是按照人头来算,一个人收费20—50元不等,高的也就收100—200元,超过500元的就已经非常少了。

四、工作技术含量和影响力不一样

猎头公司需要提供人才评价、调查、协助沟通等顾问咨询服务,中介公司则一般只提供非常简单的撮合服务。猎头实际上属于针对企业服务的管理咨询行业,理论上要能提供专家式的顾问服务,没有足够的知识储备、相当的素质和职业感,是无法赢得客户和人才的认可的,这在猎头行业竞争日趋激烈的当下尤其重要。

从影响来看,猎头行为对企业的影响颇大,猎才企业得人才可能蒸蒸日上;被猎企业因痛失"帅才"、"将才",可能会一蹶不振。因此猎头行为既有破坏性、毁灭性,又有促进力与推动力;而中介行为一般影响较小,很难引起世人关注。

五、服务层次不一样

猎头公司盯住的是"高学位、高职位、高价位"三位一体的高级管理和技术人才,接触的全是各行各业的精英人才,是一项在星星中找月亮的工作,因此涉及人员不广。

而中介公司介绍的职业五花八门,接触的人员对象非常广泛,服务的层次与猎头公司无法相提并论。

六、人才途径与数量不一样

猎头需要按照客户的标准去挖掘市场中存在的人才,而这样的人才是非常隐蔽的,往往要花费很大气力才能寻得,因此猎头需要主动去寻找人才;而中介更多的是在现有资源中撮合,很少主动出击去物色人才。

● 猎头与找工作

一直以来,有很多的业界朋友来找我,希望通过我在业界的知名度以及广泛的人脉关系,帮助找一份工作。

那么,猎头是帮人找工作的吗?

事实上,猎头确实是把一些人推荐到更好的工作岗位和更大的发展平台上,但如果因此判断猎头是帮人找工作的,那就大错特错了。猎头界有句名言:猎头从来只为不愁找工作的人找工作,给最有价值的人提供实现更大价值的机会,给不缺机会的人提供更好的机会。所以,不要把猎头看作是帮你找工作的人,猎头是为企业猎取高级人才的人。猎头公司只针对企业的职位委托寻找合适的人才,而不是根据人才本身去搜寻合适的职位。

虽然猎头并不帮你找工作,但你却可以通过猎头获得更多的职业发展机会。

首先,你可以把个人简历发给猎头,猎头的眼光是犀利而独到的,能给你的简历书写做出指导,评估你现在的职业状态,看看是否符合猎头推荐人才的标准要求,能让你的优势更突出。

其次,你可以从猎头处获得更多的信息,这些信息会帮助你整合与规划各项资源,还可以帮助职业经理人扩展社会关系、开拓思路,更好地发展自己的职业生涯。

第三,很多时候,当你的职场生涯发展到一定阶段,希望能够在职业生涯有一个新的突破,或者面临一个新的职业发展机会时,如果你遭遇两难境地,这时猎头可以给你更多的参谋意见或建议,充当你的军师。

第四,猎头顾问能够依据现有行业的发展趋势、发展特点,及所在行业的人力资源市场现状,向职业经理人提供行业市场分析、行业人力资源市场分析、职位发展方向分析等,帮助职业经理人更好地进行规划。

第五,猎头起到的作用更多的时候是锦上添花,而不是雪中送炭,甚至是你越不顺的时候,猎头越不会来找你,所以平时应该保持与猎头的持续接触,当你需要更换平台时,猎头才有可能帮你找到工作。

● 猎头服务与个人收费

有报道称,某记者接到读者小李的电话,他说现在找工作太难了,为了"抢"到一份合适的工作,同去应聘的求职者,都愿意自降身价,甚至给"猎头"15%—20%的"中介费"。求职者为了挤进理想企业的大门,就想出了倒贴"猎头"的方式。

看来,由于就业环境恶化,岗位供不应求,一些求职者甚至愿意给"猎头"佣金,让"猎头"帮其抢岗位。

随着九斗知名度的提升,不少经理人慕名找到我们,希望我们能给其个人提供猎头式服务,为他推荐好的工作,并愿意在成功推荐后支付相应的费用。对于这样的要求,作为专业的猎头机构,我们只能表示爱莫能助,因为这种操作有悖于我们的操作规则,我们认为,真正的猎头是不能对个人收费的,否则便是伪猎头,便是中介。

但市场需求还是催生了一些不规范的操作,特别是对一些业务不多的机构,这种可以两头赚钱的生意显得极有吸引力。我个人极不希望同行参与此类操作,理由如下:首先,这样会给猎头机构带来不良影响,找到猎头机构主动贴钱的"人才"往往资历一般,跳槽比较快,甚至是评价不怎么好的人。这些人推荐成功的概率本来就很低,收了钱又不能成功推荐,反而给求职者留下不佳的印象。其次,如果收了客户(企业)的钱,又收个人的钱,有点吃了东家又拿西家的感觉。一旦让客户知道,会给客户留下"很不厚道"的印象,从而给猎头公司口碑造成非常恶劣的影响,不利于培养老客户。最后,这种倒贴"猎头"的方式很容易让猎头的性质变成"中介",给整个行业带来不好的影响。

最后,需要说明的是,真正专业的猎头机构对人才全部是免费服务的,只收企业的服务佣金,也不会给求职者介绍工作,只是根据企业需求物色和匹配相应人才。当然人才和猎头经常保持联系,会有很多好机会的。

● 猎头与网猎

伴随着网络时代的来临,"网猎"正在成为人力资源人士谈论的热门话题之一。何为"网猎"呢?所谓网猎又称"小猎头",是指通过某个比较强大的网络平台优势来实现猎头服务部分功能的一种崭新的人才招聘模式。其表现形式是将优质的职业经理人筛选出来,形成专属的高端人才数据库,企业可以直接从高级人才库中搜索、下载合适的候选人简历,从而大幅度降低筛选人才的时间成本,降低挖掘合适人才的难度,提高高端人才交流的效率。

从操作情况看,网猎与猎头存在如下差异:

一、过程不同

网猎主要借助网络建立的庞大人才库来操作,因而工作流程相对猎头要更简单。当企业有招聘高级人才的需求,并且需要同人才进行更直接的接触时,可以购买猎头公司提供的网猎套餐,然后由企业直接从高级人才库下载相应的简历。但是,为了更好地促成结果的达成,猎头公司也会帮助求才企业进行人才筛选,对人才简历进行调查和能力测评,并把人才罗列出来供求才企业选择。

猎头业务则要复杂全面得多。在企业提出需求后,猎头公司就要全程参与招聘工作,从职位分析、人选筛选、能力评定、安排面试到录用手续协助办理等一个完整的流程,企业只要负责最终的面试和录用即可。因此,猎头业务更能帮助企业提高招聘的效率。

二、结果不同

网猎不能保证求才企业一定能找到合适的人才,如果库中没有合适的人才,企业方只能无功而返;而猎头则保证一定会帮助企业找到合适的人才。

三、费用不同

网猎的资费比猎头要便宜很多,一般有相对固定的收费标准;猎头则根据人才的职务和薪水的不同,收取不同的服务费。

四、结算方式不同

网猎须在购买套餐前就把全部钱款付清;猎头则采取多次付款的方式,首先要支付一定数额的定金,在人才到岗后再支付尾款。

五、期限不同

选择网猎业务的企业,须在固定期限内(如三个月)下载一定的简历,逾期作废;选择猎头业务的企业,期限可以是无限期的,只有在合适候选人到位后,项目才结束。一般的猎头可以在1—3个月内找到适合的人选。

六、求才方式不同

网猎要求客户主动寻找和联系候选人;猎头是客户等猎头顾问推荐候选人。

七、实现方式不一样

网猎的通过网络的手法实现人才到岗,属于线上操作;猎头需要通过网下操作,人才更难得。

● 人才招聘渠道比较

企业招人的渠道有很多，针对的对象不一样，采取的方式也往往不同。针对一些常用的招聘渠道，我做了一些优劣势比较，供企业判断参考。

一、人才市场(综合招聘会)

1. 优势分析

□ 可以与应聘者直接见面沟通，效果直观；

□ 会后招聘、面试、录用工作相对集中、完整；

□ 规范、标准的展位设计，可以起到宣传企业形象、扩大企业知名度、吸引各类人才的作用。

2. 劣势分析

□ 招聘会应聘人员多为初级人才，很难招到合适的高水平人才；

□ 沟通环境差，成功率较低；

□ 数量多，质量差。举办规模、参会企业实力、参会人员数量和素质均存在下降趋势，但价格还基本维持了原状。

3. 现状评估

人才市场作为传统的招聘渠道一直是酒店业重要的招聘渠道，但从这几年来的招聘效果评估看，效果越来越不理想，人气越来越少，能招聘到的人员占所有比例不到20%，而且人员素质普遍偏低。另外，从业内同行的招聘实践来看，酒店专场招聘会的招聘效果日渐凸现，正在逐渐取代综合类招聘会。

4. 建议

将人才市场作为一种辅助招聘手段，减少参加综合类招聘会场次，多参加一些比较知名的酒店专场招聘会。例如：最佳东方—中国酒店业门户网站在本区域内或邻近区域内招开的专场招聘会，招聘效果和业内口碑都非常好。

二、报纸广告

1. 优势分析

□　覆盖面大,受众面广;

□　时间上相对灵活,可以随时办理。

2. 劣势分析

□　费用投入较高,面对人群较分散;

□　更多是守株待兔式的等待,无法掌握招聘效果。

3. 评估建议

报纸广告,短期内能吸引一定量的人群,来面试的人员也较多,但费用成本明显较高,无法作为一种长期的有效途径。总的来说,报纸广告最主要的效果是短期内提高企业知名度。因此,报纸广告比较适合在招聘高峰到来前投放一定数量。

三、网络招聘

1. 优势分析

□　可进行长期招聘;

□　效率高,基本在1—2天之内即可发布招聘信息,当天即有简历反馈;

□　可直接查找合适的人才,把握主动权;

□　招聘费用相对较低,有利于降低招聘成本;

□　招聘手续办理简便,可直接在网上注册,或通过电话办理。

2. 劣势分析

□　要达到好的招聘效果,需要专人经常刷新;

□　因属综合性网络,随意投放简历多,专业指向性简历较少,高端人才少有主动投递。

3. 评估建议

据中国互联网络信息中心(CNNIC)的统计数据表明,2005年网络招聘占据了整个招聘总额的28%,而2007年则达到46.2%。越来越多的企业,尤其是人员流失率较大的酒店企业,把网络招聘作为长期的战略性招聘阵地,进行长期的人才储备和快速的人员补充。相比较而言,行业招聘网站比综合性招聘网站更具针对性、专业性和实效性。人才储备也较为丰富,且都是酒店所要的专业人才,邀请面试时的人员可选率较高。建议采用影响力大、访问量多的行业招聘网站。

四、熟人介绍和自行张贴广告

1. 优势分析

☐　成本低,几乎为零。

2. 劣势分析

☐　具不可控性,周期太长,企业只能守株待兔,无法控制主动权,很难解决企业长远的人才需求;

☐　内部员工推荐的人员有许多是亲戚或朋友关系,有些甚至在同一部门,不利于管理。

3. 评估建议

此两种方式只宜作为酒店的临时辅助手段,不建议经常使用。

五、校园招聘

1. 优势分析

☐　企业成本低,可以大量补充到一线服务人员;

☐　学生学习能力、创新能力强,进入角色快,易接受企业文化。

2. 劣势分析

☐　对人才培养体系提出了较高要求;

☐　专业和技能均匹配的毕业生僧多粥少,供不应求,如酒店业紧缺的旅游专业毕业生。

3. 评估建议

招聘一线人员和管理储备人员适宜采用此渠道。采用此渠道应提前与学校建立关系,提早进入学校招聘(现在国内外著名公司都很重视校园招聘,如没有关系或按正常时间进入学校,也很难招到优秀的毕业生)。

六、猎头公司

1. 优势分析

☐　可通过猎头机构访寻到在人才市场、网络平台等找不到的高级人才;

☐　专业猎头公司推荐人才时,已针对公司需求做过筛选,符合企业的各项需求的可能性较大;

☐　时间短,收效快。

2. 劣势分析

☐　短期支出比较高。

3. 评估建议

在需求紧急且资源难找(如高级管理人才)的情况下使用。对专业的行业猎头机构,可考虑由集团HR统一进行谈判,以便拿到价格折扣,规范整体要求。

● 空降兵与内部培养

在跨入21世纪之后,我们就进入了一个以知识为主宰的全新经济时代。在这样瞬息万变的经济时代,企业对人才的需求和渴望是可想而知的。人力资源与知识资本的优势已成为企业的重要核心,人力资源管理已成为衡量企业整体竞争力的一种标志,是企业如何打赢"未来战争"和占有市场的重要基础。

一般而言,企业对人才的选用主要通过两种方式完成。

一是选聘外来的"空降兵"。空降兵是选聘高管人才中最常见和常用的一种办法,即招收外部职业经理人,以最短的时间迅速提升企业的管理能力与市场竞争力,这种方式的实现往往是通过与猎头公司的合作,高效完成。

二是从企业内部选拔培养。通过对企业内部的员工的培养,稳扎稳打、一步一个脚印地建立自己的管理团队,实现管理能力的提升与市场开拓。从长远看,这种方式效果更好,但缺点是效率太低,有时不得不面对"远水解不了近渴"的尴尬境地。

那么通过猎头来猎聘空降兵的方法是否可行呢,我们可以试着来分析一下。

一、采用空降兵的优势

(1) 企业通过猎头直接引进空降兵,节省了对人才前期培养的时间、费用等成本,可以直接"拿来就用",解决当下棘手问题;而内部培养过程相对漫长,并且结果不能保证,投入与产出往往不成正比。

（2）企业发展需要多元化思想，空降兵的加入也就意味着为企业输入了新鲜血液，有可能为企业带来更好的创新思维与机制；而内部培养的人，往往对事物习以为常，见怪不怪，创新难度大。

（3）解决企业自身存在的"内在问题"。有些企业内在机制根本不能产生企业发展所需人才，所谓"庭院里跑不出千里马，花盆里栽不出万年松"。

二、采用空降兵的劣势

（1）一般空降兵对新就职企业的文化与环境不了解，在适应期内，空降兵对于企业机制进行的改革和创新很有可能打破企业原有的和谐与稳定状态。而内部培养则不存在这样的问题。

（2）人才的自有属性，决定了人才亦有局限性，个别空降人才不愿意对企业固有的习俗有所适应，不能很好服从集体，要很快融入到团队合作和团队沟通中则更不容易。从这个角度看，内部培养的优势体现得更加明显，他们往往能以公司为家，适应性强。

我的建议：以内为主，以外为辅，内外结合，标本兼治。

企业管理的坚实基础来自企业内部员工，对企业内部员工进行有效培养，挑选出一批认同企业文化，认同公司经营理念，具有能力提升空间，并且忠实于企业的管理人员进行全面培训，是企业人才培养的主要途径，也是确保企业稳步成长、有效控制企业人力资源管理风险的重要方法。当然，如果出现内部人员暂时不能胜任的情况，也可以通过外部猎聘解决。外来职业经理人一般具有更多的就业选择权与工作的自主决定权，往往不是被动适应企业或工作的要求，他们具有高素质、高能力、高智商及丰富的工作经验，是各企业相互争取的热门人物，也是最容易获得选择工作机会与高薪酬的"高危群体"，企业在聘用他们的时候存在较大的风险。所以，外部聘用应该作为辅助手段。

此外，通过由外变内的方式，实现"空降兵"到"自己人"的过渡也是企业管理者需要思考的问题，只有实现这一目标，才能使企业与职业经理人共享利润、共同成长。

案例23：老板不放权，职业经理人被迫离职

应一个民营老板的委托，某猎头公司为一家企业推荐了一个非常优

秀的职业经理人担任CEO,当初约定董事长仅仅把握战略方向,职业经理人负责对企业进行全面管理。

在进行猎头项目之前,由于该猎头公司的负责人与民营老板进行过许多次沟通,使他感到企业规模做大后筋疲力尽、心力不支的原因是没有放权,必须进行合理授权,请他信任的职业经理人为他打理企业。因此前几个月,工作开展都比较顺利,企业管理秩序初步得到理顺。

企业进行规范化管理必然会触动一些"老人"的利益,他们在不满之余私下向董事长汇报一些真假掺和的"事实"。由于长期以来对这些"老人"的信任和依靠,董事长自然就信了不少,开始对职业经理不信任,逐渐开始过问不该过问的事情,并且老毛病复发,路见不平,张口就下命令。

作为合同责任已尽的中间人,除了帮助职业经理人出些主意外,猎头公司与董事长进行了多次面谈,用别的公司的案例说明授权的重要性、越级指挥的弊病、利益受损的普通人平衡心理时行为过激,等等,但效果总是不能持久,最终职业经理人无法忍受朝令夕改的状态被迫离职。

尽管猎头公司为职业经理人争取了一定的补偿,但是整个项目是失败的,因为该公司的候选人工作不到一年就被迫离去。而当职业经理人离开客户那里后,董事长又成了大忙人,刚有改善的管理体系也因适应他的风格几乎被全部取消。公司业绩曾经被打理得刚刚有些起色,重新又出现了恶化的迹象。

可见,一个企业要想获得长久的发展,内部竞争非常重要,而引入空降兵是形成内部竞争机制的重要手段。鲶鱼效应之所以有效,是因为鲶鱼改变了沙丁鱼的生存环境,激发了它们的竞争活力。空降兵就是企业中的鲶鱼,只有适当引入,企业才能做到任人唯贤,才能获得长久的活力。

● "专注"与"广博",你选择哪种猎头

专注与广博。

首先应该是专注,然后才是广博。

如果你没有专注,就会迷失在广博里,最终一无所得。

如果你去专注,即使并不广博,也会因专注而变得精彩,变得深邃。

这是一段广告语,但告诉我们一个基本道理,专注铸就专业,专业铸就品牌。

一个企业究竟是专注于一点好,还是什么都做一点好,众人是各有各的说法。

猎头行业也是如此,有综合性猎头与行业性猎头之分。

所谓综合性猎头,也称非专行猎头。顾名思义,不是专注于一个行业,几乎每个行业都有接触,每个行业的项目都接单。

所谓行业性猎头,也称专行猎头。就是专注于某一行业,非该行业的项目一概不接。

那么,就猎头行业从业人员而言,到底应该选择专业性猎头公司还是综合性猎头公司呢?我个人认为,专业性的更易成功些,做精做细,品牌更易打响,这样会更快拥有该行业的客户。

另外,就客户选择猎头公司而言,无论企业还是个人,首先应选择擅长自己行业领域的专行猎头公司,这样的猎头公司能更好地理解你所在的行业和职位,服务也能更出色。因为熟悉本行业的猎头公司了解行业发展动态、业务流程、岗位职责、任职资格与人才分布,能够更快地确定合适的招聘渠道,能与候选人进行更深入的沟通,对人才的甄别也更为准确,这可以大大减少企业HR的沟通成本。

九斗是专注于酒店行业的猎头,就自身经验而言,我们发现要了解一个行业实在是件非常难的事,我本人也很想知道那些综合性猎头公司是如何把每个行业的每个项目都做得很好的。因为,以我的亲身经历来看,我觉得这基本上是个不可能完成的任务。

那么企业又该如何评判该和哪类猎头公司合作呢?我建议从以下几个方面做些分析:

第一,行业品牌。了解猎头公司在HR行业以及业务同行企业内的口碑与品牌。求才企业可以让其他企业HR推荐较好的猎头公司,或者通过网络搜索猎头公司排名来了解相关信息。

第二,公司的业务优势。了解猎头公司的业务优势是在哪些方面,比如要了解该公司擅长寻猎什么地域、什么行业、什么职位、什么类型的人才,看这些优势与企业的实际需求是否吻合。

第三,对行业的理解与洞察。考察猎头公司对本行业的理解高度与深度如何,能否把握行业发展状况与竞争态势。

第四,行业内的成功案例。是否有本行业同等规模企业的相关成功案例,这能反映猎头公司相关行业的项目操作能力。

第五,项目团队。包括猎头公司项目团队成员的背景、数量以及项目运作方式,比如猎头顾问是否有过同行业HR的经验、项目团队如何进行管理协调等。

第六,试推荐人才的质量。针对本公司某职位试推荐人才的质量、推荐成功率加以分析,这是体现猎头公司寻猎能力最有说服力的数据。

● 猎头界之怪现象

有人曾经调侃说,不管什么好东西,到了中国都会变样,中国人最会找规则漏洞和钻空子。猎头作为舶来品来到中国,尽管得到了发展,但还是存在不少怪现象。

现象一:一碰到"免费的或价廉的"就进行合作。

借助猎头引进人才是目前不少有实力且有人才意识的企业招聘高级人才的重要渠道,而大部分不用猎头的企业往往还是因为猎头费用问题,觉得猎头费太高而寻找其他途径。不就是找个人吗?需要花这么多钱吗?那么就找便宜的,甚至是免费试用的猎头来帮忙。出于这种考虑找来的猎头,双方都心怀不信任,结果自然也很差。

现象二:都希望"先送人后付费"。

国内很多公司在采用猎头时,都希望能先提供人选,成功了再收费,有些公司甚至打出不成功不收费的广告,看起来好像很有信心,但效果往往很糟糕。免收预付金,即代表同时有几家猎头共同做一个单子,这不仅容易造成企业机密流失,也因为双方不是长久伙伴,可能还会让猎头公司把原有人才猎走。此外,为了追求速度,无法谈及流程规范,客户不满意,猎头公司没钱赚,以致两败俱伤。

现象三:谈判就是砍价。

根据国际惯例,猎头业务的收费标准为年薪的1/3到1/4,但这一规则在国内却很难推行,收费成了一个"砍价"的过程。很多时候客户与猎头公司的合作纠结在谈论价格,而非谈论猎头的技术,更有甚者为退还多少钱而来回讨价还价，这对国内整个猎头行业的发展都十分不利。其实，企业要明白委托猎头是为了找到合适的人，而不是为了到时候能退回多少钱。

还有，按照国际惯例，猎头公司需要收取客户的定金，这笔定金无论最后是否为客户寻到了合适的人才，都不再退回。但是，这一规则也在国内遭到了破坏。一些猎头公司为了抢生意，干脆不收定金。这造成直接后果，就是一些企业干脆找五六家猎头机构同时提供服务，然后从中挑选其中一家，结果可能谁也拿不到服务费用。

现象四：把猎头找到的人当神用。

"既然我花了钱，请你们猎头公司找人，当然找到的人要很好啦"，老板带着这种想法找猎头，人选到位后，就希望能解决所有问题。不但老板这么想，其下属、同事也这么想，既然你拿高薪、居高位，那就看你有什么能耐，怎么表演吧。这种工作环境带给候选人的压力可想而知。须知有些工作是需要大家配合的，如果不配合，再厉害的职业经理人也不会呆得住。

现象五：一找猎头就急，一用猎头就不满意。

诚然，找到猎头的企业都希望能尽快找到合适人才，这也无可厚非。但如果想今天委托猎头，明天人选就到位，这样的期望显然过高了。也有的公司要求找到的人快速到岗，而且要绝对完美，稍微有不如意的地方，就马上表示对猎头不满意。企业带着种种挑剔的态度面对猎头，猎头又怎能发挥出自身的全部实力？

现象六：猎头公司是"下属"，不是"合作伙伴"。

有些客户认为自己付钱给猎头公司，就对猎头公司的顾问呼来喝去，指手画脚，把猎头顾问当作自己的下属一样要求，并且态度生硬。其实猎头公司是企业的合作伙伴，应该相互尊重，相互理解，猎头公司既然接单，就一定会负责找到合适的人才，而企业也应该充分理解合作伙伴的操作方法和技巧。

现象七：猎头自被猎。

做猎头的顾问不少是人力资源出身的，对企业的管理和人力资源建设一般都有不错的心得和见解，而猎头工作有时比人力资源工作压力大得多，所以有些猎头顾问在推荐候选人的时候，还会把自己也推荐给企业。这种严重违反猎头业职业操守的猎头顾问，建议用人单位还是谨慎考虑。

现象八：黑猎头伪猎头泛滥。

"三无"猎头往往只有一两个顾问，靠关系获单，或者干脆和公司人力资源职员合作，双方分成。与候选人串通相互庇护，以获得利益为主。有些企业为了节省成本，明知道有害，仍然与黑猎头合作，一旦因此受害，又责怪行业太乱。须知，正是企业任用这些黑猎头才严重打击和影响了猎头行业的健康发展。

● 猎头的角色定位

猎头在社会生活中的作用是什么呢？猎头的角色又该如何定位呢？我认为可以从以下五个方面来思考。

一、更大机会提供者

在职场中，需求与供给经常存在着矛盾，企业天天喊缺人，人才天天说缺机会，信息的不对称和不对接，造成了职场上很多"棒打鸳鸯"的现象。猎头的出现，给了"有情人终成眷属"的绝好机会。通过猎头的专业运作，企业大大提高了招人的效率和效果，人才得到了展翅飞翔的空间，可谓是一举两得。

二、优化人才资源配置的推手

在国外，"猎头"是"网罗高级人才"的流行职业，但在国内，"猎头"一开始就遭到不少人误解，以为从业者是"挖墙脚"的人。其实，猎头是一种"酶"，它催化了人才的流动，更催化了人才在企业发展中的作用。猎头服务的出现，有利于促成社会经济体制中人力资源的流动和合理配置，对于高级人才的流动起到了极其重要的促进作用。猎头服务已成为企业求取高级人才和高级人才流动的重要渠道，并逐渐开始形成了一种产业。

三、高级人才的良师益友

猎头作为一种高级人才交流方式，是被广泛认可的。猎头的行业特殊性，决定了猎头顾问必须频繁接触不同地域、不同行业、不同企业的高级人才，以便快速建立起一个含金量极高的人脉圈。通过沟通与合作，使猎头顾问很容易与高级人才建立起稳定而又长久的友谊，甚至成为终身的益友。而高级人才也愿意将自己的心事与困惑向猎头顾问倾诉。一方面，这种倾诉可以拉近彼此的距离，让猎头顾问更容易把握高级人才的性格特点和就业取向；另一方面，猎头顾问有义务从专业的角度给困惑中的人才以指导、鼓励和帮助，成为高级人才的职场良师。

四、企业用人的战略合作伙伴

一位跨国公司人力资源总监指出，把招人的工作交给猎头公司的好处是显而易见的。成本可能会略微提高，但由于猎头公司兼做了大量的筛选和候选人的背景调查工作，企业省下了不少甄别材料的工作。而且，到企业手里的材料非常具有针对性，保证了招聘工作的质量，比通过招聘会、报纸广告以及网络招聘等渠道大海捞针更有效。企业与猎头的合作往往与发展方向相关，具有战略性、保密性、高期待性等特点。因而，选择合适的猎头公司作为战略合作伙伴对企业管理的成败至关重要。

五、重视人才的"鲶鱼效应"制造者

管理学中有这么一句话：你的优秀是因为有好的对手，对手成就了你。在某种程度上讲，其实猎头的存在对人才的被重用也有促进作用。

市场上往往有这样一些企业，不注重人才建设却过分迷信"重赏之下必有勇夫"，认为只要拿出好位置和高薪，一定能挖到人才。这些企业平时不储备人才，缺人才时，才临时抱佛脚地搞急聘，或到其他同行挖"墙脚"。目的达到后，又将人才弃之一边。而猎头的出现，犹如管理中的"鲶鱼效应"，提高了人才流动的机会与平台，从而也引发了企业对人才的重视，在工资福利、产品开发、职业发展等方面改善对人才的相关政策。

案例24：地道的西餐，需要地道的外籍主厨

我们有时也会接到一些高难度的订单，比如为某酒店猎聘西餐总厨。客户方的人力资源总监提出的要求很直接：一是需要外籍人才，白种人；二要有中国的同类工作经验三年以上。

在接下来的日子里，我们到申城和杭城各大星级酒店和高档西餐馆中，了解各位西餐主厨的情况。经过一个多月的不断努力，终于成功物色

到了两位法式主厨和一位意式主厨,并将简历提供给了酒店方。酒店方看中了其中一位43岁的法式主厨K先生,并要求面谈。而K先生也有感于猎头和酒店方的诚意,答应见面。在酒店方总经理和人力资源总监与K先生的会面中,我们的S经理继续从各方面进行了协商,经过了三次的三方会谈,终于拿下了K先生。

此后的一个月内,我们又帮助K先生尽快完成了交接工作,结束了原酒店的聘用关系,并与新酒店签订新的聘用协议。期间,K先生真正感受到了猎头的职业精神,与S经理成了很好的朋友。在所有工作结束后,K先生为了感谢S经理的帮助,亲自下厨,做了一顿正宗的法式西餐,同时用地道的普通话对S说:谢谢你,这次合作很愉快。

● 首席猎头顾问经验谈

作为首席顾问,我和不少候选人有过深入接触。在此过程中,我发现很多候选人有这些共同特点, 各位猎头顾问在与客户方商谈合作时务必要注意。

1. 候选人大多不接受试用期

原因很简单,大部分候选人都还在职,而且不缺少工作,所以如果通过猎头的方式应聘的话,候选人都不太乐意接受试用期,这一点需要向客户提前告知。

2. 候选人大多不愿接受税前工资

候选人谈得最多的是我能实际拿到多少钱。有些公司是提供避税政策的,而有些公司是不提供的,这样的结果会导致薪酬很不一样。这个也需要和客户与候选人进行事先沟通。

3. 候选人大多对客户许诺的"低工资、高期权"并不感冒

有不少客户希望能找到与公司一起发展的职业经理人, 这个可以理解,但很多职业经理人对客户所许诺的诸如股权、期权激励方案并不是很感兴趣。他们更怕上当,拿了低工资,又得不到"股权"。

4. 候选人大多不接受不合理的月度与年度薪资分配结构

在合作的过程中,有不少客户开出高薪资,但月度发放过少,如月度仅发放年度的60%,40%需要在年底发, 这样的规则也会影响候选人的

选择。

5. 候选人大多不能接受不报销面试产生费用

有不少客户对候选人面试时产生的费用不予报销，这对项目的促进是个巨大阻碍，需要和客户明确，面试所产生的费用必须由客户承担。

6. 高级经理人大多不接受非单间住宿条件

不少客户可以提供住房给职业经理人，但条件不好，如两个人一个套房，缺少私人空间，这样的安排，高级经理人一般不会接受。

7. 对高级别的候选人，面试级别要有要求

对于入选面试的候选人，在正式面试之前，一般希望能与用人方的高层直接对话，以判断是否要到该公司去当面面试。因此，对高端职位(副总以上)候选人，须注意安排接待人员的级别和接待的方式。

8. 猎头只负责转移人才，并不创造人才

提醒客户，对猎头不应该存在过分的要求，更不能期待猎头推荐的候选人是"神"，什么都懂，什么都会。另外，也希望客户在候选人入职后，要给他一定的适应期。

● 合伙制：猎头机构的发展方向

从广告策划公司、营销策划公司、房地产代理公司，一直到会计师事务所、律师事务所，我们发现，大量新企业的涌现都来自于老企业的裂变。这些裂变有的是股东级别的分裂，有的是核心人物(非股东级)的出走。我们还发现，双赢的裂变极其罕见，一般都是产生结局各异的输赢胜负。

在猎头行业，这种情况也时常发生。我身边有位朋友，从一家比较知名的猎头公司出来后，几个人合伙开了一家新的猎头公司，由于对业务和客户的熟悉，经过不懈努力，新公司办得有声有色，当然也冲击了原东家的业务。

其实无论做东家的给这些"高级猎头"多少薪水，也绝对高不过他们自己做项目得到的报酬，而且在心理上的感受也是截然不同的。如何留住骨干、稳住核心是每一个猎头公司都应该思考的问题。

针对这个情况，我个人的观点是，智慧型服务企业(诸如猎头公司)，必须借鉴已在西方畅行了一百多年，在会计师事务所和律师事务所中被

广泛采用的合伙人制度。

众所周知,猎头的作业是高度个性化的,即主要是依据个人的业务开拓能力和水准来完成,有人称其为"仅依附于个体的高智商的行为"。相对来说,对团队的依赖度比较小,如此就给猎头机构带来一个十分严峻的话题——猎头行为依附于个体的因素远大于猎头依赖于组织的因素,亦即猎头的成败绝大部分是靠其个人而不是靠其所在的机构(当然机构的知名度高低会对猎头结果有影响)。为了降低这种风险,也为了能把业务做得更强更大,按照国际惯例,猎头机构一般采用合伙制而非公司制。

合伙人公司是指由两个或两个以上合伙人拥有公司并分享公司利润,合伙人即为公司主人或股东的组织形式。其主要特点是合伙人共享企业经营所得,并对经营亏损共同承担责任。它可以由所有合伙人共同参与经营,也可以由部分合伙人经营,其他合伙人仅出资并自负盈亏。合伙人的组成规模可大可小。

合伙人制度比固定股份的公司形式更科学的地方有两点:一是对合伙人而言,你的收益不像股份比例那样完全固定,而要看一定时期内你对企业的实际贡献,即使同为合伙人,谁的贡献大,谁的收益自然就高。二是对优秀员工而言,你只要业绩突出就能很快改变身份,凭借你的技术和能力从打工者摇身变成企业的主人。

当然,猎头顾问成为一名合伙人也有条件,一般的要求是:第一,有经验;第二,沟通能力和管理能力较强;第三,有良好的同行业业绩记录。

合伙人制度就是这样,业绩卓越的员工可以成为合伙人,其权益分享也由各合伙人按照各自的能力及贡献度来确定,并非仅仅以出资额或是否是创始者来衡量。因此,当猎头顾问从"雇员"的地位转变为"合伙人"的地位时,其所承担的义务和享受的权利是完全不同的,最起码的一点是其能参与合伙组织的经营决策。

由此可见,猎头机构组织模式的发展趋势就是合伙人制,这是所有猎头机构需要关注的。当然,对合伙人制度的内涵,应该是借鉴而非照搬,探索出符合自身特色的合适模式非常重要。

[附录13]

猎头业常用英语词汇解析

1. arrange assignment：安排任务。

2. BD（business development）：业务拓展。在猎头业，通常指开发新的客户公司。

3. candidate：候选人。在猎头业，通常指为了客户的职位而搜寻的目标人选。

4. case：案例。在猎头业，通常指客户公司提供的一个需要搜寻的职位。

5. character：性格，特质。

6. close：关闭，接近。在猎头业，close case指完成了一个职位的猎聘工作。

7. cold call：陌生电话。在猎头业，新入职的researcher通常需要为了某个职位打大量的cold call，用于了解行业信息、目标公司架构，搜寻合适候选人。

8. confirmation：确认。

9. consultant：顾问。在猎头业，顾问的工作通常是：为了完成客户的新职位的搜寻工作而做职位和行业分析。

10. contract：合同。

11. database：数据库。在猎头业，通常指为了完成各类职位而积累的候选人简历库。

12. delivery：交付，交货，投递，传送。在猎业，指为客户推荐简历的整个过程，也特指推荐简历。

13. employment period：任职时间。

14. executive search consultant：猎头顾问。

15. feed back：反馈。

16. final interview：最终面试（复试）。

17. guarantee period：保证期。

18. headhunt：猎头。比较通俗的说法，香港和台湾公司喜欢用这种说法。

19. hiring manager：雇佣经理。

20. initial interview：初试。

21. interview model：面试方式。

22. JD(job description)：职位描述。

23. job offer：工作聘书(录用书)。

24. last title：最后职位。

25. motivation：动机,激励。

26. performance：表现,成绩,业绩。

27. position：职位。客户公司给猎头公司的一个position,通常叫一个case。

28. position recommended：推荐职位。

29. promotion：晋升,提升。

30. proposal：提议、建议。在猎头业,通常指为了BD某一个职位或者客户,为客户撰写的展现猎头公司概貌的文件,有公司简介、业绩、擅长行业和职位,为了BD某一个职位或者客户而专门提出的建议和打算采用的措施等等。

31. recommended by：推荐。

32. reference check/background investigation：背景调查。

33. referral：推荐。

34. replacement：替换。

35. researcher：研究员。在猎头业,一般指猎头专员、猎头助理,协助顾问搜寻合适的候选人,打cold call。

36. resignation interim：离职期间。

37. resume/CV(curriculum vitae)：简历。

38. rewards：奖励。

39. search suitable candidates：搜寻合适的候选人。在猎头业,一般包括如下流程：面试、写推荐报告、安排客户面试、做背景调查报告、协助候选人办理离职和入职手续、收款。

40. service fee(charge)：服务费。

41. signature：签名。

42. successful case：成功案例,成功职位。在猎头业,指推荐的候选人到任并通过试用期,收回服务费的case。

坚持和享受我们热爱的事业

（跋）

从原来公司辞职后，为了心中的理想，我选择了重新启程，创建了九斗猎头（www.jooduu.cn），想以更开放的方式做我认为的理想猎头。这个理想猎头中最核心的理念便是分享，分享一切可以分享的东西。

和员工分享，分享公司成长的收益，让他们成为合伙人，成为公司的股东。我相信财散人聚，财聚人散。

和客户分享，很好地为客户服务，分享我们的经验与教训。我相信客户可以成为肝胆相照的伙伴。

和同仁分享，分享猎头行业的操作方法和理念。我相信行业好，大家才好。

创立九斗猎头，我们会走得更远。梦想就在前方!

《人才为王——猎头谭》的畅销出乎我的意料。想当初出版社并不看好，因为从市场角度看这是一个小众市场，出版社没有动力出版也属正常。最后的出版原因是总编感动于我和我的团队一直资助农村孩子读书的爱心行为，完全出乎预料，可见好人有好报啊!

现在，这本书成了很多猎头公司的新手教科书，为此我深感荣幸。我曾经跟不少朋友说过，如果你用心看完这本书，只要你愿意尝试，就可以按照书中的思路开始你的"猎头"职业生涯。这会不会是夸大之词呢?现在看来，我并没有夸夸其谈! 很多"新手"正在照着做，越来越像那么回事。对此我更感欣慰。

曾经的历史已经翻过，岁月流逝，我们不断成长，对猎头有了更深刻的认识，也深深喜欢上这个行业。创立九斗猎头，就是梦想的传承。愿我们能帮到更多的企业和经理人。

项秉榔

2014年3月3日于杭州

前言

　　沙滩红楼，未名燕园，博洋高歌，陈实飞舞。北京大学是享誉世界的百年名校，是莘莘学子孜孜以求的学术殿堂。作为中国历史最悠久、地位最崇高、影响力最大的高等学府之一，北京大学历经了百余年的文化积累与沉淀，形成了独特的文化体系与理念，培养了一代又一代的社会精英，也培育了无数优秀的科研成果。北京大学的发展，不仅代表了一个学校的成长历程和中国高等教育的成败荣辱，更加见证了中国的百年蜕变和世事沧桑。

　　1985年，北京大学顺应时代需求，建立了经济管理系，1994年，被正式更名为北京大学光华管理学院。作为专门从事管理研究和教育的机构，光华管理学院秉承了北大悠久的人文传统、深邃的学术思想和深厚的文化底蕴，处于中国经济发展与企业管理研究的前沿，以向社会各界提供真正具有国际水准的管理教育为己任，致力于帮助国有企业管理的国际化、民营企业管理的现代化、跨国公司管理的本地化。如今，光华管理学院仍然在源源不断地向社会输出管理型人才，而北大管理课教授们的管理学经验，也随着信息化的发展和北大管理公开课的持续推广散发出越来越持久、越来越璀璨的光芒。

　　北大是中国人的骄傲，而北大光华管理学院更是培养职业管理人的摇篮。然而，能真正走进北大的毕竟是少数，大多数人还是难以如愿以偿。为了帮助莘莘学子及广大渴望有所成就、有所作为的读者不进北大也一样能聆听到有关管理方面的精彩课程，学到百年北大的管理智慧，我们编写了这部《北大管理课》。

管理既是一门学问，也是一门艺术。有人说，管理很复杂，确实如此，管理涉及到企业的方方面面，有人员管理、团队管理、时间管理、决策管理、风险管理……也有人说管理很简单，其实，如果把所有的想法整合在一起实行，也确实很简单。这两种说法都正确，但关键是要能实施成功且有效的管理，把工作程序合理化、科学化，减少不必要的阻碍，使企业的利益最大化。可以说，每一个管理者都在不遗余力地探求最有效的成功管理模式，但是如何掌握其中的奥妙却是众说纷纭，关于成功管理的哲学与艺术也是仁者见仁，智者见智。当今世界，商业竞争日益复杂，充满着诸多挑战，因而比任何时候都需要更多、更优秀的管理者。管理直接影响着一个企业的兴衰成败。日本企业的崛起归功于其对西方管理思想的吸收，印度软件业的成功则基本上是依靠现代的组织制度。那么中国企业的复兴靠什么？一位研究员曾经说过："中国企业最缺的是企业管理。"

在一个企业中，管理层是神经系统，担负着整个企业的日常工作运转。企业只有在优秀管理者的领导下，才能健康有序地运作，并在这种状态下发展壮大。因此，越来越多的人认识到先进的管理模式对于企业发展的重要作用。然而，管理者一般上有顶头上司，下有基层员工，怎样才能在遵照上司指令的基础上带领下属员工做好工作，实现卓有成效的管理呢？我们以北大管理课的学术观点为发射源，从企业最根本的生存和发展等问题出发，归纳其生存根基，总结其发展优势，倡导务实的管理艺术，升华可持续性的管理理念。本书从管理者内在素质的培养到外在形象的树立，从管理者识人、用人、授权到激励员工、协调团队，从管理决策、战略到应对危机、创新发展，详尽细致地讲述了一位管理者如何完成从平凡到优秀、从优秀到卓越的蜕变。书中还总结提炼了许多北大著名教授的管理箴言，为广大读者提供了管理企业的方法与思路。同时，本书让你感悟百年北大的管理智慧，让你借鉴大师们的管理经验，为自己的事业创造非凡的成就。北大的管理智慧，将会成为我们走向人生巅峰的一个重要的法宝。每一堂北大管理课，都能促进我们事业的发展；每一种北大精神，都将帮我们照亮人生与事业的前进道路。

目录

第一章

目标管理课：

认定方向就不会改变，用目标凝聚力量

人是一天都不能没有目标、没有梦想的，没有目标人就会迷茫、失落，心理就会脆弱。一辈子的目标要定得高远，但每个阶段的目标就要现实一点，要永远比周围人做得好一点。

——俞敏洪

名企为什么这样红——始于伟大的目标

无论是俞敏洪、李彦宏还是黄怒波等，他们具备"北大"毕业生的一些共同特点：伟大的目标是他们奋进的不竭动力。

一个企业能走多远，能取得怎样的业绩和成就，完全取决于管理者的眼界有多远。在这个世界上有这样一个现象，那就是"没有目标的人在为有目标的人达成目标"。因为没有目标的人就好像没有罗盘的船只，不知道前进的方向；有明确、具体的目标的人，才能在目标的指引下到达人生的彼岸。

没有伟大的目标就无法把公司带向伟大的征程。北京大学林毅夫教授曾这样评价王永庆先生："王永庆董事长'一勤天下无难事'，事事要求

'止于至善'等朴素又务实的经营智慧，历久弥新。他远大的眼光与独到的见解，以及创业70多年的宝贵经验，给了海峡两岸青年创业者明确的方向与启发。经历了时代变迁，更能显出钻石般的光芒!"王永庆的创业之路具有很多值得学习之处，他在向自己的目标奋进的过程中，常常提醒自己目标所在。

1931年，15岁的王永庆离开家乡，独自去嘉义，开始他人生的新旅程。那时嘉义是台湾的商业重镇，更是米谷的集散地。王永庆在亲戚的介绍下，很快就在一家米店找到一份勉强可以填饱肚子的工作。王永庆对这份每个月仅赚40台币的工作倍加珍惜，每天都早出晚归，尽心尽力工作，深受老板的喜爱。

不过，颇有生意头脑的王永庆没有安于现状。他一边暗中观察老板经营米店的诀窍，一边省吃俭用筹措资金。一年之后，王永庆用借来的200台币当本钱，在嘉义开了一家小米店，成了小老板，这是他人生最重要的转折点。

王永庆就这样一步步实现自己的人生目标，几年之后又开始经营木材，变成当地小有名气的木材商人。20世纪50年代初，台湾"工业局"推出了很多发展工业的投资项目，王永庆大胆地接了一个当时无人看好的项目——生产聚氯乙烯，成立台湾塑料工业股份有限公司，后来又把发展的触角伸向海外。

王永庆被誉为台湾的经营之神，他从小学徒到商界巨子，成就了华人世界的经典传奇。王永庆及台塑的成功，与他树立远大的理想和目标不能说没有关系。

为自己和企业设定"伟大"的目标，这些目标也许看起来"不切实际"或"不可能"，但他们始终凝视着目标，发掘个人的潜力，朝着这个目标奋进。拿破仑说："'不可能'这个词，只在愚人的字典里找得到。"不要在未开始之前就给自己设定了障碍，"不可能"源自我们自身思维所受到的限制，正因为如此，它才局限了我们对周围事物的认知，缩小我们生活的半径，并进而限定了我们的目标。

管理者个人的成功往往意味着一个企业的成功。因此，就要先设立一个"伟大"的目标。如果你的目标是小山包，你就永远也没有攀登喜马拉雅山的气场！只有目光远大的管理者才能够从全局出发，制订出"伟大"的目标，从而引领企业向更高远的方向发展。

一家家具厂的老板向员工谈起他的创业史。

刚开始创业的时候，他和普通的搬运工一样，每天扛着一块块木板到处跑。当他行走在城市的大街小巷，看到路上川流不息的车流时，他对自己说："这里将来一定会有一辆车是属于我的。"当他看到道路旁边的摩天大楼，他会对自己说："这些房子里将来一定会有一栋是属于我的。"

曾经也有人问："你凭什么这么想，你拿什么证明？"他不予理睬，因为他有自己的目标和计划：他要拥有一家自己的家具厂。眼前他要做的是把木板扛回去，然后加工成沙发卖给顾客。

后来，他的生意越做越大，有了很大的工厂和数百名员工，有了车子和房子，在业内也有了一定的地位。

他说，人一定要有目标，并且相信自己的能力，通过坚持不懈的努力，一个个地实现它们，这就是成功。

IBM的管理大师小托马斯·沃森说过，影响一个企业进步或退步的真正原因，不是技术，不是跟不上消费者的偏好，也不是时尚的变化，它们可能是一部分原因，但不是决定性的因素。世界上任何一家经营多年的大企业，它们成功的真正秘诀也都不在于组织形式或者管理技巧多么成熟或者无人可及，而要归功于信念的力量以及信念对员工产生的巨大凝聚力。

没有伟大的目标，就没有前进的方向；没有起始点，就无从规划自己的航程。有了地图和指南针，你仍然会无可奈何地迷失方向，只有当你明确知道自己现在所处的位置时，地图和指南针才能发挥作用。心中有伟大目标的人，眼神坚定地朝着一个方向勇往直前，他们无论遇到多少艰难险阻，都能到达最终的目的地。

成功学专家拿破仑·希尔认为："不甘平庸的人，必须要有一个明确的追求目标，才能调动起自己的智慧和精力。"一个目标能让人的心中燃起持久的热望，让深藏于心底的潜意识的力量爆发出来。它能长时间地调动你的创造热情，唤起你成功的信念。优秀的企业都有明确而伟大的目标的指引，领导者制订的目标能激发员工的潜力，凝聚企业的力量，为共同实现目标而努力。

一个优秀目标的树立会使人的天赋得到充分发挥，使心中的所有激情与梦想喷薄而出，推动着自己马不停蹄地向成功迈进。而缺少目标的人大多数都只能漫无目的地四处游荡，浪费了上天赋予的才华，最终一无所成。

时常将"这个目标根本不可能""想都别想"这些话挂在嘴边的人，一遇到棘手的事情时就把它们当成最好的遁词，实际上是画地为牢，自己将机会的大门关闭。稻盛和夫在总结自己迈向卓越的经验时，言简意赅地说，只要满怀希望，持续不断地努力，人生之路一定光明。当你烦闷时，当你对前途感到困惑时，你只需要牢记自己的目标，并竭尽全力把你眼前的工作做好，坚持不懈地努力。只要这样做了，你前进的道路就一定会展现。

你不妨问自己以下问题并写下来，与你的目标进行对比，以此来寻找差距。

我究竟有什么样的才干和天赋？

我主要的优势是什么？

我最明显的劣势是什么？

我曾有过的成功记录有哪些？

我所处的时代和环境对我有什么机遇？

我的知识和技能，是否跟得上时代的脚步？

达成这个目标都需要哪些专业知识？

我已经具备了哪些知识？

我还需要哪些其他方面的准备才能达到目标?

要先把最终目标搞清楚,再坚持不懈地为之努力。

——李彦宏

要让员工相信,实实在在的目标唾手可得

百度刚刚创建的时候,工作、生活条件非常简陋,作为只有几名员工、在业内没有任何名气和地位的初创公司,在各种条件都非常艰苦的创业初期,该如何搭建团队、吸引人才?李彦宏所做的是给员工描绘美好的理想和远大的抱负,让员工相信在这个公司大有可为。只有胸怀远大理想、有执着追求、乐于艰苦创业的人才能走到一起。

每个企业都有自己的目标,在不同的发展阶段,设定的目标也是不一样的。管理者首先要从明确企业的发展目标入手,不然极有可能会带领企业走入迷途。但是,脱离实际发展的目标容易让员工无感,唯有让员工相信企业的目标,才能最终发挥团队合力。

实实在在的目标,对员工而言就是实实在在的看得见的目标。人们都有这样的生活经验:给你一个看得见的靶子,你一步一个脚印去实现这些目标,你就会有成就感,就会更加信心百倍,向目标挺进。

1952年7月4日清晨,世界著名的游泳好手弗洛伦丝·查德威克准备从卡德林那岛游向加利福尼亚海滩。她的想法并非不切实际,她曾经横渡过英吉利海峡,如果这次她成功了,她会因此再创一项纪录。

这天的雾非常大,连护送的船只她都看不见。时间一小时一小时地过去,当她在冰冷的海水里泡了15个多小时后,远方仍旧是雾霭茫茫,查德威克感到难以坚持,她再也游不动了。艇上的人们劝她不要向失败低头,要她再坚持一下。浓雾使她难以看到海岸,她不知道自己的目标还有多远。最后,冷得发抖、浑身湿淋淋的查德威克被拉上了小艇。

5

在这次挑战失败之后，她总结说，如果当时她能看到陆地，她就一定能坚持游到终点。大雾阻止了她夺取最后的胜利。事实上，妨碍她成功的是一眼望不到边的大雾，她因此无法确定具体的目标。

两个月后，查德威克又一次进行了挑战。这一次她没有放弃，终于一口气游到了美国西海岸。

目标要看得见、够得着，这样的目标才能成为一个有效的目标，才会形成动力，帮助人们获得自己想要的结果。管理者应该从中得到这样的启示：千万不要让形形色色的雾迷住了员工的眼睛，要让你的员工相信你的目标。实实在在的目标才是唾手可得的，虚无缥缈的目标只会让员工打不起精神。

当代管理大师肯·布兰查德在其著作《一分钟经理》中指出："在相当多的企业里，员工其实并不知道经理或者企业对自己的期望，所以在工作时经常出现'职业偏好病'，即做了过多经理没有期望他们做的事，而在经理期望他们有成绩的领域里却没有建树。造成这样的情况，完全是由于经理没有为员工做好目标设定，或者没有把目标设定清晰地传递给员工。"

只有定下实实在在的目标，并制订相应的行动方案，激励员工在不断的实践过程中慢慢地接近目标，才能有助于员工理解企业的期望，并获取自身发展的动力，克服一切困难，最终取得成功。

作为一个管理者，让员工能够明确企业的目标，就能让员工最大限度地发挥他们的能力。很多时候，员工没有工作的动力，显得懒散无力，并不是他们不想努力，只是缺乏明确具体的目标，让他们没了奋斗的方向，不知从何处着手。

作为团队的管理者，必须经过客观的调研和科学的计算，才能为企业和员工制订务实的目标，让员工看得见、摸得着，这样才能激励他们有奔头。具体说来，作为管理者，该如何做到呢？以下3点可以借鉴：

1. 将目标具体化

量化员工的奋斗目标，并指导员工如何去实施，让员工有信心、有目的地去完成目标。如果管理者能够帮员工明确工作目标，并且能够有效地指导他去实现目标，那么，他一定会变成一个有动力并且持续为目标奋斗的人。

2. 目标要合理化

每位员工有自己的工作能力，管理者要根据员工的自身特点，制订对其而言最合理的工作目标，即目标不能太难、太远，也不能太容易实现，要具有挑战性。

3. 目标要有激励性

最大限度地激发员工的积极性，可以根据员工完成目标的具体情况，给予员工适当的奖励和惩罚。当然，这种奖惩制度不要仅仅流于口头，可以以制度的形式正式化。比如规定完成任务后，具体奖励多少金额。这样的奖励十分有刺激性且十分有价值，如此员工就会尽他最大的努力去完成自己的目标。

年轻人要有一点理想，甚至有一点幻想都不怕。只顾眼前，缺乏理想，就没有发展前途。

——任继愈

梦想的力量——成功往往"源于一个梦"

每个企业家都有梦想，但梦想和现实的确有距离。现实在此岸，梦想在彼岸。当一个梦想足够强大，会推动一个人的能动性、进步性、创造性去构建一座此岸到彼岸的桥梁，这桥梁就是化梦想为一步一个脚印的可以达成的理想，这些理想的积累会让我们不断地接近梦想。

新东方教育集团董事长俞敏洪就是这样一个拥有梦想的优秀企业家，他的成功也许最初源于自己的"梦"。

俞敏洪出生在一个普通的农民家庭，他当初的梦想就是考上大学，当上一名老师。但俞敏洪的考学梦却一波三折，三年高考两次落榜，所幸的是，终于在第三年考上了北京大学英语系。

"我是班里唯一从农村来的学生，在老家读高中时就不善言谈的我，来到北大更不善于与人交流了，结果从 A 班调到较差的 C 班。"在北大，他俨然成为被人冷落的后进生。

毕业时，看到同学和朋友相继出国，俞敏洪也张罗着出国。但是几乎没有几个大学能录取，只收到几所二流大学发来的录取通知书，出国梦在绝望中破灭。

在追求梦想的途中，他遭遇过很多挫折和坎坷，但内心的那团火焰没有泯灭。

一个人要取得成功就要心怀理想，并坚定心中的信念，为之坚持不懈地努力。在梦想的推动下，人就会被激励、被鞭策，在一种昂扬、激奋的状态下去积极进取，向着美好的未来挺进。从某种意义上讲，没有伟大的梦想就不能成就一个伟大的企业。

沃尔玛帝国的创始人山姆·沃尔顿也为人们做出了榜样。这个商业帝国得益于他的梦想——他要为下层人民服务的梦想改变了这个世界。他当时的梦想很简单，就是希望帮助美国小镇和乡村的居民过上跟大城市居民一样质量的生活。

在当时，人们都忙于在市里开店，因为在小乡村开店挣不到钱。然而，基于理想，沃尔顿把超市开在了乡村，他成功了。

如果没有伟大的初衷，他的企业就不会发展到今天的规模。但凡取得成功的人，都有一个伟大的梦想。只有伟大的梦想，才能激起无穷的力量，才能创造广阔的舞台。

百度公司创始人李彦宏在留学的时候，就确定了自己伟大的梦想——要做一个让几亿人都能使用的东西，这个听起来遥不可及的梦想，现在已经成为现实。比尔·盖茨刚创业时的梦想是每个人都能拥有一台电脑，当时连他都很难拥有一台电脑，别说每个人了，但是正是有了这么伟大的梦想，才有了今日的比尔·盖茨和微软。

"梦想有多大，舞台就有多大。"生命是上天赋予我们的最宝贵的财富，我们必须以热忱的心来呵护这份礼物。而梦想就是生命旅途中永远的路标，无论遇到什么事情，都不要关闭生命的梦想之门。梦想是指引人们前行的灯塔，梦想越大，灯塔的光才会越明亮，走的路也才会更长远。

没有一颗心会因为追求梦想而受伤，当你真心想要某样东西时，整个宇宙都会联合起来帮你完成。很多成功的人之所以成功，往往是因为自己当初的一个"梦"，他会为自己的梦而不懈奋斗。

作为管理者，首先应把自己定义为一个梦想家。任何人所完成的工作，又是与他们的想象力、能力、毅力，与他们对理想的执着程度和他们所付出的努力密切相关的。不要让日常生活淹没了理想或使理想失去了亮色。如果理想还没有化为现实，不要因为希望渺茫而放弃了理想，要为了理想不屈不挠，为了实现理想而不断地努力。

罗马纳·巴纽埃洛斯是一位年轻的墨西哥姑娘，16岁就结婚了。在两年当中她生了两个儿子，但丈夫不久后离家出走，罗马纳只好独自支撑家庭。但是，她决心谋求一种令她自己及两个儿子感到体面和自豪的生活。

她在得克萨斯州的埃尔帕索安顿下来，并在一家洗衣店工作，一天仅赚1美元，但她从没忘记自己的梦想，即要在贫困的阴影中创建一种受人尊敬的生活。于是，口袋里只有7美元的她，带着两个儿子乘公共汽车来到洛杉矶寻求更好的发展。她开始做洗碗的工作，后来找到什么活就做什么，拼命攒钱直到存了400美元后，她买下一家拥有一台烙饼机及一台烙小玉米饼机的店。

不久后，她经营的小玉米饼店铺成为全国最大的食品批发商，拥有员工三百多人。她和两个儿子经济上有了保障之后，这位勇敢的年轻妇女便将精力转移到提高她美籍墨西哥同胞的地位上。"我们需要自己的银行"，她想。后来她便和许多朋友在东洛杉矶创建了"泛美国民银行"。这家银行主要是为美籍墨西哥人所居住的社区服务。

她真的梦想成真了。后来她的签名出现在无数的美国货币上，她由此成为美国第三十四任财政部长。

你能想象到这一切吗？一名默默无闻的墨西哥移民却胸怀大志，后来竟成为世界上最大经济实体的财政部长。

正如设计某一建筑，我们要想完成某一伟业，在它成为现实之前，必须先在头脑中把它所需要的条件全部创造出来。一幢建筑物如果没有具体的建筑计划，是根本不可能建成的。在砖瓦运来之前，建筑师必须在头脑中描绘详尽的蓝图；必须先在构想中把它创造出来。生活中出现的任何事物，我们总是先在精神中把它创造出来。这就是梦想所带来的神奇力量。

伟大的梦想可以引导着我们战胜一个又一个困难。企业家不仅要为自己和企业树立奋斗理想，也应该帮助员工树立他们的理想。因为，一个人有了梦想，就不会害怕任何艰难险阻，在梦想面前，所有的困难都只是一个小小的考验而已。

百度上市的时候，很多人疑惑，百度凭什么打败众多的竞争对手。秘诀很简单，就是专注。这么多年来，百度只做了搜索这一件事情。

——李彦宏

专注，用手中的枪去瞄准目标

管理学中，有个著名的手表定律：当我们只有一块手表的时候，我们能很快确定时间，该干什么干什么；当我们有两块或更多手表的时候，我们会看看这块，又看看那块，时间上的不一致会让我们犹豫不决。拥有两块或更多手表并不能告诉我们更明确的时间，反而会让我们对时间的判断缺乏自信。这也在告诉我们，设定两个或更多的平行的目标，只会让自己的企业和员工无所适从。

美国明尼苏达矿业制造公司（3M）的口号是："写出两个以上的目标就等于没有目标。"这句话的智慧不仅体现在公司经营中，也体现在企业管理中。没有目标的企业就像是一只无头苍蝇，只能停留在原地；而目标不明确甚至有多个目标的企业就像是一只被蒙了眼睛的苍蝇，它会完全失去方向感，并且注定只会四处乱转。

一个成功的猎人，就要精于瞄准，瞄准猎物后再开枪，才能一击而中。通过对目标的选定与明确，保持对某个目标的专注，才能最终顺利达到目标。

老猎人有三个儿子，他带他们进山狩猎。一切准备工作做好之后，老猎人问三个儿子："你们现在能看到什么？"

老大回答道："我看到了我们手里的猎枪，还有我们三个人和森林里乱窜的野兔。"

父亲摇摇头说："不对。"

老二回答："我看到了猎枪、野山鸡。"

父亲同样很失望，摇摇头说："不对。"

老三的回答只有一句话："我只看到了野兔。"

这时父亲点点头说："很好，你答对了。"

结果，一天下来，老三的收获最多。

唯有像这个最小的猎人一样找准目标、专注目标，然后坚定地扣动扳机，才能收获到更多。因此，对同一件事情，不能确定多种不同的目标；对一个企业，也不能设有几个不同的平行目标，否则，容易让企业陷入混乱之中，不仅管理的人混乱，下面执行的人也会没有头绪，不知道到底该怎么办。

诺基亚公司董事长奥利拉有一句名言：一个企业不可能在方方面面都行，必须学会专注。作为一个优秀的管理者，不能把精力分散在不同的点上，有明确的目标很关键，并要让这个目标成为企业成员、团队成员共同奋斗的方向。大家有劲往一处使，做起事来会更容易、更快速，这样，才能把事办成。

李彦宏自创立百度以来，始终坚持搜索业务。

当时从国外回国创业的李彦宏选择了搜索业务。其时电子商务已火遍美国IT界，网络泡沫的列车呼啸而过，无数人拼了命地要挤上这辆网络快车，并不惜为之放弃自己的专业。

但李彦宏没有放弃自己当初的目标。2001年，正值互联网产业的寒冬，百度"为她人作嫁衣"之路越走越窄，当时网络游戏、短信平台异军突起，不少人跟风赚了个盆满钵满，也有不少人鼓动李彦宏借此机会把百度带出困局。李彦宏却顶着无数人的怀疑与不解，始终坚持最初的选择，不随大流，不改方向，不断翻新、挖掘搜索领域。他相信，搜索领域的潜力还很大很大。

由于他的专注和坚持，百度终于走上了十年百倍的发展壮大之路。

伊格诺蒂乌斯·劳拉有一句名言："一次做好一件事情的人比同时涉猎多个领域的人要好得多。"有太多的目标，在太多的领域内都付出努力，我们就难免分散精力，最终一事无成。

多个目标让我们无法集中精力。"年轻人事业失败的一个根本原因，就是他们的精力太过分散，有太多的目标，以至于一无所成。"这是戴尔·卡耐基在分析了众多个人事业失败的案例后得出的结论。有些人在建筑业工作了2年，又转去金融业奋斗了3年，最后在零售业拼搏了4年，看上去他们付出的辛苦比谁都多，但没有明确的目标注定让他们一无所成。

管理者应该记住这一点，有多个目标等于没有目标。当你有多个目标时，你不妨把多个目标简化为一个目标！

如果不给员工一个具体的完成期限，目标的引导作用会大打折扣。

——北大管理理念

尽可能提前完成目标

北大管理理念认为，如果一个目标没有了完成期限，那反而会成为一种阻碍。比如说，管理者只说明让员工完成 30 万元的销售额，却没给他一个明确的期限，是一个月，一个季度，还是更久呢？对员工而言，这样的目标根本不能称之为目标。

管理者确定企业或部门的目标之后，如果没有完成期限，最终可能也起不到预想中的效果。试想，当一个目标本可在三个月内完成时，他们却用了半年甚至更久，那并没能起到提高企业业绩、提振士气的作用。

联想集团在创办之初，柳传志就为联想要达到的目标设定了时限。他说联想要做一个年销售额达到 200 万元的大公司，结果当年销售额达到了300 万元。之后，柳传志再设定了一个阶段性的目标，用 10 年的时间达到 4.5 亿美元的销售额。

这个远景规划目标在很多人看来不太可能完成，但事实证明，柳传志是正确的。随着联想业务的扩张，到了 1995 年的时候，联想内部把 2000年的目标修正为 20 亿美元，结果最终营业额达到了 30 亿美元。

管理者应该善于为目标设定"最后期限"。任何事情如果没有时间限定，就如同开了一张空头支票。只有懂得用时间给自己施加压力才能保证如期达到目标。

有些目标能够在短时间内完成，而有些则需要安排相当长的一段时间才能完成。总之，目标都需要有一定的期限，这样才能进行有效的考核。

给员工以一定的压力，让他们尽最大的努力在规定的时间内完成目标，其结果往往就是实现目标并在一定程度上超过目标，给企业带来更大的效益，也提高了企业的竞争力。比如说要求员工在 6 月 30 日前完成上半年的工作目标，这样既能给员工一个时间上的标准，也能让员工感受更大的压力，最终达到甚至超过预定的目标。

一个优秀的管理者，最好制订自己每日的工作时间进度表，记下事情，定下期限。清人文嘉有首著名的《今日歌》："今日复今日，今日何其少！今日又不为，此事何时了？人生百年几今日，今日不为真可惜！若言姑待明朝至，明朝又有明朝事。为君聊赋今日诗，努力请从今日始。"管理者要善于为目标设定最后期限，并且要让员工明白，一定要在最后的期限前完成。

设定最后期限让员工积极行动起来以按时完成各项工作，可以激发员工自身的能动性。反之，没有时限的目标，会让人不自觉地拖延起来，让目标的实现之日变得遥遥无期。任何任务、目标都必须受到时间的限制。只有善于给目标设定最后期限，懂得用时间给自己施加压力，才能出色高效地完成工作。

很多员工都有这样的经验：上级在星期一一大早就布置了工作任务，要求在星期五之前必须完成，同时强调最好是尽快完成。可以想到的是，很多人从星期一到星期四几乎很难安下心来把任务完成并主动交上，总是在星期四晚上或星期五早上的时候才最终把任务赶完。如果上级布置工作任务时要求星期三之前交上来，即使不强调最好尽快完成，那么你也会在星期三之前把任务完成。

拖延从某种意义上来说是人的本性，当给员工规定完成目标的最后期限时，管理者应该带领员工尽量把最后期限定在前面。否则，过于宽松的最后期限在很多时候起不到提高我们工作效率的作用。

把工作目标和最后期限紧密地结合在一起，才能让管理的效率得以提升。不妨给自己和员工设定完成目标的合理的最后期限，让目标激励团队勇往直前。

第二章

战略管理课：

生存下去并且发展起来，"你的利润空间会很大"

做企业首先要求管理者要有远大的目标，不要被短期诱惑，还要有梦。

——周其仁

定战略——确定何所为，何所不为

管理之父彼得·德鲁克的一句话说得很经典："每当你看到一个伟大的企业，必定有人做出过远大的决策。"这里，他讲的是战略的重要性。

如果企业在一种无序、无战略的状态下简单经营、粗放经营，这样的企业注定会失败。在现代管理中，"战略"一词演变为泛指统领性的、全局性的并且左右胜败的谋略、方案和对策。企业战略可以理解成企业谋略，是对企业长期发展的计划和谋划。

制订战略的过程，就是确定何所为，何所不为，就是为企业未来发展选择和定位的过程。战略确定企业的所为与不为，战略代表着未来商业的重点，战略是企业根据自身资源结合外部环境而选择的一个可获得持续竞争优势的空间。

忽视战略，仅关注战术和执行，就会给企业带来灾难。战略很重要，企业的经营管理者对企业发展的思考一旦停止，企业就会驶向下滑的方向。管理者的这种思考，不是好高骛远，不是因个人兴趣，不是因一时冲动，是在正确评估企业资源和条件、科学对待企业发展前景的基础上为企业发展所设计的安全航道。

据《中国工业报》报道，2012 年 1 月 19 日柯达公司最终申请了破产保护。

柯达是胶片成像时代的巨头，但 20 世纪 90 年代以来，发生了由胶片到数码成像的变革。数码时代的到来标志着人类社会的新变革，但对于固守的昔日胶片的巨头们来说，这却是致命的打击。数码相机时代的到来瞬间淹没了整个影像王国，昔日胶片机的王朝已不复存在。

在这个严峻的时刻，各老牌胶片机企业纷纷转型，但柯达这个昔日胶片巨头却被昔日的辉煌冲昏了头脑，错失转型良机。

自 2000 年起，数码相机市场便呈现高速增长的态势，佳能、索尼、尼康、三星等数码企业纷纷崛起，其绝对的技术优势对传统胶片领域构成了致命的冲击。这一年，全球数码成像市场份额翻了将近两倍。

但对以柯达领衔的全球彩色胶卷的需求由此开始渐入低潮，此后以每年 10％的速度开始急速下滑。但此时柯达的决策者们对公司战略的转型仍显犹豫，仍将重心放在传统胶片上。随着时间的发展，当柯达发现自己已背负超过 100 亿美元的巨额债务时，再谈转战数码似乎为时已晚。

在 2004 年，柯达推出 6 款数码相机，但其数码相机业务利润率仅占总收入的 1％，其 82 亿美元的传统业务（含胶卷）的收入则萎缩了 17％。

柯达的另一个重要战略失误在于，它长期在低端消费市场游离。数据显示：对单反数码相机和单电数码相机的关注度呈逐渐上升趋势，高端数码相机正在一步步走进消费者的内心。这对于一直以低端战略为发展主线的柯达来说，无疑又是一个打击。

从昔日的辉煌骄子到最终破产，这与柯达在数码相机市场的战略失误脱不了干系。

"现在是战略致胜的时代"，很多企业家也在摩拳擦掌、跃跃欲试，准备向更多的人传递自己的战略设想，从重量级的柳传志、李东生等人纷纷走到前台，参与各种论坛互动，到众多中、小企业的广宣策略中不断体现自身企业的目标等，不一而足。

成功的企业，必须确定自己何所为，何所不为，如同重拳出击一样，把自己主要的精力放在某种业务方向上。无论在企业的哪个发展阶段，企业一定要清楚自己的发展重心。

不管企业实施何种形式的战略，其目的都是在确定企业的未来发展重点。企业经营者应该把发展重点放在具有竞争优势的业务上，稳定而具有相当竞争优势的主营业务，是企业利润的主要源泉，也是企业的生存基础。企业应该通过保持和扩大自己熟悉与擅长的主营业务，尽力扩展市场占有率以求规模经济效益，把增强企业的核心竞争力作为第一目标。

一个企业的成功往往是战略管理的成功。战略有问题，单纯靠改善内部运营效率、改善业绩的效果有限。企业战略管理要站得高，才能看得远——我们唯有忽视眼前的浮云，提前实现战略布局。

总有一条道路适合你，战略管理的制高点不在于抢夺，而在于选择。什么是定战略，其实就是对将来道路的定位，确定何所为，何所不为。一旦选择，是苦是甜都在后面等着。

在配置效率的情况下，只要有自由就会有增长，我再用另外一个比喻说明配置效率，就是过去中国的企业家找到一个洞，钻进去，坐在那儿，你就是一个菩萨。而未来所有的洞都被人家填满了，你在人家那里戳一个洞，然后坐进去，看你能不能成为菩萨，所以之前是机遇大于挑战，而现在是挑战大于机遇。

——张维迎

红海或蓝海，依存于自身的定位

张维迎提到的问题其实就是蓝海和红海的问题。管理者面临蓝海和红海，到底是要红海深耕，还是蓝海淘金？北大管理理念分析很多企业失败的根源不在技术或产品上，而在战略定位上。

很多企业的经营管理者认为，开拓蓝海市场是不错的选择，但事实上，天堂里也有苦难，蓝海里也有波澜，市场竞争的现实没有想象的那么好。蓝海战略强调价值创新，但创新本身的风险并不比不创新会带来的价值小。

开拓蓝海市场，企业就需要承担培育市场的任务，这需要极大的成本；而且，市场的培育具有极大的外部性，培育市场的企业未必能够享受到市场成熟的成果。创新太小，市场接受程度高，但又达不到摆脱红海竞争的目的。

对大多数企业来说，"蓝海战略"是一种奢侈品，蓝海战略有着很高的门槛。因此，也不是任何企业都可以向这个方向迈进。很多企业在现有的红海竞争中就已经难以招架，也就很难分出精力来进行价值创新，激烈的血战会逐渐让企业丧失实施蓝海战略的能力。企业如果不能在血性竞争中胜出，那么蓝海战略也救不了你，对缺乏"红海智慧"的企业来说，谈蓝海战略，无异于痴人说梦。

20世纪80年代，日本企业在世界上的名头很响亮，索尼、松下、丰田等企业成为世界级品牌。就在这个时候，美国以IBM为首的公司开始生产个人计算机及各种配件。美国公司首先找到日本企业，要求其为美国代工。但只有NEC做了规模不大的投入。

此后，美国又去韩国和中国台湾寻找代工工厂，把辅助产品交给他们代工。结果，韩国的三星、LG得以迅速崛起；中国台湾新竹工业园也大规模地生产电脑配件，成为世界最大的代工基地。日本不少企业失去了这一个发展机会，因而在笔记本市场奋起直追，最后在整个电脑硬件领域也只有在笔记本这个市场有一席之地。

20世纪90年代，美国开始了互联网的建设，日本企业觉得互联网只适合于军事应用，再次集体选择了放弃。在如今的互联网世界里，韩国和中国远远走在了日本的前面。

众所周知，日本曾经是全球领先的游戏产业大国。随着互联网的发展，网络游戏时代已经来临。但众多日本企业却坚守在以掌机、家用机为主的电子游戏市场。韩国近些年抓住机遇，在网游市场中独树一帜，中国网络游戏厂商们也凭借着多年来艰苦卓绝的努力获得了立足之地。

在互联网发展的浪潮中，日本企业的战略决策失误使得日本在全球的IT 潮流中远远落后。与处在知识经济时代的美国相比，它已经落后了一个层次，因为日本企业丧失了蓝海战略的机遇。

有不少人认为，代表未来发展趋势的新兴领域，有着广阔的机会，是一座未被开发的金矿。有一大堆例子可以佐证这个判断，比如石油行业的崛起成就了一批人，钢铁行业的迅猛发展成就了一批人，IT 行业的崛起成就了一批人，房地产行业的兴起又成就了一批人，新兴领域似乎从来就直接等同于蓝海。

事实上，无论是新行业还是老行业，如果投资规模和产能远远大于未来数年可预计的市场容量，那么整个行业都可以看成是一个红海。一个领域是否属于真正的蓝海，同样与该行业未来的成长性有很大关系，但更为关键的是投资和产能是否过剩。

蓝海战略的风险在于，只要某种趋势被大家都认识到，甚至成为社会共识，就很容易导致一哄而上，投资和产能过剩，竞争的惨烈程度和生存下来的难度，甚至远远超过原本普遍不被看好的领域，超过红海竞争的程度。

蓝海战略听起来是美妙的，但要注意，蓝海战略只是给整个行业的企业指明了方向，但对于某个具体的企业来说，是没有任何实际意义的，它只是在众多的企业压成本、抢渠道、打广告、拼价格……

红海有着极强的"感染性"，价格竞争的战火会蔓延到任何一个角落，自由竞争的市场上很难有一个能让某一家企业独享的市场机会，在这一点上，要充分估计竞争对手的智慧和能力。

提到蓝海战略的时候，实际上有一个假设前提，就是别人不会跟进或跟不上。但实际的情况不是这样的，蓝海不是某个人的蓝海，前方虽然海阔天空，但你未必能够先人一步。企业千方百计地想减轻竞争的压力，但竞争会如影随形于企业，哪怕是在通向蓝海的路上。

值得注意的是，单独的蓝海战略是难以成功的，一个想要通过价值创新获得成功的企业，必须还要忍受一个事实，就是大量的模仿者和跟随者，如果没有足够的红海战略来对付这些跟随者，那么蓝海战略只是一个空壳，只会让企业背上沉重的负担而一无所获。

红海战略抑或蓝海战略，谁比谁更高明？对管理者来说，恐怕还需要依存于企业自身的定位来决定，但没必要把宝全压在所谓蓝海战略上。

衰败往往是内部发生了问题，比如该转型的时候他没有成功转型，不该扩张的时候他盲目扩张。

——周春生

没有必要一开始就把战线拉太长

在很多管理者的思维当中，为分散经营风险，多元化战略常常会作为管理者的宠儿。我们虽然不能说多元化战略一无是处，但对很多企业而言，实施多元化战略却不是一件好事，非常容易导致资金、资源、精力分散，所以没有必要一开始就把战线拉太长。

北大管理理念认为，一个企业的精力是有限的，企业进行扩张性的战略，不仅要考虑资金实力的问题，更重要的是要想一下你的企业是否具有多元化扩张的管理体制。企业在进行多元化的产业扩展中，每一个产业都需要专业化的人才和技术来支持。没有一定的专业人才和技术积累，盲目地扩张必然要付出很大的代价。

在市场竞争激烈的今天，良好的战略规划，可以为企业的执行指明方向，有助于企业在市场竞争中取得优势。哲学家奥里欧斯有一句话："我们的生活是由我们的思想造成的。"思想上的超前，必然带来行动上的超前，个人发展如此，企业发展更是如此。

现在有些企业，自己的主业还没做好就急于向其他领域发展，没有钱也要借钱往里扔，结果统统被套牢。因为战线拉得太长，反倒陷入了企业发展的"陷阱"中。

春兰集团是在20世纪90年代以空调起家的，经过几年的发展，逐步成长为集制造、科研、投资、贸易于一体的企业集团。

随着1995年春兰集团实施多元化战略，公司在短短几年里在汽车、能源、摩托车、彩电、压缩机等领域的不断扩张，使整个集团在资金、管理、技术、人才等方面出现众多问题，最终使春兰集团的多元化发展以失败而告终。原先的优势主业——春兰空调由行业的老大，到最终退出了行业前十名，落差如此之大，令人惊叹。

北大管理理念并不反对多元化战略，但是实施多元化战略一方面应该考虑企业自身的优势，把眼光放得更长远一些，企业必须要考虑适合不适合走多元化，什么时候走最合适，往哪个方向发展最好；另一方面要考虑市场形势，在市场机会很多的时候，走多元化可以使企业短时期内迅速发展，但是，当市场环境极其复杂的时候，企业一定要慎重决策，避免因为想打造成为某种商业帝国而使企业陷入多元化发展的泥潭。

对一个资金缺乏、人手不足、资源有限的企业而言，如果一开始就把战线拉长，实施多元化发展的战略，那么势必在各个领域都不会深耕。这也就是说，即使将所有的资源都集中在单一项目上，依旧会存在很多欠缺，如果资源分摊到2～3个项目之上，又会是一种什么样的结果呢？那就是每个项目所能分享到的资源会更加短缺，每一个项目无论在规模上还是在特色上，都要远逊于自己的竞争对手，这样无疑人为加大了发展难度。换言之，与其盲目追求多元化，不如选准自己的目标，把鸡蛋放在一个篮子里。

十几年前，王石发现万科利润的30%来源于房地产，在他看来，房地产这一块的蛋糕并非最大，但是它的发展速度最快。

王石认为，将来市场发展趋势是"专业化"。于是只专注于住宅，开始做减法。他当时的"减法"几乎囊括到万科所涉足的零售、广告、货运、服装，甚至还有家电、手表、影视等数十个行业。最终，万科成为行业内的龙头老大，其规模之大令其他企业难以抗衡。

世界一流效率提升大师博恩·崔西说："成功最重要的前提是知道自己究竟想要什么。成功的首要因素是制订一套明确、具体，而且可以衡量的目标和计划。"一个有理想的企业，或者说一个可持续发展的企业，它一定会结合企业的实际情况，制订合适的战略发展规划。

总之，盲目将战线拉长，也会造成发展的盲目化，对企业经营者而言，制订企业战略必须立足实际，将自己的主营业务做大做强之后再考虑多元化。

企业家和商人的区别是，企业家是预见未来，创造未来，改变未来，商人是赌未来，顺应未来，被未来改变。

——黄怒波

掌握趋势，确保战略的前瞻性

掌握趋势就是掌握未来，掌握发展的机会，当一种趋势的苗头初现时，能够把握这种趋势的，就是优秀的企业家。

伴随着全球化技术革命的发展和网络时代的到来，企业也不再是仅仅对市场需求做出"快速反应"，在做好当下的同时，企业更需要关注未来的发展。企业领导更要有基于前瞻性的战略眼光，领先市场需求一小步，就是对企业贡献的一大步。毕业于北大的黄怒波、李彦宏等优秀企业家通过自己的实例证明了，企业战略必须建立在掌握趋势的基础上。

企业要想有更好的发展，就必然要看清潮流，超前思考，掌握发展趋势，确保自己战略的前瞻性。假如企业管理者对发展思路、目标都不明确，对发展趋势不敏感，不善于长远思考、规划未来，那么这样的企业就会从走弯路到走下坡路，如此又谈何发展呢？

"凡事预则立，不预则废。"这里的"预"就是提前掌握趋势，俗话说"抢先一步赢商机"，如果不善于谋划未来，只是鼠目寸光，关注当前，那么就会失去未来潜在的效益，企业的发展也将会永远慢别人半拍。

在市场竞争激烈的今天，企业管理者必须具备超前的战略意识，具备博学善思的素质。要想走在市场变化的前面，就必须提前了解、研究客户和消费者的潜在需求，通过不断挖掘市场潜力、拓宽产品的市场份额来获得更大的盈利空间，这样才能战胜对手，在市场竞争中取得优势。

"二战"爆发后，美国一家规模不大的缝纫机工厂的生意受战争影响，销售情况一直不好。工厂主汤姆当然知道军火生意最挣钱，但是军火生意却与自己无缘。于是，他把目光转向未来市场，一番思索后他决定改行，改成什么？他的回答是："改成生产残疾人使用的小轮椅。"一番设备改造后，工厂生产的一批批轮椅问世了。

因为战争的缘故，很多在战争中受伤致残的人都纷纷购买轮椅。工厂生产的产品不但在美国本土热销，连许多外国人也来购买。但随着战争的推进，工厂的工人们也不禁发出疑惑："战争马上就要结束了，如果继续大量生产轮椅，能卖给谁？"

汤姆胸有成竹，他反问道："战争结束了，人们的想法是什么呢？一定是想要过上健康幸福的生活。而健康的体魄是人们追求的重点。因此，我们要准备生产健身器。"

不久，经一番改造后，生产轮椅的机械流水线被改造成了生产健身器的流水线。刚开始的几年，工厂的销售情况并不好，而且这时老汤姆已经去世了，但他的儿子坚信父亲的超前思维，依旧继续生产健身器材。又过了十几年的时间，健身器材开始大量走俏，不久就成为畅销货。由于他们在健身器材方面起步较早，且这种产品的需求量随着时间的推移越来越大，由此推动企业规模不断扩大，汤姆的儿子保罗也因此跻身到了亿万富翁的行列。

　　超前意识是一种以将来可能出现的状况面对现实进行弹性调整的意识。拥有超前意识就可以创造前景并进行预测性思考，可以使我们调整现实事物的发展方向，从而帮助我们制订正确的计划和目标并实施正确的决策。那么，超前意识是怎样培养的呢？

　　一个成功的企业家，他绝不会轻易做出一项战略。在市场经济时代，能登高望远，对形势的发展有一定的预见性，在商业活动中才能占尽先机，获得的实惠才可以先人百步、千步。一个成功的企业家能始终带领企业奔跑，因为他看得到更高、更远的发展趋势，并为此制订适合的发展战略。

　　朱志平的商海历程以及他的财富积累过程的确是个传奇。因为他总是具有前瞻性，并且能在不同的领域里成为常胜将军。

　　朱志平出身草根，当他放弃了稳定工作，毅然辞职投身商海、创立了他的第一家公司——华泰制衣时，他的全部资产只有 400 元人民币。其实，朱志平看似冲动的行为背后，有着深刻的思考：家家户户都离不开衣食住行，当时的服装行业市场需求量大、成本低，所以，只要能做出物美价廉的产品，放弃铁饭碗就不会是一次冒险。

　　事实证明，朱志平的分析没有错，宁波的销售市场很快被打开了，最初的短短三年内他资产增至上百万元。随后，朱志平放弃正在稳步发展的华泰制衣，以初学者的身份踏入股市。与很多人不同，朱志平一直相信成功不能靠侥幸。于是他开始了大量的学习。天道酬勤，仅一年后他就成为杭州最早的股评家之一；十年间，他的财富增至几亿。但是，出乎所有人意料，在获得巨大成功时，朱志平再次抽身而退。

　　凭借令人吃惊的市场洞察力，在离开股市之前，朱志平就选择了楼市作为自己下一步的发展方向。2000 年，朱志平成立了浙江同方投资集团有限公司，他坚持品牌开发、实力开发、信誉开发，致力为城市的发展、延续尽自己的一份力量。现在同方联合控股公司已经具有二级开发资质，成为一家以房地产开发为主，建筑材料销售、物业管理为辅的现代企业。

　　2010 年，朱志平因转战商场 16 年连战连捷，使得人们佩服他把握经济浪潮的能力。在总结多年的发展历程和成功经验时朱志平说："对于企业而言，最重要的并不是规模，而是抓住机遇的能力。"

正是基于领先市场一步的理念，每当朱志平看到一个行业的发展潜力时，就会尽全力抓住时机，他毫无疑问地成了时代的弄潮儿。

掌握趋势不同于追热点，掌握趋势意味着能跑在热点的前面。不少人总热衷于追逐热点，看别人干什么赚钱就去干什么，看哪里是热门区域就往哪里跑。可上天总喜欢捉弄人，明明看上去不错的机会，好不容易削尖脑袋挤了进去，可又因为刚刚起步竞争不过对手，有时候甚至挤都挤不进去。

其实，事物的发展总是有比较清晰的发展脉络和趋势的。在掌握趋势的基础上，提前占位和先期介入策略没有是非对错，但其实施的前提是要对发展趋势和时间节点有一个较为准确的把握。

如果我们在准确把握发展趋势的基础上，能够在别人还未行动甚至是浑然未觉之时出手，就能提前占位、占尽先机，当别人发现热门之后再行进去，我们已经牢牢站稳脚跟，他们再难以同我们相抗衡。当然，提前占位的战略也会带来一些负面效应，那就是先期介入的几年内，需要承受没有利润或者利润很少的痛苦，这对资金实力和个人毅力而言都是很大的考验。

我知道这些领域都很好，都很赚钱，但要同时做很多事情的话，精力就会分散，也就没法把事情办好。要做好搜索本身就不容易，我对这个实在太了解了。如果做其他领域的话，同时做好几样业务问题不大。

——李彦宏

走向多元化，一定要万分慎重

多元化战略又称多角化战略，是指企业同时经营两种以上基本经济用途不同的产品或服务的一种发展战略。但在实施多元化战略的过程中，企

25

业应该立足于自己的主营业务和核心业务。

世界 500 强企业中的绝大多数企业都会不止涉及一个业务方向，但他们都是依靠其强大的核心业务起家、发展，取得辉煌业绩，直至领导整个行业的。如沃尔玛连锁超市、通用汽车、英特尔芯片、微软操作系统等。立足核心业务进行发展，已经成为优秀企业持续领先的秘诀。

许多失败的企业案例说明，偏离核心业务进行大规模扩张往往难以取得成功。但是，很多企业管理者看不到这一点，在某一领域取得成功的他们认为同样能够在多元化道路上取得成功。

这一点，就连国内最知名的企业海尔集团也不例外。因为多元化陷阱同样出现在如此优秀的企业面前。

海尔起家于彩电、冰箱。在空调方面，它迅速取代春兰，成为该领域的龙头；它生产的洗衣机则迅速取代了小天鹅，成消费者的首选；冰柜也打入了行业前三名。在冰箱、空调、冰柜、洗衣机的拉动下，海尔快速发展为中国知名企业，海尔品牌成为亲和、值得信赖的品牌。

1995 年之后，海尔进入不同领域，海尔对外公开的产业包括：通信、药业、物流、生物工程、家居集成等，甚至还经营着餐饮业、旅游、烟酒糖茶等"小生意"。

作为海尔药业推出的针对亚健康的保健品，"采力"一直都没有取得真正意义上的成功。还有目前大多数已经关门的"海尔大嫂子面馆"连锁店都在证明海尔在这些领域是失败的。最让人没想到的是，海尔又涉足PC业务，事实证明这也是一次失败。与此同时，海尔手机的亏损以致不断降价，反而严重拖累了企业。

海尔在多元化上遭遇困局，最根本的原因就在于海尔是不折不扣的"第一"家电品牌，在飞速发展的步伐下，海尔没能有效地控制自己的品牌延伸的范围，不论在什么方面，都想理所当然地分一杯羹，导致自己的企业文化与核心竞争力发生冲突。

海尔的药品、电脑、软件等业务单元的研发平台及销售渠道无法与其原有的冰箱、空调共享，这样就会导致资源的利用率不高，效率低下。由此可见，专业化与多元化的战略选择，长期困扰着众多企业。

也许许多管理者会这样说，如果没有多元化战略转型，诺基亚可能永远只是一个纸浆公司，3M 也可能到现在还只是一个金属矿产品公司，GE 可能还始终守在家用电器行业。这些案例似乎表示，专业化与多元化，都能成就一个公司。但有一个不争的事实是，能够成功地进行多元化战略发展的企业寥寥无几，并且它们往往都为多元化发展做出了周全的准备。

企业如果想要走上多元化的发展道路，需要注意两件事：一是做好内功，搭建完美的管理平台。二是紧抓核心业务不放，多元化道路上最能够成就的一般都是核心业务，如若遭遇失败，最先恢复元气的也必定是核心业务。

当李东生选择了走多元化的道路之后，TCL 这个曾经是中国彩电业龙头的企业，就在大步地走下坡路。3 年的时间里，在花费了令人咋舌的 6 个亿作为前期投资之后，TCL 在信息产业上几乎"全军覆没"，很多项目更是血本无归。

以 TCL 为例，中国企业的多元化历程与一场血泪斑斑的征战差不多。多元化战略自有优势和缺憾，怎样趋利避害，将它的缺憾转化为优势是每一个实施多元化战略的企业所关心的问题。

无数的企业在多元化的道路上败下阵来，又有更多的企业斗志昂扬地奔上去。这时，失败者的经验告诉我们：多元化是有前提条件的。

1. 内在条件

（1）核心竞争力。

企业要实施多元化经营，一定要有核心竞争力。核心竞争力是企业多元化战略的基础与灵魂，是企业能否进行多元化经营的重要条件。评价企业是否有核心竞争力，主要看企业是否有核心的技术，是否有核心的管理能力。只要一个企业有了这两个方面的能力，就表明它已经在该行业具有了自己的核心竞争力，这就为企业实施多元化战略提供了战略基础。

（2）多元经营的行业相关性。

企业的竞争优势可以扩展到新领域，实现资源转移和共享，所以企业多元化经营的其他业务最好要与原有的业务有所关联，这样有助于在新行业站稳脚跟，成功的机会也较大些。

（3）足够的资金。

企业实施多元化经营战略是需要资金的，有时光靠自有资金是无法满足需要的。因此企业必须具有较稳定的资金来源，否则一旦多元化后，资金接济不上就会陷入财务危机。

2. 外部机会

在多元化之前一定要研究是否有市场需求，市场容量如何，市场成熟度如何，未来的发展前景怎么样等关键问题。

只有在正确评估内部条件和外部机会的基础上，紧密结合自身的核心竞争力，全面分析多元化经营的利弊，制订出详细的发展规划，企业的多元化之路才能成功。

管理者如果无视企业的自身资源条件和环境的变化，一味为了多元化而多元化，不但达不到目的，反而会给企业带来更大的风险。近年来多元化战略遭遇很多失败的例证，就证明了这个道理。

第三章

决策管理课：

学会做决策，但必须"摆脱具体事务的羁绊"

对于一个人来说，最重要的能力之一是做出判断、做出选择。如果大家研究过百度的成长过程，会发现百度在很多时候，是做了正确的决策，或者说我们是选择了比较正确的路子走过来的。

——李彦宏

指挥上的"独裁"：必须要抓的大权

管理学大师西蒙认为管理就是决策，决策是管理者的主要职责。北大管理理念认为，管理者在某些方面可以授权，但在某些方面则不宜授权，比如在决策权方面。李嘉诚就曾经这样给自己定位："我是杂牌军总司令，我拿机枪比不上机枪手，发射炮弹比不上炮手，但是总司令懂得指挥就行。"管理者就要做一个善于决策的"总指挥"。

一般而言，决策分为以下几种类型：

（1）个人决策和集体决策。个人决策是以个人决定的方式所做的决策，集体决策是集体所做的决策。在工作中，根据不同的情况，采取个人决策或集体决策的方式。尤其遇到一般性事项和问题时，则通常由管理者自行决策，不必事事依靠集体决策，以免延误行动时机。

（2）单项决策和多项决策。单项决策是就单个事项或目标做出决策，其情况（人、事、物）比较单纯。多项决策是涉及多个事项或目标的决策，内容繁多而复杂，涉及时间和空间等各个方面。

（3）常规决策和特殊决策。常规决策是指管理者对经常、反复出现的事情做出决策，这类事情具有一定的规律性，因此，可以利用例行的程序进行决策。而特殊决策则是非常规决策，指对偶然出现的事情做出决策。凡是过去没有出现过、涉及面广的事情和问题，如果没有可供决策遵循的程序，管理者就必须有能力鉴别出这些特殊的事情和问题，及时做出科学、正确的决策，顺利处理这些问题。

对常规性决策，管理者可以沿用惯例。但是对非常规性决策，管理者需要充分发挥创造性和高超的决策技术。对管理者而言，决策权是最重要的权力，必须牢牢把握。管理者可以将建议权赋予最了解事情的人，管理者要鼓励不同的人尽量多地给建议，并把想法通过各种渠道汇集上来。建立在汇集信息的基础上，管理者拥有最后的决策权。

虽然管理者了解的信息可能没有其他人员的直接，但掌握的信息量大，而且更全面。作为管理者，看问题的角度更专业，并且管理者是对全局负责的人，从这个角度来说，决策权作为管理者的"保留权力"，绝不能轻易下放给其他人。

百度这么多年来做出的决策几乎没有出现过重大的失误。从当年开始创业融资的时候怎么做，确定什么样的商业模式，遇到困难时是否转型做竞价排名，到2005年是上市还是把百度卖给别人，这些决策于百度而言是一个又一个的关键。李彦宏对百度在重大问题上的决策能力很有信心，这也是他多年决策积累的结果。

作为管理者，只要你的提议和决策是对的，并且自己拥有最终决策权，决策就可以坚决地贯彻下去。

决策从来不是由多数人来做出的；多数人的意见虽然要听，但做出决

30

策的，只能是管理者一人。当然，作为掌握决策大权的管理者，既要"厚德载物，以理服人"，也得做到"该出手时就出手"，当机立断，掌握大权。没有强势的姿态就做不成事情。

林肯作为一代优秀的美国总统，他上任后不久就将6个幕僚召集在一起开会，讨论其提出的一个重要法案。幕僚们的看法不统一，7个人激烈地争论起来。在最后决策的时候，6个幕僚一致反对林肯的意见，但林肯仍固执己见，他说："虽然只有我一个人赞成但我仍要宣布，这个法案通过了。"

很多人可能会被林肯的独断专行所迷惑，其实，林肯已经仔细地了解了其他6个人的看法并经过深思熟虑，认定自己的方案最为合理。

而其他6个人持反对意见，只是因为条件反射，有的人甚至在人云亦云，根本就没有认真考虑过这个方案。既然如此，林肯作为决策者，自然应该力排众议，坚持己见。

而管理者在具体决策的过程中，必须依据一定的原则进行决策，主要包括以下几个方面：

（1）评优方案，追逐目标。管理者要从各种方案中选出对于实现目标最适合的方案，必须预先评估审查各方案的满意程度。要选定最能实现目标的那个方案，不可偏离目标。

（2）统筹兼顾，适当安排。管理者要从全局出发权衡方案的利弊得失，要考虑到有利无害、有利有害和有害无利三种情况，并在具体分析三种情况中的利与害的对比、大小后做出取舍。在实施方案时，要有整体观念，做到局部利益与整体利益、长远利益的结合。

（3）不同类型，区别对待。按所处的条件不同，决策分竞争型、风险型、确定型和不确定型决策四种情况。管理者在决策过程中，需要一句不同的类型，区别对待。

需要注意的是，决策必然会有风险，有可能会产生不良后果。管理者对决策可能出现的不良后果，除应采取预防措施来消除外，还必须准备一定的应急措施，以备问题发生时能消除或减少影响。发生的可能性小也不意味着不发生，因此做好决策的预防和应急措施还是非常有必要的。

以下23条简明扼要的提示，提供关于如何做决策的重要信息：

（1）做出决策之前必须小心审视每一个方案。

（2）如果发现以前的决策仍旧有效，可以好好利用。

（3）做长期决策时，同时将短期选择铭记在心。

（4）改变那些不再适用的决策。

（5）考虑每一个决策会牵连到的影响，影响可能会很庞大。

（6）尝试预测以及准备应付任何情势上的改变。

（7）问一下自己，你的决策可能会发生什么错误。

（8）做决策时，要考虑所有可能的结果。

（9）用理性的逻辑分析去平衡直觉式的预感。

（10）评估你的决策能力，并且努力改进。

（11）尽量避免充满意外因素的决策。

（12）可以沿用有效的前例，但若已失效，则应避免使用。

（13）以良好的决策挑战公司的文化。

（14）要让别人知道你善于提出有效的，具有创意的且具有新意的想法。

（15）决策要结合智能与直觉。

（16）了解决策背后的权术。

（17）要衡量决策对所有部属的影响。

（18）不要对已指派的决策权紧抓不放。

（19）如果须驳回被委任者的决策，应该先给予充分的理由。

（20）信任他人的决策能力。

（21）永远不要在强大的时间压力下做决定。

（22）当决策失败时，要立即采取行动。

（23）不要拖延一个重要的决策，而应快速地下决定。

决策目标不明确，选择就会发生偏移，甚至也会出现南辕北辙的后果。

——北大管理理念

决策目标明确，行动就有针对性

管理工作中，管理者会面临各种各样的决策选择。唯有决策目标明确了，行动才会有针对性。

在决策之前，管理者要回答出下面几个问题：这个决策要实现什么？要达到什么目标？这个决策的最低目标是什么？执行这个决策需要哪些条件？

想清楚要得到什么结果，可以帮助我们果断地做出决策，钢铁大王安德鲁·卡内基给我们做了一个良好的示范。

钢铁大王安德鲁·卡内基年轻的时候，曾经在铁路公司做电报员。一天正好是他值班，突然收到了一封紧急电报，原来在附近的铁路上，有一列装满货物的火车出轨了，电报里要求上司通知所有要通过这条铁路的火车改变路线或者暂停运行，以免发生撞车事故。

因为是星期天，一连打了好几个电话，卡内基也找不到主管上司。眼看时间一分一秒地过去，而正有一趟列车驶向出事地点。此时，卡内基做了一个大胆的决定，他冒充上司给所有要经过这里的列车司机发出命令，让他们立即改变轨道。按照当时铁路公司的规定，电报员擅自冒用上级名义发报，唯一的处分就是立即开除。卡内基十分清楚这项规定，于是在发完命令后，就写了一封辞职信，放到了上司的办公桌上。

第二天，卡内基没有去上班，却接到了上司的电话。来到上司的办公室后，这位向来以严厉著称的上司当着卡内基的面将他的辞职信撕碎，微笑着对他说："由于我要调到公司的其他部门工作，我们已经决定由你担任这里的负责人。不为其他任何原因，只为你在正确的时机做了一个正确的选择。"

卡内基清楚地知道自己必须得到什么结果，那就是必须避免重大事故的发生。为此，他毫不犹豫地做出了决策，哪怕自己会因为这个选择而丢掉工作，他也不会对此有任何怨恨。

而很多人在选择面前犹豫、彷徨，正是因为自己对决策目标的不明确，一会儿想要这个目标，一会儿又想要那个。明确目标让我们避免了徘徊与游移不定，让管理者在决策过程中更加果断和更有针对性。

在管理过程中，很多决策是建立在没有明确目的的基础上的，这样的决策只会造成管理的混乱。优秀的管理者一定会在决策时首先考虑如何才能达到预期的目标。

"二战"时，美国作为盟国的军火生产基地，向欧洲同盟国运送了大量的武器。为了尽可能多、尽可能快地将武器运往西欧前线，便让商船加入了运载军火的行列。但是商船常常遭到德军的袭击，损失惨重。

为了让运送军火的商船突破德军飞机的封锁，免受德军飞机的攻击，美国海军指挥部决定在商船上安装高射炮。但是过了一段时间，却发现这些高射炮竟然没有击毁一架敌机。

在海军指挥部内部，有人对在商船上安装高射炮提出异议。针对这一问题，盟军海军运筹小组研究后发现，把在商船上安装高射炮这一决策的目标定为击毁敌机是不妥当的。这一决策的正确目标，应是尽量减少被击沉的商船数，从而保证军火供给。虽然安装在商船上的高射炮没有击毁一架敌机，但实践证明，它在减少商船损失、保证军火供给方面却是有效的。

基于这样的目标，美国海军指挥部最终否决了"不在商船上继续安装高射炮"的意见，继续在商船上安装高射炮。

明确的决策目标会给我们带来清晰的指引，正确的决策目标具有重要意义，而决策目标的不明确或失误有时会造成难以弥补的损失。

北大管理理念认为，决策目标要明确，这就要求决策目标应当有确定的内涵，切忌笼统，要求决策目标、概念必须清晰。具体到决策的过程，必须坚持的目标应具备以下两个特征：

1. 目标是具体而明确的

如"发展成为成功的企业"就不是具体明确的目标。可以把这个目标量化为：五年之内，要发展成为一个资产达 1000 万元、年销售额达到 1000 万元的公司。决策目标必须建立在明确具体的基础上。

2. 目标是可测量的

要把目标转化为可以被量化、测量的指标。如"完成对所有老员工关于'时间管理'的培训"就可以改为：完成对所有老员工关于"时间管理"的培训后，学员对课程的评分要在 85 分以上，低于 85 分就说明课程的效果不理想，没有达到目标。

发现机会是企业家从事经营活动的出发点，企业家的组织职能和创新职能都是以发现机会为前提的。

——张维迎

没有充分的调查，就没有正确的决策

北大管理理念认为，做任何决策前都应该进行科学的市场调查，充分了解信息。如果管理者不深入进行市场调查，而只是凭经验、凭感觉进行决策，在这种情况下所做的决策往往容易导致企业经营失败。

正所谓"没有调查就没有发言权"。在决策前，应针对某一产品或服务的消费者，以及市场营运的各阶段进行调查，有目的、系统地搜集、记录、分析及整合相关资料，了解市场的现状及其发展趋势，为市场预测和营销决策提供客观的、正确的资料。

做好市场考察，才能有的放矢、正确决策，台湾顶新集团就是这样发展起来的。

20 世纪 80 年代，台湾商人魏应行开始在大陆投资，但由于缺乏对大陆市场的了解，投资的几个项目均没有获得成功。就在他意欲退回台湾时，事情发生了转机。

有一次，魏应行乘火车外出办事，因为不习惯吃火车上的盒饭，便带上了方便面。没想到当时在台湾非常普通的方便面，却引起了同车旅客极大的兴趣，魏应行马上将面分给了他们。他们吃着热腾腾的面，直夸好吃，而且既方便又实惠。这种情景无疑给了魏应行某方面的灵感。

这件小事对魏应行有了不小的刺激，他既自责，又庆幸。自责的是自己没有对大陆市场进行彻底的调研，没有抓准大陆市场的真正缺口和需要，只一味地的想当然，最终白白地把精力和物力浪费在一些无关紧要的投资项目上。另一方面，他庆幸的是，自己在一些细节性的问题上的细心，最终使自己找到了在大陆开拓市场的希望，那就是在大陆投资方便面。

此后，魏应行派人对整个大陆市场做了细致的调查，从各个地区的人口到他们的饮食习惯，再到他们的饮食规律。建立在充分调研的基础上，他决定上马方便面项目，并将产品定名为"康师傅"。

功夫不负有心人，经过多年的发展，如今，康师傅已经成为中国内地方便面市场上的领导品牌。

凭借着对大陆市场的细致调研，魏应行在方便面上发现了商机，并最终决策上马方便面项目，可谓走在了同类竞争者的前头。企业的经营者除了要时时保持商业的敏感外，还要对市场进行充分调研，用一双慧眼和一颗智慧的头脑，才能做出科学的决策。

有时依据市场调研做出的经营决策往往并未如预期所料般，这个时候需要思考市场调研的方式方法是否科学。

十几年前，上海的一家企业决定上马新型电器橱具。他们首先购买了50台家用微波炉和电磁炉，然后在一个机电展销会上进行试销。结果全部产品在3天内销售完毕。考虑到展销会的顾客缺乏代表性，于是他们又购买了100台各种款式的微波炉和电磁炉，决定在上海南东路的两个商店进行试销，并且提前3天在《解放日报》和《文汇报》上登了广告。结果半夜就有人排队待购。半天时间全部产品都销售出去了。

该企业的厂长让企业内的有关部门做一个市场调查。据该部门的负责人说，他们走访了近万户居民。对汇报上来的数据进行统计发现，有80%的居民有购买电磁炉和微波炉的要求。这说明老百姓对电磁炉和微波炉的需求量应该是很大的。如果附近江苏、浙江等省份，对微波炉和电磁炉的需求量将是一个非常令人惊喜的数字。于是，他们下决心引进新型的生产线，立即上马进行生产。

可是，当生产线继续投产的时候，该厂的产品已经滞销，企业全面亏损。厂长亲自到已经访问过的居民家中核对调查情况，结果是他们后来都没有购买。问其原因，居民的回答各种各样。

最后，微波炉和电磁炉生产线只好停产。

这个案例中的企业，市场调查表面比较充分，实际上不够深入，调查应该设置相关的涉及购买动机、承受能力、使用习惯、目标消费群体等的分类，其市场调查和试销都只从结果——"销售情况"来分析问题，太过于粗犷。对市场容量没有进行实际的调查，而只是凭借自己的想象来下结论，导致盲目扩大产量，产生滞销。

市场调查是做出正确决策的前奏，是制订决策的基础，可供参考的调查方法主要有两种：一是委托专门的市场调查公司，二是由自己一手操办。但总体来说，调查需要遵循以下步骤：

1. 确定明确的市场调查目标

市场调查为管理者的经营决策提供科学可靠的依据。这就要求管理者首先要明确："我为什么要做市场调查？我要了解哪些情况？我要解决哪些问题？"不少管理者由于目标模糊，对市场调查的设想显得杂乱无章。这就要求管理者必须对症下药，在进行正式的市场调查之前，要先通过网络、各类报刊、统计部门、行业协会公布信息等的方式，有效地搜集整理相关的二手资料。这样就能够在明确目标的指导下，为市场调查做足准备工作，而在具体调查中，消费者也乐于配合，管理者的市场调查设想也显得井然有序。

2. 设计具体的调查方案

管理者在制订明确的市场调查目标后，接下来的一个步骤就是为实现这一目标设计一个具体的方案。一个切实可行的市场调查方案一般包括以下几个方面的内容：

（1）调查要求与目的。这是每次市场调查最基本也是最为关键的问题。不管准备从事哪一种项目，都应该将需要了解的相关信息具体落实到方案上。

（2）调查对象。通常情况下，市场调查的对象一般为消费者、零售商、批发商。

（3）调查内容。管理者可以根据市场调查的目的来拟定明确的调查内容。调查内容要求条理清晰、简洁明了；避免主次不分，内容烦琐。

（4）调查样本。

（5）调查的地区范围。

（6）样本的抽取。

（7）资料的搜集和整理方法。

企业在做决策前要做市场调查，科学的市场调查是决策成功的关键，不少企业因为一个错误的调查结果而导致错误的决策，最终导致全盘皆输。希望更多的管理者能够认识到市场调查对决策的重要性，认识到科学的市场调查是科学决策的好帮手，真正重视市场调查。

一个有活力与创造力的组织，一定会鼓励一线员工坚持自己的观点并敢于直接表达——即便这样可能有悖于某些上级或权威的观点。只有这样才能让每个人的专业性与责任感真正发挥出来，避免企业犯经验主义的错误。

——李彦宏

兼听则明，引导员工积极参与决策

通常情况下，管理者的决策过程往往是几个人参与的，员工在某项决策出台之前是毫不知情的。这样，就导致有些员工不理解决策的含义，由此造成很多员工不知道自己该做些什么，更谈不上是不是努力地去做了。

北大管理理念鼓励管理者积极引导员工参与决策，为企业决策出谋划策。

古人云："兼听则明，偏听则暗。"管理者要主动听取下属的意见，这样才能全面客观地了解事物，做出正确的决策。

战国时期，秦王嬴政执掌大权后，下了一道逐客令：凡是从其他国家来秦国的人都不准居住在咸阳，在秦国做官任职的别国人，一律就地免职，3 天之内离境。李斯是当时朝中的客卿，来自楚国，也在被逐之列。他认为秦始皇此举实在不可取，因此上书进言，详陈利弊。

他说，从前秦穆公实行开明政策，广纳天下贤才，从西边戎族请来了由余，从东边宛地请来了百里奚，让他们为秦的大业出谋划策；而当时秦国的重臣蹇叔来自宋国，丕豹和公孙枝则来自晋国。这些人都来自于异地，都为秦国的强大做出了巨大贡献，助秦国收复了 20 多个小国，而秦穆公并未因他们是异地人而拒之门外。

李斯认为，秦始皇的逐客令实在是不可取的，把各方贤能的人都赶出秦国就是为自己的敌国推荐人才，帮助他们扩张实力，而自己的实力却被削弱，这样不仅统一中国无望，就连保住秦国不亡也是一件难事。李斯之言使得秦始皇如醍醐灌顶，恍然大悟，急忙下令收回逐客令。正因为秦始皇听取了李斯的建议，不仅留住了原有的人才，而且吸引了其他国家的人才来投奔秦国。秦国的实力逐渐增强，10 年之后，秦始皇终于完成统一大业。

对管理者而言，决策建立在丰富的信息基础上，需要对企业经营中的不同情况进行有效判断，但是任何决策者都不可能掌握全部的信息和资源，所以决策者必须重视别人的意见，尤其是员工的意见。

从管理角度来说，决策者全面听取各方意见，尤其是听取下属的反面意见，可以团结有不同意见的下属，也能赢得下属的尊重和信任，提高组织的凝聚力。

尽管某些意见不能被采纳，但至少可以作为决策的参考，即使是那些反对的意见，也可以提醒决策者需要规避决策中的风险。

20 世纪 80 年代初，巴西有个小伙子里卡多·塞姆勒，大学毕业后就进入父亲的机械公司工作。

老塞姆勒希望儿子能接手自己的生意，可是企业每年的销售额却始终停留在几百万美元。塞姆勒上班后，他发现从中国和英国进口的茶叶开始在巴西流行，老塞姆勒觉得既然茶叶流行起来了，制茶机肯定会有市场，于是决定大批量生产制茶机。可是塞姆勒却说："父亲，我们能不能先征求一下员工的意见再生产？"

老塞姆勒不屑地说："员工们难道比我更会做生意吗？做生意就是讲究一个快字，哪有时间和他们商量，谁能抢得先机，谁就是胜利者！"这项决策最终由老塞姆勒拍板。

企业的制茶机生产线全面铺开，然而让老塞姆勒没有想到的是，半年过去了，这些机器却还压在仓库里。他们的投资遭遇了失败。

一天，塞姆勒在车间巡视时，听到两个员工的谈话。一个说："我们根本就不适合生产制茶机！"另一个说："气候条件注定巴西只适合种植咖啡和大豆，茶叶虽然在巴西流行起来了，但巴西本国却无法种植出优质的茶叶来，没人种植，当然就不会有人购买制茶机了！"

塞姆勒无意间听到的这个谈话，却给了他启发。他认为，"智者千虑，必有一失"。所以，一家公司真正的CEO应该是每一位员工，只有尊重每一位员工的意见，才能做出更加明智的决策！

后来，父亲老塞姆勒把公司交给了只有23岁的塞姆勒。塞姆勒接管公司后，首先在办公室门口挂了一只意见箱，员工对公司有何建议，都可以写好后放进意见箱。每次做决策，塞姆勒都要开会讨论，而且还要把结果公布出来，让所有员工都参与，只有大家同意之后才能实施。

因为员工们能参与决策，使得员工们的工作积极性不断提高，不到5年的时间，公司的销售额已增长到1.6亿美元，成为巴西增长速度最快的公司之一！

这家公司就是巴西最大的货船及食品加工设备制造商"塞氏公司"。日前，里卡多·塞姆勒让员工参与决策的管理经验，已经被全球76家商学院作为教学课程进行推广和传授。

很多优秀的企业都积极鼓励员工参与企业的决策，因为一方面这能集中员工的智慧，另一方面也能激发员工参与企业管理的热情。

决策者要重视别人的意见，积极引导员工参与决策，使管理者处于决策的主动地位，以提高决策的效果。

管理者在制订决策时，理应做好相应的沟通工作，并善于运用决策艺术。

——北大管理理念

做好决策沟通，掌握决策的艺术

美国著名管理学家赫伯特·西蒙说过："决策是管理的心脏，管理是由一系列决策组成的，管理就是决策。"决策是管理的关键，那么正确的决策来自哪里？世界上不少知名的企业家都给出了同一个答案：沟通。

杰克·韦尔奇曾经提到："管理就是沟通、沟通、再沟通。"松下幸之助也认为："企业管理的过去是沟通，现在是沟通，未来还是沟通。"

在某一决策确定的过程中，管理者与成员之间产生意见分歧是正常的现象，各人的立场、观点不同，看法自然也会不同。而意见分歧正是决策得以执行的重要阻碍，只有处理好分歧才能使决策得以顺利推行。

管理者在决策过程中，往往会出现如下几种情况：

1. 发布命令，简单决策法

管理者有了完整的问题解决方案，于是就直接下达命令，让下属直接执行。这样决策的优势是简便不啰唆。虽然领导享用了充分的决策权和发布命令权，但下属在执行此命令时只是为了完成任务。这种方法一般适用于军事领域，但用在企业中效果就会大打折扣，因为这种决策没有完全满足下属的心理需要。

2. 与属下争锋，挫伤下属的积极性

有些领导看到下属的意见和自己的意见完全一致时，只简单地说"你和我的想法一致"；如果发现下属的方案和自己的方案有不一样的地方，会抓住下属方案中的不妥之处，先批评一通，再否定下属的方案，然后提出自己的看法，并命令下属照此执行；如果发现下属的方案中有很多错误之处或不完善之处，就会大为恼火地毫不客气地批评下属，驳得下属体无完肤之后，再让下属执行自己的命令。下属在决策的过程中，不能参与其间，这往往会挫伤其工作的积极性。

3. 耍小聪明，打击下属的积极性

有些管理者自己一时没有多少智慧妙计，但做决策时又不承认现实，往往采取耍小聪明的做法，愚弄下属。他先不说自己没主见，而是以试探的口吻命令式地让下属谈谈对此问题的看法。下属谈完后，自认为下属的方案可行，便脱口而出："我两年前就是这样想的。"于是下属就会想："两年前你都这样想的，干吗还问我呢，谁知道你两年前想过没有？"这样的管理者必然不能在员工面前树立起威信。

4. 不负责任，决策权随意下放

决策权力下放不是不可以，而是要区分什么权力可以下放，什么权力不能下放。有的管理者因自己一时没主见，时间又很紧急，于是不管事情大小及重要程度，往往随口说出"你看着办吧"。作为管理者，应该有能力区分哪些决策权是不能下放给下属的。

管理者应该巧用决策，与下属做好决策沟通，运用决策艺术，充分调动下属的积极性，这样才能推进决策的完美执行。

管理者应该经常和下属沟通。有些管理者往往居高临下，认为大小决策由自己制订就可以了，而很少和下属谈心。久而久之，由于缺乏和下属们的思想交流，既影响了下属员工的积极性，又容易引起管理者在工作中的决策失误。

管理者和下属员工经常开展沟通，对决策有3点好处：

（1）通过经常开展谈心活动，及时了解、掌握员工的思想动态及他们的真实情况，团队中存在的一些不好的苗头也可以及时发现，从员工的话语中了解自己团队管理质量的好与坏，如此容易和员工拉近距离，员工也愿意听从管理者的管理，对管理者的决策也更容易接受。

（2）经常和员工开展谈心活动，有利于管理者掌握员工的真实情况，防止管理者个人的决策失误。任何一个管理者，个人的能力、管理水平都是有限的，广泛接触员工，经常开展谈心活动，可以在学习、思想交流当中汲取营养，管理者真心实意地听取员工们的意见，员工们也会谈出自己的真实意见和心声，信息就会不断地从员工当中提出来，变成管理者自己的力量和智慧，为提高管理水平提供可靠的决策信息。

（3）经常开展谈心活动有助于调动团队成员的工作积极性。管理决策最终需要下属共同来完成，经常和下属开展谈心活动，就可以调动广大员工的工作积极性，充分发挥每个人的工作特长，发挥出集体的力量。管理顺了，那么管理者的决策就能顺利施行。

掌握正确的决策沟通艺术尤为重要。在实际的操作中，有的领导虽然自己有了完整且完善的方案，但放在自己的心里不说，而问计于下属，当认真听取下属陈述完解决问题的方案后，会根据下属的方案与自己的方案的差异程度采取不同的处理方法。

（1）下属拿出的方案和自己的方案一致，会以欣赏的心态和语气说："这主意好！就照你的建议办。"领导在表扬下属的过程中完成了自己的决策。下属感到是在执行自己的方案，自己不仅是直接的操作者，而且也是设计者，在此种状况下执行任务，其结果肯定是出色的、漂亮的，令人满意的。

（2）下属的方案和自己的方案大致一致，但是有一些不妥之处，领导会肯定地说："你的意见很好，照此做就行了，但有一点需要注意。"于是领导就把自己的意见以商讨的口气提出来，下属会很容易理解，并按修改后的方案执行。这样做的效果也会很好，下属一般也会积极完成任务。

（3）下属的方案有明显的不可行性，领导也会说："你看这样行不行？"双方通过平等友好的协商过程，产生新的可行方案。

（4）领导没有方案时，会主动礼贤下士，广泛收集意见，走民主集中道路，从而做出正确决策。

第四章

人才招聘课：

用三分之一的时间找人，找最优秀的人，找最适合的人

留住人才，是公司成功的标志。

——翟鸿燊

求贤纳才——把自己当成超级天才的侦探

优秀的管理者都把相当大的精力投到寻觅良才上。"贤主劳于求贤，而逸于治事"这一原理出自《吕氏春秋》。其意思是说，贤明的管理者把精力放在求贤用人上，而在管理具体事务上则采取超然的态度。

李彦宏说："从百度诞生的第一天起，我们就非常重视人才。可以说在百度的发展过程当中，我本人花了三分之一左右的时间来寻找、发现、培养人才。"

人才是企业发展的第一利器，管理者重用一个人才就有可能搞活一个企业。将企业的选人放在第一位，"选对人"比"做对事"更为重要。李彦宏就是舍得在招聘上花费精力的人。

1999 年底，身在北大的刘建国收到一封邮件，一时间他陷入纠结当中。这是一封邀约信，一个名叫李彦宏的人邀请他一起创业。虽然未曾谋

面，但刘建国对李彦宏还是有所耳闻：他是当今搜索引擎领域排得上名号的人物，几年前就在美国获得了一项搜索领域的专利，如今从美国回来，志在研发中文搜索引擎，以搜索技术影响并改变世界。

其实早在一年前的夏天，刘建国就曾接到过李彦宏的另一个邀请。当时李彦宏在清华大学举行一场搜索引擎方面的讲座，作为国内第一个基于网页索引搜索的搜索引擎系统天网的开发者，刘建国被邀请参加。后来，因故未出席那次讲座，自己便错过了与李彦宏面对面交流的机会。刘建国没想到这次李彦宏又找上门来。

当时，年仅35岁的刘建国在北大已经被评为副教授，而且是当时北大级别最高的副教授。他并没有马上给李彦宏答复，只是就一些搜索技术上的问题与他在邮件上展开探讨。一来二去，刘建国发现李彦宏在搜索领域的地位名副其实，他也发现自己和李彦宏真是志同道合的一类人。

李彦宏邀请刘建国加入他的团队，并非无的放矢。他早就了解到国内搜索技术第一人非刘建国莫属，他主持开发了国内第一个大规模中英文搜索引擎系统"天网"，主持开发了第一个面向消息的中间件产品"银燕"同时在北大带领着一支研发队伍。李彦宏心里盘算着，说服了刘建国，就能带动和吸引更多的技术人才来到百度。

2000年初，房子、车子、地位样样齐备的刘建国，在家人的反对声和同事的质疑声中离开了北大校园，来到了位于北大附近的资源宾馆14楼的百度办公室，开始了他的新征程。

管理者以诚心求贤纳才，必然会为企业选聘到优秀的人才。企业成功的关键在于管理者是否能够从根本上去重视人才，是否能够主动将求贤纳才作为头等大事来抓。

微软公司总裁比尔·盖茨认为，一个企业家寻找到一个合适的人才，比他的财产增长更能够让他激动。他这样说道："这个世界上无论哪个角落，只要有哪个人才被我发现，我会不惜任何代价，将其请到我身边来。"惠普公司前老总戴维·帕卡德也十分重视人才的选用工作，他认为，优秀人才是公司最为重要的资产，一家公司要想持续健康地发展，必须要下重力气选人才。

作为现代企业的优秀的管理者，必定是抱有求贤若渴的姿态的，必定是怀有广纳贤才的决心的。但求贤才未必非要等人才自己上门，不妨走近人才，邀请人才加盟。

美国著名的西华公司（原名萨耶·卢贝克公司）的创始人理查德·萨耶是做小本生意起家的，他的事业发展到后来那么兴旺，连他自己都感到吃惊。他的成功之处在于他善于发现人才和使用人才。

萨耶最初的时候在明尼苏达州一条铁路做货物运输代理业务。做这种业务，有一件令人头痛的事情，那就是有时收货人嫌货物不好而拒收，如此收不到货款不说，还倒赔运费。萨耶是一个善于动脑筋的人，没多久，他就想到了邮寄这种方式。出乎意料的是，这一方式竟然非常成功，于是同行都纷纷仿效，大有超越他这个创始人的势头。萨耶意识到必须扩大规模，但扩大规模就得有人手，去哪里找这样的人呢？

在一个月光皎洁的夜晚，他碰到了迷路的卢贝克。两人一见如故，一席话竟然谈了个通宵。卢贝克非常欣赏萨耶的经营思路，萨耶万分激动，盛情邀请卢贝克加盟，两人一拍即合，"萨耶·卢贝克公司"就在那个夜晚诞生了。

两个人搭档使生意突飞猛进，他们开辟了多种经营，突破了运输代理范围。他们的生意越做越大，却发现自己已无力管理好公司，因此就想找个人帮他们管理。但是过了好长一段时间他们都没找到合适的人。

突然有一天，萨耶下班回到家时看到桌子上放着一块妻子新买的布料。"你要的布料，我们店里多得很，你干吗还花钱去买别人的呢？"他有点不高兴，因为他经营的小店确实有很多同样的布料。

"这种布料的花式很特别，流行！"妻子说。

"就这种布料，也能流行起来？它不是去年上市的吗？一直都不好卖，我们店里还压着很多。"

"卖布的这么说的，"妻子说，"今年的游园会上，这种花式将会流行。瑞尔夫人和泰姬夫人到时会穿这种花式的衣服出场。这可是秘密哦，你不要告诉其他人。"

萨耶感到有些好笑，所谓流行，不过是卖布的骗人的谎言罢了，抬出当地的两位贵妇人，也不过是促销罢了，想不到他这样精明的商人，竟有这么一个轻易上当的妻子。

到了游园会开幕那一天，果然如妻子所言，当地最有名望的两位贵妇瑞尔夫人和泰姬夫人都穿上了那种花式的衣服，其次是他妻子和其他极少的几个女人也穿了，那天，他的妻子出尽了风头。更奇特的是，在游园会上，每一个女人都收到一张宣传单：瑞尔夫人和泰姬夫人所穿的新衣料，本店有售。这哪是什么新衣料啊？但萨耶突然开窍了：这一切，都是那个卖布的商人安排的！手段可不同凡响啊！

第二天，萨耶和卢贝克带着妻子的宣传单，到那家店去，想看一下那个商人到底是谁。在看到该店挤得水泄不通的人群之后，萨耶和卢贝克一下子对那个商人佩服得五体投地。但当他们见到那个商人时，却不禁哑然失笑：那个商人竟然是他们的老熟人路华德——经常和他们做生意的人。

寒暄之后，萨耶和卢贝克开门见山："我们想请你去做我们公司的总经理。""请我？做总经理？"路华德简直不敢相信这个事实，因为萨耶和卢贝克的生意在当地做得太好了。路华德要求给他三天时间考虑，因为他自己正做着生意，面临着选择。

"当然可以，"萨耶说，"不过，这三天内，你得保证不到其他公司工作啊。"

"那是肯定的，"路华德笑了，"我还没有那么俏，不会有人找我的。"

事实上，萨耶的担心一点也不多余，因为他们刚刚离开后，就有两家化妆品公司登门邀请路华德加盟。路华德也是一个守信之人，因为萨耶有言在先，他拒绝了那两家化妆品公司。

出身于市井小店的路华德对萨耶和卢贝克深怀感恩之情，工作十分投入，很快就做出了卓越的成绩。他和萨耶、卢贝克一起奋力拼搏，公司业务蒸蒸日上，10年时间，公司营业额增长了600多倍。后来，公司更名为西华公司。如今的西华公司有30多万员工，主营零售业，每年营业额高达70亿美元。这个营业额，在美国零售业中，属于一流成绩了。

管理者要想招贤纳士、吸引人才，首先要有求贤若渴的态度。技能、知识很容易被教会，而才干则不容易被教会。作为企业的管理者，要想成就大事，就必须找有才干的人为己所用，让自己成为求贤纳才的现代伯乐。

人才是企业最为宝贵的竞争力之一，企业管理者为寻觅符合企业发展的超级人才，应该花费必要的精力。刘备三顾茅庐，才能请到诸葛亮，为蜀汉的建立奠定人才基础。管理者为求贤才，也必须至诚至真，这样才有可能寻觅到最合适的人才。

选聘人才是管理者的重要工作，识人的水平高低，往往直接决定其工作成效的好坏。

——北大管理理念

通过面试识人，让你招到精英

"知人者智，自知者明。"这句古训高度概括了识人的重要性。对于管理者而言，管理工作的起点本质上是人而非事，因为任何管理活动，最终都会归结到人身上。

对于管理者而言，用人的前提是识人，必须练就慧眼识人的本领。

李鸿章推荐三个人去见曾国藩，碰巧曾国藩出去散步，这三人在门口等候。

曾国藩回来的时候，一眼就看到门口有三个人，但他并未动声色。李鸿章问老师对此三人的评价，曾国藩回答道："左侧之人可用，但只可小用；右侧之人万万不可用；中间之人可用，且可大用。"他继续解释说：

"左侧这个人，我看他一眼，他也看我一眼，我再看他一眼，他就把眼皮顺了下来，不敢再与我对眼神了。这说明他心地比较善良，但是气魄不够，所以可用，但只可小用。右侧这个人，在我看他的时候，他不敢看我，当我不看他的时候，他又偷偷地看我，很明显这个人心术不正，所以万万不可用。然而，中间这个人，我看他一眼，他也看我一眼，我上上下下扫他一眼，他又堂堂正正地打量了我一番。说明此人心胸坦荡，气魄宽广，可用，而且可以大用。"此时，李鸿章幡然领悟。

中间这个人就是被李鸿章重用并成为台湾第一任巡抚的刘铭传。

曾国藩没有通过应聘者的衣着、学识来鉴别来人是否是人才，而是通过应聘者面对突发状况的反应就一眼看穿了应聘者的内在素质。

应该说，集体面试然后选聘人才是一个有效的方法。几个面试人员，一般包括与职位相关的几个管理者，首先向应聘者提出一系列自己认为重要的问题，然后再结合应聘者的学历、工作经验、谈吐和感觉形成各人的判断，最后汇总意见加以讨论，确定最终入选者。这种方法，就是一种有效的面试方法。

可以说，面试是人才招聘过程中极其重要的一环，优秀的企业通过面试，就能为企业选择最优秀的人才。

在一次招聘会上，北京某外企人事经理说，他们本想招一个有丰富工作经验的资深会计人员，结果却破例招了一位刚毕业的女大学生，让他们改变主意的起因只是一个小小的细节：这个学生当场拿出了两块钱。

人事经理说，当时，女大学生因为没有工作经验，在面试一关即遭到了拒绝，但她并没有气馁，一再坚持。她对主考官说："请再给我一次机会，让我参加完笔试。"主考官拗不过她，就答应了她的请求。结果，她通过了笔试，由人事经理亲自复试。

人事经理对她颇有好感，因她的笔试成绩最好，不过，女孩的话让经理有些失望。她说自己没工作过，唯一的经验是在学校掌管过学生会财务。找一个没有工作经验的人做财务会计不是他们的预期，经理决定收兵："今天就到这里，如有消息我会打电话通知你。"女孩从座位上站起来，向经理点点头，从口袋里掏出两块钱并用双手递给经理："不管是否被录取，请都给我打个电话。"

经理从未见过这种情况，问："你怎么知道我不给没有录用的人打电话？""您刚才说有消息就打，那言下之意就是没录取就不打了。"

经理对这个女孩产生了浓厚的兴趣，问："如果你没被录取，我打电话，你想知道些什么呢？""请告诉我，在什么地方我不能达到你们的要求，在哪方面不够好，我好改进。""那两块钱……"女孩微笑道："给没有被录用的人打电话不属于公司的正常开支，所以应该由我付电话费，请您一定打。"经理笑了，说："请你把两块钱收回，我不会打电话了，我现在就通知你：你被录用了。"

有人问："仅凭两块钱就招了一个没有经验的人，是不是太感情用事了？"经理说："不是。这些面试细节反映了她作为财务人员具有良好的素质和人品，人品和素质有时比资历和经验更为重要。第一，她一开始便被拒绝，但一再争取，说明她有坚毅的品格。财务是十分繁杂的工作，没有足够的耐心和毅力是不可能做好的；第二，她能坦言自己没有工作经验，显示了一种诚信，这对搞财务工作尤为重要；第三，即使不被录取，也希望得到别人的评价，说明她会反省，她可以不把每项工作都做得很完美，我们接受失误，却不能接受员工自满不前；第四，女孩自掏电话费，反映出她公私分明的良好品德，这更是财务工作不可或缺的。"

在招聘的过程中如果识人不慧，糟糕的结果是什么？把本来合适的应聘者放走了。那比这个更糟糕的结果是什么？是把能力不合适的求职者选进了公司。我们综合了知名企业的种种，给出以下几种非传统面试方式，供企业管理者们参考：

1. 不考即考

没有言明或没有任何迹象表明是在考试，但考试早已开始。

"大家都别走啊，等会我们一起吃个饭，增进一下了解。"小林和其他

4位考生一起参加了某协会秘书岗位的求职面试。正当所有人准备离开时，招聘者忽然发出了饭局邀请。

饭局开始，大家依次入座。菜不错，单位领导很热情，5位学生望着偌大的包厢，有些不知所措，只有一位叫小林的学生，举止较为得体。

饭后，招聘单位负责人告诉5名应聘者，刚才设下的饭局，也是面试的一部分，惊讶很快写在每个人的脸上。招聘负责人表示，小林被录取了。

该单位一名金姓女负责人说，其实通过第一轮面试，了解了五位考生大致情况后，发现他们的水平不相上下。当时恰好临近晚饭时间，于是有了通过饭局进一步考察考生的想法。没想到通过这样的方法，找到了需要的人。

2. 即兴发言

管理者给应试者一个题目，并向应试者提供有关的背景材料，让应试者稍做准备后按题目要求进行发言。

即兴发言的主题可以随机设定：可以是公司面临产品销售的暂时困难时，向全体员工做的一次动员，要求大家齐心协力共渡难关；可以是就新产品的推出，做的一次新闻发布会上的发言；也可以是在新年职工联欢会上发表的祝词；等。

通过即兴发言，可以测试应试者的快速反应能力、理解能力、思维的逻辑性及发散性、语言表达能力与风度举止等。

3. 现场分析

给予应试者某一问题的相关资料，要求他对这一问题做出全面分析。应试者可以通过向考官提一些问题，从而获得更多的信息。现场分析能有效考核应试者的综合能力水平。

4. 编组讨论

将应试者编成一个或几个不同的小组，每组的人数大致相等，考官要求应聘者讨论某些有争议的问题或实际经营中存在的某种困难，最后要求应聘者将讨论形成的一致意见，以书面形式汇报。

考官坐在一边，观察整个讨论过程，倾听讨论发言，然后根据每一个应试者的表现，重点从以下几个方面进行考核：领导欲望、主动性、说服能力、口头表达能力、抗压能力等。

5. 随意聊天

虽然聊天也是一问一答，但在轻松的氛围中聊到的内容更宽、更广，也更能让应聘者展现更真实的自我，从而使管理者从中得到最全面的判断。

随便聊天测试，最大的特点就是看上去很随和，应试者几乎感觉不到是在面试，而像是在话家常。这种方式的最大优点是从面试过程中识别更为真实的应聘者。

在新东方，很多只有高中学历的人成功地站在了 GRE 的讲台上。

——俞敏洪

学历与能力：天平该向哪边倾斜

哈佛大学教授迈克尔·斯宾塞获得了 2001 年度的诺贝尔经济学奖，当斯宾塞在哈佛大学读博士的时候，他观察到一个很有意思的现象：

很多 MBA 的学生在进哈佛之前很普通，但经过几年哈佛的教育再出去，就能比教授多挣几倍甚至几十倍的钱。这使人禁不住要问为什么，哈佛的教育难道真有这么厉害吗？

斯宾塞研究的结果是：学历具有相当重要的作用。一般来说，企业管理者都会认为，名牌大学也可能出现次品，但这样的概率相对来说要低得多。而且，一个名牌大学的建立，是其多年有效信息、费用累计的结果，没有人愿意轻易地毁掉自己的信誉，所以，学历往往成为招聘人才的一个基本判断标准。由此也会做出一个基本判断：学历更高的下属能力也更强。

北大管理理念认为，学历并不代表能力，学历只是重要的参考。很多成功人士的经历也表明，学历不一定是衡量的唯一手段，他们学历并不高，但能力很强。古今中外的很多优秀的人才，他们并没有高学历，却做出了杰出的贡献。瓦特，原是一个仪表修理工，发明、改良了蒸汽机而开辟了"蒸汽动力时代"；法拉第，是一家书籍装订厂的订书匠，创立了电磁理论而开辟了"电气时代"；莫兹利原是一个铁匠，发明了车床而开辟了用机器生产机器的"机械文明时代"；富尔顿，年轻时是一家珠宝商店的学徒，发明了蒸汽轮船；爱迪生是列车上的一个报童，一生做出了1000多项发明。

西门子中国有限公司人力资源经理说："我经常对身边的人形象地比喻，如果解决知识的问题，需要两三个月；解决经验的问题，就需要两三年；而解决能力的问题，则需要二三十年。能力不行，再有知识也没有用。况且当今社会知识更新非常快，如果不具备学习能力，你有再多的知识也会很快落伍的。"

如果管理者只重视学历，把学历作为招聘人才的主要标准，那给部门、给企业的发展带来的危害是极大的。这种错误的选人、用人观，会把一些真正需要的有能力的人才拒之门外，看起来他们是在选才，实则是在拒才。

李彦宏也说："百度是一家讲究实际的公司，它不看你的学历，不看你的背景，不看你的年龄，主要还是看你的能力，如果你能够胜任这份工作的话，不管你是刚毕业的学生，还是已经有很好的社会地位的人，我们都是一视同仁的。"

在选人、用人时，优秀的管理者不仅注重学历，还更加注重对对方能力的考核。

在日本，有一本叫《学历无用》的畅销书，这是索尼公司的创始人盛田昭夫在总结自己的管理经验时所写的书。书中明确提出要把索尼的人事档案全部烧毁，以便在公司里杜绝学历上的任何歧视。在索尼公司 1.7 万名雇员中，科技人员有 3500 多人，但是有相当部分的人并不是"科班出身"。在工作中，大家不论学历高低，只比能力大小，从而使得技术和质量位列"世界第一"的新产品不断问世，且畅销世界。

为什么盛田昭夫说学历无用呢？他解释说："学历，与其说是一种客观评价的标准，倒不如说是一种偷懒的手段，所谓学历标准只不过是管理者避免花力气评价员工的一种借口而已。"

日本欧姆龙公司在招聘人才时，会将所有应聘者的毕业学校以及其他身份标识隐去，其目的是避免对人才的成见和偏见。

学历只是对一个人学习情况的一个总结，而能力才是真正能让人出类拔萃的东西。作为一个管理者，不以学历为唯一的参考标准，甄别应聘者的真实能力，大胆任用能力高的人，才能真正为企业招到最优秀的人才。

很多管理者在招聘时，还倾向于学历，把本科以上学历作为门槛。考虑到人才招聘的成本，设定一定的门槛无可厚非，但也在无形中挡住了一部分真正优秀的人才。有些管理者将人才与名校的硕士、博士画上了等号，而没有真正关注从业者本身的能力与素质。事实上，即便是名校的硕士、博士，其应用能力也未必会得到企业的认可。

有一位企业家说："有用即是人才！"很多民营公司没有遵从"唯学历论"，他们认为，人才的学历重要，但更重要的是有一技之长，能够独立开展工作，有创新精神，爱岗敬业，脚踏实地地工作。不管他的学历有多低，职称有多低，只要他能够为企业创造价值，这样的人就是人才。

娃哈哈集团董事长宗庆后说得好："有用的人为我所用，有用的人各施其用，那企业就活了。"也正是这句话成为娃哈哈集团的用人标准。宗庆后的"娃哈哈集团"是最先在全国推行"只看本事，不看学历"的用人标准的公司之一。的确，作为一个明智的决策者，作为一个精干的领导者，应该做到"唯才是用"。

对于每一个企业而言，招聘人才的唯一目的就是"为我所用，能给企业创造价值"。如果所招聘的人不能为企业带来利润，即使学历再高、知识再渊博、经验再丰富，招聘也是不成功的。

然而，目前企业识别人才，主要还是看学历、简历和面试情况，甚至有的企业"对研究生敞开门，对本科生开扇门，对专科生关着门，对高中生怎么敲也不开门"。学历已经成为管理者招聘人才的首要标准，但很多工作的能力是学历所无法反映的，这就要求管理者在招聘人才的时候具体问题具体分析，舍弃"唯学历论"，找到真正的人才。

如果一个老师能够把教学内容、激情、励志与幽默完美地结合在一起，那他就能够成为新东方的品牌老师，成为新东方的骄傲。

——俞敏洪

伯乐相马：寻找有潜力的员工

管理者要做一个知人识人的伯乐，就要学习伯乐"识马"的能力。

春秋时期的孙阳对马的研究非常出色，人们便称他为伯乐。

一次，伯乐受楚王的委托，去购买能日行千里的骏马。伯乐跑了好多地方，没发现中意的良马。一天，伯乐从齐国返回，在路上看到一匹马拉着盐车，很吃力地在陡坡上行进。马累得呼呼喘气，每迈一步都十分艰难。伯乐对马向来亲近，不由地走到跟前。马见伯乐走近，突然昂起头来瞪大眼睛，大声嘶鸣，好像要对伯乐倾诉什么。伯乐立即从声音中判断出，这是一匹难得的骏马。

伯乐对驾车的人说："这匹马在疆场上驰骋，任何马都比不过它，但用来拉车，它却不如普通的马。你还是把它卖给我吧。"

驾车的人认为这匹马实在太普通，拉车没气力，吃得又多，还骨瘦如柴，就毫不犹豫地同意把马卖给伯乐。伯乐牵走了这匹马，来见楚王，拍拍马的脖颈说："我给你找到了好主人。"这匹马抬起前蹄把地面震得咯咯作响，引颈长嘶，声音洪亮，直上云霄。楚王听到马嘶声，走出宫外，但看到马瘦得不成样子，有点不高兴。

伯乐说："这确实是匹千里马，不过拉了一段车，又喂养不精心，所以看起来很瘦。只要精心喂养，不出半个月，一定会恢复体力。"

楚王一听，有点将信将疑，不久之后，马变得精壮神骏。楚王跨马扬鞭，但觉两耳生风，片刻之间已跑出百里之外。

"伯乐相马"的故事经久流传，然而"千里马常有，而伯乐不常有"，不少人才都发出这样的慨叹。

作为"伯乐"，要具备"相马"的技能，需要从无名之辈中发现贤才，从石头堆里寻到珍宝，善于发现那些有发展潜力的人。

不少优秀的企业都深谙此道，成为优秀的"伯乐"。凤凰卫视的选人原则就是"有眼识得金镶玉"，这里的"金镶玉"就是未遇伯乐的千里马。凤凰卫视的管理者正是靠着敏锐的眼光，发现了不少具有潜力、潜质、潜能的人才。

因为在众人中挑选那些有潜力的员工是一项非常艰巨的任务，管理者要想跳出用人识才的误区，较快地识别应聘者的潜能，应当注意以下几点：

1. 听其言

有发展潜力的人大多是没有被发现的人才。他们在公开场合说官话、假话的机会极少，所说之言，绝大多数是在自由场合下直抒胸臆的肺腑之言，是不带"颜色"的本质之言，因而就更能真实地反映和表达真实的思想感情。

2. 观其行

从一个人的行为能看出他是一个什么样的人。例如，一个讲究吃喝打扮的人，所追求的是口舌之福和衣着之丽；一个善于请客送礼的人，所追求的是吃小亏占大便宜；等等。任何一个人，一旦进入了自己希望进入的角色，就会为了保住角色而多多少少地带点"装扮相"。只有那些处在一般人中的人才，既无失去角色的担心，又不刻意寻觅表现自己的机会，所以，一切言行都比较质朴自然。领导者若能在一个人才毫无装扮的情况下透视出其"真迹"，而且这种"真迹"又包含和表现出某种可贵之处，那么大胆启用这个人才，十有八九是可靠的。

3. 析其能

有潜能的人虽然未曾被人发现，他可能处于成长发展阶段，有的甚至处在成才的初始时期，但既是人才，就必然具有人才的先天素质。或有初生牛犊不怕虎的胆略，或有出淤泥而不染的可贵品格，或有"三年不鸣，一鸣惊人"之举，或有"雏凤清于老凤声"的过人之处。一位善识人才的"伯乐"，正是要在"千里马"无处施展腿脚之时识别出它与一般马匹的不同。

4. 闻其誉

善识人才者，应时刻保持清醒的头脑，有自己的独立见解，不受表面现象所左右。已成名的人才，不应当跟在吹捧赞扬声的后面唱赞歌，而应多听一听反对意见。未成名的潜力人才对于所受到的赞誉，则应留心在意。这是因为，人大多有"马太效应"心理，人云亦云者居多。大家说好，说好的人越发多起来；大家说坏，说坏的人也会随波逐流。当人才处在潜伏阶段，"马太效应"与其毫不相干。再者，别人对其吹捧没有好处可得。所以，其称赞是发自内心的，是心口一致的。管理者如果听到大家都对某一名应聘者进行赞扬时，一定要引起注意。

我们在面试时应该利用技术条件，但也要更加科学正确地运用直觉，对直觉进行管理，以提高选人的成功率。

——北大管理理念

人才评价：直觉还是技术

知人不易，管理者从外表观察人物固然有失偏颇，却是很直观的。通过直觉选人，会来杂着浓厚的个人感情色彩在里面。

58

庞统相貌丑陋，但很有才能。他去拜见孙权，想要效力于东吴。孙权本来是个爱才的领袖，但是一看到庞统相貌丑陋，就不太喜欢他，又看他性格傲慢不羁，更加没有好感。最后，他把与诸葛亮齐名的旷世奇才庞统拒之门外，鲁肃苦劝也无济于事。

管理者初次见到应聘者，通过简历、面谈等，第一眼就会产生对该应聘者的直觉印象。这种直觉或是有好感或是无感甚至是有厌恶感，想要改变最开始的这种直觉印象，是比较困难的。

那么，是什么原因让我们出现以貌取人的这种直觉印象呢？其实这是人的一种心埋本能，在心理学上称为首应效应。它是指当人们第一次与某物或某人接触时会留下深刻的印象，个体在社会认知过程中，"第一印象"最先输入的信息对关于客体的以后的认知会产生影响、作用。第一印象作用最强，持续的时间也长，比以后得到的信息对关于事物的认知所产生的印象的作用更强。

有一项研究表明，在见到一个人的 6 秒钟内就会产生直觉印象，要想改变这种印象，需要经过 20 次的接触。的确如此，在面试时，我们都或多或少会受到直觉的影响。当我们要聘用或解雇某人时，应该倾听预感给我们提供的建议。

面对一个候选人，我们究竟要遵从自己的直觉还是借助林林总总的技术？恐怕绝大部分管理者的回答是不能确定的。然而事实证明有时候直觉比所谓技术更加准确。

德鲁克曾说，企业在选拔人才的时候，大约有 1/3 个是准确的。半个多世纪过去了，最新的研究表明，这个数据用在今天的企业上依然有效。

即使借助于现代的技术条件，所选用的人才也并不一定是最适合的，对人才的选拔也未必是科学的。反倒是那些凭借直觉选拔的人才，往往起着非凡的作用。但是同样也有仅凭直觉选拔人才，造成真正的人才流失的现象。所以，科学的人才评价体系不能因此而被贬低。

联想作为一家优秀的企业，在招聘时注重对应聘者的科学考察。

进入联想，有一个基本的门槛，这个门槛是通过笔试来完成的。笔试分为两个部分，一个是能力的部分，一个是英语的部分。成为国际化企业之后，联想对英语的要求比以前更高。关于英语的标准，不一定是大学英语六级的硬标准，但要求英语说的能力。应聘者通过联想人力资源小组的面试后，才能进入专业的面试阶段。在这个阶段里，联想会对应聘者技术、业务的一些能力进行相应的考察，在这里也有可能采用比较结构化的面试风格。

联想从国外引进了一套针对个人的心理测评工具，而做完这套测试通常要花上两个半小时的时间。这套测试，全面地考察员工的各项能力。

选人是一项高难度的工作。在短时间内，既要对每个人做出客观的判断，又要保持相对公平。所以，单纯利用直觉评价对应聘者而言是不公平的，必须利用科学的技术手段全面评价人才。

对选聘人才的评价千万不能只基于直觉，管理者务必记住这一点。只有基于技术的、科学的判断才会确保人事决策是正确的。

第五章

用人管理课：

每个人都拥有智慧，关键是怎样激发和运用

他们有时候也会感觉我在和稀泥，明明觉得那个人不行，却还在那个位置上待着。实际上，我觉得我还没有给他找到更适合他的位置。

——俞敏洪

没有最好的人才，只有最适合的人才

老子的《道德经》有云："水不凝不滞，能静能动，能急能缓，能柔能刚，能显能潜。"管理者应效法水德，通达调变，因人制宜，知人善任，充分发挥每个人的潜力。老子在用人上还有一个比较经典的观点是"常善救人，故无弃人"，意思就是看人既看短处，更要看到长处，要扬长避短，充分发挥其优势，做到人尽其才，这才是用人上的"大仁""大爱"。世上没有无用之才，只有因所处的位置不合适而埋没才能的现象。

没有最好的人才，只有最合适的人才。精明的企业管理者要做的就是将合适的人才放在合适的位置上，达到人事相宜。

很多管理者认同"没有平庸的人，只有平庸的管理"。传统的管理把人看成一个模子，仅仅依照工作的制度安排人的位置，结果许多讷于言辞

61

的员工被安排去做外联，许多善于表达的员工被安排做机械性工作……作为一名优秀的管理者应该知人善任，让自己的下属去做适合他们的事情，这样才能实现用人之长。

有的员工谨慎小心，有的员工讲究速度，有的员工非常善于处理人际关系，有的爱表现，有的好宁静……总之，员工的类型有很多，管理者需要做到的就是人尽其才，人尽其用。作为管理者，要懂得把适合的人才安排在适合的岗位上，做到资源的优化配置。

企业唯有通过不同岗位人才的配合，才能最终实现良好发展。但如果没有用好优秀的人才，企业的运营也会出问题。

为扩大规模，某企业高薪招聘了20多位出色的人才，优越的工作环境、高薪的诱惑等都让这些人跃跃欲试。然而，不到半年的时间，看似强大的团队就问题连连，团队的工作效率较之规模扩大前明显降低……

这样的情况在不少企业都能见到。人才具有相应的能力，但并不表示管理者就能充分用好人才。作为管理者，要能够认清不同下属之间的差异，找到他们之间不同的特点与优势，这样才能合理安排任务，让他们在最适合的位置做最适合的事。

一个人只有处在最能发挥其才能的岗位上，才有可能干得好，把自己的能力全部发挥出来，为企业做出最大的贡献。关于这个道理，庄子讲得很明白。

庄子认为，弯曲的大树，虽然也很高大，但疙里疙瘩，不符合绳墨取直的要求，它的树枝弯弯扭扭，不适应圆规和角尺取材的需要。因此，它虽然生长在道路旁，可木匠连看也不看。难道这样的树，真的大而无用吗？庄子的回答是否定的。他说，如今你有这么大一棵树，却担心它没有什么用处，怎么不把它栽种在什么也没有生长的地方，栽种在无边无际的旷野里，悠然自得地徘徊于树旁，悠游自在地躺卧于树下……

由此可见，树的疙疙瘩瘩并不是无用的原因，只是安排的位置不适合。一棵树不符合绳墨取直的要求，不能作梁、作椽，却可以供人欣赏乘凉等。一个企业，将人才安排到恰当的岗位，不但有利于稳定人员结构，更能够挖掘人才的潜能。

在这个世界上，每个人的能力和每个地方的需要都是不同的。不同的工作需要不同能力的人，而不同的工作环境也可以培养不同能力的人。

作为管理者，首先要对员工的才能、兴趣了解于胸，下一步要做的是针对某项特定的工作选择适合的人来做，或者为特定的员工安排适当的工作，做到"人得其位，位得其人"，追求人与事的适应。

福布斯集团的老板马孔·福布斯是一个十分善于用人的管理者。在福布斯集团工作，只要有才干，就能够被安排在合适的岗位上，大显身手。福布斯集团也正是因为用人有方而发展壮大的，有许多事例都说明了这一点。

大卫·梅克是一个才华出众的人，但他的管理风格让很多人无法接受。他对人冷漠，从来不留情面，而且非常严厉。比如，在下属们忙着组稿时，他总会传话说："在这期杂志出版之前，你们中有一个人将被解雇。"听到这话，大家都很紧张。

有一次，有一个员工实在紧张得受不了，就去问大卫·梅克："大卫，你要解雇的人是不是我？"没想到大卫·梅克竟说："我本来还没有考虑谁将被解雇，既然你找上门来，那就是你了。"就这样，那名员工被解雇了。

然而，马孔·福布斯恰好看重大卫·梅克的才华和严厉，他将大卫·梅克放在总编辑的位置上。大卫·梅克在任总编辑期间，最大的贡献是树立了《福布斯》"报道真实"的美誉。而在那之前，《福布斯》曾多次被指责报道不真实。

为了保证报道的真实性，大卫·梅克专门让一批助理去核实材料。这些助理必须找出报道中的问题，否则就将被解雇，而且真的有三名助理因为没有找到记者报道中的问题而被他解雇。《福布斯》在20世纪60年代，就能够与《商业周刊》《财富》齐名，报道真实正是其最大的竞争优势。

适合的人才，用在适合的岗位上，能够实现所在岗位利益最大化。根据下属的不同类型，可以安排不同的工作内容，以达到人尽其才、物尽其用。一般而言，下属主要分为以下 4 种类型：

1. 能力超群的人

这类员工经验丰富，能力卓越，管理者可以放手让他们完成工作。同时，因为这种人具有很强的能力，他们往往自视较高，甚至自负。管理者应给予他们充分发挥的余地和空间，让他们感到被重视，能够实现自我价值。

管理者要求这类下属从事的工作任务应该是与他们的才能相适的，要具有挑战性，有较大的决策权和相应的责任。例如组织一次展销会、拟订一个大型的公关宣传活动计划等，这些任务对上将型下属有较大吸引力。

对这类下属，要给予他们充分的信任，切忌干涉他们的工作。

2. 能力较强的人

这类员工有一定的经验，能力较强，有一定的决策力，但需要不时的支持和鼓励。

管理者启用这类员工，需不时检查他们的工作进度，但顾及到他们较强的敏感心理，检查应不露痕迹地进行。可以给他们具有一定的挑战性，需要一定的经验方能出色完成的工作。这类工作对热衷于承担更大责任的下属来说，是再适合不过的了。

3. 有积极性的人

这类下属缺乏经验，需要向有经验的前辈学习该怎么做，他们常常是刚入公司的年轻人，他们在公司中是不可缺少的一部分。管理者切不可忽视这批人的存在，因为他们中间必将出现一批优秀人才，支撑起公司的明天。管理者要做的正是发掘这批人，给他们机会，锻炼和选拔他们。

4. 有一技之长的人

这类下属让管理者有点头疼，因为他们的工作能力算不上优秀，但是在工作能力之外却往往有一技之长。其实，这样的员工对于企业也是财富。高明的管理者能通过有效的管理让这类下属充分展现自己的特殊才能。正如孟尝君收留鸡鸣狗盗之徒，颇得企业管理的精髓。

避免任人唯亲，努力做到唯才是举、知人善任，使各类人才各得其所，各展所长。

——俞敏洪

唯才是举，避免任人唯亲

北大管理理念强调，任人唯贤是用人的根本。无数事实表明，任人唯亲、拉帮结伙、互相串通、以权谋私，是导致事业失败的重要原因。

管理者在选拔、任用下属时，以才能作为第一考量标准，当用人唯亲让位于任人唯贤时，一定会让自己的企业生机勃勃。作为管理者，如果在选人、用人时只是看对方与自己的亲疏关系，那么必然会让其他人感到不满，对团队、对企业而言都是百害而无一利。

任人唯贤说起来容易，但做起来难。还是有不少人任人唯亲，不考虑才能如何，仅仅选取那些与自己感情好、关系密切的人。其表现形式有：

（1）"以我划线"：谁赞同我、拥护我、吹捧我，就提拔谁；

（2）"唯派是亲"：企业内与自己相亲近的人，不管是否有德有才，都优先加以考虑；

（3）"关系至上"：今天你提拔我，明天我提拔你，不以真才实学为基础，而以关系为基础。

杜绝唯亲是用的道路显得尤其漫长。作为企业的管理者，必须以身作则，人事任用时决不可以徇私。不可以依据个人好恶决定任用与否，而要以"能否胜任"为准则。这是一个基本条件。不能说"这个人能干是能干，却令人讨厌"，或者"他虽然没什么本事，却是我欣赏的类型，就让他来干吧"。管理者唯有坚持不徇私的态度，才能获得其他员工的接受、协助。

很多管理者对唯才是举也有着自己的看法，新希望集团的董事长刘永好认为："企业是我刘家的，但我们的事业却是全社会的。因此，在我的公司里不用亲人用外人，我给每一个外来员工以生存和发展的空间，让他们能捕捉到希望。"

管理者必须有得力的人才辅佐。要得到人心，就必须有广阔胸怀，承认他人的长处，得到他人的帮助。李嘉诚善于用人，唯才是举，让他们成为自己的亲信或挚友。

20世纪80年代中期，李嘉诚的长实（长江实业）集团的管理层基本上实现了新老交替，各部门负责人大都是30～40岁的少壮派。其中最引人注目的要数霍建宁。此人擅长理财，负责长实全系的财务策划。他处世较为低调，认为自己不是冲锋陷阵的干将，而是专业管理人士。李嘉诚很赏识他的才学，长实全系的重大投资安排、股票发行、银行贷款、债券兑换等，都是由霍建宁亲自策划或参与决策的。这些项目动辄涉及数十亿资金，亏与盈都取决于最终决策。从李嘉诚对他的器重和信任来看，可知盈多亏少。霍建宁本人的收入也很可观，他的年薪和董事基金，再加上非经常性收入如优惠股等，年收入可能在1000万港元以上。1985年李嘉诚委任他为长实董事，两年后又提升他为董事副总经理。此时，霍建宁才35岁。

同样出色的还有一位女将洪小莲。她全面负责楼宇销售时，还不到40岁。在长实上市之初，洪小莲就作为李嘉诚的秘书随其左右，后来又出任长实董事。在地产界，在中环各公司，只要提起洪小莲，可谓无人不知无人不晓，她被业界称为"洪姑娘"。长江总部虽不到200人，却是个超级商业帝国。每年为它工作与服务的人，数以万计。资产市值在高峰期达2000多亿港元，业务往来跨越大半个地球。日常的大小事务，千头万绪，都要到洪小莲这里汇总。她的工作作风颇似李嘉诚，不但勤奋，还是个彻底的务实派。就连面试一名员工、会议所需的饮料、境外客户下榻的酒店房间等琐事，她都亲自过问。

李嘉诚不拘一格重用年轻人，让年轻人成了他的商业帝国的中流砥柱。有人说，他身边有300员虎将，其中100人是外国人，200人是年富力强的中国香港人。

李嘉诚唯才是举，同时也"举贤不避亲"，这种用人理念值得其他管理者们学习。

如何才能做到任人唯贤？作为管理者，关键在于无私，无私是选贤才的前提。对这点，中国古代的先哲孔子看得十分清楚。他说："君子对天下之人，应不分亲疏，无论厚薄，只亲近仁义之人。"这就是说，在人才问题上，应该不计较个人恩怨、得失，而只考虑国家的利益、民众的利益。其实质，就是在选才上无私，对能力强于自己、贤于自己的人，要加以举荐，或使他来代替自己，或使他居于自己之上。对企业管理者而言，在选才上无私，就是要抛弃个人成见，客观地对他人做出评价；即使对其并不喜欢，也决不以私害公、以私误公，而应毅然选拔。

但是，在进入 21 世纪的今天，仍有些人大量任用亲朋好友或其子女，封妻荫子。聪明的中国古代哲人说过："一人得道，鸡犬升天。"尽管一些企业的管理者也反对裙带关系，可是选拔人才就不自觉地搞亲亲疏疏，其中原因是他们总凭个人的私欲、私情来举贤选才，这就偏离了公正客观的选才标准，发展下去，势必会出现小人得势、贤才失势的局面。

一个优秀的管理者，应该唯才是举，这样才会吸引更多的优秀人才，与你一道干大事、成大业。

优秀的管理者除了开发利用好自身的人力资源外，还要善于利用外部的人力资源，借助他人为自己谋利，善于让他人为自己的企业创造财富。

——北大管理理念

关键位置上敢用"外人"

北大管理理念认同企业管理要适当引用"外人"，以此激励企业内部的氛围。不少企业家深谙这个道理，他们敢于在关键时刻提拔重用"外人"，企业也因此获得发展。

不过，人才的引进是为了促进企业更好的发展，"空降兵"的加盟并不意味企业管理者就可以高枕无忧。"外人"能否适应水土，能否为企业带来新的发展，才是企业管理者需要注意的关键所在。

在一家拥有一百人左右的公司里，近半数的员工都是跟着老板打江山过来的，彼此很信任。本来公司里气氛融洽，年轻人又多，办公环境很轻松，下班后大小聚会也是常有的事。但是，随着新任主管张素的到来，公司的气氛悄悄起了变化，大家工作时正襟危坐，说话时谨小慎微，下班后行色匆匆，就怕被新主管抓住工作上的把柄。

张素是公司老板从对手那儿挖过来的"空降兵"，她对于出现这种情况感到很委屈："我来之前，公司的管理确实太松散了，人浮于事，效率不高，老板既然重金请我来，我觉得就应该发挥自己的作用，把能办的事情办好。"基于这样的思考，她决定从自己部门的工作入手，整顿办公室纪律，严肃工作程序和流程。

月底，员工开始去财务报销一些日常的办公费用。上一任主管往往不看这些花花绿绿的发票，立即就在报销单上签字。张素却非常认真，逐条逐笔详细审核。从中她发现了很多问题：有总款额核算不对的，有发票种类和事由不符的，有非公务开支不应报销的。她的这种做法，效果明显，一个月下来，办公开支减少了数万元，老板甚为满意。但公司上下对她意见已经很大。

没过多久，那些利益受损的老员工开始集中向张素开火。"没能力""搞派系""自以为是"，他们对张素的这些负面评价越来越多。甚至在部门经理会议上，有人公然指责财务部门不支持工作。随着向老板打小报告的人越来越多，本来对张素还很信任的老板逐渐对她不满起来。在张素来到这个公司的两个月之后，老板为了维护公司的和平氛围，只好将张素解雇。

像这种情况也时有发生，企业的管理者一定要看到任用"外人"所遇到的阻力。企业的老员工可能会制造麻烦来抵制外来管理者，而外来管理者又想尽快树立起威信，通常都会拿老员工开刀。同时，引入"空降兵"的企业管理体系会遭遇变动，这是在所难免的。

外来人才要想运作好，势必要不按套路出牌，由此产生了"空降兵"和老员工在职业行为、职业方式上的沟通障碍和天然文化冲突。企业的老员工和"外来管理者"的磨合是一个痛苦而漫长的过程，企业管理者要妥善处理好两者的关系，既要让"空降兵"的才华得以表现，又不过分伤害原来的老员工，这的确需要一定的艺术。

当然，管理者不能因噎废食，关键位置上敢用外人，还是值得提倡的。

曾有一段时间，世界著名的东芝电器公司由于经营方针的错误，走进了一个前所未有的低谷之中，若不尽快地处理，或者处理得不好，东芝电器公司就会在世界市场上消失。

在这个生死攸关之际，东芝电器的高层经营者都愁眉深锁，挖空心思地想着该如何挽救公司。最后，他们想到了一个极为优秀的人才，也许只有此人才有可能挽救公司的命运，他就是日本石川岛造船厂总经理士光敏夫。十几年前的石川岛造船厂也和今日的东芝电器一样陷入危境，全靠士光敏夫一手将它从危境之中拉了出来，并领着公司走向了国际舞台。

经过努力，士光敏夫这个外人进了这家危机重重的公司。士光敏夫上任后的第一件事就是，重新唤起低落已久的东芝员工的士气。他鼓励员工们：东芝电器公司人才济济，公司的体制也非常好，只要大家团结一心，一定可以让东芝电器重现光芒。在士光敏夫不断地激励下，员工们的斗志再次燃起，充满干劲。接着，士光敏夫又提出实施毛遂自荐和公开招聘制，想办法让员工们能够完全地将自己的潜力发挥出来。

在士光敏夫不断地鼓舞下，东芝电器出现了前所未有的高昂士气。在公司员工共同的努力下，东芝电器公司站稳了脚步，并再次走向了国际舞台。

要恰到好处地利用外部人力资源，就要做到以下几点：

1. 发挥智囊团作用

智囊团原则上使你得以把他人的经验、训练和知识所汇集的力量，当作是自己的力量一样加以运用。如果你能有效地应用智囊团，则无论你自己的教育程度或才智如何，几乎都能克服所有的障碍。

没有人可以不需要任何帮助就能成功。毕竟个人的力量是有限的，所有伟大的人物都必须靠着他人的帮助，才有发展和茁壮成长的可能。

2. 尊重贤士

管理者不可能处处高明，只有借用外部人员的高明之处，才能真正用人不疑。因此，领导者切忌刚愎自用，自以为是，而应该虚怀若谷，恭以待人。

3. 任其自主

管理者不应以任何形式把自己的主观意志强加给所任用的人，而应积极地为他们创造一个独立进行工作的环境，对外来管理者予以充分的授权。你必须尊重他们工作的独立性，不干涉他们的工作，让他们通过研究得出自己认为是科学的结论。

我觉得对于一家互联网公司来说，没有好的人才就没有好的价值。服务器三年就折旧了，办公楼是租的，这些没有真正的价值可言，人才才是真正的核心竞争力。

——李彦宏

人才重要，善用对手的人才更重要

对管理者而言，唯有任用"自己人"才会让自己放心、省心。很多时候，我们会看到这样一种现象，当一个新上任的管理者接手工作之后，便急于清理前任管理者器重的人，再安排一些自己满意的人，所谓"一朝天子一朝臣"。

其实，对于一个优秀的管理者而言，要敢于大胆地使用人才，尤其是那些在竞争对手手下得到过重用的人才，一切以团队的发展为首要考核标准，对企业而言是福音。

齐桓公继位后，准备任命鲍叔牙当宰相。岂知鲍叔牙却偏偏提出："我虽然对您是忠心耿耿的，但只是一个庸臣，不会有大的作为。您要想把齐国治理好，就必须任用管仲来做宰相。"齐桓公问："为什么一定要用他做宰相呢？"鲍叔牙说："我与管仲相比，我有五点是不如他的：宽厚仁慈，能安抚百姓，这我不如他；治理国家，能抓住根本，我不如他；忠信可结于诸侯，我不如他；能给国家制定规范和礼仪，我不如他；能站在军门前指挥练武，使将士勇气倍增，我更不如他。管仲有这五个强项，所以要是他当宰相的话，一定可以使齐国很快强盛起来。"齐桓公说："可是他阻挡我回来当国君，在交战时又射中了我的带钩，几乎置我于死地。他是我的仇人，我怎么能用他做宰相呢？"鲍叔牙说："当时两军对峙，他忠于其主。他是箭在弦上，不得不射。换了我，也会为您去射公子纠的。"

在鲍叔牙的再三劝说下，齐桓公终于不再计较一箭之仇。命人择定吉日良辰，用"郊迎"的大礼，亲自迎接管仲并同车进城。齐桓公与管仲一连谈论三日三夜，句句投机，即拜管仲为相国，且尊称为"仲父"，言听计从，专任不疑。从此，在鲍叔牙的协助下，管仲出谋划策，在齐国顺利实行了他的治国之道。

有些管理者会片面地认为，对手的人才具有危险性。其实不然，很多优秀的管理者都懂得利用对手的人才，历史上的唐太宗所重用的魏征正是太子李建成的门臣。

美国企业家比尔·休利特说："没有什么比自己的人才成为对手手中的武器更让人感到可怕的了。"他认为，人才是企业最为宝贵的资产，尤其是同行中优秀的人才，更是企业最难得的财富。他们不但有你所需要的一流的业务技能，你还可以从中了解到对手的一些情况。所以，聪明的管理者都善于从对手那里挖掘人才。

因为某种原因，一些优秀的员工离开了原来的企业后，如果管理者能够不失时机地将他们纳入自己的公司为我所用，同样可获得优秀的人才。

对管理者而言，善于利用手中的人才极为重要，否则你的人才为竞争对手所用，遭受的损失会很大。

艾柯卡在亨利·福特一步步的提拔下当上了福特汽车公司的总裁。福特有一个毛病，就是好计较外表，艾柯卡和他相处得十分谨慎。有一天，福特命令艾柯卡解雇一位高级职员。

艾柯卡迫于压力，不得不把这位职员请了出去，自己也在提心吊胆中过日子。虽然日子不好过，艾柯卡还是取得了好成绩。但成绩到来的时候，霉运也开始了。有一次，100多个美国银行家和股票分析家聚会，艾柯卡的发言受到了参会者的一致好评。没想到，这让福特发怒了，因为艾柯卡抢了他的风头。

他对艾柯卡说："你跟太多的人讲了太多的话，他们还以为你是福特公司的主事者，这种情况让我太难受了。"

于是，福特毫不理会艾柯卡的意见，决定不再把小汽车推向市场，结果公司急剧亏损。事后，他对此没有做出任何解释。当一个记者向他采访这件事时，他只回答了一句话："我们确实碰上了一大堆麻烦。"这时，福特决定把艾柯卡踢出去，他的手段一个接着一个，他还到处散播谣言说："艾柯卡早已和黑手党搅在一块了。"他是董事长，艾柯卡是他任命的总裁，也是他的得力助手，他竟如此做，实在让人搞不明白。

3年之后，在一次董事会上，福特突然对艾柯卡说："我想你可以离开了。"就这样，功勋卓著的艾柯卡被福特无情地解雇。不久，美国《底特律自由报》同时刊出了两个大标题："克莱斯勒遭到空前的严重亏损"和"李·艾柯卡加盟克莱斯勒"。

两条新闻同时出现，似乎预示了某种关系。其实，克莱斯勒公司已经迅速出击，早将李·艾柯卡请了过来，委以总裁重任。艾柯卡接管克莱斯勒公司的时候，该公司正面临倒闭的危机，两年之间，公司亏损高达 17 亿美元。艾柯卡想尽各种办法解决了公司一个又一个的危机。到 1983 年春，克莱斯勒公司已经可以发行新股票了。本来计划出售 1250 万股，但是谁也没有料到，最终的发行量超过一倍。买股票的人多得需要排队等候，2600 万股在一个小时内就全部卖光了，其总市值高达 432 亿美元，这是美国历史上占第三位的股票上市额。

1984 年，克莱斯勒公司扭亏为盈，净利润达到 24 亿美元。艾柯卡成为美国人心目中的英雄。由此可以看出，被别的公司踢出去的人，未必就不是人才。

这足以说明，人才重要，善用对手的人才更重要。不要对对手的人才心存芥蒂，只要能为己所用，能促进公司的发展，用人就应该不拘一格。

一个优秀的管理者，应该有让所有人才都为己所用的胸怀，不管他们与自己的竞争对手有着什么样的关系，都应该重用他们，让他们在合适的岗位上继续发挥他们的作用。

每个领导手中都有一定的权力，能否公正用权和处世，是关于人心是否聚拢的焦点。

————北大管理理念

公正用权，公平处世：一碗水端平

北大管理理念强调公正管理的重要性。但现实中，有的领导在事关部属切身利益的问题上，不是秉公办事，而是搞任人唯亲、任人唯钱，结果打击了下属的上进心，导致自己在员工面前威信降低，说话没人听。

有句话，公道正派聚人心。领导一定要确立和强化平等意识，端平一碗水，在处世上公道正派，坚持一把尺子量长短，一个标准定高低。要坚决破除世俗关系，堂堂正正做官，理直气壮做事。只有这样，下属才会自觉地团结在领导的周围，形成一个坚强有力的战斗团队。

关于"端平一碗水"的说法并不是空穴来风，根据调查反馈显示，下属反映"希望管理者能够公平待人"。对下属公平处理是理所当然的事，为何大家还要如此强烈呼吁？这反映出不是所有领导都能够做到公道正派；或者对某人整日无所事事视而不见，却将事情集中于另一人；或者将困难、复杂的工作分派给生手，却让熟手做些简单的工作。这都是处世不公平的实例。

而且，不论工作的难易程度、繁简程度如何，如果处理态度完全相同，下属也会认为不公平。管理者对于自己较有经验或较感兴趣或利润较高之项，总是给予较多的关注。此时从事另一项工作者定会察觉管理者对其忽视，会感觉到不公平的待遇。

责备人时如果某些人挨训斥，某些人却丝毫无压力，前者一定会产生不满情绪而后者可能因没有前车之鉴而犯同样的错误。同样，光是拜托某人做事，而对某人表现冷漠态度，这定会令人产生不公平的心理。

生活中这样的现象屡见不鲜：领导将一些人视为自己的影子，视为心腹，对其他人则处处防范，甚至让心腹去监视那些人，把下属分为三六九等；对心腹有求必应，特别优待；对那些与自己保持一定距离的，用小恩小惠进行笼络或者不闻不问；对那些不听话的、有棱角的，则寻机打乱他的工作。不能一碗水端平的另一种表现就是对女下属不一视同仁，觉得女性成就动机低，希望稳定、舒适的工作。于是，对她们的一些基本需求关心得多，而很少关心她们的职业发展等高级需求。不能一碗水端平，势必打击员工的工作积极性，产生内耗，不利于组织的团结。

把"端平一碗水"的效应扩展开，我们同样可以体会到，公平是人际关系的黏合剂。特别是领导者对下属公平与否，直接关系到下属的情感因素能否转化为积极的工作动力。从下属比较普遍的心理来看，下属既希望领导者坚持公平原则，同时又能多关注自己一点。这就给领导者提出了要不要坚持公平和如何坚持公平的难题。作为领导者，固然知道坚持公平的重要性，但是，在现实的领导活动中，有些领导者受下属这种心理的影响，往往会将主观情绪带进工作关系中，自觉不自觉地给某些下属多份额外的"补贴"，结果就会使另一部分下属感到不公平，由此导致他们对待工作的态度不积极，甚至与领导唱对台戏。

特别是在下属之间发生矛盾的时候，领导者如果不能坚持公平，不仅会加剧下属之间的矛盾，而且领导者和下属之间也会产生新的纠纷。在复杂的矛盾关系中，人际关系紧张，组织的凝聚力和向心力就会大打折扣。因此，领导者要使下属对自己忠心不移，就必须端平一碗水，只有这样，下属才会形成合力，组织目标才能顺利实现。

1. 客观公正地对待部属，防止有远有近

作为下属，都愿意拉近与领导的距离取得领导的信任。作为领导，也要有平易近人的良好素养，能同群众打成一片。领导者要公正客观地看待和评价每一个下属，不让别有用心的人有机可乘，给自己造成不良影响。一方面，对待下属要一视同仁，做到对待部属无远近，并能为下属提供一个平等竞争的良好环境；另一方面，在评价部属上要有一个客观统一的标准，特别是在奖惩等方面更应如此。这样，才能使本部门的全体部属有平等感，形成统一的向心力。

2. 按政绩大小重用下属，防止有薄有厚

领导者在提拔使用下属时必须做到论能力、看政绩，就是要看一看下属有没有创新、发展、开放、改革的意识，看一看下属有没有调查研究的实际作战能力、组织协调、语言表达的沟通能力，看一看下属是否对工作充满热情、实事求是地干活。只有给那些思想觉悟高、工作能力强、团结协作好、有开创精神的下属委以重任，才能真正赢得所有下属的心以及对工作的支持，同时也为自己走上更高的领导岗位搭起坚实的阶梯。否则，误用亲信，必将失信，不仅误事，也终将误己。

3. 按德才标准培养下属，防止有亲有疏

德才兼备是新时期选拔和培养各级人才的根本标准。领导在选拔人才中要坚持任人唯贤、没有地方保护主义、公道正派，真正把思想好、作风正、能力强、威望高的人才选出来，使自己的下属真正成为名副其实的德才兼备的人才。

此外，领导者坚持公平还应注意以下问题：一是把下属作为相互联系的整体来对待。二是让下属在承认差别的前提下享受公平。公平是相对的，不公平才是绝对的。因此，领导者坚持公平，不是要否认下属之间的差别，而是要使他们看到和承认差别。只有这样，下属才会肯定你的客观评价并通过主观努力缩小差别，实现公平。三是领导者要特别严格地要求自己的亲信（在感情上或工作上关系较近的人）。客观地说，领导者和下属之间的感情并不是不加以区分的。但为了实现公平，领导者绝不能以主观因素作为评价和激励下属的标准，尤其是对自己身边的人，更要严格要求。否则，一旦陷入感情的误区，就会加剧不公平，导致一部分下属产生消极行为，贻误工作。

所以，作为一个聪明的领导，绝对要做到一碗水端平，真正做到公平公正。

第六章

授权管理课：

"从细节中超脱出来"，不去和别人抢权

做企业最重要的是拿得起，更能够放得下。

——俞敏洪

充分授权：管理者的带队伍诀窍

"现代社会许多大小公司的老板、部门主管早已被信息、电讯、文件、会议掩盖得透不过气来。几乎任何一项请求报告都需要他们亲自审阅，予以批示，签字画押。他们为此经常被搞得头昏眼花，根本无法对公司的重大决策做出思考，在董事会议上也很可能是最无精打采的一类人。"这是著名的管理大师史蒂芬·柯维的观点。他认为，做不到合理授权是现代多数经理工作效能低下的主要原因。

杰克·韦尔奇也认为，高度的集权式管理只会让公司的运行减慢，他提倡的是简单式效率型管理。一名优秀的管理者是不会因为过分授权动摇自己的位置的，相反，他会通过授权使自己的工作趋向于完美。

因此，能够制订合理的授权计划，掌握正确的授权方法，是成为管理者的必修课之一。管理者必须懂得充分授权的诀窍：

1. 制订合理的授权计划

对于管理者而言，授权必须形成完整的计划。这种计划可能不是文字的，但一定要在脑海中形成清晰的框架。盲目的授权，或者未经仔细斟酌设计的授权将带来混乱。

制订授权计划，核心在于弄清楚授权要做的事情有哪些，这些事情的程序、步骤是怎样的，在每个环节中有哪些要点，预测到可能出现的情况是怎样的。

一个完整的授权计划应包含下面几点基本内容：

（1）授权任务是什么，这项任务涉及的特性和范围怎样。

（2）授权需要达成的结果是什么。

（3）用来评价工作执行的方法是什么。

（4）任务完成的时间要求。

（5）工作执行所需要的相应权力有哪些。

当授权成为一项经常性的工作的时候，我们就应设计一定的管理表格，也就是授权计划单。它能帮助他人形成完整清楚的授权计划。

具体来说，一份完整的授权计划单主要包括以下几项基本内容：

（1）任务细节：任务的职责范围、完成任务的关键点、特殊目的、时间要求等。

（2）人员详细资料：能力、兴趣和主动性水平、时间可能性、与以往培训和经历有关的内容等。

（3）培训要求：性质、方法、时间、成本。

（4）权力需求：完成工作所需的对人、财、物、信息等组织资源调用的权限。

（5）反馈方式：反馈的方法、频率等。

（6）管理者本人的职责：职责是什么，实现手段是什么。

需要注意的是，授权计划从一开始即要求受权下属的参与。应允许下属参与授权的决定，在授权计划形成之后，应在更大范围内公布授权计划，并根据授权计划向下属进行反馈和提问。这样做的好处是：其一，帮助管理者整理自己的思路，在确有必要时，修改授权计划。其二，使下属充分理解授权的精髓，在最大限度内得到下属的认同，激发其积极性。同时，又能在组织中起到宣传引导作用，形成授权的心理期待。

2. 掌握正确的授权方法

不同的授权方法会产生不同的效果。一名优秀的管理者应当掌握正确的授权方法。授权的方法按照不同的维度可分为不同的种类，但最主要的是充分授权、不充分授权、弹性授权。

充分授权是指管理者在向其下属分派职责的同时，并不明确赋予下属这样或那样的具体权力，而是让下属在管理者权力许可的范围之内，自由、充分地发挥其主观能动性，自己拟定履行职责的行动方案。这种授权的方式虽然没有具体授权，但在事实上几乎等于将管理者自己的权力——针对特定的工作和任务——部分下放给下属。充分授权的最显著优点在于能使下属在履行职责的工作中实现自身价值，获得较大的满足，最大可能地调动下属的主观能动性和创造性。对于授权管理者而言则大大减少了许多不必要的工作量。充分授权是授权中的"高难度特技动作"，一般只在特定情况下使用，基本要求授权对象是具有很高素质和责任心的下属。

不充分授权是指管理者对其下属分派职责的同时，赋予其部分权限。根据所授下属权限的程度大小，不充分授权又可以分为几种具体情况。

（1）让下属了解情况后，由领导者做出最后的决策。

（2）让下属提出详细的行动方案，由领导者最后选择。

（3）让下属提出详细的行动计划，由领导者审批。

（4）让下属在果断采取行动前及时报告领导者。

（5）让下属在采取行动后，将行动的后果报告领导者。

不充分授权是现实中最普遍存在的授权形式。灵活是它的特点，可因人而异、因事制宜，采取不同的具体方式。但它同时要求上级和下级、管理者和下属之间必须事先明确所采取的具体授权形式。

弹性授权是综合充分授权和不充分授权两种形式而成的一种混合的授权方式。制约授权是指管理者将职责和权力同时委托和分派给不同的几个下属，以形成下属之间相互制约地履行其职责的关系。

3. 授权是一个连续的流程

授权由计划走向操作化的方案，关键在于把握这一流程中的关节点，授权的全部奥妙正在于这些关节点之中。一个高效授权的管理者，他的全部授权技能体现在对这些关节点的把握之中。

（1）做好授权准备：扫除授权障碍，明确授权意识，创造授权气氛，制订授权计划。确认任务：有目标授权，针对特定任务授权，任务本身需要整理规范和明确。

（2）选择合适的受权者：根据下属的潜能、心态、人格挑选合适的人完成特定的事。

（3）授权的发布：授权计划的最后商定，宣告授权启动，明确任务及权限，制订考核标准。

（4）进入工作：管理者放手让受权者完成工作，对一般性的工作方式不做干涉。

（5）控制进展：管理者要保证工作以一定的速度进行，应当给下属适当压力，让其感受到责任，保证工作按计划完成。

（6）约束授权者：注视下属行为偏离计划的倾向，防止授权的负面作用，及时反馈信息，保证授权沿预定轨道前行。

（7）检收工作，兑现奖罚：评价工作完成情况，按预定绩效标准兑现奖励或惩罚，总结授权，形成典范，全面提升管理水平。

总之，对于管理者来说，懂得充分授权，赋予团队以活力和不断合作进取的动力，管理的效果才会可望而可及。

"授权"会比"命令"更重要也更有效率。

——俞敏洪

越聪明的管理者，越懂得"弱治"

有些管理者忙得好像上紧了发条的陀螺，从开会、交际应酬到企业的各项工作，恨不得一天有48个小时可以利用。

但是优秀的管理者们深深懂得，一个真正能够获得持续发展的组织，必须依靠群体的力量，而非单靠某个人的强势。这就需要管理者懂得授权，将自己的权力合理分授给下属，新东方总裁俞敏洪深谙授权的重要作用。

身为新东方集团的执行总裁，陈向东在新东方被认为执行力非常强大。

俞敏洪作为新东方的创立者，如今已经渐渐淡出对公司的直接管理，例如他会直接说："原来新东方管理干部都是我管的，现在都是陈向东管的，这个变化还不够大吗？"在老俞看来，原来陈向东只管某一方面的工作，现在他都是全面抓工作的。就是说，在执行层面的工作如今都是陈向东在抓，这是第二个变化。第三个变化就是主动性上的变化。比如说抓某一部分工作的时候，此前的陈向东有可能受制于新东方各方面的结构，但如果转为抓全面的工作，他调配资源的能力就发挥出来了。

新东方如今正稳步实现"去俞敏洪化"，俞敏洪更多地充当精神领袖。

希望集团的刘永行在接受记者采访时曾说过这样一段话："企业做大了，必须转变凡事亲力亲为的观念。要让职业经理人来做，强调分工合作。我原来一人管十几个企业，整天忙得不得了。后来自己明白了，是权力太集中，所以痛下决心，大胆放权。"

管理者必须学会适当地弱化自己，培养起一批值得信赖的下属，进行有效授权，尽量做到"弱治"，才能使整个团队充满活力，使组织获得持续发展的动力。

孔子的学生子贱有一次奉命担任某地方的官吏。他到任以后，经常弹琴自娱，不问政事。可是，他所管辖的地方却被治理得井井有条，民兴业旺。这使那位卸任的官吏百思不得其解，因为他每天勤勤恳恳，从早忙到晚，也没有把那个地方治理好。于是他请教子贱："为什么你逍遥自在、不问政事，却能把这个地方治理得这么好？"

子贱回答说："你只靠自己的力量去治理，所以十分辛苦；而我却是借助下属的力量来完成任务。"

将所有的权力集于一身，表面上看是领导者的强大，实际上是弱智无能的体现。不少管理者一方面声称要给员工授权，另一方面却紧紧地握住手中的权力。概括起来，不少管理者不愿授权，主要是因为存在以下障碍：

1. 怀疑下属的能力

许多管理者不信任下属的能力，觉得与其授权，还不如亲自解决。担心他们做不好，最后还要让自己来收拾残局，甚至造成恶劣的影响。但是，每个人的能力都是在工作实践中锻炼出来的，没有哪个人的能力是与生俱来的，包括管理者本人。如果总是怀疑下属的能力，不交由下属去做，下属将永远也得不到成长。

2. 习惯于传统的命令式执行

不少员工具有较高的知识水平，可能在工作经验等其他方面有所欠缺。如果要发挥员工的能力，管理者就要摒弃传统的命令式的管理方法，让员工充分地参与进来，通过协作式的管理，加强与员工的平等沟通，调动员工的积极性。

3. 不愿培养下属

有些管理者认为，管理员工是自己的工作，但培养员工并不是自己职责范围之内的事，所以没有必要在这方面殚精竭虑。如果管理者不培养员工，员工就不可能获得成长，管理者所带的团队将永远停留在原有的水平上。

4. 拒绝分享权力

有些人对权力的掌控欲非常强烈，不愿与下属分享权力。这些管理者喜欢紧紧地控制着下属，认为只有这样才能树立自己的权威。

5. 害怕承担风险

授权是有风险的，管理者把某项工作授权给员工去完成时，如果做不好，第一责任人是管理者。有些管理者觉得自己没有义务去承担这种风险，因此不愿意去授权。

6. 乐于事必躬亲

有些管理者就是喜欢亲历亲为，自己是一个工作狂，愿意揽更多的活，永远不会闲下来。

不善于授权的管理者还会给出许许多多各式各样的理由来证明他们的"不授权"是正确的，是唯一可能的选项。同时，结果也往往是这样：他总是匆匆忙忙，总是埋身于事务性的工作，总是抱怨而又总是出漏洞，他的下属总是缺乏动力，缺乏责任心，总是懒洋洋的，企业总不能以他的期望运转，效率总是可望而不可即……

但是种种原因实际上都是借口，这些理由都是难以成立的，我们再来看这样一些分析：

（1）担心下属做错事的管理者，内心真正担心的不是下属做错事本身，而是怕被下属做错事所连累。这一类管理者一方面对下属欠缺信心；另一方面又不愿意为下属受过，所以有如唱独角戏那样凡事皆亲自操办。固然下属难免做错事，但若管理者能给予适当的训练与培养，做错事的可能性必然减少。授权既然是一种在职训练，管理者就不能因怕下属做错事而不予训练，反而更应提供充分的训练机会以避免下属做错事。

（2）不可否认，有些管理者因担心下属锋芒太露，或"声威震主"而不愿授权。但是从另一角度看，下属良好的工作表现可以反映管理者的知人善任与领导有方，所以管理者功不可没。

（3）只有领导力薄弱的管理者在授权之后才会丧失控制。在授权的时候，倘若管理者划定明确的授权范围，注意权责的相称，并建立追踪制度，就不会担心丧失控制。

（4）基于惯性或惰性，许多管理者往往不愿将得心应手的工作授权下属去履行。另外，有许多管理者基于"自己做比费唇舌去指导下属做更省事"的理由而拒绝授权。这两类管理者的共同缺陷即是将他们有限的时间与精力浪费在他们本来可以不必理会的工作上，而使需要经由他们处理的事务无法获得应有的重视。任何一位管理者管辖的工作，大体上均可区分为5种层次：

①管理者必须亲自履行的工作。

②管理者必须亲自履行，但可借助下属帮忙的工作。

③管理者可以履行，但下属若有机会亦可代行的工作。

④必须由下属履行，但在紧急关头可获得管理者协助的工作。

⑤必须由下属做的工作。在正常情况下，管理者对第三层次以下的工作应授权下属去履行。

（5）"找不到适当的下属授权"常被一些管理者当作不愿授权的借口。

任何下属都具有某种程度的可塑性，因此均可授权予以塑造。就算真的找不到一位可以授权的下属，仍是管理者的过失，因为倘若员工的招聘、培训与考核工作做得不差，又岂会有"蜀中无大将"之理？

可见，授权并非不能，而是管理者愿不愿意的问题。

多数情况下，直接向我汇报的人，他们每天在哪儿我根本就不知道。他们一天到晚忙各自的事情，有事情来找我，没有事情就各干各的。这样有好处，我放权、信任，他们做事激情很高。

——李彦宏

向下属分权，让看准的人挑担子

有很多管理者的工作十分繁忙，可以说："两眼一睁，忙到熄灯。"一年365天，整天忙得四脚朝天，恨不得将自己分成几块。但这种事必躬亲的管理思路太落后了，出路在于分身术：管好该管的事，放下不该管的事。而授权就是管理者走向成功的分身术。

随着公司规模的壮大，各项事务只会越来越多，即使是能力很强的管理者，也不能独揽一切。作为管理者应该树立这样的一种观念：管理者的职能不仅是做事，还在于成事！因此，管理者必须要学会向员工授权。

北大管理理念认为，授权的好处有很多：管理者可以从琐碎的事务中解脱出来，可以激发员工的工作热情和干劲；可以增长员工的能力和才干；可以发挥员工的专长，弥补管理者自身才能的不足。其实，人们都知道授权的好处，但是有的授权起到了好效果，有的授权却导致了混乱，这是为什么呢？一个关键的问题在于授权者的态度。

正确的授权应该包括以下4个方面的内容：

（1）要看重员工的长处。任何人都有长处和短处，如果管理者能够着眼于员工的长处，那么他就可以对员工放心大胆地予以任用。如果只看到员工的短处，那么他就有可能由于担心员工的工作而加倍操心。这样，员工的工作积极性必然会降低。作为班组的领导者，不妨在授权的时候让员工真切感受到对他的信任。

（2）不仅交工作，还要授权力。领导者将工作目标确定以后，需要交付员工去执行，此时必须将相应的权力授给员工。一般来说，将工作委托给员工去干，这一点是不难办到的，因为这等于减少自己的麻烦；将权力授给员工，就不那么简单，因为这意味着自己手中权力的削弱。身为管理者，应该把权力愉快地授给承担相应工作的员工。当然，所授的权力也不是没有边际的。

（3）不要交代琐碎的事情，只要把工作目标讲明白就可以。作为一个领导者，对待员工最忌讳的就是"婆婆嘴"。既然已经授权给下属去做，就不应该为下属指东指西，使下属无所适从。否则，下属的自主性不易发挥，责任感也随之减弱。

老王是进厂几十年的老师傅了，具有丰富的工作经验，他已经带出了一批徒弟。由于年龄偏大再加上文化水平不高，几年前就不再担任班长。现任班长小杨是前不久调任到这个班的。小杨是大学毕业生，技术上是业务尖子。

有一天，来了一批加工任务，他把老王叫来："老王，交给你一个任务，这批零件加工要求非常严格。"于是反复地向老王介绍加工的各种参数。老王有点心不在焉地听着，因为他干这种工作已经几十年了，完全了如指掌。最后小杨不放心地问了一句："听明白了吗？"老王笑了笑："咱文化低，听不懂，麻烦你再请其他高人吧！"小杨一下子愣在那里，因为他再也找不到更合适的人了。

（4）对员工不应放任自流，要给予适当的指导。身为领导者，千万不要以为授权之后就万事大吉了。尽管将权力授予给员工，但责任仍在自己。作为一个领导者，将权力授出之后，还应该对员工进行必要的监督和指导。若是员工走偏了方向，就应该帮助修正；若是员工遇到了难以克服的困难，就应该给予指导和帮助。

不事事包揽，不一竿子捅到底，不越级、不错位、不揽权，管好自己的人，办好自己该办的事，这样的领导才会轻松而游刃有余。

此外，管理者在授权过程中，应该注意以下几个问题：

（1）"因事择人，视能择权"，一切以被授权者才能的大小和水平的高低为依据。

（2）对被授权者进行严密的考察，力求将权力和责任授权给最合适的人。

（3）必须向被授权者明确所授权的事项、目标和权责范围。

（4）所委托的工作，应当力求是被授权者感兴趣、乐于完成的工作，双方应建立相互依赖的关系。所授的工作量以不超过被授权者的能力和体力所能承受的负荷为限度，适当留有余地。

（5）不可将不属于自己权力范围内的事授给员工，否则势必造成机构混乱等严重后果。

（6）尽量支持被授权者的工作，被授权者能够解决的问题，授权者不要再做决定或指令。

（7）凡涉及全局问题的，如决定组织的目标、方向和组织决策等，一般不可轻易授权。

总的来说，管理者把目标、职务、权力和责任四位一体地分派给合适的员工，充分信任他们，放手让他们工作，这就是授权的要领。

评定一个人是否称职或是否应该被提拔的最佳方法只有一个，就是先给他一个平台、一份责任，看他能否拿出实实在在的工作成果来证明自己。

——李彦宏

问员工要业绩，不要具体方案

对员工的工作大包大揽，看起来像是一位对员工关怀备至的好领导，但这并不一定能获得员工的认同和赞赏。

有一位极其认真负责的管理者，每项工作都指示得极其具体详细，连布置会议室放几把椅子、标写多大的字、找谁写，用什么纸这样的小事都要亲自指示。一开始，部下尚能接受，时间一长，大家就受不了了，觉得他像个喋喋不休的老太太，管得太宽、太严。

实际工作中，只需向员工下达工作目标就可以，不必布置细节。比方说，让员工推销一批商品，只需告诉他销售份额和经济合同法的一些知识，不用具体到去哪家商店，如何攀谈；安排部下编制一套管理软件，只需说明要求，不用告诉他使用哪种语言、如何编。管理到一定程度就可以，过度的管理反而适得其反。

作为企业的管理者，主要职责并不是如何去管住你的员工，让他们的所有行动都在你的掌控之下，而是要授予他们充分的自主权，只向他们索要结果，中间的过程可以不过多干预。

一日，东京某涉外饭店的豪华餐厅里，有一位从美国来的外宾对送上来的牛排不太满意，他认为这个牛排熟得太透。于是，他叫来服务生。服务生用极其谦恭的态度认真倾听他的抱怨，之后，对他说："请您稍微等一下，符合您口味的牛排马上就能上来。"说完，服务生立即拿走牛排，继而吩咐厨房按照客人的口味另烤一块送来。

看上去，这是一件很不起眼的事情。但是，在这个事情的背后，是这家饭店正在力推的组织变革——授权管理。饭店的老板认为，服务生是直接面向客人的，应该给服务生更大的权限来服务于客人。于是，我们就看到这个场景：服务生无须请示任何人，能够自主地为客人解决问题。这样，整个饭店的运行效率就会因此而大大提高。

善于授权的管理者能够创造一种"愉悦气氛"，使员工在此"气氛"中自愿从事富有挑战性的工作，给企业创造一个和谐共事、创新共进的局面。

每个人都会有一套自己处理问题的方法，如果凡事都按照管理者的要求去做，就会让员工失去自主性，往往也得不到预想中的结果。对于管理者而言，结果才是最重要的，至于过程，只要员工的行为在规定的范围之内，就该最大限度地授权于他们、信任他们。这也是员工内心所期望的。

在京城，海底捞以其优质的服务赢得了顾客的青睐，而海底捞的管理模式也备受推崇。

1994年，还是四川拖拉机厂电焊工的张勇在家乡简阳支起了4张桌子，利用业余时间卖起了麻辣烫。将近20年过去了，如今的海底捞已经成为著名品牌，张勇成了6000多名员工的董事长。

在张勇的认知中，人是海底捞的生意基石。客人的需求五花八门，单是用流程和制度培训出来的服务员最多能达到及格的水平。让雇员严格遵守制度和流程，等于只雇了他们的双手。张勇愿意放权，在海底捞，店员拥有相应的权力。

200万元以下的财务权都交给了各级经理，而海底捞的服务员都有免单权。不论什么原因，只要员工认为有必要，都可以给客人免费送一些菜，甚至免掉一餐的费用。

聪明的管理者能让员工的大脑为他工作，当员工不仅仅是机械地执行上级的命令，他就是一个管理者了。

其实不仅仅是海底捞，许多企业都在为授权、放权做努力，这样做只是为了能让员工获得更大的发展空间，更好地发掘他们的潜能，给企业带来更大的效益。如Google公司就会允许工程师在20%的时间里从事自己喜欢的项目或技术工作，这一措施一经推出，就收到了令人意想不到的效果。因为有了20%可以自由支配的时间，那些工程师便可以在这段时间里来实施自己的一些创意，或者与其他同事一起完成某个有着出色创意的产品模型，如果这个创意的确能够吸引人，就有可能成为Google推向世界的下一个产品或服务。

聪明的管理者只向员工要业绩，不要具体的工作方案，这是因为：

1. 过度管理不利于部属发挥积极性

解决问题的途径可以有100种，主管的方法不一定是最好的，或许员工有一套好方案，但主管早已安排好了一切，也只能照办。员工失去了参与和挖掘潜能的机会，积极性必定受到挫伤，慢慢就会养成不动脑子、一切依赖领导的"阿斗"作风，失去想象力、创造力和积极性。

2. 过度管理不利于锻炼员工的工作能力

很多主管不信任部属的能力，担心员工办砸了事，左叮咛、右嘱咐。一般来说，主管的水平、工作能力要比部属高，指令也科学、合理。你过细的指令或许会使部属少走许多弯路，可部属体验不到通向捷径路上的荆棘坎坷，就得不到锻炼和提高。

领导的任务就应当是统领全局，抓紧大事，而不应将精力耗在细枝末节之上。海尔集团的总裁张瑞敏的做法就很值得我们借鉴。张瑞敏喜欢授权管理，习惯只出思路，具体细化则由下面的人去做。海尔各部均独立运作，集团只管各部一把手。集团先任命一把手，由一把手提名组建领导班子后，集团再任命副职和部委委员。一切配备完毕后，只有资金调配、质量论证、项目投资、技术改造这些大事由集团统一规划，其余各部由各部自管。

合理的授权是让领导做领导最该做的事，下属做下属最该做的事。正如韩非子所说："下君尽己之力，中君尽人之力，上君尽人之智。"一个优秀的管理者若想成为"上君"就一定要做好授权管理，不必事必躬亲，布置细节。

企业不可能只靠管理者的努力就能获得良好的发展，一个优秀的员工，不会在"命令"中持续优秀。一个能够给员工充足自主权的管理者，不仅能让自己从琐碎的日常工作中解脱出来，把时间用在一些更重要的地方，同时也能促进员工的成长。

当管理者授权给下属的时候，不能只是强调他们在工作时无须事事请示，有自己的自主决策权，也要把相应的责任授予他们。

——北大管理理念

权责一致，授权也要讲究策略

北大管理理念认为，权力与责任是对等的，没有人会只享受权力，不负责任；也没有人只负责任，而不享受应有的权力。管理者授权给下属时都要让他们清楚自己的责任，这样才能让他们在行使相应的权力时，能够考虑得更全面，朝着更加有利的方向前进。

有些人成功地接过领导手中的"指挥棒"的时候，会误以为自己只是接过了执行的权力，而没能认识到权力后面的责任，尤其是领导没有明示的时候，他们更有可能"胡作非为"，给团队或企业造成极大的损失。

授权是要讲策略的。从责、权的关联度上看，授权有两种形式：授权授责与授权留责。前者是指授权同时授责，权责一致；后者则不同，授权不授责，如果被授权者处理不当，发生的决策责任仍然由授权者承担。

当管理者把权力授予员工时，应该让员工知道，他拥有的不仅仅是权力，还有与权力相匹配的责任。授权的同时，强调权责一致，不仅能够避免因为权责不一致而出现的滥用职权的情况，还可以培养员工勇于承担责任的能力。

某书店店长为了激发员工的工作激情，决定在书店内部推行"授权管理"，将管理权限下移。他规定："各部门都可以在各自的职责范围内处理部门业务，只要是有利于书店业务发展的，不需要请示便可以自行决定。"这个店长原以为自己授权后可以轻松下来，不用再事必躬亲，然而让他始料未及的是，"授权令"一下达，反而给书店的管理工作带来了很大麻烦。表现最为突出的是，很多部门不是专心致力于书店业务的发展，而是相继制定起保护各自利益的"游戏规则"来。

比方说，书店的采购部为了不受监督不再执行以前的"采购请示"制度，根本不征询销售部的意见就直接决定采购的类别和数量，最后造成了大量图书滞销，销售部门意见很大；而销售部门在制订图书促销计划的时候，也不再会同别的部门一起协商，为促进业绩，他们频繁促销，甚至独断专行地降低图书折扣。虽然销售业绩扩大了，但书店的利润却下滑很多。

从这个例子我们看出，在书店适宜推行"授权授责"，即使被授权者有责任、压力，这样才能增强使用权力的责任感，避免出现滥用权力的现象。

在授权过程中应注意以下几个问题：

（1）明确目标责任是授权的前提，没有目标责任的授权是无原则的授权，这样的授权无济于管理效益的提高和目标的实现。

（2）授权不是下放领导者的所有权力。授权的适度应掌握在能及时掌握全面信息、控制局面的前提下，通过授权发挥各级的积极性。重大方针政策的监督检查权、决策权，例外事项的决策权不应下放；否则，授权就成了放弃领导。

（3）授权的同时必须要明确指挥关系，建立信息反馈制度，规定下级应汇报的内容、汇报的时间及汇报形式等。

（4）下级在行使权力中出现失误时，不应一味地责备下级。授权是把职权委让给下级，它意味着容许员工犯一些错误，并把全部责任留给自己。领导者要善于耐心指导，坚持激励的原则，热心地帮助下级。

管理者要把握合适的时机，选择一个适当的时机，这个时机的选择对于授权的效果可能会有显著的影响。这种时机既可能是一些特殊的事件，也可能是一些司空见惯的现象再次出现。把握这种时机，导入授权，能让下属切实感到授权之必要，或避免授权进入过程的生硬。

实际上，有效的授权常在下列情形出现时授权。

（1）管理者需要进行计划和研究而总觉得时间不够。

（2）管理者办公时间几乎全部在处理例行公事。

（3）管理者正在工作，频繁被下属的请示所打扰。

（4）下属因工作闲散而绩效低下。

（5）下属因不敢决策，而使公司错过赚钱或提高公众形象的良机。

（6）管理者因独揽大权而引起上下级关系不和睦。

（7）公司发生紧急情况而管理者不能分身处理。

（8）公司业务扩展，成立新的部门、分公司或兼并其他公司。

（9）公司人员发生较大流动，由更年轻有活力的中层管理者主持各部门、团队工作。

（10）公司走出困境，要改变以往的决策机制以适应灵活多变的环境。

第七章

创新管理课：

复制北大精神，鼓励不断揣摩市场需要的创新

在这个充满变化的时代，要是社会财富的创造主体——企业基业常青，就要求我们的企业家、管理者把握创新本职，不断超越自己。

——张维迎

不要抱怨创新难，不换脑袋就换人

在这个急速变化的社会里，不可能存在一成不变的优势。只有不断地创新，才能够让自己的优势适应时代的发展，在不断的变革中创造新的优势，促进企业的可持续发展，才能不断地获得利润。企业的发展离不开创新，能够创新的企业才有未来。

美国人伊查克·爱迪斯在他写的一本名为《企业生命周期》的书中，把企业的生命周期分为 10 个阶段，即：孕育期、婴儿期、学步期、青春期、壮年期、稳定期、贵族期、官僚化早期、官僚期、死亡期。爱迪斯准确生动地概括了企业生命不同阶段的特征，并提出了相应的对策，为我们指明了企业生命周期的基本规律，提示了企业生存过程中基本发展与制约的关系。

93

根据企业生命周期的理论，壮年期是企业生命周期曲线中最为理想的点，在这一点上企业的自控力和灵活性达到了平衡。然而，壮年期的存续时间可以延长，企业应该通过自己正确的决策和不断的创新变革，保持持续增长的势头。因为一旦失去创新的劲头，就会丧失活力，停止增长，走向官僚化和衰退。所以我们说，创新是企业生命力常青的永恒法则。

企业只有在变革、创新中才能成长，也只有创新才能保证企业不断强大。我们经常听到员工这样自我安慰："没有功劳也有苦劳。"不主动创新的人，是管理者首先应该淘汰的对象。

在我们的传统管理理念中，评价一个人的好坏常常用是否"任劳任怨""刻苦努力"来做标准，"苦劳意识"过于强烈，而很少去过问这个人为单位创造了怎样的价值，能否把一个好的结果带给单位。"苦劳意识"的泛滥和"功劳意识"的缺乏，使得员工在工作中缺乏活力。

秋天的一个早晨，N.C电子公司的董事长詹姆士·拉尔走在他的厂区里，经过一个正在清扫树叶的保洁员身旁。保洁员拿着一把长长的扫把，费力地扫着。而那把扫把实在太旧了，齿间稀疏，漏掉了许多的叶子。

詹姆士停下来问："先生，你的工具太不好用了吧，为什么不换一把？"

"我的操作间里只有这一把。"保洁员头也不抬地继续干着他的活。"你为什么不去仓库里找找呢？"

"没有，仓库离我的操作间实在太远了。"保洁员用手擦拭了一下发边的汗水，才发现和自己说话的竟是董事长，不禁有些不知所措。"哦，詹姆士先生，我不知道是您，我这就去仓库找找。"

看着保洁员离去的背影，詹姆士十分生气："这是在做工作吗？真不能理解！"

苦劳固然使人感动，但只有具备"功劳意识"，主动换脑袋创造价值的人，才会有更好的发展！

身为企业的管理者，你不能感情用事，衡量一切的标准都应以企业的利益为主。作为企业，在变化的市场环境中，只有踏实肯干是不够的，思想古板必将使市场停滞不前，这样的员工最终只会被淘汰出局。用宏基集团董事长施振荣的理念来说，就是"不换脑袋就换人"。

所谓换脑袋，就是随着外界环境的变化而不断转变自己的思维方式，换掉习以为常的工作模式，在工作中积极思索、锐意创新、善于谋划、长于变通，不断在方法上、技术上和效率上寻求更新的突破和创造更大的业绩。

某家钟表厂，有一名工作非常卖力的工人，他的主要任务就是在生产线上给手表装配零件。这件简单的工作他一干就是 10 年，所以操作非常熟练，很少出差错，几乎每年的优秀员工奖都属于他。

可是后来，企业新上了一套完全由电脑操作的自动化生产线，许多工作都改由机器来完成，结果他失去了工作。原来，他本来文化水平就不高，在这 10 年中又没有掌握其他技术，对于电脑更是一窍不通，一下子，他从优秀员工变成了下岗员工。在他离开工厂的时候，厂长先是对他多年的工作态度赞扬了一番，然后诚恳地对他说："其实引进新设备的计划我在几年前就告诉你们了，目的就是想让你们有个思想准备，去学习一下新技术和新设备的操作方法。你看和你干同样工作的小胡不仅自学了电脑，还对新设备的说明书进行了研究，现在他已经是车间主任了。我并不是没有给你准备的时间和机会，但你都放弃了。"

时代的前进是不会停止的，新设备、新技术、新方法会不断引入我们的工作中。管理者要时刻都把目光盯向那些掌握新技能、能为公司提高竞争力的员工，如果员工缺乏"换脑"思想，就请将他淘汰出局。

一个崇尚创新的企业，可以在瞬息万变的市场中开拓全新的领域，永远立于强者之林；一个能够为自己不断换脑的员工，能够开启自己的智慧推动企业的发展，自己也会成为企业发展的最终受益者。

成功之道，唯有勇于创新，不断变通才能够赢。

——俞敏洪

创新型员工——提升企业竞争力的关键

我们常常听到员工这样的抱怨：

"这份工作太难了，根本就做不好嘛。"

"这么难，让我无从下手，可怎么做啊？"

他们认为找不到方法来解决问题，自然工作是做不好的。这些只能说是推脱之词，只有主动去找方法才会有办法。

我们说，没有做不好的工作，只有不会创新的员工。只要拥有创新的思路，工作中再大的障碍也会被夷为平地。

金星金笔厂在新中国成立前是我国规模最大的金笔厂，它的产品"金星牌"金笔质量也属上乘。

但是，在该厂初创之时，一般人都以"舶来品"为时髦。国产金笔名不见经传，想打开销路很不容易。

当时上海永安等四大公司均有外国金笔出售，金星金笔厂要打开产品销路，首先就要闯入四大公司，特别是永安公司。

因为永安公司一向标榜其经营宗旨是"环球百货"，并以选货严格、服务周到在消费者中享有盛誉，营业额也居四大公司之冠。国产商品都以进入永安为荣，仿佛一登"永安"龙门，商品就成了"精品"。

金星金笔厂创始人周子柏为了在永安柜台上占一席之地，精心策划，煞费苦心。

他动员所有的亲戚朋友，时不时去永安公司问：

"有没有金星金笔？"

"金星金笔还没有上柜呀？"

这一招，果然见效。

永安公司开始接受少量的金星金笔进行试销。

在试销期间，周子柏又自掏腰包，拜托亲朋好友去把样笔买走，以这种销售假象来引起永安公司的注意。

由于"金星"金笔的质量过硬，逐渐地就有了真正的购买者。

在这种情况下，永安公司也乐于进货了。

"金星"金笔能够走俏，全靠周子柏善出奇谋，先把水搅混，再乘混水"销笔"。

周子柏运用了一个巧妙的方法，让永安公司"主动"为金星笔开辟一席之地。他也向大家证明了，再难的市场都是可以开拓的，只要你有一个创新的头脑。

美国有一家公司专门经销煤油及煤油炉。创立伊始，大量刊登广告，极力宣扬煤油炉的诸多好处，但收获甚微，其产品几乎无人问津，货物大量积压，公司濒临绝境。有一天，老板突然灵机一动，招来手下员工，让他们登门向住户无偿赠送煤油炉。员工们大惑不解，还以为老板愁疯了呢，看着老板那诡秘的神情，只得依令而行。

住户们得到无偿赠送的煤油炉，真是大喜过望，岂有拒收之理？知道消息的另外一些人也竞相给公司打电话，索要煤油炉，不久公司的煤油炉就赠送一空。

当时炉具还没有现代化，什么煤气、电饭锅、微波炉都没有，人们生火做饭只能用木柴和煤。这时，煤油炉的优越性明显地显现出来了，家庭主妇们简直一天也离不开它了。很快她们便发现煤油烧完了，只能自己到市场上去买，公司此时可是一毛不拔。当时煤油价格并不低，但已离不开煤油炉的人们也只得掏腰包了。再后来，煤油炉也渐渐用旧了，于是只好买新的。如此循环往复，这家公司的煤油和煤油炉便畅销不衰了。

我们常常看到这样的情况：面对同一种工作，有的人认为无从下手，而有的人却可以做得很好，其中的关键差别就在于能不能用创新的眼光去看待问题，用创新的思维去思考问题，并积极地寻找解决问题的方法。如果这些能力都具备了，还有什么工作是做不好的呢？

北大尊崇具有创新精神的人，企业家也主动寻找创新方法的员工。因为，在所有的管理者眼中，最优秀之人永远都是那些善于创新的人。下面的例子有力地证明了这一点。

日本原松户市市长松本清，他不但扮演政治家角色，还是一个头脑灵活的生意人。

他以开创"马上办服务中心"而名噪一时。他还拥有许多家连锁的药局。他将药局的店名称为"创意药局"。顾名思义，他的经营手法是具有独创性的。

松本先生曾将当时售价200元的膏药，以80元卖出。由于80元的价格实在太便宜了，所以"创意药局"连日生意兴隆，门庭若市。由于他以不顾赔血本的方式销售膏药，所以虽然这种膏药的销售量越来越大，其赤字也越来越高。但是，整个药局的经营却出现了前所未有的盈余。因为，前往购买膏药的人，几乎都会顺便买些其他药品。这些药品当然是有利可图的。靠着其他药品的利益，不但弥补了膏药的亏损，同时也使"创意药局"的生意做得有声有色。

松本清也让我们看到了"创新"所能产生的作用和能量。善于用创新的思路和方法去解决工作中的问题和困难是一个人决胜的根本，更是一个企业保持旺盛竞争力的保障。企业永远呼唤主动寻找方法、挑战困难的员工，这样的人才是企业最宝贵的财富。

从成功的角度来讲，两点之间的最短距离并不一定是条直线，而可能是一条障碍最小的曲线。要找到这条曲线，需要一个时时寻找方法去处理事情和面对困难的大脑。优秀的员工必然善于创新，对于他们来说，再大的困难都会用创新的手法彻底解决。

管理就是有效地利用资源，将合适的人请上车、不合适的请下车，把复杂的问题简单化、混乱的事情规范化。

——北大管理理念

学会借力——左脑和右脑的配合

"借"是一种高超的创新智慧的谋略，学会借力，可以以少胜多，以弱胜强、以小博大；学会借力，可以获得优势或转危为安、转弱为强。

经济学中有个"智猪博弈"的模型：

猪圈里有一头大猪，一头小猪。猪圈的一边有个踏板，每踩一下踏板，在远离踏板的猪圈另一边，会有一定量的食物掉下。两只猪要想获得食物，就必须先去踩下踏板。

不过，因为踏板和食物存在一定的距离。如果有一头猪去踩踏板，另一头猪就有机会抢先吃到落下的食物。如果小猪去踩动踏板，大猪会在食物掉下来后迅速将其吃完，小猪一点食物都得不到；如果是大猪去踩动踏板，小猪的食量和进食速度有限，大猪完全可以在小猪吃完食物之前跑过来争吃剩下的食物。在这样一种场景中，两头猪应该各自采取怎样的策略呢？

小猪怎么做呢？对小猪而言，不管大猪踩不踩踏板，自己不去踩踏板总是最好的选择。而大猪呢？它知道小猪是不会去踩踏板的，与其两者一起饿肚子，自己去踩踏板总还能获得食物。于是，主动去踩踏板成了大猪的唯一选择。这就出现了，同样聪明的两头猪，小猪借助于大猪的力量，吃到免费的食物。

学会借力，才有可能事半功倍，毕竟一个人的力量是有限的。善"借"之人往往必须会开动自己的脑筋，借助一切可用的资源，以最小的成本达成自己的目的。

有个要卖骏马的人，接连三天待在集市上，没有人理睬。这人就去见相马的专家伯乐，说："我有匹好马要卖掉它，接连三天待在集市上，没有人来过问。希望你帮帮忙去看看我的马，绕着我的马转几个圈儿，离开时再回头去看它一眼，我愿将一天的报酬奉送给您。"

伯乐接受了这个请求，就去绕着马儿转几圈，看了一看，离开时再回过头去看一了眼。这匹马的价钱立刻涨了十倍。

骏马在马市上一连三天也没有能够显现出价值来，因为市场上的马匹太多了，好比一颗珍珠埋在了一堆玻璃球中而不能看出其价值一样。而卖马人巧妙地借用伯乐善于相马的名声，为自己的马卖了一个好价钱，也是他善于借力打力的结果。

在工作中，可能会遇到各种条件的限制，但思路绝不能被钳制住。在现代社会，我们都要善于借用他人的力量，善于借力打力，这样才会收获更大的成功。

世界船王丹尼尔·洛维格购买第一艘货轮时，因为没有东西可抵押而被银行拒绝。情急之下，他找到一家信誉好的石油公司，设法跟这家公司签订了租赁合同，将自己准备购买的货轮租借给石油公司，将租借费用来偿还银行的贷款本息。银行看好这家石油公司，就把钱贷给了洛维格。于是洛维格有了第一艘货轮。接着，他又用同样的方法，买下了第二艘、第三艘、第四艘……最终成为美国实业界的巨头。

洛维格的发家奥秘，其实就是借力打力。有些人做生意，两耳不闻窗外事，往往生意失败而不知其因。"只拉车，不看路"被视为蛮干，路子不对，干得越多，结果可能越糟。无论是工作还是创业，都是这样，不注意分析身边的有利形势或机会，就有可能给你带来风险。

对于大多数人来说，能很好地运用借力打力的人少之又少，他们总是浪费资源、耗费精力而毫无所获。敢于借别人的优势来弥补自己的不足，这是一种胆识，一种智慧。竞争中各种参与者各展身手，如果能够成功借力打力，一定能够收到意想不到的效果。

当大多数的商人都懂得巧妙借势的道理之后，那些更聪明的人，不仅借顺势，更懂得借逆势。

一个妇女一纸诉状将丈夫告到法院，理由是丈夫有"外遇"。法官问第三者是谁，这妇女居然说是足球！法官觉得没法控告足球，便劝该妇女控告生产足球的厂家。

这起无厘头的控告引起了广大媒体的关注，大家都以为该厂家会对这起官司不予理睬，可出乎意料的是，该足球厂不但欣然应诉，居然还赔偿给这位妇女孤独费 10 万英镑。当时，一直关注该场官司的媒体争相报道这桩奇案。

表面上看，是足球厂败诉，还赔了钱，实际上这次官司为足球厂做了一次绝妙的广告。这一事件之后，该厂名扬四方，其产品也供不应求。足球厂的老板是聪明的，他知道如何借势扬名，这种隐蔽的炒作方式更容易让消费者接受。

这个足球厂的老板不愧是一个方法高手，表面上是"败"，其实是"大赢"，搭"奇案"的"便车"以达到宣传本企业的目的。如果这家足球厂是一家弱势品牌，那这桩案件的轰动效应足以让它全国皆知；如果这家足球厂是一家强势品牌，那会很好地巩固自己的品牌优势，有什么广告会比妇人状告足球是老公"小蜜"的宣传更为强劲呢？

实际上，即使是不利因素也有可能成为一种助力，善于在逆势中寻找有利于自己的支撑点，必定能为自己开创新的天地。

改革开放的大政方针给我们的企业提供了参与全球竞争的"入场券"，但是能否屹立于世界企业之林，还要看我们的企业能否通过技术、商务等创新打造出核心竞争力。

——张维迎

鼓励创新，找到企业创新的动力机制

对企业而言，创新更多是指技术与管理方面的创新。创新的目的是为了给企业谋取更大的利益，它不是时装秀，不是赶时髦，专挑别人尚未涉足的；也不是疯狂跟风，看到别人、别的企业在某一领域有所成就，也想在那一领域分一杯羹，结果投入重金去搞研发，却难以取得预想中的成绩。

创新作为企业的一项基本功能，是企业管理的一个根本特征。当代管理大师彼得·德鲁克说，创新和企业家精神是人类进入"开拓进取型经济"阶段后的"正常的、稳定的和连续不断的需要"。

北大管理理念认为，创新是企业生命的本质，是企业不断成长的保证。在技术更新不断加快的今天，只有创新的企业才能不断分取更多的市场份额。于是，就出现了创新的企业日新日强，守旧的企业逐渐衰退的局面。

英特尔公司总裁葛洛夫先生有一句话："当一个企业发展到一定规模后，就会面临一个战略转折点。"就是说当一个企业的人力资金达到一定规模的时候，就不能沿袭过去的老路子，就必须改变自己的管理方式和管理制度，并积极对产品、服务、制度等进行创新。否则就难以驾驭和掌控企业，更不用说继续经营了。

任何企业的发展，都要依靠一定的机制来运行，企业的创新也需要一定的动力机制的支撑。一个企业如果锐意改革，它的管理者就一定要摸索出企业的改革动力所在，然后才能顺藤摸瓜，找到一条创新之路，谋得长久的发展。

张瑞敏曾经说，企业不断高速发展，风险非常大，好比行驶在高速公路上的汽车，稍微遇到一点屏障就会翻车。而要想不翻车，唯一的选择就是要不断创新。创新就是要不断战胜自己，也就是确定目标，不断打破现有平衡，再建立一个新的不平衡：在新的不平衡的基础上，再建一个新的平衡。

张瑞敏是一个"创新论"的积极支持者和维护者，海尔也是一个培养创新人才、鼓励员工创新的企业。在海尔自己创造的"海尔词典"中，有一个"斜坡球体定律"，讲的是：

企业好比斜坡上的球体，向下滑落是它的本性；要想使它往上移动，需要两个作用力——一个是止动力，保证它不向下滑，这好比企业的基础工作；一个是拉动力，促使它往上移动，这好比企业的创新能力。这两种力缺一不可。止动力是企业发展的必要条件，不能保证企业在市场竞争当中一定会获胜；创新是企业发展的充分条件，有了止动力再有创新，就会在市场上获胜。

在海尔，创新的理念已经深入每一个海尔人的头脑中，使得他们在工作中积极地进行创造性思考，主动为企业解决发展中遇到的各种各样的问题。

有一次，出口到澳大利亚的洗衣机，由于客户的特殊要求，生产工艺变得极其复杂，出现了不少问题。全班人员主动利用下班后的时间进行研究，人多方法多，最后把一项项复杂的程序分解简化，果真彻底解决了瓶颈问题。

空调事业部在安装空调外机外壳时发现，所用螺丝的螺纹个数对固定的牢固程度起着决定作用。一般国际标准要求是 $10\sim12$ 个，但空调事业部的人想，如果把标准提高到 14 个，不就超出国际标准了吗？但螺纹数提高，螺钉的内应力就会提高，要解决这个问题，就必须更换螺钉材料并做特殊的热处理。内机车间的几个班组长一商量，大家分头行动，很快有了结果。这种看似很小的改革，使海尔空调不论在什么恶劣的环境下，都能做到外壳绝不松动。

这些仅仅是海尔良好的创新氛围的几个例子，但就是这样一种创新的意识，一点点创新的行动，渗透到每一个海尔人的头脑和行为中，才铸就了海尔今日的辉煌。

海尔在创业的时候，没有任何资源：要钱，因为不是国有企业，没有银行贷款给你；要人才，因为它是个集体企业，在计划经济的情况下，不可能有大学生分配过来，大学生都是先分到国家的科研机构、军工企业、国有企业。也就是说，海尔人力的资源和资金的资源都没有。但是海尔就是靠创新，从无到有，从弱到强逐步发展起来的。

海尔的可贵之处在于，它树立了创新无止境的观念，强调创新的空间存在于每个地方、每个人、每件事上。张瑞敏曾以《创新无止境》为题，写下这样的文字：

1984年，海尔砸掉76台不合格的冰箱，以树立员工的质量意识；今天在德国，消费者购买海尔冰箱可以获得政府颁发的节能补贴。

1999年4月30日，我们在美国南卡罗来纳州打下了第一根桩；到现在，美国造的海尔冰箱正在向着美国本土化的名牌迈进。

昨天，我们还在为新世纪的到来而憧憬；今天，当我们站在新世纪的门口，想象中的画面已经变成看得见摸得着的存在。

太阳每天都是新的，新经济下没有旧经济，只有守旧者。面对充满挑战和希望的明天，我们只有不断创新，挑战满足感，才能超越自我。我们因创新精神赢得世界的瞩目，我们仍须用不断的创新来赢得新世纪的辉煌。

只有企业所有员工都按照同一个方向——企业发展的方向出谋划策、开拓创新，我们的企业才能做大做强。

创新应该是一个公司行为，而不是个人行为。我们不要认为创新只是某些聪明脑袋灵感的泄露，创新实质上应该是正规化的、常规化的操作程序。作为一个成功的企业，它所具有的创新能力也是来自整个制度的设计。

——张维迎

制度创新是创新管理的前提

北大管理理念认为，管理者应该从管理制度上支持和鼓励创新。采用创新机制的企业是拥有蓬勃生命力的企业，但构建企业的创新机制却不是一件简单的事，而是一个复杂的系统工程。管理者要充分调动员工的积极性和创造性，推动企业的持续创新，必须要有一定的动力机制做保证，否则，企业的创新就无法长期连贯进行，企业的发展目标也就很难实现了。

　　管理者要利用各种制度激发员工认真思考、力求创新的积极性，并以此来使企业走上持续创新的道路，实现长期的发展目标。

　　制度创新是知识创新的前提，如果不对旧的落后的企业制度进行创新，它就会成为严重制约企业创新和发展的桎梏。企业制度是指一个有机组织，为了实现组织既定目标和实现内部资源与外部环境的协调，在财产关系、组织结构、运行机制和管理规范等方面的一系列制度安排。

　　制度创新主要包括产权制度、经营制度（经营机制）和管理制度三个层次不同方面的内容。产权制度是决定企业其他制度的根本性制度，它规定着企业所有者的权利、利益和责任；经营制度（经营机制）是有关经营权的归属及行使权力的条件、范围、限制等方面的原则规定，它构成公司的"法人治理结构"，包括目标机制、激励机制和约束机制等；管理制度是行使经营权，组织企业日常经营的各项具体规则的总称，其中分配制度是其重要的内容之一。

　　企业制度创新就是实现企业制度的变革，通过调整和优化企业所有者、经营者和劳动者三者的关系，使各个方面的权利和利益得到充分的体现；不断调整企业的组织结构和修正完善企业内部的各项规章制度，使企业内部各种要素合理配置，并发挥最大限度的效能。

　　上海家化公司创建于 1898 年，是中国最早的民族化妆品企业，但在相当长的一个时期中，其总体发展水平十分缓慢。至 20 世纪 80 年代初，上海家化仍处于产品能级低、科技投入少和发展后劲不足的状况。改革开放以来，上海家化面对激烈的国内外竞争，进行了一系列制度创新，使得企业获得了长足发展。曾在全国近 2000 家化妆品企业中名列第一。

　　上海家化公司的制度创新主要体现在以下几个方面：

　　首先，实行以毛利为中心的管理机制。中国企业考核指标设计的不合理性，许多跨国公司的毛利率多为 40%～60%，而中国化妆品行业为 7%～15%，产生这种情况的原因是中国企业把利润作为考核指标。在这样的利润导向下，除了生产成本，一切经营开支如科技投入、市场费用、广告宣传、员工培训等都被压缩到最低，以求利润的最大化。

在此情况下，上海家化毫不迟疑地引进毛利管理，并对产品逐个分析。当时毛利率达40％的家化产品仅占5％，上海家化公司总经理葛文耀和员工们下决心做大这5％，强化品牌效应。而对低毛利的产品，或增加科技投入，使其"营养"丰富；或壮士断腕，立马淘汰。

推行毛利管理的过程是一种对过去满负荷生产的否定，葛文耀以"机会成本"概念向管理人员做解释，如家化六条生产线，满负荷生产"友谊"、"雅霜"，年吞吐量7000吨，销售额才3000万元，低毛利产品占了高毛利产品的扩展机会，企业应该把机会让给最好的产品。

其次，实行品牌经理制。葛文耀在合资公司中对这一管理机制深入钻研，结合攻读经济学硕士研究生时钻研的理论，发现当品牌成为市场竞争的主角时，实施这种品牌机制，在企业管理中会有十分明显的业绩。于是，上海家化开始实行品牌经理制，葛文耀从大批引进的人才中选拔年轻有为的人担任品牌经理。他们对品牌的开发、定位、生产、定价、广告、促销、淘汰等全过程一揽到底。品牌经理就像一个个"小总经理"，在各自的岗位上互相竞争，多头并进。

第三是推行"最终销售"管理理念。葛文耀毫不忌讳地讲，过去他常与妻子趁星期天到市百一店站柜台，每开发一个新产品，都是靠有限的市场积累想出来的。后来葛文耀摒弃了这种曾经带来部分成功的做法，提出了独创的"最终销售"理念，即产品进入市场，一定要通过四个环节：一是及时发现市场机会与消费者的需要；二是把消费者的需求变为量化的分析指标，进行针对性开发；三是通过市场活动让消费者了解自己的产品；四是通过"店头"，如专柜美容顾问指导或超市醒目标记等各种形式，使产品到达消费者手中。

制度创新是企业发展的基础，是企业整体创新的前提，同时也是实现一个企业不断创新的保障。没有一个创新的企业制度，企业的其他创新活动就不会有效和持久。

制度创新可使企业站在发展的前沿。企业的外部环境总处于不断发展变化之中，企业只有和外界保持良好的关系，才能长久不衰，站在市场的前沿。反之，企业体制僵化，创新不足，便会遭到毁灭性的打击。

制度创新是技术创新、市场创新、产品创新的前提。在激烈的市场竞争中，谁胜谁负关键在于创新，创新已成为企业的生存之本。企业必须在经历了"生产管理型"向"经营管理型"的转型后，适时转向"创新管理型"，形成有效的创新机制，将创新体现于企业制度当中，更好地发挥投资者、经营者、生产者甚至消费者创新的积极性。

制度创新可发挥人才积极性。知识经济致力于通过智力资源开发创造新财富，逐步代替工业经济的命脉和已经短缺的自然资源。制度创新使企业制度满足企业内部一系列创新的要求，适应知识经济时代外部环境多变性的要求，从而使人才的积极性得到最大程度的发挥。

制度创新有多种实现途径，企业生产经营状况不同，所处经营环境不同，创新的主攻方向也不同。制度创新是科学也是艺术，在实现创新的过程中，难以有统一的模式，规范的方法，一致的途径。因此，上海家化在创新的道路上，在创新的方式选择上，彰显自我，体现独到，与众不同，这才是真正意义上的创新，才会收到创新所带来的巨大经济效益。这也是其他企业在制度创新时的着眼点和切入点。

第八章

制度管理课：

谁说了算——慢慢形成"规矩说了算"

严格的制度是企业赖以生存的基础。

——李彦宏

管理难题：法治还是人治

在百度食堂，迟来的李彦宏依然要站在一边等座位；没有人会主动站起来让座，更没有人点头哈腰。百度员工彼此是平等的，规则是必须尊守的。

很多企业管理者总搞不清一个问题，人治好，还是法治好？很多管理者基本上都是讲法治，可是回到实践层面基本上还是人治。

比较华人企业与大型跨国公司，我们会发现，华人企业是领袖中心型企业，跨国公司是制度中心型企业。华人的企业大都是企业家比企业有名，如企业家李嘉诚，但外国公司往往是企业比企业家更知名，如可口可乐。这是"重人不重制度，人治大于法治"在企业文化中的一个反映。

人治的问题并不在于任何领导者都可能犯错误，而在于人治无法作为一个长期治理的手段。能否保证制度、政策的稳定性和可预期性，在于领导人是否真的或总是具有那么多的智慧和贤德。尤其在现代的高度分工的社会中。

关于制度管理比人治更具合理性的判断，可从以下的这个案例中得到印证。

18世纪，英国政府为了开发新占领的殖民地——澳大利亚，决定将已经判刑的囚犯运往澳大利亚。从英国到澳大利亚的船运工作由私人船主承包，政府支付长途运输费用。据英国历史学家查理·巴特森的《犯人船》记载，1790～1792年间，私人船主运送犯人到澳大利亚的26艘船共4082人，死亡498人，死亡率很高。其中有一艘名为海神号的船，424个犯人死了158个人。英国政府不仅经济上损失巨大，而且在道义上受到社会的强烈谴责。

对此，英国政府实施一种新制度以解决问题。政府不再按上船时运送的囚犯人数支付船主费用，而是按下船时实际到达澳大利亚的囚犯人数付费。新制度立竿见影，据《犯人船》记载，1793年，3艘新制度下的船到达澳大利亚后，422名罪犯只有1人死于途中。此后，英国政府对这些制度继续改进，如果罪犯健康良好还给船主发奖金。这样，罪犯的死亡率下降到1％左右。

合理的制度具有重大作用。"没有规矩，不成方圆"，制度在维护经济秩序方面起着重要作用。

首先，制度可以避免人们在生活交往过程中的不可预见行为。所谓不可预见行为，指某个人在某件事结束以后，不清楚下一步将会发生什么。有了制度以后，下一步该干什么已经清清楚楚。

其次，制度能规避机会主义行为。那些不遵守规则的人，因为制度的不健全，专门钻空子牟取暴利，这就是典型的机会主义行为。

企业界有句名言——"制度大于总经理"，一套规章制度只要出台，就应既能给人以警示作用，又能使犯规者得到应有的惩戒。如果不讲"法制"只讲"人治"，规章制度的权威性就会受到置疑和贬低。在执行规章制度方面必须从严，这样才能既体现规章制度的严肃性，又能使他人引以为戒。

良好的企业制度才能够保证企业的持续发展。不少企业管理者把企业的发展寄托于一个"有本事""有魅力"的企业领袖身上，以为是人在其中起着决定性的作用，但是事实上起作用的是企业制度。

改革开放以来，国内涌现了一批知名企业和企业家，企业家或因杰出的才能、非凡的人格魅力，或因"时势造英雄"而成为企业的绝对主宰和精神领袖，并且企业还乐于渲染个人权威、塑造个人英雄。"一人身系天下安危"，这种脆弱的人治直接影响企业长远、稳定的后续发展。

管理学家罗宾斯指出，当组织开始制度化后，它就有了自己的生命力，独立于组织建立者和任何组织成员之外。它具有稳定性和连续性，不会因为领导的更换而发生变化。

对一个企业组织来说，有一个个人魅力强的领导是好事，但要把这种好事延续下去却较难。一位企业的管理者曾说："为什么我们第一代企业领导人一旦退休，或者突然发生意外，这个企业就垮了？原因就在这里，它没有制度化。因而，只有为企业建立了一种制度的企业家才能算是成功的企业家。比如说美国，肯定会提到开国之父华盛顿，他制定了美国宪法和民主的选举制度。他的伟大在这里，而不在于他是开国总统。实际上对企业来说，成功与否关键在制度。就是我不在，公司还能很好地发展下去，这才是最大的成功。所以在我在世的时候，还健康的时候，我就要疏离它。我是创始人，如果我现在还离不开，反而有问题。所以，像我去登山应该完全是作为管理学上面的一个正面的例子来进行肯定。"

不管是谁当领导，都能将公司经营好，这才是持久的管理。怎样才能做到呢？这就需要制订相应的制度，按照相应的制度办事。

台塑集团创办人王永庆，他学历不高，但他深知企业制度的重要性。从建立台塑到带领台塑走上商业巅峰，他一步一个脚印地建立和完善着企业的制度。如今，台塑集团已经成为世界闻名的大型企业。令人称奇的是，在屡次经济波动中，台塑都没有受到多大影响，一直保持着稳健的增长。作为一个巨大的实业帝国，能够在经济波动乃至经济危机中逆流而上，完善的制度功不可没。

王永庆认为，只要制度完善，可以杜绝很多弊端。在王永庆的推进下，台塑建立了完善的制度，涉及到企业运营的方方面面，使得台塑人可以做到"人尽其用""人尽其心"。这种制度也保障了企业在外界环境发生变化下的稳健运行。

一个组织的长生不老绝不仅仅依赖于其英雄人物的"超凡卓识"，应在更大程度上依赖于制度体系。没有永远成功的管理者，只有制度才可以永远地固定下来，并加以传承。

法治的企业可以靠一套制度来纠正个人的错误，即使最高领导人做出了错误的决策，也有一套纠错机制。这样，企业的决策者可以退出，但企业可以依靠制度而长青。任何人都是企业机器上的一个零件，零件坏了可以换，但整部机器仍在正常运行。有很多企业正是靠制度获得了新生。

20世纪80年代起步的康柏公司，在CEO罗德·凯宁的领导下取得了优秀的业绩。他们高质量的手提电脑与高速、大容量的微电脑曾风靡一时。公司成立5年后销售额突破10亿美元。但到了80年代末，电脑开始普及之后，凯宁顽固地坚持高质量、高价格，反对低价、大批量普及的潮流。这时，董事会决策制度发挥作用，撤掉了顽固不化的凯宁，康柏又走向新生。

一个人无论多伟大也不可能不犯错误，人治企业无法消除个人错误引起的恶果，而法治企业有消除这种错误的机制。

当企业形成完整的制度体系后，不仅是企业领导，一般员工的工作也有了延续性。当某员工离开某岗位时，接管其岗位的后来者能够迅速地遵循现有的"制度"展开工作，继续推动工作向前发展。这就是跨国公司职员可以频繁流动或较长时间休假，但公司照样能有效运转的奥秘。

管理者必须重视企业法治的作用，唯有规范的制度，才能最终解决人治情况下的延续性缺失问题。

制度一旦制定，任何人都要严格执行，没有例外。

——北大管理理念

按制度办事：不要动不动就"例外"

汉代有一位名叫丙吉的宰相。有一次他外出巡视，路人打架发生伤亡，有人拦轿喊冤。丙吉问明缘由后却绕道而行。后来看见一头牛在路边不断地喘气，他却立即停下来，刨根究底，仔细询问。随从的人觉得很奇怪，问为什么人命关天的事情他不理会，却如此关心牛的喘气。

丙吉说，打架斗殴，由地方官吏负责，我不能越权处理。天尚未热，而牛喘气异常，就可能发生了牛瘟或是其他的有关民生疾苦的问题，这些事情地方官吏往往不太注意，因此我要查问清楚。

这则故事有很多耐人深思的地方。打架伤亡事件由专门的律法来管理，因为这些例行事件的处理大都制度化、流程化，并由专门的机构负责处理。相反，"牛喘气"作为一种偶发性例外事件，缺乏制度化、程序化的解决方式，就容易被忽视而造成严重的后果。

丙吉这种放手流程内和例行性事件、专注流程外和例外事件的管理思想，对企业的管理者有着很深的启示。

北大管理理念认为，制度是企业管理的基础和保证。因此，制度一旦制定下来就必须严格遵守，否则企业就会成为一盘"散沙"，有生存危机。

1946 年，日本战败后，松下公司面临极大困境。为了渡过难关，松下幸之助定下严格的考勤制度，要求全体员工不迟到、不请假。

然而不久，松下本人迟到了 10 分钟。本来，松下上下班都是由公司的汽车接送的，当天，他早早赶往车站等车，可是左等右等，却不见车来。看看时间差不多了，他只好乘上电车，刚上电车，就看到公司的车来了，便又从电车下来换乘汽车。由于耽误了时间，到达时整整迟到了 10 分钟！原来是司机班的主管督促不力，司机又睡过了头，所以晚接了松下 10 分钟。

按照制度规定，迟到要受批评、处罚的，松下认为必须严厉处理此事。

首先，以不忠于职守的理由，给司机以减薪的处分。接着，其直接主管、间接主管，也因监督不力受到处分，为此共处理了8个人。

此外，松下认为对此事负最后责任的，还是作为最高领导的社长——他自己，于是他对自己实行了最重的处罚，退还了全月的薪金。

仅仅迟到了10分钟，就处理了这么多人，连自己也不饶过，此事深刻地教育了松下公司的全体员工，在日本企业界也引起了很大震动。

企业管理中，必须做到有制度可依，同时做到有制度必依。制度的制定不是给人看，而是让人遵守的。一旦制定，组织中的任何成员都必须受到这个制度的约束，这样才能发挥制度的作用。

言教再多也不如身教有效。若想让员工遵守制度，前提是管理者首先要管好自己，为员工们树立一个良好的榜样。行为有时比语言更重要，领导的力量往往不是由语言，而是由行为动作体现出来的，管理者的表率作用尤为重要。

制度不仅仅让员工的行为有了底线规范，更让管理变得简单、公正。因此，管理者要做好制度的建立者，更要做好制度的守护者与执行者，这样才能确保制度的执行对企业经营起到持续的正面作用。

制度多是一些硬性规定，一旦遇到特殊的情况，就无法处理了。但是，中国是例外最多的国家，甚至管理者本身也常犯"例外"性的错误。只要指定了制度，任何人都应该按制度办事。

曹操带兵出去打仗的时候，看到麦田里的麦子长势很好，于是下令：大家注意，不要踩到麦田，哪一个人踩踏麦田，斩！刚刚讲完，他的马就踩倒一大片麦苗。

怎么办？当时曹操就拿起刀来，所有的人都跪下去求情："千万不可以。"曹操坚持认为，自己发布的命令，一定要遵照。大家又赶紧求情："绝对不行！绝对不行！"那怎么办呢，于是曹操"割发代首"。

身为管理者，在执行制度的同时，注意自己的行为举止，自己不要搞

"例外"，否则将在下属面前失去威信，这将给自身的管理工作增加难度。

管理者在制定及执行制度的过程中要遵守3个原则：

（1）要保证制度的严肃性和连续性。朝令夕改会使制度失去效力，流于形式，因此，一个好的企业制度要保证不因企业管理者的改变而改变，不因管理者与被管理者关系的亲疏而改变。

（2）制度要随客观环境的变化而不断改进、修订和完善。制度不可能一成不变，一劳永逸，而必须与时俱进。

（3）所有制度必须依据人的本性，便于执行。企业的制度要尽可能少，制度越少，员工重视的程度就越高。制度要简单易懂，要对每一条款都进行解释，以免造成误解，要尽可能吸收员工参与制度的制订工作。

"对事不对人"的精髓在于注重成果、尊重规则。

——北大管理理念

建章立制，坚决做到"对事不对人"

不少管理者都会遇到这样的两难问题："我有一名下属，他是骨干员工，但他明显做错了工作，我想批评他，但他受不了不干了怎么办？可如果不进行批评，以后他或其他的同事犯同样的错误怎么办？我怎么解决这个两难问题？"

解决难题的最好的办法，就是为你的企业建章立制，处理同类问题"对事不对人"。

"对事不对人"要求管理者把有限的精力聚焦在事情和结果上，不谈论当事人的能力与个性。由此，企业需要两方面的支撑：其一是企业要建立完善和健全的制度和标准体系；其二是管理者能根据制度与标准，客观评价员工的工作成果。

某公司的管理制度比较松懈，公司开会时常常有人迟到。这一天公司又开管理会，前面有两位与会者迟到了，经理没有吭声，后来第三个迟到的人来了，经理实在忍不住了，把他训了一通。第三个迟到的人后来了解到他并不是唯一迟到的人，对经理很不满意，觉得经理对他有偏见并找他当面说理。经理说"我是对事不对人"，但这位员工说："为什么你只批评我，而对前面迟到的两个人都没有责骂呢？"

这位经理犯的错误是没有一个统一的标准，只批评了最后一个迟到的人，确实没有做到一视同仁。这种批评者认为自己对事不对人，但被批评者认为别人就是和他过不去的现象非常普遍，原因就是当事人没有统一遵照标准，或者公司没有统一的标准。比如，如果公司规定"凡迟到者一律罚款 10 元"，然后按制度执行，谁都不会否认这个标准的"对事不对人"。

对于制度层面上的管理工作应该一视同仁，比如考勤制度，规定所有员工八点半上班，管你财务部还是人事部的人都不例外，但是对于市场部可能有不能一刀切的情况，我们也知道外勤人员有时出差，可能半夜才到家，你就不能强求第二天准时上班，这就要有一定的弹性，但是这属于特殊管理，而不是双重标准，双重标准是指针对同一个问题采用不同标准，就比如两个业务员都是出差，到深夜 2 点才回家，第二天都是 10 点才到公司报到，你不能一个不算迟到一个算迟到，这就是标准不一了。

因此，一个企业组织不应该出台两个相互矛盾的制度标准，也不应该在制订制度后采用不同的实施标准。管理制度的最重要的目的之一是体现公平性，按制度办事，就是要做到"对事不对人"。

我们不妨来看看李彦宏是怎样"对事不对人"的。

时值 2002 年，百度正处于快速发展中。当时，负责人阿 D 几乎天天都盯着百度服务器，因为每天承受的访问压力已经接近服务器极限，如果访问人数再增加，就会导致百度独立网站的服务不稳定，严重影响到用户的搜索体验。恰恰这个时候，销售部门新谈成了一个门户网站，希望马上使用百度的搜索引擎服务。

阿 D 虽然知道这个服务不应该上，因为新服务很可能成为压垮百度服务器的"最后一根稻草"。但最后因为种种原因，阿 D 没能坚持到底，新服务还是上线了。结果，连续两天，百度网站的服务稳定性很差，用户在提出搜索请求时经常得不到正常的搜索结果，新服务不得不紧急下线。

阿 D 惴惴不安了好几天，已经做好了挨批评的准备，他明白，以李彦宏的个性是容不得这么大的纰漏的。李彦宏确实对这件事很在意，但是在例会上，他并没有对任何人发脾气，而是平静且认真地对阿 D 说："你的职责就是保证百度的服务可依赖，所以这次事故你有很大的责任，要好好反思。"他接着说："现在最关键的是怎么解决这个问题，赶紧讨论一下。"阿 D 说出了自己准备好的解决方案，李彦宏很认真地听着，时而点点头，他觉得这个想法考虑得很全面，然后很投入地和他一起讨论起其中的细节来。

李彦宏谈完事情后，邀请阿 D 周末一起参加娱乐活动，阿 D 心头原本重重的乌云渐渐散去。他完全能感觉到只是这件事情没有做到，李彦宏对他本人并没有怀有成见。

优秀的企业管理者懂得利用企业制度的重要性，他们依据企业的制度，不会将过错都归到某个员工身上，他们处理问题完全能做到"对事不对人"，而员工也能理解并支持管理者的这种做法。

管理制度一定是"对事不对人"，即一视同仁，"制度面前人人平等"。

如果企业的制度不完善，则会让企业滋生"潜规则"，让企业成为"潜规则"的温床。

——北大管理理念

制度不完善，滋生"潜规则"

企业在运行过程中，逐步形成自己独特的符合一定企业运行规律的行为模式，这就是企业制度。可以说，企业制度是企业行为模式的沉淀，是一种稳定化和合理化的秩序。制度具有重要的作用。

对于制度，人人都应遵守。制度存在的意义，是使企业行为可以预测，比如过马路，我们要制订交通规则，车在左边，人在右边，如果没有这个规则，你走在大街上就没有安全感，车祸也会接踵而至，而有了制度，就可以正常运行。制度的另外一个重要意义，是对于企业长远利益的保障。

"潜规则"指的是明文规定的背后往往隐藏着一套不明说的规矩，一种可以称为内部章程的东西。"潜规则"之初主要是指社会中存在的一些"陋规"，如鲁迅先生所说，"藏在皮袍下面的东西"，是社会中一种看不见、摸不着、行之有效、但摆不上桌面的行为方式。

在很多企业中，"潜规则"大行其道，由于制度、管理安排不合理等方面的原因，造成某项工作出现真空现象，使管理的有序反而变成无序，造成极大浪费。一般来说，主要有以下几种情况：

（1）有章不循造成的无序。有很多管理者把规章制度当成约束他人的守则，没有自律意识，不以身作则，不按制度进行管理考核，不仅影响了其他员工的积极性和创造性，还会降低整体工作效率和质量。

（2）业务流程的无序。这是由于通常考虑以本部门为中心，而较少以工作为中心，不是部门支持流程，而是要求流程围绕部门转，从而导致流程的混乱，工作无法顺利完成。

（3）协调不力造成的无序。职责不清，处于部门间的断层。部门之间的工作缺乏协作精神和交流意识，彼此都在观望，认为应该由对方部门负责，结果工作没人管，原来的小问题也被拖成了大问题。

（4）业务能力低下造成的无序。比如出现部门和人员变更时，工作交接不力，协作不到位，因能力不够而导致工作混乱无序，人为地增加了从"无序"恢复到"有序"的时间。

北大管理理念认为，制度的不完善，使"潜规则"的存在变得合理。任何一个企业中，制度都不可能完全正确和完善，当制度不能发挥有效作用的时候，"潜规则"就会凸现，起到实际的调节作用；而企业发展是一个动态的过程，不可能用一种规则去应付，纵使是制度，也是在变化之中。可以说，规则总是落后于企业的发展，在新的规则还没有建立的时候，"潜规则"就闪亮登场。

没有规矩，不成方圆。法律和规则是社会运行的基石，也是企业赢利的根本，规章制度松懈，执行力度不够，是一个问题的两个方面。这都直接破坏了企业的正常运行，助长了员工偷工减料、懒散松懈的工作作风。因此，每一个企业的管理者，尤其是一线的执行者，都应该着力培养自己的规则意识和法制意识。须知，良好的规章制度和执行到底的作风是企业发展和赢利的基本保证。

制度的刚性与管理的柔性不能有效结合，企业制度很难发挥最大的效益。

——北大管理理念

制度化管理要做到刚柔结合

在管理领域中，"经"指规范、原则、制度；"权"指权宜、权变，即衡量是非轻重，因时、因地、因事制宜。"经"与"权"，即所谓原则性与灵活性，坚持按制度办事与适当变通之意。

春秋时期，晋国有位叫李离的狱官。有一次，在审理一件案子时，李离由于误听了下属的一面之词，结果将一个犯人错判致死。后来案情真相大白后，李离决定以死赎罪。

晋国国君很看重李离，就劝说他："官有贵贱，罚有轻重。这件案子主要错在下面的办事人员，又不是你的过错。"李离回答道："作为国家的狱官，要保证国家法律的公正。既然我犯了错，就违反了制定的法律。为了保证以后法律的有效实行，我不能打破这个规矩。"说完之后，李离就伏剑自杀。

制度的建立，是为了保证企业日常管理的规范。有制度，就要有执行。企业管理中，保证制度的刚性是根本。李离以死赎罪，体现了其对国家法律制度的刚性支持。晋国法律得到了有效维护，晋国的国力也因此大为增强。只有保证已有制度的贯彻执行，才能有效进行管理。

企业制订的每一条规章制度都具有一定的刚性，不过，要使制度发挥出最大的效用，又得做到灵活运用。制度化管理并不意味着死板与僵化，如果制度的刚性与管理的柔性不能有效结合，企业制度很难发挥最大的效益。

曾有一家大型公司招聘，该公司计划招聘 25 名新员工，公司招聘制度明确规定，只有文化考试成绩在前 25 名的人才能有资格被录取。有一候选人，人品和性格都很好，并且拥有丰富的关系资源，这些关系资源能给公司带来较大的新的业务发展机会。但是他的招聘考试成绩并不理想，排在第二十六名。面对这种情况，公司困惑了：是录取他，还是放弃他？公司领导层权衡再三，最后还是决定忍痛割爱。原因只有一个：公司的招聘规章制度不能违反，这是公司"铁的纪律"！

然而，该公司的行为引起社会上很多人士的质疑。什么才算是公司"铁的纪律"？铁的纪律应该至少符合两个基本条件。

首先是制度的时效性，就是说该制度必须符合企业与时俱进的发展要求，符合企业应对同业竞争和市场现状的需要；其次是制度的前瞻性，公司的制度在时效性的基础上，更要能够引领企业走在其他企业前面，并符合时代潮流的发展。如果公司制度不能引领企业加速发展，甚至落后于发展的潮流，那么这样的制度早就应束之高阁。可以说，时效性、前瞻性是企业制度缺一不可的特质，是它生命的根基。像这个公司招聘的情况，就应该是企业管理者的过失，招聘制度应该不断完善，以免使企业和真正优秀的人才擦肩而过。

管理中需要按规章制度办事，坚持原则性，这是制度化管理的基本要求；同时，在管理过程中也不能没有灵活性。如何处理"经"与"权"之间的矛盾，是摆在管理者面前的一个难题，在这方面，没有成熟的手段可供利用。

制度化管理倾向于把组织设计为一台精确、完美无缺的机器，它只讲规律、讲科学、讲理性，而不考虑个性。组织是由人组成的集团，人有感情、有情绪、有追求、有本能，人不是机器，不可能像机器一样准确、稳定。从这种意义上说，完美的制度化管理只是一种抽象。

组织也不能变成一台设计完美的机器，它是在环境中生存和发展的生物有机体，随环境变化调节自身是其基本生存方式之一。这种调节的机制要求组织有活力，有生长发育的空间。这种生长发育的机制和活力的形成和作用发挥，就在于构成组织基础的个人行为。所以，组织从生存发展的需要考虑也不可能变成机器。

极端的制度化管理既不可能，也不理想。制度化管理强调的也不是极端的制度化，而是以制度化管理体系为基础，谋求制度化与人性、与活力的平衡。

根据现实情况和经验反映出的问题，处理"经"与"权"的矛盾需要注意下面两点：

第一，根据组织中的实际情况，应加强"经"的一面，推行制度化管理，即使牺牲部分灵活性也在所不惜。因为传统的和现实的各种原因，会导致现实中原则性太少而灵活性太多。

第二，在基本的方面、关系全局的方面应坚持原则不动摇；而在局部的、无关紧要的方面可以适当放宽，多些灵活性。

在推行制度化管理的同时，要处理好下述两组矛盾平衡关系："经"与"权"；他律与自律。

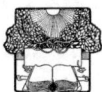

第九章

人性管理课：

管理是以他人为中心的包容，不是以个体为中心的自私

对于一个企业，人性化的、细致入微的服务是品牌必不可少的品格。

——俞敏洪

不要存心去管人，不要忽略人的情绪

北大是包容的，也是仁和的，所以，它的管理理念中处处体现了这些特点。北大管理理念非常重视人本管理的重要性，强调管理者应该重视对下属的感情投资，任何时候都不要存心去管人，任何时候都不能忽视人的情绪。

薪资丰厚，员工却有很多抱怨，即使离开了公司，还在不停地数落公司和管理者的"罪状"；薪资不丰厚，但员工队伍稳定，对公司满意度很高，员工即使离开了公司，也会经常联系管理者。这两种局面形成的主要原因之一，就是管理者是否重视情感管理，是否进行了感情投资。

法国企业界有句名言："爱你的员工吧，他会百倍地爱你的团队。"管理者与员工处于天然的"对立"关系，优秀的企业家悟出了"爱员工，团队才会被员工所爱"的道理，因而采取软管理办法，从而创造了"和谐团队"。

关注人的情绪，关心员工的心理，在著名的"霍桑试验"中就已经证明，员工的工作绩效很大程度上与人文关怀有关。在企业内部建立"关怀"文化，有助于使员工的情绪保持在较为理想的水平上面，提高工作效率，从而提高工作业绩。

中国人的感情取向与文化传统，决定了感情因素在团队管理中的重要位置。作为一名管理者，要想让下属理解、尊重并支持自己，就必须学会关心、爱护他们，对员工进行感情投资。让下属与自己的心贴得更近，才能使他们更加拥戴和支持自己的工作，才能使他们对工作尽心尽力，才能最终利于管理。

日本麦当劳的社长藤田田在所著畅销书《我是最会赚钱的人物》中，将他的所有投资分类研究回报率，发现情感管理所获得的回报率最高。

藤田田对员工非常关心，他每年支付巨资给医院，作为保留病床的基金，当职工或家属生病、发生意外时，便可立刻住院接受治疗，避免了在多次转院途中因来不及施救而丧命的事情发生。有人问藤田田，如果他的员工几年不生病，那这笔钱岂不是白花了？藤田田回答："只要能让职工安心工作，对麦当劳来说就不吃亏。"藤田田还有一项创举，就是把从业人员的生日定为个人的公休日，让每位职工在自己生日当天和家人一同庆祝。藤田田的信条是：为职工多花一点钱进行感情投资，绝对值得。感情投资花费不多，但换来的员工积极性产生的巨大创造力，是任何一项投资都无法比拟的。

不少管理者重视企业的家庭氛围，为员工搞福利，为员工过生日，当员工结婚、晋升、生子、乔迁、获奖之际，如果受到领导的特别祝贺，想必员工一定对企业会忠心耿耿。

管理者能在许多看似细小的事情上关怀员工，这种关心表现在员工的工作上，相互交往上，也表现在生活上，比如在生病时的嘘寒问暖，为员工组织定期的体检，在员工处于逆境时的鼓励等。

作为一个管理者，要想让下属理解、尊重、信任并支持你，首先你应懂得怎样理解、信任、关心和爱护员工。任何时候，管理者都不要高高在上地对员工进行管理，对员工多一些情感管理，那么企业中将会出现亲切、和谐、融洽的气氛，内耗就会减少，凝聚力和向心力就会大大增强。

要注重感情投资，重视情感管理，管理者需要做到哪些呢？

1. 帮助员工解决生活需要

按照马斯洛的需要层次理论，任何人的最基本的需要是生存需要和安全需要。管理者关心员工，应该首先从这方面入手，如果一个人整天为生活而发愁，你想让他专心做好工作是很困难的。

而身为管理者，如果在能力所及的范围内多为下属解决生活问题，他就会感到你的体贴，愿意长期为你付出更多的劳动。因此，为下属做好安定的生活保障，是赢得下属尊敬与喜爱的有效方式。

2. 让员工感受"温暖"

在平常工作中，领导要让下属尽量感受到管理者的关心和爱护。想要做到这一点，领导就必须了解每个下属的名字、家庭状况，适时给予他们问候，让他们感受到关心和重视。管理者可以在特殊时间给下属带来不一样的关怀，例如借助下属的生日、工作周年纪念日、调动、升迁以及其他重要的事情，说几句赞美的话，让下属感受到你的关怀。

当然，情感管理应该是一种自觉的、一贯的行为，不要只做表面文章，不能摆花架子。这样才能让下属感受到你的真诚，才能赢得他们的信赖。"路遥知马力，日久见人心"，作为管理者，如果能长期与下属平等相待，以诚相见，感情相通，必定能吸引和留住那些最优秀的员工，并激励他们努力工作。

管理者都应该熟知孔子的"仁爱"哲学，并且巧妙地将"仁爱"思想运用到管理中，使得整个管理充满人性，这是赢得人心的关键。

——王选

"仁爱"是赢得人心的有效方法

如果一个人要创办企业，需要准备一定的资源，比如资金、人员、场地、技术，等等。这些属于硬件的范畴，离开硬件是无从创办企业的。但是仅有硬件还是不够的，还需要企业文化、企业愿景、规章制度、仁爱之心等软件。

北大管理理念看重仁爱在管理中的重要性。仁爱即对人宽容慈爱，是爱护、同情的感情。用在管理中是指管理者对员工给予尊重、激励、同情以及悉心爱护的一种情感投入方式，它是"赢得"下属信任的最为有效的方法之一。

孔子非常推崇仁爱，《论语》中对"仁"的论述也非常多。孔子认为"仁"是完美人格标准的基础，一个人即使非常有才能，但是人格中没有"仁"的存在，也无法成就大事，或者空守着财富与权势，却可能众叛亲离，落得孤家寡人。孔子所说的仁爱，对企业管理同样重要。

优秀企业的管理能取得实效，都不是用金钱激励出来的，而是靠管理者的仁爱之心激发出来的。

当管理者心存仁爱之心的时候，就会不自觉地积极地创造条件让员工的心理需求得到满足，这时候，员工的思想认识也会得到升华，愿意以实际行动为团队增砖添瓦。管理者都应该培养起自己的仁爱之心。

"海底捞"你为什么学不会？其中的一个奥秘恐怕就是在企业管理中的"仁爱"体现在出处。

在海底捞，新员工到店后享受非凡的"礼遇"。因为店里从店长到每一个普通员工，都是在"接待"新员工，并且是"隆重接待"。

在经历培训后，新员工分配到各店，首先由店长亲自接待。店长会告诉新员工一些重要的注意事项，然后带新员工吃饭，店长做自我介绍，然后列举若干榜样，激励新员工好好干。店长之后，大堂经理、后堂经理，以及实习店长、实习经理会轮流接待新员工。他们都留下自己的手机号码，让新员工有困难跟他们说。新员工进入到这样的环境中，任何人都会感受到企业的浓浓暖意。

给予新员工优待，新员工提前下班，单独吃饭。新员工的下班时间要比正常下班早一两个小时。接待经理会亲自通知新员工下班，并且亲自搬桌子、凳子，亲自摆碗筷，亲自给新员工打饭。新员工的这种待遇大概会持续四五天至一周。因此，接待新员工并给予优待是店长及经理们的常规工作。

在海底捞，每个师父都会拉着徒弟的手坐到自己身边，大家都会报以热烈的掌声。店长也会很郑重地告诉师父们，要在业务和生活上关心徒弟，徒弟的发展就是他们的发展，徒弟没有进步就是他们的失职。

然后，对新员工有跟踪调查。调查的对象是新员工，但内容却是针对其他人。比如店长有没有在第一时间接待，经理们有没有安排好新员工生活，领班有没有讲解店里的情况，师父有没有认真带新员工。还有吃得习惯不习惯，住得舒不舒服之类。

新员工在新来的几天里，全方位感受到企业的温暖环境。而一个月以后就习惯了，就融入这个团体了。

仁爱思想是企业管理者必须具有的基本道德素质，是实现企业宗旨的有效价值选择。

从企业管理的角度来说，一个管理者必须具备一颗仁爱之心，才能在所有的管理过程中，体现出对每个人的平等、公正和尊重。

在许多时候，一个管理者如果严格按制度办事，那么很容易被部下误解为"冷血"，管理者需要在坚持制度的前提下，对下属多一些仁爱之心。

对于企业管理者来说，最大的仁爱是要在规章制度和管理方式上体现对所有职工的仁爱之心，不能制定缺乏人道和缺乏公正的规章制度，也不能采取缺乏人道和缺乏公正的管理方式，这才是真正体现一个管理者或一个企业的仁爱之心的根本之道。

北大管理理念是，让管理者既能拥有一颗仁爱之心，又能充分维护企业规章制度的严肃性，是考验每个管理者的一道难题，也是检验管理者水平高低的一个重要标准。优秀的管理者往往能处理好这个难题，在坚持制度化管理的同时还能让员工感受他的仁爱之心。

你只要将人心抓住了，就什么都有了。在新东方这样的团队里，任何技术都不起作用，从员工到学生，重要的是抓住人心。

——俞敏洪

带人要带心，把下属的心暖热

风和太阳比试威力，看谁能把行人身上的大衣脱掉。北风先出场：冷风凛冽、寒冷刺骨，结果行人将大衣裹得紧紧的。北风并没有脱掉行人的大衣。太阳后出场：风和日丽、温暖和煦，行人感觉阵阵暖意，继而脱掉大衣。很显然，太阳获得了胜利。

这则寓言形象地说明了一个道理：温暖胜于严寒。管理者在管理过程中应该懂得尊重和关心下属，以下属为本，多点人情味，使下属真正感受到领导所给予的温暖，从而去掉包袱，激发工作的积极性。

随着企业规章制度越来越健全，许多管理者总认为自己和下属成员之间的距离越来越远，所谓的激励措施更是无从谈起。俗话说："浇树要浇根，带人要带心。"对于管理者来说，把下属的心暖热，适当的情感管理无疑是一剂激励的良方。

每个员工都有自己的尊严，他们都希望别人看得起自己。管理者对下属的关心，对下属投注的感情，尤其是对下属的关心与照顾，可以照顾到

126

他们的尊严，甚至让他们感激涕零。

例如，团队中的一位年轻人找到了一位伴侣，不久要喜结连理，难道管理者不冷不热的只管催促着他干活？

优秀的管理者大都知道感情投资的奥妙，不失时机地进行一些感情投资，会起到非常好的激励效果。韩非子在讲到驭臣之术时，主要偏重于赏罚两方面，但有时感情投资更能打动人。

管理者对于下属，不仅仅是工作上的领导，要想把工作做好，要想使团队的工作上一个新台阶，管理者必须把对下属的关心和关爱落到实处。特别是下属遇到什么特殊的困难，如意外事故、家庭问题、重人疾病、婚丧大事等，管理者在这种时候，对员工无论是物质上还是精神上的关心都可谓雪中送炭。这时候，下属会对领导产生一种刻骨铭心的感激之情。

管理者可以采取措施来激发员工对企业的感情，在企业内部培养一种团队式的友情与和谐的氛围，形成员工同舟共济、苦乐相依的感情链，以此激励员工的工作热情。具体而言，管理者必须从以下几个方面做出努力：

1. 树立关心员工的意识

人是最富感情的动物，每个人都需要得到别人的尊重、信任和关心。作为团队的成员，当然希望得到别人尤其是团队领导者的重视、信任和关心。如果管理者能够给员工一份关怀，员工便会以双倍的努力来报效组织。假若管理者只将员工当作劳动力去看待，在管理过程中不能体现人文关怀，那么员工必定会丧失工作热情。

2. 把员工当作朋友来交往

作为企业的管理者，不但自己需要良好的业务素质，还需要良好的思想素质和工作作风，在工作、生活和学习当中要和同事们平等相处。如果总觉得自己在其他员工面前高人一等，员工是不会喜欢这样的管理者的。所以管理者要以朋友心善待团队里的每一名员工，真正成为团队成员的知心朋友。比如个别员工责任心不强，工作上出了小差错，管理者既不姑息迁就，也不乱加指责，使他切身体会到管理者是在真心实意地关心、帮助、爱护他。

3. 将"情"放到管理中

作为企业的管理者，要处处关心员工，要帮员工所需，解员工所难。员工如果在工作、生活和学习当中出现了思想上不稳定的情绪，绝不能对下属动辄训斥辱骂，甚至大发脾气。特别要关心员工的切身利益，绝不能靠哥们义气、靠私人感情去管理团队。只有把"情"字放到团队管理当中，才能有效激发员工的工作热情。

管理者如果能从情感上给员工一些温馨和感召，使得在这个团队中工作的人，在情感的驱动下自觉地工作，团队当然会高速运转。

人性化管理要求管理者关注企业内员工的心理健康状况，尽可能地采取各种有效措施避免员工挫折感的产生，并及时发现和帮助受挫的员工。

——北大管理理念

关注员工心理，帮助他们对抗挫折

现代企业员工面临的压力无所不在，包括竞争压力、文化冲突、家庭压力等，面对诸多方面的压力，员工很容易遭遇挫折。受挫折的员工往往会表现出消极的心理状态和行为，表现为企业的缺勤率、离职率、事故率增加，员工满意度、归属感下降，团队凝聚力、向心力逐步丧失，管理成本增加，等等。

有针对性地开展各项工作，从而促使员工能够保持积极、乐观的心理状态和良好的精神面貌，调动员工的工作积极性和主动性，增强员工归属感，最终促成企业与员工的共同发展，这是管理者的重要职责。

造成员工产生挫折感的原因可以是外部的，也可以是内部的。例如员工本想出色地完成上司交办的任务，但缺乏相应的技能而无法完成。再比如当人们完成工作时，却未得到预期的奖赏，或所得奖赏比预期的要少等。无论是哪种情况，员工都会对工作产生挫折。

某公司董事长有一次看报看得太入迷以致忘了时间，为了不迟到，他在公路上超速驾驶，结果被警察开了罚单，最后还是误了时间。这位老董愤怒至极，回到办公室时，心头的怨气仍然无处发泄，他将销售经理叫到办公室训斥一番。销售经理挨训之后，气急败坏地走出董事长的办公室，将秘书叫到自己的办公室并对他挑剔一番。秘书无缘无故被人挑剔，自然是一肚子气，就故意找接线员的茬。接线员无可奈何垂头丧气何地回到家，对着自己的儿子大发雷霆。儿子莫名其妙地被父亲痛斥之后，满肚子的怨气无处可发，便将自己家里的猫狠狠地踢了一脚。

"踢猫效应"告诉我们：一个人如果遇到挫折或不顺心的事，就必须要将心中的怨气发泄。在团队管理中，管理者要重视员工们的怨气，了解员工产生怨气的原因，提供员工发泄怨气的途径，从而尽快消除员工的工作挫折感，以实现团队工作效率的提升。

当员工遭遇挫折后，若能采取积极的心理自我防卫形式，加倍努力，再作尝试，通常会有利于工作的开展。但是，若员工遭遇挫折后，采取消极的心理自我防卫形式，轻者将有碍于员工个人的身心健康，降低其工作效率；重者可能轻生或者不断地攻击他人，在组织内制造紧张气氛，影响整个组织的效率。因此，作为与员工直接接触的管理者，应采取必要措施，对员工进行挫折管理。一般而言，挫折管理应包含以下几个方面的内容：

（1）应及时了解并排除造成挫折的根源。

管理人员对员工的情绪应有敏锐的观察，应把职工的种种异常行为，如抱怨、发牢骚、吵架等看作是存在问题的征兆，及时了解情况，找出根由，予以解决，防患于未然。

发现员工的挫折以后，还应帮助员工积极寻找产生挫折的原因。把个体成功或失败的行为归因于何种因素，对以后工作的积极性有着重要的影响。把成功归因于内部因素，如努力、能力强等，能够使人感到自豪和满意；若把失败归因于内部因素，则使人感到内疚和无助。而把失败归因于外部因素，则使人感到气愤和充满敌意；把失败归于稳定因素，如任务难和能力差，以后会降低在工作中的积极性；把失败归于不稳定因素，则可能会提高以后的工作积极性。

管理者面对员工工作的失败，应尽量引导他们将其归因于内部的不稳定因素（如努力不够），而不宜归因于内部的稳定因素。同时，归因时应尽量淡化外部因素（如运气不好），以免引起员工的不满和找借口，这对管理是不利的。

（2）管理者对受挫折的员工的应宽容相待，并适当采取心理疏导、精神宣泄或改变环境等多种方法，降低员工的挫折感。

人的行为总是从一定的动机出发，经过努力达到一定的目标。如果在实现目标的过程中，碰到了困难，遇到了障碍，就会产生挫折，继而挫折会产生各种各样的行为，在心理上、生理上会有所反应。所以，员工的动机受阻是导致挫折产生的根本原因。因此，管理者可以通过心理疏导，对于员工不合时宜的、在当前的条件下无法满足的需求、动机进行引导，使员工自觉地调整不适当的目标，这样可以有效地避免员工挫折感的产生。

可以考虑采用"精神宣泄疗法"。这是一种心理治疗的方法，主要是创造一种环境，让受挫者被压抑的情感自由地表达出来。人在遭受挫折以后，其心理会失去平衡，常常以紧张的情绪反应代替理智行为。这时只有让紧张的情绪发泄出来，才能恢复理智状态，达到心理平衡。从这个意义上讲，管理者应该积极倾听职工的抱怨、牢骚，让他们有气发泄出来、有话说出来，待不满的情绪发泄出来以后，员工才会心平气和。

（3）要帮助受挫员工成长。员工遭遇挫折后，自我实现的需要得不到满足，因而也就得不到有效的激励，工作积极性就得不到提高。解决此类问题的最好办法就是创造出良好的学习条件，帮助员工发展，或者采取相应的措施对其进行补偿。这样既可以使员工从挫折的阴影中尽快走出来，还能够让其他尽快树立新的奋斗目标，转移其关注焦点，将能量转移到有建设性的工作之中，这无论对员工还是对企业来说，都是最希望看到的结果。

无数"狂妄"的教师可以当面批评指责我，也可以在课堂上拿我"开涮"。这种下属随意公然批评领导的情况在别的企业是不可想象的。然而我却接受了，并乐于与这一群"恃才傲物"的才子们相处。

——俞敏洪

像尊重合伙人一样尊重员工

尊重和关心员工，是实施人本管理的重要条件。很多管理者把员工视为打工者，给员工发工资，员工为企业工作，这是一种现代契约关系。但是，毕竟人不同于机器，管理人一定需要讲点人情味，这有助于赢得员工对企业的认同感和忠诚度。

学会尊重和关心员工，是企业走向人本管理的重要一步。稻盛和夫曾经说过，企业成败的关键在于是否把员工视为最重要的财产，是否尊重每一个员工。如果做到这一点，就能依靠员工创造出不同凡响的业绩。

从某种意义上来说，员工就是企业管理者的合伙人，企业管理者要像尊重合伙人一样尊重员工，像关心合伙人一样关心员工，那么企业才能真正俘获员工的心灵，才能在竞争中无往而不胜。

但是，很多企业看不到这一点。不少创业者总是抱怨员工素质太低，或者抱怨员工缺乏职业精神，工作懈怠。但是，他们最需要反省的是：他们为员工付出了多少？作为领导，他们为员工服务了多少？正是因为他们对员工利益的漠视，才使很多员工感觉到企业不能帮助他们实现自己的理想和目标，于是不得不跳槽离开。

世界零售业巨头沃尔玛公司创始人山姆·沃尔顿在公司成立之初就为公司制定了三条座右铭：顾客是上帝、尊重每一个员工、每天追求卓越。

沃尔玛是"倒金字塔"式的组织关系，这种组织结构使沃尔玛的领导处在整个系统的最基层，员工是中间的基石，顾客放在第一位。沃尔玛提倡"员工为顾客服务，领导为员工服务"。

沃尔玛看重企业员工的重要作用，山姆·沃尔顿曾经说过："让每一位员工实现个人的价值，我们的员工不应只是被视作会用双手干活的工具，而更应该被视为一种丰富智慧的源泉。""沃尔玛业务75%是属于人力方面的，是那些非凡的员工肩负着关心顾客的使命。把员工视为最大的财富不仅是正确的，而且是自然的。"沃尔玛公司在实施一些制度或者理念之前，首先要征询员工的意见："这些政策或理念对你们的工作有没有帮助？有哪些帮助？"沃尔玛的领导者认为，公司的政策制定让员工参与进来，会轻易赢得员工的认可。

沃尔玛公司从来不会对员工的种种需求置之不理，更不会认为提出更多要求的员工是在无理取闹。相反，每当员工提出某些需求之后，公司都会组织各级管理层迅速对这些需求进行讨论，并且以最快的速度查清员工提出这些需求的具体原因，然后根据实际情况做出适度的妥协，给予员工一定程度的满足。

沃尔玛把员工视为公司的合伙人，他们的理念是：员工是沃尔玛的合伙人，沃尔玛是所有员工的沃尔玛。在公司内部，任何一个员工的铭牌上都只有名字，没有标明职务，包括总裁，大家见面后无须称呼职务，而直呼姓名。沃尔玛领导者制定这样制度的目的就是使员工和公司就像盟友一样结成合作伙伴的关系。沃尔玛的薪酬一直被认为在同行业中不是最高的，但是员工却以在沃尔玛工作为快乐，因为他们在沃尔玛是合伙人，沃尔玛是所有员工的沃尔玛。

沃尔玛很早就开始实施其"利润分红计划"，同时付诸实施的还有"购买股票计划""员工折扣规定""奖学金计划"等，员工都能从这些计划中获益。除了以上这些，员工还享受一些基本待遇，包括带薪休假，节假日补助，医疗、人身及住房保险等。沃尔玛的每一项计划几乎都是遵循山姆·沃尔顿先生所说的"真正的伙伴关系"而制订的，这种坦诚的伙伴关系使包括员工、顾客和企业在内的每一个参与者都获得了最大程度的利益。沃尔玛的员工真正地感受到自己是公司的主人。

沃尔玛给员工提供平等的发展机会。以沃尔玛的经理例会为例，它通常邀请为企业经营动脑筋并提出好建议的人参加，哪怕他是一个小时工，也可以充分表达意见，参与讨论，这说明了机会平等，员工如同合伙人一样。沃尔玛鼓励员工积极进取，虽然不完全看重学历，但无论是谁，只要你有愿望提高自己，就会获得学习或深造的机会。

沃尔玛的以人为本式的管理，极大地激发了员工的积极性和创造性，员工为削减成本出谋划策，设计别出心裁的货品陈列，还发明了灵活多样的促销方式，最终助沃尔玛成为全球零售商业巨头。

沃尔玛这一模式使很多企业很受启发。为员工提供服务，把员工视为企业的合作伙伴，这是聪明的管理者所认同的基本管理理念。

市场经济条件下，管理者不能仅仅把员工视为以满足生存需求和物质利益为追求目标的单纯的"经济人"，而要注重员工对尊重、自我实现等高层次精神需求的追求。员工不只是企业赢利的工具，管理者要学会对每一个员工的尊重、理解、关心和信任，员工也会投桃送李，做出贡献回报企业。

被誉为经营四圣之一的稻盛和夫，受到人们的赞誉。半个世纪以来，日本遭遇过多次经济衰退，如20世纪70年代"石油冲击"导致的经济危机，80年代出现的日元升值危机，90年代发生的经济泡沫危机，2000年以来出现的IT泡沫危机。稻盛和夫的企业不仅没有在危机中垮下去，反而不断发展壮大，现在他一人拥有两个世界500强企业。能取得这样的成就，一个主要原因就是，稻盛和夫一直保障所有员工的就业，决不轻易解雇任何一名员工。企业应为每一个员工提供实现自我的舞台，使管理更具人性化，真正焕发员工的主人翁热情，使员工自觉自愿地投身企业的改革发展，形成"千斤重担众人挑"的格局。

将企业的员工视为自己的合伙人，另一体现就是使企业员工站在与经营者相同的角度为企业着想。一家金融机构有个非常特别的规定，只要是中层雇员，为了营销，可以尽情地去花钱。在这项规定刚出台的时候，有人担心中层雇员会乱花钱，从而增加成本开支。然而事实上，员工并没有乱花钱。这不仅维护了许多老客户，还拓展了新业务，使企业业绩年年攀升。

对于现今的企业来说，管理其实就是对人的管理，竞争其实就是人才的竞争，"没有满意的员工，就没有满意的顾客"。把员工视为企业的合作伙伴，就能相互信任，为企业的发展而共同努力。

第十章

激励管理课：

滋润员工心灵，"在让利中学会分享"

新东方聚集了各种各样的人才，有的是高学历的"海龟"，有的是不走寻常路的"牛人"和"怪人"。在这种情况下，我在尊重他们的同时，还需要激励他们。

——俞敏洪

有激励才有动力，建立企业的激励机制

在百度成立初期，李彦宏心里就有一个非常坚定的信念，那就是要为员工建立一个国际水平的平等期权机制，保证每一个员工都能在公司的发展过程当中，持续地与百度分享成功、分享财富。每一位员工要获得期权，都必须通过非常严格的指标审核，并且每年都会为员工追加一点份额以作为激励。

他说："一个机制，必然对所有的人都是平等的。这个机制应该是，当时告诉你什么，3 年以后不变，5 年以后不变，10 年 20 年之后还是不变，这样你才能获得信誉。这样当我在跟员工承诺的时候，即使有更加优秀的人加入公司，这个承诺也还是有信誉的。"

什么是激励机制呢？一种制度把个人利益与组织整体利益统一起来，让个人在实现自身利益的同时也实现了组织的整体利益，这样的制度就是激励机制。

企业员工的懒惰或勤奋不是天生的，很大程度上是后天养成的。大锅饭制度可以把勤劳者变为懒人，而有效率的激励制度也可以把懒人变为勤劳者。

其实，1958年下半年开始的"人民公社化"运动中，口粮由公社、生产队掌管，农民不在自己家里吃"小锅饭"，而要一起到公共食堂吃"用一个大锅煮的饭"。但是，这种建立在绝对平均主义基础上的"大锅饭"制度，严重影响了劳动者的积极性：大锅饭制度养育了越来越多的"懒人"。

当时的农村搞人民公社，农民在一个生产队里一起干活，干多干少一个样，大锅饭，人人都不用对生产负责。安徽省凤阳县是有名的穷地方，凤阳花鼓里有这样的唱词："说凤阳，道凤阳，凤阳本是个好地方。自从出了个朱皇帝，十年倒有九年荒。"由于分配上搞平均主义、吃大锅饭，影响了人们生产积极性的发挥，粮食产量极低，小岗村最好的年景每人每天9两粮食，收入0.11元，最差的一年每人每天2.8两粮食，收入0.04元。小岗村当时共有20户人家，115人，除了1户外，其他户每年都要外出讨饭。

1978年末，小岗村18户农民冒着坐牢的危险在大包干协议上按下了手印。说得通俗一点就是单干。1979年秋天，小岗生产队获得大丰收，粮食总产量6万多公斤，相当于1955年到1970年15年的粮食产量总和。

小岗村"包田到户"激发了农民的种粮积极性，而他们的创举正式拉开了中国改革的序幕，中国的发展从此掀开了新的一页。

在合理的制度之下，恶的人性也会产生好的行为；在不合理的制度之下，善的人性也会产生坏的行为。激励机制就是利用人性，激励现象存在于人们的任何决策和行为之中。就个人而言，根据行为科学理论，只有尚未满足的需要才有激励作用，已经满足的需要只能提供满意感。需要本身并不能产生激励，对满足需要的期望才真正具有激励作用。当我们因为一个小小的成就而尝到甜头，受到激励时，我们会接着做出相对比较大的成就。激励会使我们在追求成功的道路上产生良性循环，而幸福感就在循环中不知不觉产生了。

一个老年人喜欢安静，他选择住在环境优美的市郊，但有一群孩子每天都到这里来玩，很吵闹。老人很厌烦这些小孩们，不希望自己在如此吵闹的环境中生活，但是如果直接撵他们走，恐怕也达不到他所预期的目标。于是他对孩子们说，你们来陪我，我很高兴，以后我每天给你们一人5块钱，孩子们都很高兴。几天后，老人说，以后给不了这么多了，每人只能给1块钱，孩子们不太高兴，但也勉强接受了。又过了几天，老人说，以后每天只能给1毛钱了。这次孩子们不干了，他们很气愤："这么少的钱，以后再也不来了！"

当老人对小孩们的激励逐渐减少时，小孩们都认为自己的利益已经受到损害，不愿意再陪老人玩了。在这些小孩看来，过来玩是因为有金钱的激励，当激励减少时，他们当然愤愤不平。老人就是成功运用反激励达到了自己的目的。

而在工作过程中，在能力一定的情况下，激励水平的高低将决定其工作成绩的大小。激励具有一种导向性的作用。

老约翰家有只特别聪明的牧羊犬，有一天，牧羊犬叼回一只野兔，约翰大大地表扬了它，给了它一条兔腿作为奖赏。牧羊犬吃着兔腿，尾巴得意地摇了起来。第二天，牧羊犬又叼着一只野兔回来了。约翰非常高兴，心想："我的牧羊犬真是太了不起了！"

于是就又给了它一条兔腿作为奖赏。但是，奇怪的事情发生了，等晚上羊群回来的时候，约翰数来数去，发现少了一只羊。他心里非常纳闷，想："牧羊犬聪明伶俐，怎么会守不住这几只羊呢？"于是第二天早上他就跟踪了牧羊犬。到了牧场，约翰大吃一惊，他发现牧羊犬压根就不守羊群了，而是直奔森林里去抓野兔。因为没有牧羊犬的看守，狼轻而易举地就叼走了几只羊。约翰火冒三丈，当天晚上就把牧羊犬赶出了家门。

牧羊犬捉野兔，获得了奖励，这使得牧羊犬意识到，捉野兔似乎比守羊更有利可图，于是它自然就不会全心全意地守羊了。但是老约翰奖励的是牧羊犬在守羊的同时还能给自己捉到野味的功劳，而不仅仅是捕捉几只野兔却丧失了本职的行为。如果约翰在奖励牧羊犬时，让它明白它的主要责任是守羊而不是捉野兔，只有羊守好了它才会有奖赏，那它肯定就不会三心二意、舍本逐末了。

很多领导者经常会犯事例中那样的错误。他们本来想鼓励员工做正确的事，但却无意间纵容了错误的行为，忽视甚至惩罚了正确的行为。

有的孩子画了一幅画，父母看见以后很高兴，大大表扬了他，但是却没有告诉他表扬他的原因是画的颜色很丰富。那么孩子不明其中原因，以后就会不停地画画，只重数量不重质量，希望再次得到父母的表扬。

在企业里，管理者就好像员工的家长，他要对员工的行为负责。对员工的激励应该像写文章一样，中心思想要明确，激励员工向正确的方向前进。

综合运用多种激励方法是有效提高激励水平的一大法宝。激励机制是否产生了影响，取决于激励方法是否能满足个人的需要。

主要的激励方式包括如下几种：

（1）物质激励。通过满足个人利益的需求来激发人们的积极性与创造性。只对成绩突出者予以奖赏，如果见者有份，既助长了落后者的懒惰，又伤害了优秀者的努力动机，从而失去了激励意义。

（2）精神激励。通过满足个人的自尊、自我发展和自我实现的需要，在较高层次上调动个人的工作积极性。精神激励主要有目标激励、荣誉激励、感情激励、信任激励、尊重激励。

（3）任务激励。让个人肩负起与其才能相适应的重任，由社会提供个人获得成就和发展的机会，满足其事业心与成就感。

（4）数据激励。明显的数据对人产生明显的印象，激发强烈的干劲。数据激励，就是把各人的行为结果用数字对比的形式反映出来，以激励上进，鞭策后进。

（5）强化激励。对良好行为给予肯定，即正强化，使之能继续保持；对不良行为给予否定与惩罚，即负强化，使之能记住教训，不再犯同样的错误。

激励机制对个人的某种符合企业期望的行为具有反复强化、不断增强的作用，在这样的激励机制作用下，企业不断发展壮大，不断成长。

　　这个技术不是摆在那儿看的花瓶，而是每天有好几亿的人可以使用的技术。也许毕业不到一年的人写的一个程序就能有上亿的人使用，或者是他改一个算法，就能够影响上千万元的收入。这样的成就感，我想对于每一个技术人员来说都是有吸引力的。

——李彦宏

给员工以挑战，就是对他最大的激励

物质激励很重要，但精神方面的激励同样不可或缺，尤其是巨大的成就感的激励作用不可忽视。李彦宏懂得利用这点。

在马斯洛的需求层次理论中，自我实现的需求是最高层次的需求。它主要是指个人的理想、抱负，发挥个人的能力要达到最大的程度，从而完成与自己能力相称的一切事情的需求。

不少人在工作中不是最看重金钱方面的激励，而是更加看重身上的担子。领导让他扛更重的担子，攻克更难的工作目标，反而会激发他的工作热情，因为，这就是对他最大的激励。

有的领导常跟人诉苦："现在公司里的员工真让人费心，工作一点主动性都没有，你必须要不断地提醒他该做这个，不该做那个。一天到晚跑来跑去，真累死人了！"这个领导的遭遇实在令人同情，可这都怪下属？

主要问题恐怕还出在领导的工作方法上。

假若在公司中开展一场工作竞赛，事先定好：工作成绩突出的前10名员工可以被评为模范人物。那么员工肯定会加班加点，争先恐后地去工作，根本不用别人监督。因为每个人都希望能进入模范员工的行列。

现在的人们渴望个人进步的心理并不比从前弱，但同时除了名誉上的奖励和称号外，他们希望通过自己付出汗水的工作能收到实实在在的利益，比如个人能力的提高、生活条件的改善，或是因此而产生的有利于社会的效益，等等。

所以，当你为下属讲明这次工作的重要意义、最后将获得的效益以及如果该项工作出现失误将会给整个公司带来损失，等等，让下属们感到自己所从事的是一项很有意义的工作，而且责任重大，这样他们自然而然地会对工作产生兴趣，并会充满热情和干劲地投入进去。

每个人都有自尊心，也有被尊重的欲望。运用这种心理，可以充分调动下属的积极性，在竞争中展示自己的价值。

有个炼钢车间，任务总是完成得不好，厂长为了让工人更好地完成任务，便下到该车间与工人一起加班，有厂长在，工作效率自然比平时要高。临下班时，厂长问一当班的工人："我们今天炼了几炉？""6炉。"工人回答道。于是厂长要了支粉笔，在车间的地面上写了一个大大的"6"字。夜班工人接班后，见这个"6"字便问怎么回事，日班工人不无自豪地说："这是我们今天的工作成绩，是厂长替我们写的。"夜班工人听后非常不服气，憋足劲非要超过白班工人不可。第二天，白班工人接班时，见地上写了个大大的"7"字。白班工人也激起了比赛决心，到下班时，郑重地写下了一个特大的"10"字。炼钢车间的任务在工人自觉的竞争中顺利完成了。

利用自尊、好胜心理激发竞争意识，调动其积极性，比说教、劝解效果要好得多。无独有偶，一位美国老板采用一种激励办法，给予员工一种荣誉，从而发挥了员工的积极性。

美国一家纺织厂原来准备给工人买一些价格较高的新椅子，放在工作台上供员工休息。这本是件普普通通的福利设施，但老板一动脑筋，竟变成了激励机制。工厂规定：如果任何人超过了每小时的工作定额，则在一个月内赢得椅子。颁发椅子的方式也很特别，老板将椅子拿到办公室，请获奖的工人坐在椅子上，然后，在大家的掌声中，老板将他推回车间。这种"僧多粥少"的椅子，便成为工人竞争的目标，保住它和抢到它都是一种荣誉的象征。

摆一个擂台，让下属分别上台较量一番，谁赢了谁就得奖赏。为了获得奖赏，下属往往会使出很大的力气，以求击败对手，在上司面前逞能。

给员工以挑战，这是最有效的激励精神，关键在于"有本事就来拿"。拿到的人当然很高兴，拿不到的人也不应该怪别人，最好再充实自己，以便下一次顺利拿到。巧妙地构设一个让下属互相竞争的环境氛围或者平台，使他们自动自发地释放自己的工作潜能，你会发现，管理下属原来就是那么轻松简单。

在公司中，如果能让每个下属都参与挑战是最好不过的，但这需要领导者的管理智慧。

赞美是最有效的激励手段之一。

——北大管理理念

不吝啬赞扬，最大限度地鼓舞士气

北大重视赞扬的力量。当管理者希望激励下属员工提高工作效率时，他需要做的事情很简单，就是：赞扬他。因为，赞扬是达到这一目的最行之有效的办法。人人都有得到别人承认、信任、重视和赏识的渴望，受人重视、被人赞扬的愿望，已成为人们内心最强有力的动力。

北大管理理念是，赞扬的影响常常是出乎意料的深远。其实很多人不仅仅是为了薪水而工作，他们更希望得到企业的重视。而对他们最有价值、最有力的赞美就是经常告诉他们："我为你感到骄傲。"

任何人都不喜欢处于被动地位。赞扬为何有如此功效？因为，赞扬一个人意味着尊敬。重视称赞，可最大限度地鼓舞人的士气和精神，提高他的被重视感和工作热情，释放一个人身上潜在的能量。有实验结果表明，当管理者公开赞扬下属时，他们的工作效率能提高 90%，私下赞扬虽不及公开赞扬效果好，但工作效率仍可提高 75%。

尽管如此，仍有不少管理者不了解如此显而易见的事。他们认为，使用赞扬会使人自高自大，认为过多的称赞会使下属变得随便和普通。所以，他们吝啬于他们的赞扬，宁愿使用命令和督促的口气催人办事，鞭策别人，认为这不但很有效果，自身还可以产生一种威严感。其实，任何人都不会欣赏如此下命令的人。反之，如果管理者使用赞扬，特别是正面赞扬，夸他在某些方面比别人更出色或更能发挥作用时，他一定会充满信心，更加主动地做好事情。

心理学家威廉姆·杰尔士说："人性最深切的需求就是渴望别人的欣赏。"优秀的管理者要巧妙地运用赞美激励员工。管理者希望下属具有怎样的优点，就要怎样地赞美他。

赞美能够使员工树立自信、提高工作热情，并且可以进一步提高工作的效率。作为管理者，对于这种不需要成本而效果明显的激励"武器"，为什么不经常使用呢？人的天性就喜欢听好话、受赞美。

每个人在得到来自他人的认可及赞美时，都会感到自尊心和荣誉感上的满足。而听到别人对自己的赞赏，并感到愉悦和鼓舞时，不免会对说话者产生亲切感，从而使彼此之间的心理距离缩短、靠近。人与人之间的融洽关系就是从这里开始的。

日本有关部门总结了日本战后迅速发展的原因，他们认为："日本国民的最大优点是，对外人不停地鞠躬，不停地说好话。善于发现他人的长处，善于赞美别人是日本迅速繁荣的一个重要原因。"

很多时候，如果没有赞美，我们便很少会主动为自己设太高的目标，而有了赞美、有了鼓励，为了不辜负别人的欣赏与肯定，我们更加严格要求自己、全力以赴地做好眼前的工作。由此可见，赞美也是一门艺术，管理者要理解好员工的动机和需求，给予员工恰到好处的赞美是企业付酬最低，却能换回效果最佳的方式之一。

有管理者深感赞扬一个人很困难，他们抱怨没有在下属身上发现值得赞扬的"闪光点"。其实，每个员工都是一块闪亮的金子，只要管理者愿意睁大双眼，就能很容易地在每个人身上找到值得赞扬的地方。

有人说，赞扬本身就是一门艺术。事实的确如此，管理者赞扬员工并非一定要给予壮志凌云般的鼓励，但一定要注意表扬下属的技巧：

（1）表扬要具体，不要含糊其辞。表扬本来是激发热情的有效方法，但有时运用不适宜则会使下级反感。因此，管理者在谈话中表扬下属应斟酌词句，要明确具体。

（2）表扬应抓住时机。管理者在与下级的谈话中能把握住有利时机去表扬对方，其效果可能是事半功倍，而失掉有利时机，其效果则可能是事倍功半。

（3）表扬要实事求是。对于一位管理者来说，要做到实事求是论功行赏，首先必须把握公正这一原则。不管是谁，只要他出色地完成了一项工作甚至仅仅提供了一条有创意的思路，都应该受到表扬。

（4）表扬要放下"架子"。放下"架子"表扬下属可以用谦虚、真诚的姿态来表现，还可以把自己置于次要的位置突出下属，表达自己对下属的赞扬之情。

（5）表扬要有实际行动。管理者对下属的长处和优点表示赏识和肯定，仅凭表扬的话是不够的，还要求关心和体贴下属，让人觉得他在充分地表达对人才的尊重。

（6）表扬可以借口于人。借人之口表扬人，其中微妙的心理不仅让下属感到惊奇，更会令其陶醉在高超的表扬技术中。

（7）多表扬对方才华。每个人总是对自己的才华十分关注，多表扬他独特的才华，会产生激励的效果。

（8）赞美别人的前途和未来。赞美下属的前途和未来，应该要结合下属具体的奋斗目标。不过这种赞扬不宜太具体，并且要加一定的附加条件，如"通过努力，你一定可以成为公司的明星员工"。

不过值得注意的是，管理者对下属的赞扬有一大忌，那就是切勿掉进"奉承"这一既虚假又无价值的陷阱里。诚恳地去赞扬员工，会激发员工的超强战斗力。

尽管我的工资在增长，但是一看旁边的人工资比我拿得还多，可我干得比他多啊。所以，工资的满意度是他和别人的对比，他觉得自己是不是得到一个合理的公平的报酬。

——李玲

公开、公平、公正：激励的基本前提

激励作为重要的管理手段，在现代企业管理中以其独具的魅力彰显出超凡的功效。激励方式多种多样，但目的只有一个，那就是充分调动员工的工作积极性，最大限度地发挥其聪明才智，为企业创造无限的物质财富，促使企业又好又快发展。

当今，"公平、公正、公开"作为调动员工积极性的激励措施，成为现代企业管理中的一项重要武器，早已被管理者所推崇。但很多管理者却并不熟练。

北大管理理念是，奖励本来是一种很好的激励方法，但如果这种方法运用不当，就会产生适得其反的效果。比如有的企业在"评优秀""评先进"中采用"以官论级法""以线划档法"等，就会使评奖的公正、公平性受到践踏，使荣誉的"含金量"大打折扣，那么榜样的示范作用也会同时大打折扣，这就会使奖励的激励作用尽失。

李总经营企业十几年，员工从十几个人发展到几百人，公司的销量和利润也在不断攀升。然而，有一件事却在一直困扰着他。他每年年底都会给员工发红包，本来是激励员工的好方法，但是却让很多骨干对他很有意见。李总是个很有侠义心肠的老板，对这些骨干也是绝对宽厚，所以身边的人跟他都十几年了。随着公司业绩的成长，大家的年终红包也就一年比一年丰厚。但李总觉得大家好像都越来越不容易满足了，虽然红包发得一年比一年多，可是私下里的抱怨却也层出不穷。有人会经常向他表功，暗示他们贡献多大，应该再多给一点儿。当这些人的要求未能满足时，他们就会以怠工来表达情绪。这让李总很头痛。

李总所面临的困扰，是因为激励不透明而造成的。年终红包给多少，由李总自己说了算，缺乏统一的标准，倘若采用业绩提成的方式，相信不会给他带来这么多困扰。

无独有偶，有一家生产电器配件的私营企业，由于在奖励机制上的不透明，员工相互猜疑，老工人、管理人员、技术人员都在不停地流失，而且在岗员工也大都缺乏工作热情。尽管该公司努力调整了员工的工作条件和报酬，但效果仍然不尽如人意。

这家公司把员工分为三个档次："在编职工""工人"和"特聘员工"。"在编职工"是和公司签过劳务合同的员工，主要是公司的技术骨干和管理人员；"工人"是通过正规渠道雇用的生产工人；"特聘员工"专职兼职都有，是外聘来的高级技术性人才。每当公司卖出一大批配件或签下一大笔订单，将要发放奖金时，"工人"和"在编职工"的奖金是通过薪资表格公开发放的，而"特聘员工"的奖金则是以红包的形式发放的。由于"特聘员工"都是些高级人才，所以他们的奖金通常是"在编职工"的数倍。

但是，让管理者没有想到的是，这种奖励措施却极大地挫伤了员工的积极性。由于领导者没能公开宣布"特聘员工"的特殊贡献，所以一些"工人"和"在编职工"在得知"特聘员工"的奖金是他们的几倍后，都认为公司不能公正地对待他们，引起了他们强烈的猜疑和不满。与此同时，"特聘员工"也非常不满，他们当中有一部分人认为发放给自己的奖金太少，所以认为公司不承认他们的价值，把他们当外人看。甚至有的人还误以为"工人"和"在编职工"肯定也收到了这种红包，而他们是公司的"自己人"，数额肯定比自己多得多。因此，他们认为自己的努力并没有得到公司公正的认可。结果，这家公司付出重金奖励的手段，不仅没有换来员工的凝聚力和积极性，反而涣散了人心。

由此可见，在企业里，奖赏机制一定要公开、公正、透明，因为当员工发现自己付出的代价和所得的报酬之比与其他人相等的时候，就会感到自己所受的待遇是公平合理的；反之，如果领导者有一些偏心，就会产生不公平感。在缺乏公平情绪的支配下，员工就会产生不满，采取减少付出、要求加薪甚至放弃工作等消极行为，最终会使我们前期的激励措施功效消失殆尽。

公开、公平、公正说起来简单，做起来不简单，做长更不简单，关键是把"三公"当作一种"货真价实"的长效药，确保长期发挥效应，方可药到病除。

我在员工面前是有信誉的。5年前，我告诉员工们要相信自己手中的股权将来会很值钱，他们信了，并跟着百度一直奋斗至今。现在大家都成富翁了，实际上只是我们承诺兑现了而已。

——李彦宏

激励下属，避免开空头支票

管理者激励下属，往往会对下属描绘辉煌的愿景，许诺达成目标后要给予员工什么样的奖励，但是管理者一定要注意尽量避免开"空头支票"。

管理者在听到部属请求时，首先要掂量一下自己能否做到。如果做不到，就干脆别许诺。孔子在讲"信"时指出，在危急情况下，可以不要兵器、不要粮食，但不能不要信用。领导者为了达成一时的功利目的，而许下实际上不可能兑现的诺言，到了"还愿"的日子，却拿不出结果来。部属就会觉得受到了欺骗，从而认定领导是个伪君子。长此以往，部属就会轻视你，你的魅力也无从谈起。只有守信才能让部属信任你并敬重你。

有这样一个小寓言故事：

一只小野鸡由于在山上贪玩不回家，所以直到黄昏的时候才想到该下山了，但是它已没办法分辨出回家的路了，最后只能深一脚浅一脚地凭借着自己的感觉向山下走去。天越来越黑了，小野鸡一边懊悔一边担心，结果一不小心，从山上滚了下去，幸好被山上的树枝卡住了身体，得以保住了自己的一条命。

挂到树枝上后，小野鸡感觉脑袋开始天旋地转起来，它不敢向下看，因为下面是万丈深渊；它也不敢往上看，因为它没胆量回想自己失足的情景。小野鸡知道树杈虽然救了自己的命，但是它也有随时被压断的可能性，所以它只能一动不动，靠祈祷来度过这段让它感到无助的时光。

就在这时，一只刚刚饱餐一顿的黑雕飞了过来，它一眼就看到了挂在树杈上的小野鸡。看着小野鸡可怜的样子，黑雕动了恻隐之心，于是它飞快地飞到了小野鸡的面前。见到黑雕后小野鸡非常害怕，心想："没想到没摔个粉身碎骨，却也要成为黑雕的夜宵了！"

但当它看到黑雕没有扑向自己，反而用和善的目光看着自己时，它意识到自己的救星来了，于是赶忙向黑雕求救道："黑雕先生，求求您一定要救我一命，我一定会报答您的大恩大德！"听了小野鸡的话，原本正要飞过去救它的黑雕心里琢磨："它说要报答我？我本来也没想要报答呀！不过看看它要报答我什么吧！"于是它忽闪着翅膀，停在了半空中。

小野鸡偷偷看了看黑雕的表情，发现黑雕并没有要过来救自己的意思，于是又忙说道："您要是救了我，我就抓 50 只野鸡送给您！"说完后，它又偷偷看了黑雕一眼，黑雕一听，心里开始怀疑："就凭你一个小野鸡，能给我抓 50 只野鸡？"于是它继续思考。

见黑雕还是面无表情地站在树枝上，小野鸡心里开始发慌了，它心想："黑雕飞过来就是救我的呀！但是它为什么迟迟没有动静呢？难道是我给它许下的承诺太少了吗？"于是它一脸无奈地又恳求道："黑雕先生，您想要什么？条件由你来提，只要您能救我的命，什么条件我都能答应您。"

听小野鸡这样说，黑雕觉得很好笑，于是笑了笑说："我想吃大灰狼的肉，你能帮我捉一只来吗？"小野鸡听到这里，想也不想就说道："没问题，那么您现在救我吧，过两天我把一只活着的大灰狼抬到您的家里让您尝尝鲜。"

听到这里，黑雕彻底失去了救它的心情，心想："听你在这儿信口开河，我还不如回去睡会觉。"于是一展翅膀，转身飞走了。望着黑雕远去的背影，小野鸡迷惑不解，它不知道黑雕为什么改变了主意。

这个寓言带来的管理启示是，企业领导者不要因为激励而无限制地提升员工对激励的期望。领导者为了企业目标的实现就对员工进行天马行空式的承诺，完全不考虑自己的能力范围，许下承诺后就把它忘在了脑后，最后不了了之。

员工因为领导的承诺而对奖励抱有很大的期望，并随着不能得到而使情绪陷入最低谷。在员工的"一升一降"之间，管理者就失去了公信力，为日后企业的发展埋下隐患。

技术人员出身的李彦宏一直秉承"少许诺，多兑现"的原则，使百度形成了一种实事求是的文化。在这样的环境之下，每位员工的成长都可期望并且可实现，而并非以上市及期权为目标，这正是李彦宏强大的信心来源。

优秀的管理者在激励员工时，从来不是从个人的意愿出发，而是从员工的期望出发，使激励既不低于员工的期望，也不冒着增加企业成本的风险而超过员工的期望。对于员工来说，只要符合自己的期望，他们一定会感到满足。

第十一章

沟通管理课：

少说多听常点头，"下属的干劲是谈出来的"

管理的本质就是沟通。

——翟鸿燊

与员工交流思想，这是你的主要工作

在现代企业管理中，贯穿其中的一条主线即为沟通，任何企业的日常管理工作都离不开有效沟通。

有效的沟通是企业高效管理和经营必不可少的管理手段与管理范畴，它渗透了管理的各个方面、各个层面与各个环节。著名组织管理学家巴纳德认为"沟通是把一个组织中的成员联系在一起，以实现共同目标的手段"。作为管理者，与员工交流思想，实现有效沟通，其重要性不言而喻。

要想成为一个优秀的管理者，一个深受下属爱戴的管理者，需要加强与下属的交流与沟通，倾听他们的真实想法，这样你才能知道他们的一些看法，及时发现问题，然后解决问题。

不过，有些人总喜欢把自己定位于高高在上的领导者，有时会觉得下属的理解能力差，结果拉大了自己与下属的距离，缺乏有效沟通，极大地激发了下属的不满情绪。

"苹果公司有 2.5 万名员工，大约有 1 万人在专卖店工作。而我的工作是与 100 位高层人员合作，这就是我的工作。他们并不全部都是副总裁，有些人只是关键的单个研究员。因此，当一个好点子出现的时候，我的工作之一就是让大家都看看这个点子，了解一下不同人的看法，让大家就此展开讨论，甚至是辩论，让这 100 个人交流思想。"这是媒体问及乔布斯管理风格时，乔布斯的回答，乔布斯深谙与员工交流、沟通的重要性。

有关资料表明，企业管理者在管理过程中，与员工进行沟通的时间达到 70% 才算是合格的。其中，开会、谈判、谈话、做报告是企业管理者最常见的沟通方式，管理者还要对外拜访、约见等。企业中大部分矛盾都是由于沟通障碍引起的，员工的执行力差，工作效率低，还有领导不力等问题，很大一部分原因是与沟通有关的。与下属适时地做一些思想交流，是很有必要的。

耕柱是墨子的学生，墨子也很重视这个学生。不过，他总是挨墨子的责骂。耕柱觉得很委屈，因为大家都公认耕柱是墨子的优秀学生，但其偏偏常遭到墨子的指责。

一天，耕柱决定找墨子问个究竟："老师，难道在这么多学生当中，我竟是如此的差劲，以至于要时常遭您老人家责骂吗？"

墨子听后，知道自己的学生对自己有所误解，但他不动声色："假设我现在要上太行山，依你看，我应该要用良马来拉车，还是用老牛来拖车？"耕柱回答说："再笨的人也知道要用良马来拉车。"墨子又问："那么，为什么不用老牛呢？"耕柱回答说："理由非常的简单，因为良马足以担负重任，值得驱遣。"墨子说："你答得一点也没有错，我之所以时常责骂你，也只因为你能够担负重任，值得我一再地教导与匡正。"

通过沟通，相信耕柱和墨子的关系能更加融洽。这个故事也给企业管理一些有益的启示：哪怕管理者的出发点是好的，也不可忽视沟通的重要性。

沟通很重要，但常常被人们忽视。没有沟通，就没有成功的企业，最终大家将不能在这里工作。企业内部良好的沟通文化可以使所有员工真实地感受到沟通的快乐和业绩的提升。企业内部的沟通管理，既可以使管理层的工作更加轻松，也可以使普通员工消除误解、提升效率，同时还可以增强企业的凝聚力和向心力。

沃尔玛总裁萨姆·沃尔顿曾说过："如果你必须将沃尔玛的管理体制浓缩成一种思想，那可能就是沟通，因为它是我们成功的真正关键之一。"

在沃尔玛总部工作的行政管理人员并不轻松，因为他们每周都要花费绝大部分的时间飞往沃尔玛在世界各地所开设的商场，向有关人员通报公司的所有业务情况，并通过开会让所有员工共同掌握沃尔玛公司的业务指标。

在每个分店里，内部的有关人员都会定时地公布该店的利润、进货、销售和减价的情况，他们并不单单只向经理们公布，也向每一个员工以及店内临时的计时工和兼职雇员公布各种信息，这样做主要是为了鼓励店内的每个人都能取得更好的成绩。

每次沃尔玛股东大会的规模都十分宏大，因为力求让更多的人参加，其中包括商店的经理与员工，其目的是让他们看到沃尔玛公司的全貌，让他们尽量做到心中有数，以便合理地安排具体工作。

为保持整个沟通渠道的畅通，沃尔玛还与世界各个店内的工作团队保持沟通，注重收集内部员工的一些意见与建议，同时还时常地带领所有的人参加"沃尔玛公司联欢会"等。

要保持管理者与员工间真正的沟通，就需要企业建立有效、通畅的沟通渠道，将企业的相关信息都贯穿到内部的每个部门。这有利于消除员工与企业间的矛盾和隔阂，提高员工工作的积极性与企业整体的执行力，为企业谋取更大的利润。

作为管理者，必须从思想上重视与下属沟通的重要性，注重征求员工的意见和建议，让团队的每一个成员都有机会表达自己的意见，给予他们更多的空间。相互信任，这可以被视为管理者的主要工作。

在与下属加强沟通的过程中，管理者能够不断发现问题，并不断提高自己的管理水平。沟通是管理者不可忽视的一门课程，是值得每一个管理者好好学习的。一个善于沟通的管理者，才能把下属很好地糅合在一起，形成一个强大的整体。

许多管理者喜欢高高在上，缺乏主动与部属沟通的意识，凡事喜欢下命令，忽视沟通与交流。沟通是每个管理者都应该学习的课程，我们要将提高自己的沟通技能上升到战略高度。每个人都应该高度重视沟通，重视沟通的主动性，只有这样，我们才能够进步得更快，企业才能够发展得更顺畅、更高效。

对下属进行充分而有效地沟通，向下属传递自己的期望，在让下属明了他所做的工作的目标、意义和价值后，会增加他们的工作热情和主动性。

——北大管理理念

传递期望，让员工感受到鼓舞而不是失望

"民可使由之，不可使知之。"中国传统管理片面强调被管理者应无条件地服从，而忽视沟通的重要性。

很多人认为管理者与被管理者之间不能有太多的平等，没有必要告之被管理者做事的理由。没有充分有效的沟通，员工就不知道做事的意义，也不明白做事的价值，因而做事的积极性也就不可能提高。

一个优秀的管理者，如果明了沟通与管理的关系，也就绝不会轻视管理的沟通工作。管理者的期望传递到员工身上，员工会感受到正能量，定会在工作中付出努力。

管理者在给员工分配工作任务之前，一定要先了解下属目前的工作状

况。如果一名工作能力很强的员工已经很忙，为了完成手头的工作任务需要加班加点，那么就不适合再给他分配新的工作任务。如果决定把某项工作任务交给一名员工去完成，一定要告诉他为什么要交给他这项任务。

在进行沟通之前，管理者有必要了解员工的期待是什么。只有这样，我们才可以知道是否能利用他的期望来进行沟通。

一位经理安排主管去管理某个生产车间，但是这位主管认为，管理该车间这样混乱的部门是件费力不讨好的事。经理于是开始了解主管的期望，如果这位主管是一位积极进取的年轻人，经理就应该告诉他，管理生产车间更能锻炼和反映他的能力，今后还可能会得到进一步的提升；相反，如果这位主管只是得过且过，经理就应该告诉他，由于公司的业务重组，他必须去车间，否则只有离开公司。

沟通必须建立在对方期望的基础上，传递管理者的期望。德鲁克说，只有了解了对方的期望，我们才能了解沟通是否能够利用收听者的期待，以及是否需要对他"当头棒喝"，而让他意识到"不能如其所愿"的事情正在发生。也就是说，通过了解对方的期待，使我们的沟通更有针对性。

沟通是启发下属员工工作热情和积极性的一个重要方式。主管与下属经常就下属所承担的工作，以及他的工作与整个企业的联系进行沟通，下属员工就会受到鼓舞，就会使他感觉到自己受到的尊重和他工作本身的价值。这也直接给下属带来了自我价值的满足，他们的工作热情和积极性就会自然而然地得到提升。

杰克·凯维是加利福尼亚州一家电气公司的员工，他是一位优秀的基层管理者。他一向知人善任，并且每当推行一项计划时，总是不遗余力地率先做榜样，将最困难的工作承揽在自己的身上，等到一切都上了轨道之后，他才将工作交给下属，而自己退身幕后。虽然，他的工作无可挑剔，但是他并不受到下属的欢迎。

凯维的上司发现，一向精神奕奕的凯维最近却显得无精打采。原来经济不景气的缘故，再加上预算又被削减，使得部门的发展停滞不前。凯维认为，如果这种情形继续下去，后果一定不可收拾。于是他实施了一套新方案，并且鼓励职工："好好干吧！成功之后一定不会亏待你们的。"但没想到结果还是功亏一篑，他不禁大发雷霆，惹得部门同事更加对他有意见。

凯维的上司发现了这些情形后，便对他说："你最近看起来总是无精打采的，失败的挫折感我当然能够体会到，但是我觉得你之所以会失败，是因为你只是一味地注意该如何实现目标，却忽略了团队建设这种软体的工程，如果你能在这方面下点功夫，部门的难题一定能够迎刃而解。"

上司诚恳地对他说："我觉得你就是进取心太急切了，又总喜欢做员工的表率，而完全不考虑他们的立场，认为他们一定能如你所愿地完成工作，结果倒给了员工极大的心理压力。每个人当然都知道工作的重要性，所以你大可不必再给他们施加压力。你需要重点恢复和员工的关系，至于工作方面，我会帮助你的。我相信你一定会重新站起来的，毕竟你是我最优秀的部属。"

上司在与杰克·凯维沟通之前，已经做过详细的调查，不仅清楚凯维消沉的原因，也知道了同事对他的评价。他判断，凯维此时最需要的一定是失败的原因和鼓励的话语。所以，他才说出这样的话。这些话对于凯维来说确实很受用，在上司与他谈完话的第二天，他就信心百倍地开始工作了。

会打棒球的人都知道，当我们要接球时，应顺着球势慢慢后退，这样的话，球劲便会减弱，与此相似，我们在说服他人的时候，如果能将接棒球的那一套运用过来，沟通就会变得极为容易。

正是从这个意义上讲，有效的沟通是提高企业组织运行效益的一个重要环节。实现有效沟通，重点在于把期望传递给下属，让员工感受到鼓舞，从沟通中获取前进的力量。

还有一点也很重要，管理者要向下属员工彻底说明对他们的工作期望，然后密切监控工作的进展情况。当然，这并不意味着当工作出现问题的时候，管理者就要立即介入，代替下属员工去解决工作中的具体问题。相反，管理者应该预计到工作进行过程中可能会出现的问题，为下属员工成功解决这些问题提供必要的支持。

你即使什么都没有也可以分享，你至少可以跟别人分享笑脸。

——俞敏洪

心怀善意和认同感，可以帮你赢得人心

在企业管理中，管理者能够体会他人的情绪和想法，理解他人的立场和感受，并站在他人的角度思考和处理问题，对员工的善意和认同感会使得员工和你站在同一战线。

缺乏管理者与员工之间的沟通，会使管理者对员工不能进行有效的管理；也使得员工缺乏对企业精神的理解与共识，更不可能认同企业的共同使命、共同目标。作为企业管理者，要有"员工为我，我为员工"的概念，对员工心怀善意。要站在平等的角度上来理解员工，员工不是机器，所以我们不应该只看到公司眼前的利益，同时也应该重视员工的感情和需要。

管理者常常会以为，在对员工沟通时，主动询问员工有没有问题，是一种很善意且实际的沟通。但实际上，管理者与员工在客观上存在着地位差距，员工们在工作中被管理者问及有没有问题时，往往唯唯诺诺或表示没有问题。实际上，沟通在这里出现了断痕。

春秋时期的郑国是个小国，国人喜欢聚集在乡间的学校里，七嘴八舌地议论国家主政的官员。大夫然明对丞相子产说："下道命令，不让他们聚集议论，以免是非，可不可以呢？"子产说道："为什么要这样做？那些人早晚聚集在一起休息、谈笑，当然要议论我们把国家治理的好坏。他们肯定的，我就努力去做；他们讨厌的，我就马上改正；他们是我们的老师啊。为什么要打击他们呢？我只听说忠诚为善可以减少怨恨，没有听说以势作威就能防止怨恨。如果作威防怨而不能止住怨恨，就会像大河决口，我就无法救治了。所以，不如开个小决口，让人们的怨恨有发泄渠道，我就能从容地听从并改正了"。然明被子产的话折服了。弱小的郑国也在子产的开明治理下，出现了政通景明的气象。

由此观之，心怀善意，才能形成有效沟通。管理者在开展沟通工作前，必须正视并争取尽快解决这些问题。尽最大努力创造条件，维护员工的利益，使员工能真切感受到来自管理者的关心和温暖，从而提高员工对沟通工作的认同感。

作为管理者，抱持一颗"同理心"，认同员工并对员工心怀善意，支持员工，和员工一起奋斗，这也是有效沟通的重要的方式。

王晓到一家日化公司应聘部门经理，公司人力资源部门告诉他试用期3个月，然后就把他安排到商店做普通的销售员。起初王晓很不理解，自己有很好的学历背景，又有一定的工作经验，总经理凭什么让自己从基层干起呢？但随即王晓又转换了想法，他从老板的角度考虑，如果自己一上来就被安排在管理者的位置，在不了解公司的情况下，很有可能就担不了大任，这对老板来说，可能就是更大的损失了。

于是，王晓沉下心来从最简单、最基本的工作做起，全面了解公司，熟悉各种业务，他在销售岗位做得很出色，取得了不小的业绩。3个月试用期满，总经理将他叫到办公室，通知他已经通过了公司对他的考验，可以正式就任部门经理了。

在王晓出任部门经理的半年中，他带领部门积极配合总经理的工作，紧跟公司的发展策略，取得了辉煌的业绩，为公司的发展做出了贡献，深得总经理的青睐。几年之后，总经理调回本部，临走时他推荐王晓出任总经理一职。

无论是管理者还是员工，都应该对对方的决定或行为抱持善意，这样，更有利于我们站在对方的角度考虑问题，进而理解对方的工作方法与处理问题的方式。当你试着待人如己，多替对方着想时，你的善意就会无形之中表达出来，从而感动和影响你周围的每一个人。你将因为这份善意而得到应有的回报。

成功守则中最伟大的一条定律——待人如己，也就是凡事为他人着想，站在他人的立场上思考。优秀的管理者，应该对员工心怀善意，和员工一起奋斗，在他们的帮助下，获得自身价值的实现。

理论上讲，大家任何时候想跟公司高管进行交流都是可以的。我们也在不断地创造各种各样的机会，希望跟大家有更多接触。

——李彦宏

放下你的高姿态，和员工坦诚交流

美国加利福尼亚州立大学研究所指出："一个企业中，最有效的交流方式是平行交流。"所谓的平行交流，就是管理者在消除等级障碍的前提下，以与员工平等的姿态在企业内部进行的各种上下级交流。其核心理念是：平等与信任。

北大管理理念推崇平等沟通的管理法则。企业中的员工是有血有肉的个体，他们是有感情的，并非冰冷的机械。正因为如此，管理者一定要认识到，管理者与被管理者在法律上都是平等的个体，相互之间在法律上是平等的。所以，要以平等的姿态去与员工沟通，让员工感到你的真诚，然后再动之以情，晓之以理地教育、沟通，必将收到事半功倍的效果。

许多企业的管理者口头上宣讲"坦诚沟通"的理念，但领导却只是喜欢听好话，不容有不同的声音。在各种议题的会议上，领导大谈沟通要坦诚，要放开心扉。但与会的人员却不能相互信任，一点都"不坦诚"，总在揣摩管理者的心思，不厌其烦地重复一些陈词滥调，而对于实际问题却避而不谈。管理者不放下自己的高姿态，每次的沟通注定只会得到这样的结果。

这种沟通法则，并不能有效消除沟通机制中的等级障碍，改善沟通环境，沟通的效果自然也不尽如人意。日本松下电器公司总裁松下幸之助尽管身居公司高位，但是他从来不以管理者的姿态对待员工，而是愿意员工以一种平等的姿态对待自己。

松下电器公司创业时期，根据员工的业务技能，他们被分成四个等级，其中最低的一个等级为候补四级。有一位候补四级的员工在公司服务了好多年，也为公司做出了一些贡献，他自认为已经具备了晋升三级员工的资格。于是，他找到松下，表达自己的不满："一直到现在，我都没有得到晋升，是不是我的努力还不够呢？如果真的是这样，我宁愿多接受一些指导。"

松下没有因为这是件小事而置之不理，他责令人事部对这件事进行查处，结果发现，这位员工原本具备晋升的资格，只是由于工作人员的大意，而忘记给他办理晋升手续。

松下平易近人，他愿意和员工面对面地交流，愿意倾听员工的一些想法，甚至是一些不堪入耳的责骂，员工也会在松下面前说出来。有一次，公司的一位员工被批发商狠狠地训了一顿："你们的老板怎么会让你们生产出这样的产品，我看他还不如去开个烤白薯店，别再制造电器了。"这位员工竟如实地告诉了松下。随后松下亲自拜访了这位客户，以表示歉意。令这位批发商感到惊讶的不是松下的到来，也不是他的歉意，而是那位员工竟把他的话如实地告诉了自己的老板！

松下对这一点不无骄傲："我非常信任我的员工，我们之间无所不谈。"

如果一个管理者执着于显示自己的地位与身份，那他和员工的关系肯定是失败的。松下无疑具备高超的沟通艺术，只有让每一位员工都感到自己是公司中平等的一员，他们才能信任对方，才能将自己的建议与意见向管理者毫无保留地表达出来。没有平等与信任便没有沟通，没有沟通便没有管理。

管理者在与员工沟通工作的同时，应经常关注员工的日常生活。闲暇时聊聊堵车和天气，或是音乐和时尚之类员工感兴趣的话题，这是拉近与员工距离的好方法。如果公司在原则上难以解决员工的需求，要及时地向员工说明以得到员工的理解。

以管理者的身份与员工沟通，往往缺乏信任和坦诚，而这会从企业的根本上动摇我们快速成长、锐意创新的根基，会让企业成为一潭死水失去活力。

管理者都不希望自己的公司如同一潭死水一般没有生气，可是在会议或是工作报告等很多场合中，却经常存在这样的问题。要提高员工沟通的热情，在管理中发扬民主精神，带动员工讨论，并把集体讨论中产生的有益的意见和智慧及时反映到公司的决策中来，才能充分地提高员工的积极性和创造性。

管理者应熟练地完成身份转换，在公司里是领导，在公司外则是与员工无拘无束的平等沟通者。在更为自然的环境中与员工沟通，往往能达到在公司里难以达到的效果。

作为管理者，如果在生活中对员工坦诚相见，无疑会在自己平时的威严中增加几分亲和力，员工能从中感觉到来自老总的善意，容易心情愉快，畅所欲言。从而建起与员工的感情桥梁，方便进行有针对性的信息传递。

作为管理者，要放低姿态，充分信任自己的下属，倾听他们工作中存在的问题和对工作的建议，力图让他们的才能得到最大的发挥。只有在平等和信任基础上的坦诚交流才能造就高效的工作，才能培养优秀的员工。

员工有抵触情绪是自然反应，也是必然的过程。员工需要时间调整，更需要管理者的沟通与协助。

——北大管理理念

由心入手，化解员工的抵触心理

管理过程中经常会遇到员工的抵触，比如推行一项新的管理措施、试行新的作业方法、进行工作轮换等。但是无论管理者如何努力想要做出改变，却经常会在与员工沟通时碰壁。

但是同样的话，换个领导跟员工讲，员工就能欣然接受，其他的领导也没有三头六臂，原因无他，就是管理者与员工之间已经有不可逾越的鸿沟。

管理者在面临改变时，在工作中遇到员工的抵触是正常的。美国普里契特管理顾问公司的统计显示，通常只有20%的员工一开始就会全力支持改变，50%的员工持中立态度，另外30%的员工对于改变非常抵触。

王端勇是湖南省湘维有限公司电仪厂热电工段长，他认为，沟通是班组管理的灵魂。

2008年，创建"星级"班组活动在公司全面铺开。5月份是开展"星级班组""星级员工"考评的第一个月，工段将该月的评星结果在公示栏里进行公示。但公示的第二天，有一个组员打电话给王端勇，他认为考评不合理，并提出要将工段的班组建设栏推倒，并对王端勇说："如果没有一个说法，我就跟你过不去！"

王端勇随即把班里的人召集起来，一一起坐下。他也没有埋怨给他打电话的同事。只是向大家说明了该月星级考评的过程，说明为什么有人评"五星"，有人评"一星"，甚至有人没有评上星。同时，他又向在座的班员们征求他们对开展班组建设的意见和建议。

由于及时得到了沟通，此事便很快平息。过了几天后，那位当事人主动找到王端勇，首先承认了自己的不对，认为当时的行为有些过激。

通过这件事，王端勇深深地认识到，在班组管理中沟通和理解是基础、是纽带，能够统一班组成员的思想和认识，能够促进和谐班组的建设。

管理者不应将员工的抵触视为障碍。面对员工的抵触，管理者不应该不断地向员工强调改变的必要性，而是要正视员工的反应，去了解背后的原因，化解员工的抵触心理。

1. 化解员工的疑虑

面对员工的抵触时，不要想着采取安抚的态度，这样解决不了问题。事实上，员工需要的不是安抚，而是化解心中的疑虑。管理者与员工之间时常存在信息不对称的状况，许多信息只有管理者知道，员工却一无所知。这会让员工觉得不公平，更会对改变本身产生质疑。管理者应该做到以下两点：

（1）向员工解释清楚。员工对于如何改变完全不了解，会产生一种抵触的心理。做到信息透明后，员工会知道为什么需要改变，对解除抵触心理有很大的促进作用。

（2）听员工的声音。许多时候管理者认为有必要改变的事情，员工并不这么认为；管理者认为改变会带来好的结果，员工却认为只会带来负面的结果。管理者可以选择倾听员工的声音，在决策的过程中让员工的意见也有表达的机会。

2. 沟通具体的事实

口号、价值观、愿景，这些都不重要，员工真正想知道的是到底他该怎么做。管理者要沟通改变所带来的结果时，不要对员工说希望要成为第一名，而是具体地说出下一个月产量能比这个月增长多少等较为具体的目标。

管理者除了清楚表达自己对于改变的期望之外，还应说明具体的作为，如要表达质量目标，具体应该怎么操作等。

3. 不要刻意隐瞒

管理者通常只看到改变好的一面，却忽略过程中可能遇到的困难或阻碍。不要忘了，员工是真正执行改变的人，对于整个过程他们是有亲身体验的。员工心里明白，事实上改变过程并不如管理者所说的那么顺利和容易。

唯有确实反映事实，才能取得员工的信任。如果管理者为了让员工接受自己的想法而刻意忽略负面信息，只会适得其反。况且，管理者把困难说明，也代表了管理者确实能明白员工必须做出极大的努力去达成目标，这让员工感受到管理者与他是站在一起的。

4. 不要只顾虑员工的想法

担任管理者的职务，最重要的就是运用自己的权力去影响别人。这不是说擅用职权，强迫员工接受管理者的命令，而是管理者有最后的决策权，决定什么事情应该做，必须去做。

员工个人的想法当然需要考量，但是过度顾虑的结果，却是有可能因此伤害员工。管理者应该要求员工接受指派的工作，但是很重要的一点，管理者必须提供应有的协助，尽量帮助他解决工作过程中的困难。

管理者不应该担心自己与员工的意见相左，许多时候管理者必须去要求，而不是完全让员工自己决定。

第十二章

执行力管理课：

大多数时候，人们不知道干什么

管理者对执行的标准必须做到清楚、明了、准确、量化，这样才能保证执行的结果。

——北大管理理念

细化执行的标准，科学考察执行的效果

美国通用电气公司（GE）在全球拥有30多万员工，在100多个国家经营着几十种业务。在 GE 的年度报告里有这样的荣耀之词：我们能够做到，所有的战略只要一提出来，一个月内就能落到实处，并且能在第一个循环内（GE 一般是一年一个循环）获得较好的财务效果。GE 取得这样优异的成绩，跟全球30多万员工的优秀执行是分不开的。

"不论你是哈佛大学的高才生，不论你有多么出色的计划，一旦进入 GE，我们只关注你们的成绩，只关注你们做了多少，每个员工都必须认识到这一点。从现在开始，衡量一个人的标准是他在 GE 的成绩，一个人的表现比他提出的好意见更重要。"

GE 有一套非常成功的人力资源评估系统：每年，他们都要求每一家分公司对组织中的人进行分类排序，必须区分出"在组织中，哪些人是属于执行最好的 20％，哪些人是属于中间的 70％，哪些人是属于最差的10％。如果他们的团队有 20 个人，那么我们要知道，20％中最好的 4 个和10％中最差的 2 个都是谁，包括姓名、职位和薪金待遇。表现最差的员工必须走人"。

如今企业和个人所面对的问题，并不是不重视执行的问题，而是怎样才能有效执行的问题。知易行难，管理者如何才能强化执行力管理呢？

执行的过程往往是漫长的，在执行过程中如果管控不严密，很容易偏离目标。执行标准既是执行者参考的依据，又是鞭策执行者的手段。优秀的执行需具备一定的标准，具体来说，必须符合以下条件：

1. 及时

及时是工作成果在时限上的要求。要在规定的时间内完成任务，不允许无故拖延；如果能够提前，当然最好不过了。

执行首先需要时间方面的量化标准，我们应该规定什么事情从什么时候开始实施，在什么时间必须完成。就像航空公司的飞行时刻表一样，什么航班在什么时间从什么地点起飞，了什么时间在什么机场降落，必须规定得一清二楚。没有这种标准，飞行员就不知道什么时间该起飞，什么时间该降落，飞行的速度如何掌握和控制。任何工作都是如此，有了时间的标准，执行者才会有明确的开始和完成的概念，才能主动地掌握和控制执行速度与节奏。缺乏时间标准，往往导致事情一拖再拖，有的甚至不了了之，毫无结果。

时间标准要依据每一件事情的轻重缓急和重要程度来考虑，时间的限制是执行的一个首要标准，没有时间的标准就无法保证执行的效率和速度。

2. 保质保量

保质，是工作成果在品质上的要求。成果至少不低于标准值，不允许"假冒伪劣、以次充好"。保量，是工作成果在数量上的要求。至少要达到规定的数量，不允许"偷工减料、缺斤短两"。

　　质量标准是执行过程中的重中之重，因为它直接关系到执行的结果。当然执行的结果和时间也有一定的关系。质量标准就是要制定每一项工作完成的效果指标或合格指标。任何工作都不是完成了就行，而是要保质保量地完成，至少要达到规定的合格标准，才算是真正的完成。比如企业，如果质量上马虎，即使用最短的时间产出再多的产品，也是次品，不仅卖不出去还浪费了成本。又比如文员，打字的速度虽然快，但打印的文件总是错字连篇、漏洞百出，即使速度再快也不能算有执行力。

　　执行的标准定得清楚、用得恰当，将大大促进和改善执行力。缺乏这些标准的参照和鞭策、控制，执行力将会因失控而流失。能及时、按质、按量地完成工作任务，这样执行力就强，反之，执行力就弱。

　　在大学课堂上，教授向学生们讲这样一个案例：

　　老板叫员工去买复印纸，员工立刻去执行。不一会儿，员工买了几十页复印纸回来。老板很生气："这一叠复印纸，怎么够？我至少要三摞。"员工第二天就去买了三摞复印纸回来。老板一看，又很生气："你怎么买了 B5 纸，我要的是 A4 纸。"员工过了几天，买了三摞 A4 复印纸回来，老板还是很生气："怎么买了一个星期才买好？"员工回道："你又没有说什么时候要。"

　　买复印纸这么简单的事情，员工跑了三趟，老板生了三次气。老板会摇头叹道，员工的执行力太差了！员工心里会说，老板能力欠缺，连个任务都交代不清楚，只会支使下属白忙活！

　　问题出在哪呢？出在执行的标准上！

　　拿"买复印纸"的例子来说：老板让员工买复印纸（尽快买至少三摞 A4 复印纸），员工先是买了几十页（实际要求至少三摞）复印纸，没有按量完成；后来，买了三摞 B5 纸（实际要求 A4 纸）回来，没有按质完成；终于买回了三摞 A4 复印纸（却是在一个星期后），没有按时完成。

　　这样的执行是失败的。员工为什么在执行的过程中对任务的质、量和完成时间都打了折扣？根本的原因在于没有将执行此次任务的标准理解透彻。去买复印纸之前，应该先去相关部门了解一下平时都用什么类型的纸，一般一次采购要多少，然后再行动。

应该注意的是，时间、质量、数量等标准的制定并不等于达到执行的目的，关键是通过标准实现有效执行，员工以标准规范为工作的准绳，及时、按质、按量地完成工作指标，从而提升自己的执行力。

一个优秀的员工在执行时，让执行合乎及时、保质、保量的标准，经常会运用到5W2H法。用5个以W开头的英语单词和2个以H开头的英语单词或词组进行设问，明确任务是什么、怎么做、何时完成、由谁负责、做到什么程度等一系列问题：

（1）WHY——为什么？为什么要这么做？理由何在？原因是什么？

（2）WHAT——是什么？目的是什么？做什么工作？

（3）WHERE——何处？在哪里做？从哪里入手？

（4）WHEN——何时？什么时间完成？什么时机最适宜？

（5）WHO——谁？由谁来承担？谁来完成？谁负责？

（6）HOW——怎么做？如何提高效率？如何实施？方法怎样？

（7）HOW MUCH——多少？做到什么程度？数量如何？质量水平如何？费用产出如何？

在明确了这些问题之后，开始着手制订具体的实施方案和计划，按部就班地去实施。优秀执行者的执行力正体现于此，服从命令、立即行动，及时、保质、保量地完成，这也是所有的优秀执行者身上最关键的特质。

作为管理者，首先要明确自己的角色，明确自己执行的具体位置。

——北大管理理念

执行不打折：明确管理角色与执行角色

在一个企业组织中，不同的人扮演不同的角色。执行角色就是落实中的人，用什么样的人来执行什么样的工作，把什么样的人放在什么样的位置上。

在企业中，从管理者的纵向结构上可以分为三个层次：高层管理者、中层管理者、基层管理者。

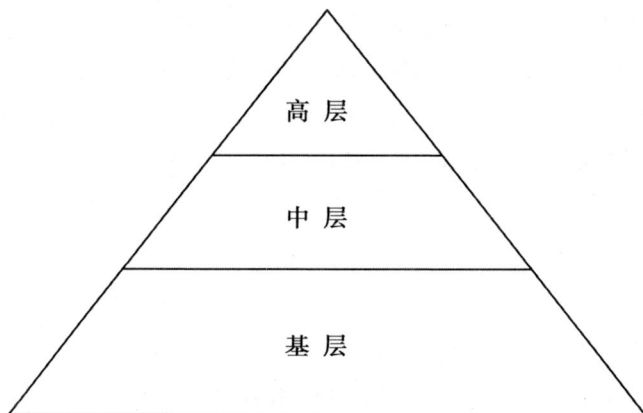

企业管理者的金字塔结构

企业管理者的执行角色可以分为高层管理者、中层管理者、基层管理者三个层次予以观察。联想总裁柳传志曾说："高层要有事业心，中层要有上进心，基层要有责任心。"

高层管理者如总公司和分公司的总经理，高层管理者主要负责企业战略的制定以及做出重大决策。基层管理者如工段长、队长、领班等，主要负责公司决策的贯彻执行。而位于高层管理者与基层管理者之间的就是中层管理者。

打造企业的执行力，企业管理者是第一执行人，也是第一责任人。企业领导者常常坐在办公室里痛斥下属执行不力。团队的执行力，很大程度上源于管理者的执行力。企业经理层必须永远记住：兵熊熊一个，将熊熊一窝。

企业的管理者必须时刻关注执行，做出快速的决策与回复，带头遵守公司的流程，建立组织的执行体系与落实力文化等。而作为中层管理者，要明确两个最重要的角色作用：信息传达和鼓动士气。如果把企业比喻成一个人，企业高层就是大脑，中层就是脊梁。因此，在企业的落实中，中层不软，才能挺起企业的腰杆。

基层员工执行角色缺失造成员工诸多不良表现：在工作中不求结果，为失败寻找借口；浪费工作资源，增加企业成本。

一个企业的执行力，各层次均有不同的角色分工。明确执行角色，才能尽到每个人应尽的责任与义务。只有清楚自己在做什么，确认自己的位置，才能更好地去执行。

1. 执行在高层：合理授权

高层管理者的能力总是有限的，即使"日理万机"，要把所有的事都照顾过来，都办好，那也是不可能的。管理者应拿出一部分权力分给属下，自己要做的只是以权统人。

在我们身边，常看到这样的领导：勤勤恳恳，起早贪黑，无论大事小情，样样亲力亲为，的确十分辛苦，但所负责的工作却常常杂乱无章，眉毛胡子乱成一团。而这些领导则像陀螺一样，从早转到晚，你问他在忙什么，他可能张口结舌。事事都管、都抓，结果必然是什么也管不好。

企业高层领导者不能站错了位置，作为高层管理者，更多的能力应该发挥在决策和用人上，具体执行的事宜不可参与太多。

2. 执行在中层：承上启下

中层管理者兼有领导者和下属的双重身份。姜汝祥在著作中说："中层只有两种选择：要么做大气层，把高层战略的大部分热量都折射和损耗掉；要么做放大镜，把太阳的光芒聚集到一点，把纸点燃。"假若我们把公司战略比喻成太阳，把客户价值比喻成纸，你可以做大气层，使太阳的热量都被你消耗掉，让纸还是纸。但假若你做放大镜，把太阳聚焦到纸上，那纸便可被你点燃！

明确中层管理者的角色，就要求中层管理者除了承担管理职责、岗位职责以外，还起到员工与公司决策者上传下达的作用，如果中层管理者不能发挥其应有的作用，则会对公司的管理和决策的贯彻带来很大的阻碍。

3. 执行在基层：背起自己的责任

基层管理者是生产管理的直接指挥者和组织者，也是企业中最基层的负责人，属于"兵头将尾"。基层管理者一般既是技术骨干、业务的多面手，又是部门的领头羊和排头兵，要在工作中起到带头执行的作用。

过程因素也是造成多数企业执行力弱的一个重要因素。

——李彦宏

执行不容小疏忽，注意每一个细节

一位管理专家一针见血地指出，从手中溜走 1% 的不合格，到用户手中就是 100% 的不合格。工作中一个小小的疏忽和失误，就会造成产品和服务上的缺陷，每一个缺陷都会影响企业在顾客心目中的形象和地位，给企业带来难以估量的损失。

"千里之堤，溃于蚁穴"。一个企业从"诞生"之日起就面临众多强敌的威胁，要想在企业之林中站稳脚跟，除了构建严密的组织生态外，还有另一个重要主题，就是敏锐地发现组织中有可能引发危机的"蚁穴"，未雨绸缪，防患于未然。一旦发现组织的"蚁穴"就要不遗余力地根除，甚至不惜"小题大做"。

老子曾说："天下难事，必做于易；天下大事，必做于细。"类似的，建筑大师密斯·凡·德罗，在被要求用一句话来描述他成功的原因时，他概括说："魔鬼藏于细节。"

现实工作中的失败，常常不是因为"十恶不赦"的错误引起的，而恰恰是那些一个个不足挂齿的"小错误"积累而成的。工作中任何一个环节出了差错，都事关大局。牵一发而动全身，每一件细小的事情所产生的后果都会被不断扩大，这些早已不再是微不足道的小事情。

工作中的某一个环节出了问题，都会造成不可想象的事故。因此，面对自己的工作，我们应当增加警惕性和责任感，尽可能杜绝工作中可能出现的一切"隐患"，防止"因小失大"。细节决定成败，每个员工要养成重视小事，认真细致的作风，将身边的每一个隐患都扼杀在摇篮之中。

将细节打造为"最佳执行准则"是强调将每项工作做细，每个环节做精，关注每一个细节。

麦当劳对原料的标准要求极高，以汉堡中的生菜为例，麦当劳《全面供应链管理手册》中规定，从源头选土开始，详细记录地段和土壤的资料，所有种植地周边一公里内必须无工业"三废"污染源，无养殖场、化工厂、矿山、医院、垃圾场，与生活区的隔离须超过20米，土壤和水中的重金属和微生物不能超过国家绿A标准。从生菜播种开始进行全程监控，之后的种植、灌溉、施肥、防虫也要一一记录。

面包不圆和切口不平都不用，奶浆接货温度要在4℃以下，高一度就退货。一片小小的牛肉饼要经过四十多项质量控制检查。任何原料都有保存期，生菜从冷藏库拿到配料台上只有两小时的保鲜期，过时就扔掉。生产过程采用电脑操作和标准操作。制作好的成品和时间牌一起入到成品保温槽中，炸薯条超过7分钟，汉堡包超过19分钟未售出就要毫不客惜地扔掉。麦当劳的作业手册有560页，其中对如何烤一个牛肉饼就写了20多页。

正是麦当劳如此严格、完整、细致的管理制度，才使得拥有数千家连锁店的麦当劳运转自如，获得了巨大的成功，在给公司带来巨额利润的同时，也巩固了企业的国际形象。

"请对顾客露出你的八颗牙"，这是沃尔玛百货有限公司创始人山姆·沃尔顿的一句名言，现在已经在服务行业成为标准；"三米微笑原则"也是沃尔玛服务顾客的秘诀之一。

这些细节的规定看起来有些烦琐，但却非常有效，一旦形成习惯，成为员工的行为准则，那么该做什么不该做什么，如何去执行，执行到什么程度，就不需要别人来提醒，而是会融为一种最好的工作准则。

如在石油行业，生产、运输、销售、服务过程中多与易燃易爆品打交道，安全事故风险和环境风险大，这决定了石油企业实施精细化管理必须将每一个细节的安全、环保作为企业持续发展的基础。

抠细节，往往被认为死板，但谁会想到，正是这些细节打造了最强的执行力。一个人养成看重细节的思维习惯，往往可以获得意想不到的丰硕成果。

刘宁是锦西石化公司蒸馏车间的普通工人。对于炼油操作，有些人产生了会了就行的想法。可刘宁却要精益求精。

近几年，原油性质变化越来越频繁，蒸馏车间的质量合格率和操作平稳率受到了很大影响。每当原油性质有所变化，刘宁都要进行认真调节，边调边记心得，久而久之，他摸索出了一套操作方案。原油性质一有改变，他马上就找出相应的操作方法。几年来，他所在岗位产品质量合格率始终保持 98.5% 以上，操作平稳率达到 99% 以上。

刘宁高高大大，可他却是个十分心细的人。2009 年 2 月 26 日，刘宁值零点班。凌晨，正是倒班员工最疲惫、最容易疏忽的时候。0 点 42 分，刘宁在监视器上不断浏览着装置内的设备运转情况，忽然，泵-101 处冒出的一丝白烟引起了他的注意，由于监视器上的画面不是很清晰，他马上起身奔向泵房。经过检查，他发现泵-101 端面已经打开，300 摄氏度的渣油正呈雾状喷出，随时都有着火的可能。班组成员在切换备用泵后仍有些后怕，这要是着起火来，就是一次停工事故。

要求员工从一点一滴的小事开始，把自己经手的每一份工作做到尽善尽美。承担一份工作，就应该在执行中精益求精，这样才能赢得机遇的青睐，获得发展的机会。

管理者必须要求员工绝不能忽视执行的小疏忽，对执行的细节"小题大做"，这样才会将执行做到位——只有如此，才能确保执行能够按质按量地完成。

　　服从是保证执行力的先决条件。

——北大管理理念

执行力是一种服从力，像军人一样执行

　　美国劳恩钢铁公司总裁卡尔·劳恩是西点军校第 52 届毕业生，他曾对服从精神做过这样的描述："军人的第一件事情就是学会服从，整体的巨大力量来源于个体的服从精神。在企业中，我们同样需要这种服从精神，上层的意识通过下属的服从很快会变成一股强大的执行力。"

　　服从命令、听从指挥是军人的天职，也是一个杰出员工的行动指南。决策层制定的企业愿景最终要靠员工来执行，这就要求员工必须服从命令、听从指挥，即使服从意味着牺牲、奉献，意味着放弃个人的"想法"或"自由"。

　　"糟了，糟了，"采购部的经理理查德放下电话就叫嚷了起来，"那家便宜的东西，根本不合规格，还是迈克尔的货好。"他狠狠地捶了一下桌子："可是，我怎么那么糊涂，还发 E-mail 把迈克尔臭骂了一顿，还骂他是骗子，这下麻烦了！"

　　"是啊，"秘书詹妮小姐转身站起来说，"我那时候不是说吗，要您先冷静冷静，再写信，您不听啊！"

　　理查德说："都怪我当时在气头上，以为迈克尔一定骗了我，要不然别人怎么那么便宜。"

　　理查德来回踱着步子，突然指了指电话说："把迈克尔的电话告诉我，我打过去向他道歉！"

詹妮一笑，走到理查德桌前说："不用了，经理。告诉您，那封信我根本没发。"

"没发？"理查德停下脚步，惊奇地问道。

"对！"詹妮笑吟吟地说。

理查德坐了下来，如释重负，停了半晌，又突然抬头问："可是，我当时不是叫你立刻发出的吗？"

"是啊，但我猜到您会后悔，所以就压了下来！"詹妮转过身，歪着头笑笑。

"压了3个星期？"

"对！您没想到吧？"

"我是没想到。"

理查德低下头去，翻记事本："可是，我叫你发，你怎么能压呢？那么最近发往南美的那几封信，你也压了？"

"那倒没压，"詹妮的脸更亮丽了，"我知道什么该发，什么不该发！"

"是你做主，还是我做主？"理查德霍地站起来，沉声问道。

詹妮呆住了，眼眶一下湿了，颤抖着问道："我，我做错了吗？"

"你做错了！"理查德斩钉截铁地说。

在很多员工的理念中，服从就是"对的就服从，不对的就不服从"，其实这种观点是错误的。在某种意义上，服从是无条件的，如果觉得上级的指令不切合实际，就应该婉转地提出自己的意见，而不是对上级的指令拒不执行。

服从指令听指挥不仅仅是态度问题，在一定程度上也反映了一个人的集体主义观念。如果员工有基本的以集体利益为重的观念，就会自觉地服从上级的命令和指示，而不是勉强服从，口服心不服，然后在执行中消极应付。

没有服从就没有执行，团队运作的前提条件就是服从，一个高效的企业必须有良好的服从观念，一个优秀的员工也必须有服从意识。

王益和张颐同时供职于一家音像公司，他们能力相当。有一次，公司从德国进口了一套当时最先进的采编设备，比公司现在用的老式采编设备要高好几个档次。但是说明书是用德文写的，公司里没有人能看得懂。老板把王益叫到办公室，告诉他："我们公司新引进了一套数字采编系统，希望你做第一个吃螃蟹的人，然后再带领大家一起吃。"王益连忙摇头说："我觉得不太合适，一方面我对德语一窍不通，连说明书都看不懂；另一方面，我怕把设备搞出毛病来。"老板眼里流露出失望的神色。他又叫来了张颐，张颐很爽快地答应了，老板很高兴。

张颐接下任务后就马不停蹄地忙碌起来。他对德文也是一窍不通，于是就去附近一所大学的外语学院，请德语系的教授帮忙，把德文的说明书翻译成中文。在摸索新设备的过程中，他有很多不明白的地方，就在教授的帮助下，通过电子邮件，向德国厂家的技术专家请教。短短一个月下来，张颐已经能够熟练使用新的采编设备。在他的指导下，同事们也都很快学会了使用方法。张颐因此得到了老板的赞赏。以后，有了什么任务，老板总是第一时间找到张颐。因为他知道，张颐不会让他失望。王益用一个借口逃避了一个难题，同时也把加薪晋升的机会给丢弃了。

王益的推诿使他失去了加薪晋升的机会。绝对地服从意味着员工要为自己的一切行动负责，不可有逃避或对抗的情绪。

组织和团队中不乏服从意识淡薄的人，他们对上级领导的命令指示，常常讲价钱，讲条件，甚至上有政策，下有对策；表面一套，暗地里一套。对各项规章制度，喜欢用所谓的"变通""细化"变相地违反。

每一个员工都应该意识到自己的职责就是服从，在服从面前没有多余的"条件"，对领导的任何命令都是完全接受，然后坚定不移、不遗余力地执行到位，这样才能确保集体行动的一致性，使团队任务圆满完成。

团队犹如一部联动机，如果有一个部件不能履行自己的职责，拒绝服从，整个机器就不能运转自如。当各个部件都各司其责、服从指挥时，整个机器的工作效率就会成倍地提高。一些优秀的企业都严格规定，企业制度和战略一经形成，任何人都必须无条件地服从，即使是管理者，也不能寻找任何借口违背企业的制度和偏离企业的发展战略。

既然服从力如此重要，那么管理者需要注意什么呢？一般而言，服从有以下3大原则：

1. 服从应该直截了当

企业需要这种直截了当、畅通无阻的传递过程。如果上司交给下属一项工作，而下属讲出许多理由、罗列很多困难，这显然不能得到上司的信赖，是不可取的。只有服从才是最谦虚、最直截了当、高效快速完成工作任务的方式。因为没有"顾忌"、没有"烦琐"、无须"协调"、无须"磨合"，全力而迅速地执行任务，这是一个非常重要的指针，是高效能的一个非常重要的方面。

2. 应该立即行动

在企业中经常遇到这种情况：一些主管交代一项业务时，员工不是及时把事情做了，而是对主管说，"我现在很忙，我马上做"，但是并没有马上做。面对这种情况时，管理者要求员工尽可能立即行动。

只有每一个环节都即令即动，才能积极高效地在第一时间内出色地完成既定的任务。

3. 确保沟通到位

虽然，管理者的决策也有错误的时候，但是，员工也应该首先服从任务的安排。不过为了尽可能减少错误的决策，管理者应适时与员工进行沟通，取得对执行的一致看法。

管理者喜欢那些不讲条件、具有服从意识的人，这样的员工才会在接受命令后，充分发挥自己的主观能动性，想方设法完成任务，即使会遇到无数的困难和挫折，执行难度很大，也会勇于承担责任，努力向目标靠近。

世界上没有一劳永逸的事，问题总是千姿百态，层出不穷，但我们应该做制造印钞机而非手工打制铜钱的事情。遇到问题，多问几个为什么，找到根源，用系统的解决方案根除它，才可以为组织不断增强免疫力和提升工作效率。

——李彦宏

流程导向：用流程解决共性的问题

在管理界，一直流传着这样一句话：一流的企业卖标准。何谓"标准"？主要是指被人们所公认的最佳的流程与规则。如果你能较早地将一件事情流程化，并且这种流程被大家所普遍接纳，你的流程就变成了统一的标准。

百度公司总裁李彦宏说，遇到问题，多问几个为什么，找到根源，并用系统的解决方法去根除它，就可以为组织不断增强免疫力和提升工作效率。

2004 年 5 月的某一天，百度与某跨国企业合作推进一项公益活动，其文字链接指向的是合作方官方网站上一个活动的页面。但文字链接上线不到两小时，用户便发现这个页面点不开了。负责此项目的负责人十分紧张，到底哪里出了问题？

查明原因后，他略微松了口气，问题出在合作方，由于低估了百度带来的点击量，他们的服务器停机了。负责人当机立断，发起下线，暂停推广。

这位负责人在就此事给李彦宏发邮件，写道："由于 XX 公司的服务器负载量不够，链接已打不开，百度也无能为力，特此申请暂时下线。"当时，李彦宏不在公司，但他很快写了回信，在"同意下线"后面追加了一个问题："下线以后呢？"

负责人收到回信后，很后悔自己没有把后续的处理写进去，还让李彦宏追着问。他赶紧回信："已经与对方沟通了，等他们调好服务器，测试好了再发起上线，按预定时间将合作执行完。"该负责人对自己的处理还是比较满意的。

但没有想到的是，李彦宏又回邮件了。他在邮件中这么说："我想了解的不是这次怎么办，而是针对这类问题，你们有没有着手制定一个系统化的解决方案。我们应该对合作方提出多大的服务器准备要求以最大限度地避免再次发生类似情形，以及如果一旦发生，如何最快地应对？

"首页任何一个链接每一秒钟的无法点击都会给亿万用户带来不好的体验，按流程发起下线需要多人审批，审批过程中又有多少人去点击看到了'无法访问'？如果这种情况继续，这样的问题一定会再出现，我们应该用流程来解决共性问题，而不是事到临头特事特办。"

这番话让这位负责人沉思了好久，此后，他也将自己的管理精力放到流程导向方面。

有人说，一家企业应该有两本书：一是红皮书，称为战略；二是蓝皮书，即战术，就是标准作业程序。战略是作战指导纲领、框架，可以大而全，高而玄，可是战术的每一个流程、支撑、动作、支持，都是一个细节，都需要流程化。

麦当劳将厨师洗手这项工作程序化，以确保食品的安全和卫生。首先对洗手的时间做出了明确的规定：

（1）使用或清洁卫生间之后。

（2）进入厨房和接触食品前。

（3）休息后。

（4）清空垃圾箱或接触垃圾之后。

（5）进行餐厅清洁工作后。

（6）在做了不卫生的动作之后，例如：摸鼻子或头发。

（7）在接触染有病菌的表面或物体后，例如：门把手。

（8）和他人握手之后。

（9）在接触生的冷冻牛肉饼或生鸡蛋之后，在接触面包或汉堡以前。

接着，麦当劳对洗手的步骤、顺序也做出了明确的规定：

（1）用清水打湿双手。

（2）在手部涂麦当劳特制杀菌洗手液。

（3）双手揉搓至少 20 秒钟，清洗手指之间、指甲四周、手臂直至手肘部位。

（4）用清水将上述部位彻底冲洗干净。

（5）用烘手机烘干双手。

所有麦当劳餐厅都安装了定时洗手系统，以达到洗手标准化。这一系统能促进所有员工按时洗手，每小时至少 1 次。这样可减少由双手带来的潜在的食品污染，从而保证食品的卫生，并且确保执行到位。

流程化告诉我们先做什么，后做什么，"有章可循，有条不紊"。这样看上去有些死板，但对于执行却是很有效的。而且，无论事情的大小，只有以认真的态度、规范的方法去研究它、做好它，把它形成系统，才有可能做出成就来。

戴尔公司运用的直销和按单生产的执行流程就是它的核心竞争力所在。戴尔的独到之处在于直接接单生产，优异的执行流程使其发挥出卓越的执行能力。

接单生产是工厂在接到客户订单后才开始生产，与其配合的零部件供货商也是接单生产，等供货商交货后，戴尔立即开始组装，并在装箱完毕几小时内就运送出去。这套流程能压缩从接到订单到出货的时间，它让戴尔与供货商的存货都减到最少，和对手相比，戴尔的客户更能及时享有最先进的产品。

一个简化出色的执行流程意义就在于此。执行流程是影响执行操作性的一大关键因素。优秀的执行流程可以缩短执行的时间、简化执行的环节、减少执行中的摩擦、提高执行的速度和效率。

制定并优化执行流程是确保执行具有可操作性的重要内容，主要包括以下几个方面：

1. 设计清晰简明的执行流程

流程如何设计，与工作的效率和执行力有很大的关系。流程清晰简明，工作的效率就高，执行力就强；流程复杂烦琐，工作的效率就低，执行力就差。比如一项重大决策，一家流程清晰简明的组织可能只需要 10 天就可做出决定，而一家流程复杂烦琐的组织可能需要半年甚至更长的时间才能做出决定；又比如处理一份重要文件，一家流程清晰简明的组织可能只需要 3 天就可以做出反应，而一家流程复杂烦琐的组织可能需要 10 天甚至更长的时间才能做出反应。

可见，流程的优劣严重地制约和影响着执行力的发挥。要想提高组织的执行力，必须以清晰简明为原则，设计合理的工作环节与衔接程序。

2. 流程量化

流程量化是制定流程的核心部分，是确保流程有效性的基本方法和必要环节。

依据标准对执行的现状与未来期望进行量化，从而可以确定执行的时间、执行的速度、执行的成本、执行的收益等量化指标，这样便于执行的评估和考核。

3. 流程标准化

流程标准化是通过设计一个标准的流程，作为现状的判定标准，以达到改变现状和提高效率的目的。包括流程具体步骤的确定、步骤中采用的方式的确定等。这个标准并不是一成不变的，在运行一段时间以后，对它进行有效性分析，加以改进。

流程标准化的好处在于便于按照标准开展工作，避免执行的盲目性，降低因没有标准而造成的执行力流失。

4. 优化流程

复杂的流程将严重地影响执行的速度和工作的效率。复杂的流程就像复杂的制度一样，只会成为行动的负担和累赘。因此，组织必须简化流程，进行流程优化。流程优化的最终目标是机构调整、减员增效，使流程有利于快速行动。

从以上 4 个方面入手，可以使工作流程更加科学与合理。

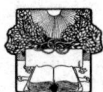

第十三章

高效能管理课：

错误的工作方式只会增强劳动强度

一个领导者把精力放在小问题上，慢慢地就会忘记自己的目标，会丧失创造力，或者至少会逐渐枯竭。

——俞敏洪

神奇的"二八法则"：抓住关键

在时间管理方面，"二八法则"同样起到重要的作用。一直以来，人们将"一分耕耘，一分收获"奉为圭臬。但是，有些管理者会在工作中遇到这种情况：花很多时间和精力去处理一件事情，结果却不尽如人意。如何使耕耘能有收获甚至达到"事半功倍"，每个人都希望找到这样的高效秘诀。其实，高效能人士的确有个法宝，那就是"二八法则"。

1897年，意大利著名经济学家帕累托发现了被后世所称道的著名的"二八法则"。他研究发现，社会上的大部分财富被少数人占有，而且这一部分人口占总人口的比例与这些人所拥有的财富数量，具有极不平衡的关系。

二八法则就是要按事情的重要程度编排优先次序，这个法则告诉我们：要把自己的时间和精力放在自己最重要的事情上，就可能用更少的时间做更多的事。

英国有"创业常青树"之称的理查德·科克在牛津大学读书时，师兄告诉他："没有必要把一本书从头到尾全部读完，除非你是为了享受读书本身的乐趣。在你读书时，应该领悟这本书的精髓，这比读完整本书有价值得多。"这位师兄想表达的意思实际上是：一本书80％的价值，已经在20％的页数中就已经阐明了，所以只要看完整部书的20％就可以了。

理查德·科克很喜欢这种学习的方法，而且以后一直沿用它。牛津并没有一个连续的评分系统，课程结束时的期末考试就足以裁定一个学生在学校的成绩。他发现，如果分析了过去的考试试题，把所学到知识的20％，甚至更少的与课程有关的知识准备充分，就有把握回答好试卷中80％的题目。这就是为什么专精于一小部分内容的学生，可以给主考人留下深刻的印象，而那些什么都知道一点但没有一门精通的学生却不尽如考官之意。这项心得让他并没有披星戴月终日辛苦地学习，但依然取得了很好的成绩。

后来，理查德·科克加盟了一家顶尖的美国咨询公司。就在这里，他发现了许多二八法则的实例。咨询行业80％的业务成长，几乎来自专业人员不到20％的公司。而80％的快速升职也只有在小公司里才有——有没有才能根本不是主要的问题。当他离开第一家咨询公司，跳槽到第二家的时候，他惊奇地发现，新同事比以前公司的同事更有效率。怎么会出现这样的现象呢？新同事并没有更卖力地工作，但他们在两个主要方面充分利用了二八法则。不久后，理查德·科克确信，对于咨询师和他们的客户来说，努力和报酬之间也没有什么关系，即使有也是微不足道的。

真正像理查德·科克一样理解了二八法则，你就会知道自己应该将时间花在关键的少数问题上，因为解决这些关键的少数问题，你只需花20％的时间，即可取得80％的成效。

人们常习惯性地认为：顾客都是上帝，要一视同仁；每一个人都是一枚不可或缺的螺丝钉，发挥着同样的价值作用……但当我们在所有的事物上花费等量的精力时，往往会发现，投入与产出等比的情况并不总会出现，并且大多数时候的结果是"事倍功半"。"二八法则"提醒我们要对那些客观存在的不平衡现象给予足够的重视，提醒我们应该打破那些束缚我们的常规认识，从而提高生活和工作效率。

二八法则要求人们放弃那些"表现一般或不好"的、只能带来 20% 产出的 80% 的投入。因与果、投入与产出或努力与报酬之间的关系，往往是不平衡的，这是"二八法则"带给我们的启示。

二八法则告诉我们，如果你使用或准备的时间占 80%，即次要的多数问题占 80%，造成的成果只占所有成果的 20%；而使用或投入的时间占 20%，即重要的少数问题占 20%，造成的成果却占 80%。

运用二八法则的重要意义在于能经常以 20% 的时间付出取得 80% 的成果。因此，在你的工作或生活中，你应该把十分重要的项目挑选出来，专心致志地去完成，即把时间用在更有意义的事情上。

查尔斯是纽约一家电气分公司的经理。他每天都需要阅读和处理上百份的文件，每天上班走进办公大楼的时候，他就开始被等在电梯口的职员团团围住，等他终于进入自己的办公室时，已是满头大汗。查尔斯经常说自己要是再多一双手，再有一个脑袋就好了。公司里最忙碌的人一定是他，但是他的大部分时间都浪费在了烦琐的公司事务中。

查尔斯不愿意再忍受这样的状况。他分析了自己目前所处的状况，他把所有的人关在自己的办公室外面，把所有无意义的文件抛出窗外。他让自己的属下自己拿主意，不要来烦自己。为了最大化利用自己的时间，他给自己的秘书做了硬性规定，所有递交上来的报告必须筛选后再送交，不能超过十份。

查尔斯新的工作方式，秘书和所有的属下都不习惯。他们已养成了奉命行事的习惯，而今却要自己对许多事拿主意，他们真的有点不知所措。但这种情况没有持续多久，公司开始有条不紊地运转起来，属下的决定是那样的及时和准确无误，公司没有出现差错。公司的工作效率因真正各司其职而大幅度提高了。

查尔斯也终于有了读小说、看报、喝咖啡、进健身房的时间，他现在才真正体会到自己是公司的经理，而不是凡事包揽的老妈子。

二八法则要求分清"重要的少数"还是"琐碎的多数"，不要沉浸在忙碌中，时间是一种资源，应该集中精力解决"重要的少数"。查尔斯作为管理者，每天总是"忙碌"，每天80%的时间"浪费在了一些不必要的签字上"，当他转变工作方式后，将"无意义的文件抛出窗外"，将绝大部分精力花在了"不超过十份"的文件上，结果是：他的工作效率大大提高了。

二八法则是一项对提高人类效率影响深远的法则，被称为指导职业获利和人生幸福的"圣经"，适用于任何渴望提高工作效率、创造最高财富利润的个人。相信所有的管理者都不愿沦落为"老妈子"的角色，都希望能够高效地工作。二八法则为所有人提供了这样的捷径。

大家都要"惜时"。这个以前我们强调得不多，但是在我的理念当中，一直是有这样的概念的。我也曾经跟不少的同事讲过，如果能买来的东西，就不要自己去做，如果说能够以金钱来换时间，我们会愿意的。

——李彦宏

集中精力去做那些最重要的事情

工作时间都是有限的，每天需要解决的问题往往很多，管理者觉得好像是一座山压在了自己的身上，大事小事一大堆，连喘口气的机会都没有。

管理者要善于运用重点思维，集中精力去做那些最重要的事，这是那些目的性很强的管理者们重要的思考习惯。因为一个人如果不懂得重点思维，眉毛胡子一把抓，就等于毫无主攻目标。管理者要提高自己做事的目的性，就要养成思维的正确方法——重点思维习惯。

管理者要能够抽丝剥茧，把那些不那么重要的事情委派给下属去做，而更重要的事情——如企业的决策等事项则由自己亲自完成。

工作可以分成两种：重要的和不重要的，或是，有关系和没有关系的。在达到主要目标的过程中，我们所能使用的所有事实都是重要而有密切关系的；而那些不重要的则往往对整件事情的发展影响不大。做到把重要的、与问题有关的问题抽离出来，进一步地分析论证并最终找到症结所在，就是重点思维的运用。

管理者成功的原因会在哪儿呢？主要还是集中精力去完成最重要的事情，优秀的管理者深谙此道。柯尔森就是一个具有重点思维习惯，并成功运用到实际工作中的人。

柯尔森就读于瑞典斯德哥尔摩经济学院，他1968年毕业后，进温雷索尔旅游公司从事市场调研工作。3年以后，北欧航联出资买下了这家公司。柯尔森先后担任了市场调研部主管和公司部经理。在熟悉公司各项业务的基础上，他成功解决了经营中的主要问题。

柯尔森的经营才华引起了北欧航联的高度重视，他们决定对柯尔森进一步委以重任。航联下属的瑞典国内民航公司购置了一批喷气式客机，由于经营不善，到最后甚至无力付清购机款项。1978年，柯尔森调任该公司的总经理。

柯尔森上任不久，在分析了公司经营中的各项问题后，他认为症结出现在这里：国内民航公司所定的收费标准不合理，早晚高峰时间的票价和中午空闲时间的票价一样。柯尔森全力解决这个问题，他将正午班机的票价削减一半以上，此举吸引了大批旅客，载客量猛增。柯尔森主管后的第一年，国内民航公司即转亏为盈，获得了相当丰厚的利润。此外，柯尔森做出决定，把那些庞大的"空中客车"撤出航线，仅供包租之用，辟设了奥斯陆—巴黎之类的直达航线。

此外，柯尔森注意到如何满足客户的需求。市场上的那些新型飞机，引不起柯尔森的兴趣，他说，就乘客的舒适程度而言，从DC-3客机问世之日起，客机在这方面并无多大的改进。他敦促客机制造厂改革机舱的布局，腾出地盘来加宽过道，使旅客可能随身携带更多的小件行李。柯尔森的目标是，通过对已使用达 14 年之久的飞机进行整容，让旅客觉得客机是新的。北欧航联拿出 1500 万美元（约为购买一架新 DC-9 客机所需要费用的 65％）来给客机整容翻新，更换内部设施，让班机服务人员换上时髦新装。一系列改革之后，公司的 DC-9 客机队将继续使用到 1990 年左右。那些焕然一新的 DC-9 客机，招徕了大量的商业旅客。

柯尔森在企业经营方面把握问题的关键，成功地解决了一个又一个难题。他为整个航空公司赢得了巨大的声誉和利益。

柯尔森是一个杰出的管理者，是善于运用重点思维的典范。

成功人士遇到重要的事情时，一定会仔细地考虑：应该把精力集中在哪一方面呢？怎么做才能使我们的人力、精力与体力消耗最少，但又能获得最大的效益呢？

很多管理者显得比任何人都忙，并不是因为他们需要处理比别人更多的难题，只是因为他们不善于合理规划所要处理的事情。处理问题时既分散，又没能抓住最重要的问题，自然不能取得好的效果。

懂得重点思维，成功地解决问题，从而赢得经营上的成功和丰厚的利润。一个人只有养成了重点思维的习惯，才能在实际中避免眉毛胡子一把抓，比起其他人也更为轻松愉快。

条理化是一个人做事有效率的重要前提。

——北大管理理念

制定任务清单，让工作条理化

有的管理者总是被别人说成"慢条斯理"，但他们做事却井井有条，管理的效率也很高。仔细观察会发现，他们做事绝不会急于求成，也不会拖延，他们总是有条不紊，有先后、有轻重、有缓急，当然结果是有效率。

有些管理者整天很忙，但他们只是凭着自己的直觉做事，手头总是堆积着各种各样的事情，分不出先后顺序，每天都是在混乱和忙碌中开始和结束。

作家吴淡如在《心香淡如菊》中这样描写她的一个习惯：

我一直有个可怕的毛病，有一堆事情等待我处理时特别明显。比如说，我通常在早上写稿，中午自己弄东西给自己吃，"贪多务得"的习惯在这时候便展现无遗。

我会先把煮水饺的水烧开，然后看一看阳台上的花木，有几片枯黄的叶子该剪掉了，我立刻戴上了手套，寻找园艺用的剪刀。打理花木时我看见昨天晒的衣服还没收，待会儿可能要下雨了，于是我又放下剪刀，把衣服收进衣柜里。这时发现衣柜里的衣服放得有点不顺眼，又顺手理了理……

糟糕，水早煮滚了，我放了水饺，心想，为什么不连餐后咖啡一起煮，省点时间呢？于是……然后我又等得不耐烦了，随手翻开书架上昨天买的书，趁着空当读了起来。有一次，因为发现水饺快被我煮烂了，情急之下，赶紧熄火，掀开锅盖时，不幸地被旁边正在加热的摩卡咖啡壶所吐出的蒸气烫伤。

这位作家的经历很像某些管理者，他们总是同时处理好几件事情，以为这样可以节省时间。然而工作没有条理性，当几件事情同时进行时，却又无法把精力集中到每一件事情上，结果注定会造成忙碌而没有实效。

歌德说过："选择时间就等于节省时间，而不合乎时宜的举动则等于乱打空气。"博恩·崔西在《简单管理》一书中也写道："我赞美彻底和有条理的工作方式。一旦在某些事情上投下了心血，带着明确的目的去做事，就可以减少重复，这样就能够大大提高工作效率。"

工作没有条理性，做起事来必定像无头苍蝇一样乱撞。试想，如果一个经理一上午要见客户，要处理资料，又要写年度报告，而他又不懂得合理安排自己的工作秩序，于是找个材料就会花半天时间，没有确定工作的先后顺序，处理起工作来一定会事倍功半。

其实避免这种没有条理的混乱状况的方法很简单，就是制定一份工作的任务清单。要制定一份合适的任务清单，你应该首先试着在一张纸上毫不遗漏地写出你需要做的工作。

管理者可以先将自己必须干的工作，且不管它的重要性和顺序怎样，一项也不漏地逐项排列起来。然后你要按这些工作的重要程度重新列表。重新列表时，你应该问自己：如果我只能干列表中的一项工作，首先应该干哪一件呢？然后再问自己：接着该干什么呢？用这种方式一直问到最后一项。这样自然就按着重要性的顺序列出自己的工作一览表。

任务分类是为了向自己传达一种对待任务的态度。任务可分为四类：必然及时完成的工作，必须完成、但可以稍微拖后的工作，完全没有必要完成的工作，时间允许的情况下最好能够完成的工作。这样，在填写清单的时候，你就可以根据自己的工作内容把自己的任务分门别类。

为了使任务清单可以发挥到最大的作用，让管理高效而条理化，你不仅要明确工作是什么，还要明确每年、每季度、每月、每日的工作及工作进程，确保高效而有条理地工作。为自己制定一个任务清单，时刻鞭策自己要做哪些工作，能有效节省时间。

为自己制定工作清单，不但是一种不可估量的时间节约措施，而且是提醒人们记住某些事情的先后顺序，让做事充满条理的手段。

一个人要提高自己做事的目的性，忙于要事，就要养成善于计划的好习惯，避免眉毛胡子一把抓。

——北大管理理念

制订有效的计划，并遵照执行

《如何掌控你的时间与生活》一书的作者拉金说过："一个人做事缺乏计划，就等于计划着失败。有些人每天早上计划好一天的工作，然后照此实行。他们是有效地利用时间的人。而那些平时毫无计划，靠遇事现想主意过日子的人，只有'混乱'二字。"

我们常说"运筹帷幄之中，决胜千里之外"，事情做好了部署与计划，才能在操作的时候有章可循，变得得心应手。在制订有效的计划中每花费1小时，在实施计划中就可能节省3~4小时，并会得到更好的结果。

计划能够体现出管理者的全局视角，管理者不应该在没有任何计划的前提下就开始埋头苦干。如果是这样的话，就会经常遇到这样的情况：时间总是用在了一些细枝末节上，一旦遇到了问题，事情又得从头做起。

计划也能充分地利用资源，这样就能让管理者充分了解下属的作用与能力。当然，计划还能够帮助管理者有效地预见困难，这样就不至于在问题出现的时候手足无措，花费大量的时间去考虑该如何应对。

拟订计划，为自己确定好正确的前进方向，必须建立在现实可行的基础之上，因为制定目标不切实际而造成瞎折腾的事例不胜枚举。

第二次世界大战后的英国，食用油严重匮乏，因此，英国人难得有油煎鱼和炸土豆可吃。那时，有一位政府官员坐飞机视察了当时英国的非洲殖民地坦噶尼喀，认为那是种花生最理想的地方。政府听到他的建议，便兴冲冲地投资6000万美元，要在那片非洲的灌木丛中开垦出1300万公顷的土地种花生。

可是当地的灌木坚硬无比，开荒设备花了很大工夫才开垦出了原计划1/10的土地。在开荒的过程中，英国人除掉了一种野草，后来才知道它是能保持土壤养分的，失掉它就破坏了生态平衡。

原计划在这片新开垦的地上一年要生产60万吨花生，可是到头来总共只收获了9000吨。人们见大事不妙，又改种大豆、烟叶、棉花、向日葵等。可是在那"驯化"的非洲土地上，这些作物竟无一扎得下根。英国政府于1964年终止了此项计划，损失8000多万美元，每粒花生米的成本高达1美元。

不惜一切代价只为了一个不可能实现的目标，最终只能使自己的努力陷入"空折腾"状态。可见，在忙着向自己的努力方向前进时，必须以现实为基础，目标是不可以凭理想和主观愿望去制定的。任何过高、过急和不切实际的计划，都会导致最终目标的失败。

拟订一个科学合理的计划，才对执行具有指导性。一个切实可行的计划会让管理者锲而不舍地去完成它。

某机械设备企业市场营销部门接到任务，就新产品的开发和推广做出可行的计划。接到任务后，部门经理将部门人员集合起来，做了详细的计划。概括如下：

第一步，了解企业的市场营销调研工作。具体内容包括了解企业高层管理部门的思路，技术合作伙伴的情况，供应商和物流商的资源情况，营销渠道，顾客及消费者、竞争对手的情况，还有宏观环境中的人口结构情况，经济环境、交通自然环境，政策法律……

第二步，了解和分析技术合作伙伴的营销策略。包括技术合作伙伴营销策略、在市场竞争中处于何种地位、其新产品开发情况、资金情况……

第三步，了解竞争对手的营销策略。包括现在的竞争对手的营销策略，市场上潜在的竞争对手的营销策略……

第四步，根据市场调研了解市场结构，进行预测，并找准目标市场。

第五步，根据确定的目标市场，制订相应的营销计划。市场营销计划关键是新产品的开发策略、产品组合策略、价格策略、渠道策略、促销策略……

没有实际有效的计划，即使是最聪明的人也无法成功致富或做成其他任何事情。当计划遭遇失败时，要记住这仅仅意味着你的计划还不够完善。再拟另外的计划，重新来过。正是在这个意义上，拿破仑·希尔才说："你的成就绝对不可能大于你完善的计划。"

那么，制订一份合理可行的计划，具体有哪些步骤呢？

第一步，应当依据自己定的目标，写出一份陈述，或在大脑里勾画出一份陈述。陈述要简单，但应当包括目标的一切重要方面：执行活动的重点是什么；为什么要做这些事情；如何做到这些事情。

第二步，计划制订完后，应当评估你的计划，至少应在计划开始实施前评估一次，对计划做出必要的调整。在计划开始实施后，再进行阶段性的评估。看看阶段性计划是否奏效，目标是否完成，如果没有，问题出在哪里，如何对计划做出调整；还是计划仍然是个好计划，可能是在执行过程中出了问题。

在工作中，我们制订计划还要避免好高骛远，计划模糊，或者制订计划时对实现目标缺乏勇气，导致没有信心去实施计划。无论在工作中还是在生活中，我们都不应该被不必要的事打乱计划。

没有计划，就等于是在浪费时间；没有计划的工作，就等于是无价值的工作；没有计划的管理者，只会更忙碌。"不做计划就在计划中失败。"在一项工作正式开始之前，先制定一份切实可行的行动计划，依循计划一步步行动，才能最终实现自己的目标。

做好时间预算，就是把在什么事情上用多少时间详细地规划出来。
——北大管理理念

不虚度光阴，先做好时间预算

美国的管理学家唐纳德·伯纳姆在他的著作《提高生产效率》中，提出了提高效率的三个原则，即当你处理任何工作时必须自问：能不能取消它？能不能与别的工作合并？能不能用简便的东西代替它？每个人每天都有相同的 24 小时，可是为什么有的人却可以做出更多的事情呢？答案便是时间本身。善于管理自己时间的人，可以在有限的时间里把每一件事情做得井井有条；而不懂得管理时间的人，却总是把所有的事情弄得一团糟。

哈伯德在自己的著作中指出，善于为时间立预算、做规划，是管理时间的重要战略。管理者应以明确的目标为轴心，对自己的工作做出规划并排出完成目标的期限。

　　每天在预定的时间内需要完成什么事情，这是每一个人都明白的道理，可由于没有对时间的敏感性，而造成拖沓现象的人却不在少数。做好时间预算的意义，就在于它可以帮助我们更好地管理时间，从而可以顺利完成自己的任务。

　　其实，如果我们想要成为一个卓越的管理者，就需要先安排相关的基础知识的学习时间、社会实践的时间。

　　时间是流动的，它从来不会为了某个人停下自己匆忙的脚步。因此，善于利用时间，做好时间预算，就成为衡量管理者工作水平高低的一把重要标尺。

　　管理者应当学会有效地利用时间，在有限的时间内完成更多的工作。美国麻省理工学院对3000名经理进行调查研究，结果发现凡成绩优异的经理都可以非常合理地利用时间，让时间消耗降到最低限度。

　　有效地利用时间，哪怕是闲暇的一分钟。只要每天能够多利用10分钟，一个月就是6个小时，而一年就是72个小时！在这段时间内，你完全可以创造相当高的价值。

　　有一些学者深入工厂进行调查和研究，撰写了一连串关于工人生活的时间预算的报告。现在我们所采用的"三八制"——八小时工作、八小时睡觉、八小时休息，就是在这种时间管理研究的推动下，被严格地制定出来的。

　　"科学管理之父"泰勒，正式将时间预算在工作中得到实际的应用。他挑选技术熟练的工人，让他们进行紧张而持续的操作，然后以几分之一秒的时间为单位，记录每一个操作的动作所花费的时间，经过周密的分析和计算，制定工作的标准时间，以此作为对工人的定额管理。

　　泰勒的时间预算管理，给我们的启示是：时间与效率是密切相关的。我们需要做到的是：养成一个重视时间和规划时间的态度和习惯，做好时间预算。

　　首先，我们要知道何为时间预算。时间预算是研究社会群体和个人在特定周期内，用于不同目的的各种活动时间分配的一种方法。其内容包括：

（1）何人（或社会群体）从事何种活动（如吃饭、睡觉、工作、娱乐等）。

（2）何时从事该项活动。

（3）从事该项的活动时间长短。

（4）在一定时间周期内（如一天、一周、一个月）从事该项活动的频率和用于不同目的的时间分配。

（5）从事该项活动的时间顺序。

（6）在何处与何人从事该项活动。

时间预算是一种很有效的工作方法。有的人工作起来似乎一天到晚都很忙，并且常常加班。避免加班的关键在于行程表的拟订，拟订周期行程表是件非常重要的事。

事务繁忙的管理者可以尝试拟订行程表，让自己的工作行程、公司的整体动向、行动计划等事情一目了然。只要尝试拟订行程表，原本凌乱不堪的各种预定计划，就会显得条理井然起来。

如果能够拟订行程表，设定工作时间、会议时间、沟通时间等，不但可以减轻日常生活的紧张压力，而且能够使你涌现新的活力。

古人曾说："一寸光阴一寸金，寸金难买寸光阴。"恰当而合理地进行时间预算，将会大大提高我们的工作效率，别让自己在蹉跎中浪费大好时间。

第十四章

潜能管理课：

激发个人潜力，将"小草"变成"大树"

每一个人的内部都有相当大的潜能。

——北大管理理念

有关潜能的三个疑问

多年来，人人都知道要用不到 4 分钟的时间跑完 1 英里的路程是不可能的。生理学刊物上刊登的文章也证明，人类的体力无法达到这个极限。但是，罗杰·贝尼斯特却于 1954 年打破了 4 分钟的纪录。谁也没想到，不到 2 年，又有 10 位运动员打破了这项记录。

这其实就证明了一个道理，人类的潜能是可以取得突破的。人的潜能犹如一座待开发的金矿，蕴藏量无穷，价值无比，我们每个人都有一座潜能金矿。

关于潜能，我们也许在生活中亦时有耳闻，甚至一些人有过亲身经历——地震中的人能推开巨石，火灾中的人能搬动平时力所不及的重物。在通常状态下，我们所表现出来的体力也许还不足那时的 1/10。

这是什么原因呢？一些专家的解释是：当身体机能对紧急状况产生反

应时，肾上腺会大量分泌激素，传到整个身体，从而产生出额外的能量。这就是潜能，但是，潜能究竟是怎么来的呢？

管理者对自己进行潜能开发或激发员工潜能时，需对潜能有全面的认知。

1. 潜能人人都有

对于人类所拥有的无限潜能，世界顶尖潜能大师安东尼·罗宾曾讲过这样一个故事：

一位已被医生确定为残疾的美国人梅尔龙，靠轮椅代步已12年。他的身体原本很健康，19岁那年，他赴越南打仗，被流弹打伤了背部的下半截，被送回美国医治，经过治疗，他虽然逐渐康复，却没法行走。

他整天坐轮椅，有时就借酒消愁。有一天，他从酒馆出来，照常坐轮椅回家，却碰上3个劫匪，动手抢他的钱包。他拼命呐喊拼命抵抗，却触怒了劫匪，他们竟然放火烧他的轮椅。轮椅突然着火，梅尔龙忘记了自己是残疾，他拼命逃走，竟然一口气跑完了一条街。事后，梅尔龙说："如果当时我不逃走，就必然被烧伤，甚至被烧死。我忘了一切，一跃而起，拼命逃跑，等到停下脚步，才发觉自己能够走动。"

一个人通常都存有极大的潜在体力。安东尼·罗宾指出，人在绝境或遇险的时候，往往会发挥出不寻常的能力。人没有退路，就会产生一股"爆发力"，这种爆发力即潜能。然而，由于情境上的限制，人只发挥了其1/10的潜能。

人体内确实具有比表现出来的更多的才气、更多的能力、更有效的机能。我们每一个人的身体内部都有这种天赋的能力，也就是说，我们每一个人都有创造的潜能。

不论有什么样的困难或危机影响到你的状况，只要你认为你行，你就能够处理和解决这些困难或危机。对你的能力抱着肯定的想法就能发挥出你的潜能，并且因而产生有效的行动。

2. 潜能时时皆有

在我们的所见所闻中，似乎只有身处危机时才会激发人的潜能，大量的报道似乎也证明：潜能是在人们感到自身生命或相关的重要事物受到巨大威胁时，注意力达到高度集中的状态才能被引发，但实际上，潜能并不仅仅在此时才会激发。

我们没有必要去追求那种短暂的、随机性极强的突发性潜能释放，我们需要的是持久的、能够随时为我们所用的潜能激发。

我们不妨来看几则有关"兽孩"的报道，也许你能从中受到启发。

"狼孩"——1972年夏天（有报道为1975年5月），印度居民那尔辛格在森林中发现一个大约3岁的狼孩。其将狼孩取名为巴斯卡尔，送往印度克瑙市的传教士的医院里。该狼孩用四肢奔跑的速度超越了成年男子，力气也相当大，其在1985年时死去。

从1969年开始，一直居住在新德里德勒撒修道院里的"狼妇"比迪亚，是由一对在丛林中打猎的美国夫妇发现的。当1985年记者采访她时，她已经满脸皱纹，满头灰发，看上去像70岁左右，但动作仍如狼一般快速敏捷。

"猴孩"——1927年，印度发现两个在猴群中长大的女孩，她们能够像猴子那样爬树摘果，奔腾跳跃。

"豹孩"——1923年在印度发现，据说其用四肢奔跑的速度之快不亚于真豹。

另外还有法国12岁的"羚羊孩"，跳跃幅度惊人，善于攀登悬崖峭壁；法国10岁的"海豹孩"，不惧寒冷，赤身裸体生存于冰川之间……

兽孩所拥有的比人类更加突出的惊人体力，证明人类可以持久性地使潜能表现出来，但关键在于我们怎样培养。

不管是常人的瞬间潜能释放，还是兽孩所具备的超常能力，作为人类，我们都拥有相同的身体结构，这就意味着，只要受到相似的刺激影响，就有可能激活我们的潜能。

3. 潜能可以随时开发

潜能是人类最大而又开发得最少的宝藏。无数事实和许多专家的研究成果告诉我们：每个人身上都有巨大的潜能还没有开发出来。美国学者詹姆斯的研究成果表明："普通人只开发了他蕴藏能力的 1/10，与应当取得的成就相比较，我们不过是半醒着的。我们只利用了我们身心资源的很小很小的一部分。"

科学家发现，人类贮存在大脑内的能力大得惊人，人平常只发挥了极小部分的大脑功能。要是人类能够发挥一大半的大脑功能，那么可以轻易地学会 40 种语言、背诵整本百科全书，拿 12 个博士学位。

有人会说："我只是一个人，而且是一个平凡的人。因此，我从来没有期望过自己能做出什么了不起的事来。"实际上，每个平凡的人都可以开发自己的潜能。

在"二战"期间，一艘美国驱逐舰停泊在某国的港湾。一名士兵照例巡视全舰，突然停步站立不动，他看到一个乌黑的大东西在不远的水上浮动着。那是一枚触发水雷，正随着退潮慢慢向着舰身中央漂来。

他赶紧通知值日官，并且发出全舰戒备讯号，全舰立时动员了起来。在这千钧一发的时刻，官兵都愕然地注视着那枚慢慢漂近的水雷，大家明白灾难即将来临。

因为当时的情境非常危急，他们起锚离开，却已经没有足够时间；发动引擎，只会使水雷更快地漂向舰身；以枪炮炮火引炸水雷也不行，因为那枚水雷太接近舰里面的弹药库。放下一支小艇赶走水雷也不可行，因为那是一枚触发水雷。悲剧似乎是没有办法避免了。

突然，一名水兵想出了比所有军官所能想出的更好的办法。"把消防水管拿来。"他大喊着。他们向艇和水雷之间的海面喷水，制造一条水流，把水雷带向远方，最后再用舰炮引炸了水雷。

任何成功者都不是天生的，成功的根本原因是开发了人的无穷无尽的潜能。只要你抱着积极心态去开发你的潜能，你就会有用不完的能量，你的能力就会越用越强。

爱迪生曾说:"如果我们做出所有我们能做的事情,我们毫无疑问地会使我们自己大吃一惊。"从这句话中,我们可以问自己:"你一生有没有使自己惊奇过?"

不要给自己设限,让自己跳脱出原有的圈子。

——北大管理理念

摆脱约拿情节,不再自我设限

"约拿情结"是一种看似十分矛盾的现象。约拿是《圣经》中的人物。据说上帝要约拿到尼尼微城去传话,这本是一项难得的使命和很高的荣誉,也是约拿平素所向往的。但一旦理想成为现实,他又感到一种畏惧,感到自己不行,想回避即将到来的成功,想推却突然降临的荣誉。这种成功面前的畏惧心理,心理学家们称之为"约拿情结"。

人害怕自己不成功,这可以理解,因为人人都不愿意正视自己低能的一面。但是,人们还会害怕自己会成功,这很难理解。但这的确是事实:人们渴望成功,又害怕成功,尤其害怕争取成功的路上要遇到的失败,害怕成功到来的瞬间所带来的心理冲击,害怕取得成功所要付出的极其艰苦的劳动,也害怕成功所带来的种种社会压力……

约拿情结是一种情绪状态,并导致我们不敢去做自己能做得很好的事,甚至逃避发掘自己的潜力。从某种角度来讲,约拿情节就是给自己设限,不让自己跳脱出原有的圈子。

科学家曾做过一个有趣的实验:

他们把跳蚤放在桌上,一拍桌子,跳蚤迅即跳起,跳起的高度均在其身高的 100 倍以上,堪称世界上跳得最高的动物。然后在跳蚤头上罩一个玻璃罩,再让它跳,这一次跳蚤碰到了玻璃罩。连续多次后,跳蚤改变了起跳高度以适应环境，每次跳跃总保持在罩顶以下的高度。接下来逐渐改变玻璃罩的高度，跳蚤都在碰壁后主动改变自己的高度。最后，玻璃罩接近桌面，这时跳蚤已无法再跳了。科学家于是把玻璃罩打开，使劲拍桌子，跳蚤仍然不会跳，变成"爬蚤"了。

行动的欲望和潜能已被自己扼杀，科学家把这种现象叫作"自我设限"。跳蚤变成"爬蚤"，原因在于玻璃罩已经罩在了它的潜意识里。

我们是否也为自己罩了一个玻璃罩呢？实际上，有很多人由于遭受了外界太多的批评、打击和挫折，于是奋发向上的热情、欲望变成了"自我设限"的观念，这就影响了自己潜能的开发，影响了个人的成长。"自我设限"只是你潜意识里的一种想法，只要你肯走出来，肯向外拓展，那么一定能不断成长。

马斯洛在给他的研究生上课的时候，曾向他们提出过如下的问题："你们班上谁希望写出美国最伟大的小说？谁渴望成为一位圣人？谁将成为伟大的领导者？"根据马斯洛的观察和记录，他的学生们在这种情况下，通常的反应都是咯咯地笑，红着脸，显得不安。马斯洛又问："你们正在悄悄计划写一本伟大的心理学著作吗？"他们通常也都红着脸、结结巴巴地搪塞过去。马斯洛还问："你们难道不打算成为心理学家吗？"有人小声地回答说："当然想了。"马斯洛说："那么，你是想成为一位沉默寡言、谨小慎微的心理学家吗？那有什么好处？那并不是一条实现自我的理想途径。"

人类中普遍存在某种约拿情结，人们总是逃避卓越、成长。曾经有一家跨国企业在招聘中出了这样一道题："就你目前的水平，你认为十年后，自己的月薪应该是多少？你理想的月薪应该是多少？"

结果，有些人回答的数目奇高，而这样的应聘者全部被录用。其后主考官解释说："一个人认为自己十年后的月薪竟然和现在差不多或者高不了多少，这首先说明他对自己的学习、前进的步伐抱有怀疑的心态，他害怕自己走不出现在的圈子，甚至干得还不如现在好。这种人在工作中往往没什么激情，容易自我设限，做一天和尚撞一天钟。他对自己的未来都没有追求，拿什么让我们对他有信心呢？"

不要轻易给自己设定一个"心理高度"，这往往是在潜意识里告诉自己：我是不可能做到的，这个是没有办法做到的。可你要知道，过去并不代表未来，不论你曾经失败过多少次，受过多少挫折，未来一定会超越这些挫折。

张伟是某家保险公司的新职员，但入职一年时间，工作业绩始终提不上来。他自己知道原因，这还要回到他工作第一天打的第一个电话。

当张伟热情地拨通电话，联络自己的第一个客户时，尽管已经想到了会遭遇到拒绝，但令他没想到的是，他刚说明自己的工作身份，对方就骂了起来，对方拒绝了他的推销，声称自己身体很好，不需要什么保险。从那以后，张伟对电话营销便有了阴影，说话总是没有底气，自然就没有多少人愿意向他买保险。这种影响越来越大，他甚至不再愿意去摸电话。

一年后，他开始想，自己或许并不适合这份工作。经理鼓励他要给自己机会，没有谁是生来就注定要成功的，也没有人会一直失败。听了经理的话，张伟深受激励，他鼓足勇气，决定搏一搏。他找出一个曾经联系过却被拒绝的客户资料，仔细研究他的需要，选择了一份适合他的险种。一切准备妥当后，他拨通了对方的电话，他的自信和真诚征服了那个客户，对方买下了他推销的保险。他终于打破了自我设限，从此慢慢克服了对电话营销的恐惧。

其实，摆脱约拿情节远远没有你想象的那样可怕，更不是牢不可破的。只要你摒弃固有的想法，尝试着重新开始，你便会对以前的忧虑和消极的态度报以自嘲。

我们大多数人内心都深藏着"约拿情结"。心理学家们分析，我们心中容易产生"我不行""我办不到"等消极的念头，如果周围环境没有提供足够的安全感和机会供自己成长的话，这些念头会一直伴随着我们。

我们每个人其实都有成功的机会，但是在面临机会的时候，只有少数人敢于打破平衡，认识并摆脱自己的"约拿情结"，勇于承担追求高效能带来的责任和压力，最终抓住并获得成功的机会。

西方有句谚语说得好："上帝只拯救能够自救的人。"拿破仑·希尔曾经说过，一个人唯一的限制，就是自己头脑中的那个限制。唯有自己才能挣脱自我设限。如果你不想去突破，挣脱固有想法对你的限制，那么没有任何人可以帮助你。

现实中，总有一些优秀的人由于受到"心理高度"的限制，常常对成长望而却步，结果痛失良机。管理者应该引导自己和员工及时摆脱自身"心理高度"的限制，打开制约成功的"盖子"。

信任和期待具有一种能量，它能改变一个人的行为。

——北大管理理念

提升期望值，充分挖掘员工潜力

美国心理学家罗森塔尔曾做过一个有趣的试验：他对一所小学中的6个班的学生成绩做发展预测，并把他认为有发展潜力的学生名单用赞赏的口吻通知学校的校长和有关教师，并再三叮嘱他们对名单保密。但是实际上，这些名单是他任意开的。出乎意料的是，8个月以后，名单上的学生个个学习进步、性格开朗活泼。原来，这些教师得到权威性的预测暗示之后，便开始对这些学生投以信任、赞赏的目光，态度亲切温和，即使他们犯了错误也相信其能改正。正是这种暗含的期待与信任使学生增强了进取心，更加自尊、自爱、自信和自强，故而出现了"奇迹"。

这个心理效应带给我们这样一个启示：信任和期待具有一种能量，它能改变一个人的行为。当一个人获得另一个人的信任、赞美时，他便会感觉自己获得了支持，有一种积极向上的动力，并尽力达到对方的期待。

德鲁克认为人的潜力是无穷的，当管理者提出"你能做什么贡献"这个问题时，实际上就是在督促员工要充分挖掘自己的潜力。提升对下属的期望值，就能有效挖掘下属的潜力。

1961年，韦尔奇已经来到GE工作一年了，他的年薪是10500美元。这时候，韦尔奇的顶头上司伯特·科普兰给他涨了1000美元，韦尔奇觉得还不错，他以为这是公司对有贡献的人的奖赏，他看到了自身的价值。但他很快发现他的同事们跟他拿的薪水差不多。知道这个情况后，韦尔奇一天比一天萎靡不振，终日牢骚满腹。

一天，时任GE新化学开发部的主管鲁本·加托夫将韦尔奇叫到自己的办公室，对他说："韦尔奇，难道你不希望有一天能站到这个大舞台的中央吗？"

这次谈话被韦尔奇称为是改变命运的一次谈话，后来当上执行总裁的韦尔奇也一直尊称加托夫为恩师。

他决定让自己有一个根本性的改变，这时在他面前出现了一个机遇：一个经理因成绩突出被提升到总部担任战略策划负责人，这样经理的职位就出现了空缺。我为什么不试试呢？韦尔奇想。

韦尔奇不想看着这个可以改变自己的机会从自己眼前溜走，"为什么不让我试试鲍勃的位置？"韦尔奇开门见山地对他的领导说。

韦尔奇在领导的车上坐了一个多小时，试图说服他。最后，领导似乎明白了韦尔奇是多么需要用这份工作来证明自己能为公司做些什么，他对站在街边的韦尔奇大声说道："你是我认识的下属中，第一个向我要职位的人，我会记住你的。"

在接下来的7天时间里，韦尔奇不断给领导打电话，列出他适合这个职位的其他原因。

一个星期后，加托夫打来电话，告诉他，他已被提升为塑料部门主管聚合物产品生产的经理。1968年6月初，也就是韦尔奇进入GE的第八年，他被提升为主管2600万美元的塑料业务的总经理。当时他年仅33岁，是这家大公司有史以来最年轻的总经理。

1981 年 4 月 1 日，杰克·韦尔奇终于凭借自己对公司的卓越贡献，稳稳地站到了董事长兼最高执行官的位置上，站到了 GE 这个大舞台的中央。

可以说正是希望自己能站在"GE 的舞台中央"，使得韦尔奇最终站到了权力的最高点。即便员工已经拥有了卓越成绩，但若能进一步探究"你还能做哪些贡献"，那么一定能进一步激发潜能。

实际上，工作中领导的器重和同事的赞誉都是一些外在的评价，最重要的是我们自己要先器重自己，提升对自己的期待。别人的期待，都是外在的动力——最根本的是员工要提升对自己的期待。

吴士宏刚到 IBM 中国工作时，当时在企业打工的只有两名北京本地人，一个是司机，一个就是专门打杂的她。

她是一个不折不扣的蓝领，虽然很不体面，但她喜欢这份"一仆多主"的工作。每天被高级白领们呼来唤去的，她并不觉得委屈了自己，从早到晚都快跑断腿了，可她的脸上始终挂着快乐的微笑。

也许正是因为她的勤快和乐观，每个白领都很喜欢她。企业因为她的存在而变得更和谐、更团结起来，每个人都快乐地对待周围的人，面对不顺心的工作，大家见面时也不像以前那样冷冰冰地默不作声，而是微笑着互相打招呼。

而她不同于一般员工的表现引起 IBM 高级员工、美国人丽莎的好感和亲近："你不是一个普通的打工者，告诉我，你为什么与所有的人都相处得那么好？"

她说："什么原因也没有，我真的就是喜欢 IBM，喜欢这里的工作环境，尤其是这里的人。如果有朝一日，我也成为高级白领的话，我将会感到万分荣幸！"

"你会的。我们美国人说，爱会创造奇迹的。而且你和我们大家良好的合作关系，已经为自己打下了坚实的基础，我们每个人都愿帮你实现这个愿望！"丽莎鼓励她。

从此以后，这个勤杂工不但在他们下班后可以向其学学电脑，而且还在丽莎等人的帮助下通过考试，成了一名"助理工程师"。当她满怀感激地对丽莎说"谢谢"时，丽莎说："不用谢我，是你自己做到的。你对这个团队的热爱，使你产生了一种不顾一切的激情。它确实能使你战胜一切。"

是什么让一个地位卑下的异国打工者获得了周围所有人的喜爱，而愿意去帮助她？除了她自身的努力以外，另一个重要的因素就是她的乐观精神和积极的热情影响了其他人！

真正成为 IBM 的白领之后，她不但注意和所有同事的合作，而且对自己要求更加严格，凡是对 IBM 有利的事情，不管是分内分外，不管是苦是累，她都乐于抢在前头。

她常说的一句话就是："我以 IBM 为荣，我要通过自己的努力，让 IBM 也以我为荣！"

是的，她说到也做到了：从 1985 年打工时起，12 年后的 1997 年，她已成功出任 IBM 中国销售渠道总经理！

吴士宏虽然最开始职位低微，但是她并没有因此降低对自己的期待，正是这种期待使她能够从一个专门打杂的基层服务人员，一直做到 IBM 中国销售渠道总经理。内心期待什么就能做成什么，我们对自己的期待决定了我们成长的高度。

善于激发员工的工作动力是一位优秀领导者能力的标志之一。领导者如何将自己对员工的期望值有效传达给员工呢？

1. 让员工明确期望值

管理者与每一位员工交谈，都应该使用简单而直接的话语交流，来阐述企业的发展动向和对其的工作期望。仅仅一次的沟通是不会让员工们完全理解的，他们需要定期地进行有效的、重复性的沟通，以达到增强和巩固的效果。

2. 给予员工明确的目标

想要实现什么样的目标？怎么样计划去实现目标？为达到这一目标，大家该如何去做？确保员工们了解企业的战略目标，让员工明白在企业中扮演怎样的角色和该如何执行。

3. 了解员工的需求

每一位企业员工都有自己的思想和需求，试着了解每一位员工的个人喜好，帮助他们理解你和你对他们的期望，并且激发他们的工作斗志。了解员工正面对着怎样的挑战。只有通过真正的了解，领导者才能采取更加有效的方式激发员工的潜力，让他们更加努力。

提升员工的工作能力，就是提升企业利润的增长点。

——李彦宏

责任激发潜能，填补"能力空白"

责任感是一个管理者必不可少的意识，它不仅仅是"在其位，谋其政"的魄力，还是激发潜能的重要手段。把重大的责任放在某个人肩头上，这样情势的要求自然会把他全部的潜能激发出来。

在人的身体和心灵里面，有一种永不堕落、永不败坏、永不腐蚀的东西，这便是潜伏着的巨大力量。一般来说，一个人的才能来源于他的天赋，而天赋又不大容易改变。但实际上，大多数人的才能是潜伏着的，必须要外界的东西予以激发。而才能一旦被激发，甚至令自己都感到吃惊。

一对年轻的父母带着他们可爱的孩子去游玩，风景很美丽，他们也非常开心，一切都是美好的。然而他们不知道，灾难正在一步一步逼近。

为了欣赏更美好的风光，他们一家一起坐上观光的高空缆车。正当他们为美不胜收的美景而陶醉的时候，忽然缆车从高空坠落。

灾难突然降临，没人认为还有人会生还，因为缆车离地面的高度太高了。然而，营救人员却带来唯一幸存者，一个两三岁的小孩。

一位营救人员说：缆车坠落时，是他的父母将他托起，他的父母用自己的身躯阻挡了缆车坠落时致命的撞击，这一挡真的将死亡挡在身上，孩子因此得救了。

所有在场的人无不为之肃然，他们不只是感动，而且震撼，这就是父母，在生命的最后一刻，仍旧没忘记保护孩子的责任，在危难的瞬间，用自己的双肩托起了孩子重生的起点。

在工作中，工作的责任感会激发你的潜能，不断让你走向成功。一位著名的企业家说："当我们的公司遭遇到了前所未有的危机时，我突然不知道什么叫害怕，我知道必须依靠我的智慧和勇气去战胜它，因为在我的身后还有那么多人，可能就因为我，他们从此倒下。我不能让他们倒下，这是我的责任。当我走出困境时，我明白了一个道理，唯有责任，才能让你超越懦弱，坚强起来。"

因此，在责任面前，人们会激发自己的潜能，最终将发现自己变得勇敢而强干。

比尔出生时，大夫不慎用镊子夹碎了他大脑的一部分，致使他的大脑神经系统瘫痪，影响到说话、行走和对肢体的控制。比尔长大后，人们都认为他的神志会有严重的缺陷和障碍，州福利机关将他定为"不适于雇用的人"，专家也认为他不适合去工作。但比尔的母亲并不这么认为，她一直在鼓励他做一些力所能及的事情，经常对他说："你能行，你能够工作，你能够自立！"在母亲的鼓励下，比尔从未将自己视为残疾人，开始从事推销工作。

起初，比尔去福勒刷子公司应聘，这家公司说他根本不适合工作，拒绝了他，接下来的几家公司也采取同样的方式拒绝了他。但比尔没有放弃，最后怀特金斯公司很不情愿地接纳了他，让他去根本无人愿意去的波特兰、奥根地区开展业务。虽然条件很苛刻，但毕竟有工作了，比尔立即答应了。

第一次上门推销时，比尔犹豫了四次才鼓起勇气按响门铃，可这家人并没有买他的商品，第二家、第三家也如此……但他并没有放弃，比尔认为既然公司雇用了他，那么，他就要对公司负责，这种责任意识推动他不断去完成难以完成的任务。同时，比尔以对事业的必胜信心作为精神支柱，即使顾客对产品毫无兴趣，甚至嘲笑他，他也不沮丧。最终，他不仅仅取得了成绩，而且成绩由小到大，节节攀升。

比尔每天花在工作和路上的时间共 14 个小时，等他晚上回到家时，已经筋疲力尽了，他的关节痛、偏头痛也经常折磨着他。每隔几周，他都要打印一份顾客订货清单，可他只有一只手是管用的，在别人看来非常简单的工作，他却要花去 10 个小时。

由于心中对顾客、对工作、对事业、对自己的必胜信心支撑着他，他什么苦都能承受。他负责的地区越来越多的门被他敲开，且都乐意购买他的商品，业绩自然也不断攀升。在他工作了 24 年时，他已经成为销售技巧最好的推销员。

20 世纪 90 年代，比尔 60 多岁了，怀特金斯公司也拥有了 6 万多名推销员，但他们都是在各地商店推销商品，唯独比尔一个人仍在干着上门推销的工作。许多人都在折扣店成批地购买怀特金斯公司的商品，这使得比尔的上门推销越来越困难，面对这种形势，比尔付出了更多的勤奋和努力。

1996 年夏天，怀特金斯公司在全美建立了连锁机构，比尔再也没必要上门推销了，但比尔却成了怀特金斯公司的特殊"产品"。他是公司有史以来最优秀、最成功的推销员，公司向人们宣传比尔的事迹，塑造比尔的形象，这些都彰显了公司的实力，公司还把公司有史以来第一份最高荣誉——杰出贡献奖颁给了比尔。

比尔身患残疾，在工作中他面对的是常人无法想象的困难，然而是他内心强烈的责任意识使他战胜了这一切，使他在困难与挫折面前坚强勇敢地去完成自己的工作，最后他成功了。一个逃避困难、不敢面对挑战的员工，很难让人相信，他会真正为企业担当什么责任。作为企业的领导，有谁敢赋予他更大的使命呢？

责任是最足以引爆"生命潜能"的东西。从来没有担当过需要负责任职位的人，绝不会激发他那真正的潜能。有许多人一直默默无闻，其原因就在于从来没有重大的责任交付于他们担当，这就无法激发他们最伟大的"生命潜能"。于是，他们只是依照着别人所规划的去做，从不想另辟蹊径，来表现自己的才能。

所以，面对责任，不要逃避，勇敢地迎上前去，让责任激发你的潜能。

1. 如何提高自身的责任意识

管理者必须具备带兵能打漂亮仗的能力，能够从自身做起，树立下属能够参照的工作形象。把每一份工作都努力做到尽善尽美，是每一名管理者应当做的事情。只有敢于担当，身先士卒，才能带好团队。

2. 如何激发员工的责任意识

要拥有一个紧密团结、积极进取的高效团队，最有效的方法就是把员工的责任意识培养起来。对真正有才华、有能力的员工而言，要为他们提供丰厚的薪酬待遇，更要为他们提供一个广阔的平台。如果管理者能够放心地对他们进行授权，给予他们最大的信任和肯定，他们的责任意识就会更强，工作潜能也会得以激发。

我觉得百度的基因里本身带有很大的冒险性质，只不过过去的几次险看起来都冒得比较成功。

——李彦宏

不要害怕犯错，适当鼓励冒险精神

很多人在任务面前不敢冒险，害怕犯错误。因循公司的既有方法工作固然不会出错，但相对于那些谨小慎微的"称职"人员，企业的发展需要那些具有冒险精神的人，并且适当的冒险能激发员工个人的潜能。

回国创业前，李彦宏是美国硅谷的工程师，信息搜索领域的专家，拥有华尔街道琼斯子公司 70 余万股期权、硅谷的豪华别墅和名车。后来，李彦宏决定回国创业。在首次融资的时候，风险投资要求以李彦宏的房产和股票期权作抵押，李彦宏没有一丝迟疑，果断应允。李彦宏的一次次冒险造就了今天的百度。

今天我们生活在一个具有无限可能的时代：地理与意识形态的壁垒逐渐消失，市场越来越开放，商品、创意和资金在世界范围内自由流动，使各地的企业都变得越来越有效率。新技术正在创造出重要的商务和沟通新渠道。于是，这便也成了一个需要野心的时代、一个危险的时代。在这样的时代里，有足够的冒险精神才能取得无限的可能，如果你没有什么冒险精神，只求三餐果腹、一隅安身，那你就可能连三餐富足和一隅温暖的权利都会被夺走。

不要害怕犯错，工作中处处是挑战，处处是难关，我们必须要有一股"闯劲""冲劲"，才能战胜所有的困难，不断前进。

1994 年，美国信孚银行史上最年轻的副总裁、30 岁的贝佐斯在曼哈顿研究尚未成熟的网络使用情形。他惊讶地发现：网络使用率以每年增幅高达 2300％ 的速度在暴增。于是，他从父母那里借了 30 万美元（差不多是他父母一辈子的积蓄），带着太太从美国东海岸开车到西海岸开始创业。一路上，贝佐斯在手提电脑上拟订事业计划书，并且到处募集资金。他计划在另一个世界里开设一家书店，他把这个世界叫作"网络空间"。这个书店里没有书架，没有库存，也没有让顾客实际光临的店面。1995 年 7 月，他成立了以南美洲宽广无际的亚马孙河为象征的亚马逊公司，做成了别人还以为只是一个"天方夜谭"的事情。

拿破仑曾经说过，不想当将军的士兵不是一个好士兵。一个人要想改变自己的面貌，实现自己的价值，他就需要更多的冒险精神。

员工为了跟上公司前进的步伐，适应市场和职场的竞争，必须冒险，必须高效。冒险可能会失败，关键是你怎么看待失败。对待失败的方式不同，你获得的结果就会完全不同。

这是发生在奔驰公司的一个故事。一位市场推广部经理，在一次紧张的宣传推广行动中，由于情况紧急，他自作主张发布了一个广告，事后才报告领导。糟糕的是，那个广告并没有发挥出他预期的效果，所以，当他将这件事报告给领导时，他觉得这次肯定会因擅做主张受到处分了。

领导听完他的报告，问道："我的理解是，你认为那是一个绝好机会，所以你马上采取行动，不打算放过它，是吗？"

推广部经理点点头，准备承受接下来的斥责。

然而，总经理却表扬了他，而且还拍着他的肩膀说："放手去做！请求原谅要比请求批准强得多！"

在美国海军陆战队，流传着一项传统：冒险行动有可能获得原谅，找借口畏缩不前只能意味着军事法庭上的严厉审判。将这条规则运用到公司的经营创新上，就是鼓励员工不要害怕冒险，因为不冒险就谈不上激发个人潜能，不冒险就谈不上冲高业绩。

现代经济社会中，市场是客观的，也是残酷无情的。墨守成规是注定要被快速前进的市场所抛弃的，是肯定会失败的。而大胆冒险的行动虽然有可能也遭受失败，却不会被市场淘汰，因为在不断的冒险中，在无数次失败碰壁后，已经逐渐摸到了市场的脉搏，只要不断尝试，总有成功的一天。

惧怕失败，从此缩手缩脚，寻找借口不敢冒险，那将注定只能平庸一生；容忍失败，总结经验，继续冒险，即使你仍会遭遇一系列的失败，但有一点可以肯定，那就是：总有一天你会成功！

2001年5月20日，一只写着"最伟大的推销员"的金靴子被一位名叫乔治·赫伯特的推销员获得。这是自1975年以来，又一学员得到如此殊荣。

布鲁金斯学会创建于1927年，以培养世界上最杰出的推销员著称于世。它有一个传统，在每期学员毕业时，设计一道最能体现推销员能力的实习题，让学员去完成。前几届的实习题一直都没有人能够完成，小布什执政后，"请把一把斧子推销给小布什总统"就成了布鲁金斯学会的最新实习题。

乔治·赫伯特动起了脑筋，他把斧子卖给小布什总统，并且没有花多少工夫。因为，小布什总统在得克萨斯州有一个农场，那里长着许多树。于是他给小布什总统写了一封信，说："有一次，我有幸参观了您的农场，发现那里长着许多矢菊树，有些已经死掉，木质也已经变得松软。我想，您一定需要一把小斧头，但是从您现在的体质来看，这种小斧头显然太轻，因此您仍然需要一把不甚锋利的老斧头。现在我这儿正好有一把这样的斧头，它是我祖父留给我的，很适合砍伐枯树。假若您有兴趣，请按这封信所留的信箱，给予回复……"最后，小布什总统就给他汇来了15美元。

如果固步自封，永远也不可能迈开成长的步伐。适当鼓励冒险精神，往往能激发一个人的潜能，进行创造性思维。

很多企业都青睐具有冒险精神的人。比尔·盖茨一旦发现本行业中比较出色、但又因所在公司经营败落而失业的人才，就会在适宜的时候聘他来微软工作。他们宁愿冒失败的危险选用曾经失败过的人，也不愿意录用一个处处谨慎却毫无建树的人。

尝试可能会遭遇失败，但没有失败不等于成功，惧怕冒险的人永远不会失败，同时，他也永远不会成功。从这个角度讲，一个永不犯错的管理者的价值远不如一个勇于冒险、不断尝试的普通员工。

第十五章

竞争力管理课：

商战策略是真正决胜千里的因素

对一个企业来说，谁是核心优势？这似乎是一个老生常谈的话题。尤其在教育这个行业，由于一些约定俗成的传统做法，师资之于一个品牌的重要性往往被不经意地忽略掉。在新东方，师资是至关重要的核心优势。

——俞敏洪

核心优势——牢记自己的核心竞争力

对于自己的核心优势，俞敏洪有自己的认知："在教育行业中，你的优势就是你在某一个方面能做得更好。这个方面肯定既不是教学设备，也不是楼，而是老师。"

营销大师科特勒说过，每一种品牌应该在其选择的利益方面成为"第一名"。在利润越来越透明的市场环境中，企业要想成为"第一名"，则必须拥有引以为傲的技术和优势，不断的技术创新支持的差异优势，是企业保持长久市场竞争优势的重要途径。因此，企业应把发展核心的竞争力，放在最重要的位置。

2013年1月，百度CEO李彦宏在百度年会上对员工表示，无线搜索已经迅速崛起，成为无线互联网第二大应用，百度的市场份额也正在继续扩大。他表示，未来就在他们自己手里，百度必将迎来移动时代的二次腾飞。

李彦宏的底气在于百度的技术。多年来百度坚持构建扎实的技术体系，这些面向未来的技术和产品的布局，正在日益显现出成果：比如在语音领域，项目仅仅正式启动3个多月，就上线了业界领先的语音搜索；尽管相比谷歌等公司，百度语音产品起步算是晚的，但一出手表现就让业界瞩目。

互联网发展到今天，它的灵魂依然没有改变——技术创新永远是这个行业的核心驱动力。

企业要想在日趋激烈的市场竞争中占有一席之地，必须从市场环境的变化出发，不断进行技术、管理、制度、市场、战略等诸多方面的创新，其中又以技术创新为核心。尤其在以互联网等技术性行业，只有以技术作为核心竞争力，企业才能不断向市场推出新产品，改进生产技术，降低成本，进而提高顾客价值，提高企业的综合竞争力。

2007年，乔布斯介绍第一代iPhone时，他充满自豪地说，今天我们要推出三款革命性产品，第一个，带有触控的宽屏的iPod，第二个是一台具有革命性的电话，第三个是一个具有突破性技术的上网设备。其实，这三个都是一个设备，也许这是单独看上去三个常见的技术可以实现的功能，但之前从来没有人想过要合而为一。iPhone的出现，的确可以说是革命性的产品。对比当时已有的智能手机，包括诺基亚、摩托罗拉和黑莓等产品，他们拥有的是小屏幕、塑料键盘，一般来说是全键盘的手机，将电话、邮件和上网整合到一个设备中，iPhone完全抛弃了这些传统智能手机的特征。从此之后，全触屏手机风靡全球。

在苹果人看来，最好的操作工具是我们的手指，因此，不需要手写笔，不须要键盘，只要你有手，通过多触点控制技术，就能操控你的电话。回顾iPhone系列手机的发展，技术的一点点进步，都让人们兴奋不已。因为，这些技术的进步为人们带来了切实的方便，当然也为苹果公司带来了全新的辉煌，苹果公司一度成为全球市值最高的公司。

近几年，诺基亚在全球的发展步伐明显放慢，市场占有率逐渐降低。这跟它的研发跟不上市场的脚步有很大的关系。诺基亚固守自己的产品技术，在手机普及的今天，消费者越来越重视手机的功能和应用感受，诺基亚的新产品在技术上的革新没有什么大变化，让人感觉都是外壳在变，而用户体验一直得不到提升。

反观苹果，图像处理技术的提升，数据管理与提取和记忆的运行方式也在大幅改变，软件性能的提升也是一代比一代强。

苹果正是在技术上不断创新，不断保持其技术上的优势，大大提高了其市场占有率和市场竞争力。

企业管理者应该知道，通过技术保持自己的核心竞争力，这比防守一个已有的市场地位要稳妥得多。只有技术领先，才可能实现持续领先。

都是"搞技术"出身，但能以技术为基础，将企业做大做强的，却是屈指可数。这就是说，搞技术的人有时候会忽略一件事，就是自己认为的好技术和消费者认为的好技术是有差别的，所以要研发的是能让消费者满意的技术。

卓越的技术技能和产品的创新，有利于提高企业的影响力，有利于增强市场竞争力，扩大市场覆盖面，创造稳定的市场和客户关系。

企业应把发展的核心竞争力，即技术领先，放在重要的位置。尤其对那些以技术安身立命的企业而言，千万不能放松自己在技术上面的竞争力。

新龟兔赛跑，代表了一种双赢精神。

——北大管理理念

与狼共舞，实现双赢的竞合之道

北京大学光华管理学院名誉院长厉以宁曾经讲过新龟兔赛跑的故事：

龟兔赛跑，第一次比赛兔子输了，要求赛第二次。第二次龟兔赛跑，兔子吸取经验，不再睡觉，一口气跑到终点。兔子赢了，乌龟又不服气，要求赛第三次，并说前两次都是兔子指定路线，这次得由乌龟指定路线跑。结果兔子又跑到前面，快到终点了，一条河把路挡住，兔子过不去，乌龟慢慢爬到了终点，第三次乌龟赢。于是他们就商量赛第四次。乌龟说，咱们老竞争干吗？咱们合作吧。于是，陆地上兔子驮着乌龟跑，过河时乌龟驮着兔子游，两个同时抵达终点。

这个故事告诉我们双赢才是最佳的合作效果，合作是利益最大化的武器。许多时候，对手不仅仅是对手，正如矛盾双方可以转化一样，对手也可以变为助手和盟友。俞敏洪也深谙其道。如同国际关系一样，商场中也不存在永远的对手。

俞敏洪创立新东方后，别的培训机构看着就眼红了。当时有家机构是一位下岗女工办的，她心理很不平衡，就撕新东方的广告，拿刀子捅新东方的员工。后来这件事得到了解决。

一年后，她们培训班的老师以工资太低为由都罢教了，400个学生面临无学可上的问题。如果真的答应老师们的要求，这个女人得变卖房子、把所有的利润全给老师，她当然不能答应。最后，她找到俞敏洪说："我现在也不想开这个学校了，我现在有400个学生，老师都不上课了，我没有钱再请别的老师，我也没有钱退学费给这些学生。我就把这些学生交给你，你接过去以后把相关的课上完，我从此就关门，你也少了烦恼。"俞敏洪说："这个学校你还是要办下去，因为毕竟它是你的经济来源之一。"她说："怎么办下去呢？"

俞敏洪说："好办。第一步，如果你那没有老师，我可以把新东方的老师调过去，你按新东方老师以前的工资付给他们，我可以帮你把你的400名学生教完。第二步，你去找你的老师们去谈，你一定要告诉他们：'你们如果不过来上课，新东方的老师就会过来上课。'第三步，你必须给你的老师加工资，跟新东方的老师一样多，这样你的老师才会积极配合。"

后来，这个学校又接着办了几年，后来因为生源不足就不办了。但是，从此她不但不派人到新东方发广告，还反对别人到新东方发广告。

我们习惯于非此即彼的思维方式，对"自己人"要尽量偏袒照顾，对竞争对手则赶尽杀绝。其实在商业社会中，竞争与合作是可以转化的。那种靠消灭竞争对手取得胜利的做法已经过时，现代企业家要学会"与狼共舞"，跟对手深度合作，实现"双赢"乃至"多赢"。

我们生存在一个充满竞争的时代，企业所面临的生存问题越来越艰巨。正因为如此，我们才需要与他人合作，借力而行。这样才能够有效地运用合作法则使企业生存得更为长久。

比尔·盖茨在年轻的时候，非常喜欢数学和计算机。于是，他自己便努力地开发软件，但是因为个人的力量是有限的，没有研究成功。后来，他最好的朋友保罗·艾伦主动来帮助他。他俩便在不断的努力之下使研究取得了重大的突破。因为缺乏资金，后来，两人便找人合作来投资他们的产品。产品上市后他便成为美国最有名的人物，进一步在竞争合作中巩固了其公司在软件开发领域中的地位。

一个人的能力和力量是十分有限的，唯有合作才能最省时、最省力、最高效地完成一项复杂的工作。假如没有其他人的协助与合作，任何人都无法取得持久性的成功。

合作与竞争看似水火不相容，实则是相依相伴的。在知识经济时代，竞争与合作已经成为不可逆转的大趋势。

商场如战场，市场竞争自然不可避免。如何才能在竞争中实现"双赢"，在这方面，李嘉诚为我们树立了榜样，他说："没有绝对的竞争，也没有绝对的合作，因为二者是可以转化的。"

九龙仓是香港最大的货运港，包括九龙尖沙咀、新界及港岛上的大部分码头、仓库，以及酒店、大厦、有轨电车和天星小轮。但是，九龙仓的经营者却陷入财政危机，为解危机，大量出售债券套取现金，又使得集团债台高筑，信誉下降，股票贬值。

李嘉诚非常看好九龙仓，他不动声色一直在收购九龙仓股票，买下约

2000万股散户持有的九龙仓股票，意欲进入九龙仓董事局。但是，怡和洋行也介入了收购行列。与此同时，船王包玉刚也加入到收购行列。包玉刚的加入，一时间使得强手角逐，硝烟四起，逼得九龙仓向汇丰银行求救。李嘉诚考虑到日后长期的发展还期望获得汇丰的支持，便答应不再收购。

1978年8月底的一天下午，香港上演了一幕传奇故事。李嘉诚密会包玉刚，提出把手中的1000万股九龙仓股票转让给他。包玉刚略加思索，立即同意了。

从包玉刚这方面来说，他一下子从李嘉诚手中接受了九龙仓的1000万股股票，再加上他原来所拥有的部分股票，他已经可以与怡和洋行进行公开竞购。如果收购成功，他就可以稳稳地控制资产雄厚的九龙仓。李嘉诚将自己的九龙仓股票直接脱手给包玉刚，一下子可以获利数千万元。

于是两个同样精明的人一拍即合，秘密地签订了一个对于双方来说都划算的协议：李嘉诚把手中的1000万股九龙仓股票以三亿多的价钱，转让给包玉刚；包玉刚协助李嘉诚从汇丰银行承接和记黄埔的9000万股股票。

李嘉诚表示自己退出"龙虎斗"，却通过包玉刚取得与汇丰银行合作的机会。在此番商战中，李嘉诚是最大的赢家。

曾有记者问李嘉诚成功的奥秘，李嘉诚表示：奥秘实在谈不上，他认为重要的是首先得顾及对方的利益，不可为自己斤斤计较。对方无利，自己也就无利。要舍得让利使对方得利，这样，最终会为自己带来较大的利益。李嘉诚从来不进行恶意竞争，不管这其中的利益有多大，他也从来不搞无原则的合作。在他这里，竞争往往成为合作的契机。

现代企业管理者要信奉"商者无域，相容共生"的商业哲学。很多事实证明，没有绝对的竞争，也没有绝对的合作，因为二者是可以转化的。与狼共舞，实现双赢，不仅实现了既得利益，还能够招来更多的合作伙伴，使你的财源滚滚而来。

在激烈的市场竞争中，选择是否与对手合作，主要动因包括如下两个方面：

1. 开拓市场

企业的首要目标就是开拓市场，占领市场。例如，美国摩托罗拉公司与日本东芝电器公司建立战略联盟，就是为了使自己的产品能更大规模地进入日本市场，美国通用汽车公司和日本丰田汽车公司合资在美国生产汽车，目的也是如此。

2. 有利竞争

弱弱联合，可以击败更强的公司。很多二流公司，由于想保持它们的独立性，减少同一流公司之间的竞争差距，所采取的策略是建立合作而不是合并——它们依靠同别的公司进行合作有效地参与市场竞争。

但是，实现双赢的合作必须有三大前提：一是双方必须有可以合作的利益，二是双方必须有合作的意愿，三是双方必须有共享共荣的打算。

我们要投入全部的精力以提升我们的核心技术，创造出具有更好用户体验的产品！我们要比别人更快地行动。

——李彦宏

人无我有，人有我优，人优我新

要想在竞争中赢得优势，就要勇于开拓、不断创新，为自身发展闯出更广阔的新天地。提倡"人无我有，人有我优，人优我新"，实际上就是要求企业管理者运用独特的企业经营思维方式，无须陷入惨烈的红海竞争中。

一个人能在思维上创新，能想他人之不敢想，为他人之不敢为，就能发现他人视而不见的商机，创造出他人所没有的东西，可谓"观念一新，万两黄金"。这就是一种独特的竞争力。

　　成功的人总是相信凡事都有办法解决，而且他们相信，解决事情都有更好的方法，所以，他们总是在不断寻找出路的旅途中。正所谓：世上无难事，只怕有心人。正因为如此，成功的人面对压力和挑战，总是能够保持自己的雄心和壮志，总是能找到更好的解决方法。

　　王老板开着一家糕点店，这个行业，竞争本来就十分激烈，加上王老板当初在选择店址上有些小小的失误，开在了一个相对偏僻的胡同里，因此，自从蛋糕房开张后，生意一直冷冷清清，不到半年，就支撑不下去了。面对收支严重失衡的状况，王老板无奈地想结束生意。

　　这时，店里来了一位女客人，想给男朋友买一个生日蛋糕。当这个员工问她想在蛋糕上写些什么字的时候，女客人嗫嚅了半天才不好意思地说："我想写上'亲爱的，我爱你'。"

　　王老板一下子明白了女客人的心思，原来她想写一些很亲热的话，又不好意思让旁人知道。有这种想法的客人肯定不止一人，现在，各个蛋糕店的祝福词都是千篇一律的"生日快乐""幸福平安"之类，为何不尝试用点特别的祝福语？

　　于是，王老板送走女客人后，就开始在思索：

　　我们店里糕点师用来在蛋糕上写字的专用工具，可不可以多进一些呢？只要顾客来买蛋糕，就赠送一支，这样客人就可以自己在蛋糕上写一些祝福语，即使是隐私的也不怕被人看到了。

　　王老板就这样去做了，并做了一些简单的宣传。没想到，在接下来的一个星期中，顾客比平时多了两倍，每个客人都是冲着那支可以在蛋糕上写字的笔来的。

　　王老板后来在回忆中说："从那以后，我的生意简直可以用奇迹来形容。我本来都做好关张的心理准备了，没想到这样一个方法帮了我大忙。"

　　案例中的王老板，从没有办法维持经营准备关张大吉，到让他的糕点店重新焕发了生机，这一切都离不开他努力寻找新方法的行动。

　　由此，我们不难看出，思路决定出路，只有好的思路，对的思路，才能将出路铺成成功之路、理想之路。

所以，在激烈的市场竞争中，管理者转换一下思路，往往能取得出奇制胜的效果，从而从根本上提升企业的竞争力。

做餐饮生意，干净卫生一定是首要的，但是在美国的达拉斯，那里有一家奇特的牛排店——肮脏牛排店。

"肮脏牛排店"也的确不符合现代餐饮业的要求：这里不用电灯，用的全是煤油灯，看上去黑蒙蒙的一片。抬起头看店里的天花板，上面好像是极厚的灰尘，但是实际上都是人造的，不是真的灰尘。四周的墙壁还挂着几件破旧的装饰品，比如最原始的锄头、牛绳子、木犁，以及印第安人的毡帽和木雕等。里面的餐桌全部都是木头制成的，做工看起来粗糙极了，椅子坐上去甚至还会"吱吱"地响，厨师和侍者穿的衣服，看上去也像从未洗过似的。

饭店墙上沾满的全部是肮脏的纸片与布条，饭店尽管伪装得很是肮脏，但是其供应的牛排食品却是十分美味和卫生的，让人百吃不厌。正因为如此，其饭店终年门庭若市，生意也应接不暇，收入自然十分可观，其店名也因此不胫而走，名扬四方。

的确，绝大多数餐馆都是以动听美好的店名与富丽雅观的装修来招引顾客的，这是人们的习惯思维。但是"肮脏牛排店"却反其道而行之，采用不雅的店名与貌似不卫生的风格来进行经营。事实证明，这种经营方式确实迎合了部分消费者的复古心理，最终在和同类餐馆的竞争中拨得头筹。

市场竞争日益激烈，要使企业尽快占领优势，管理者就要敢于打破思维定式，突破主流，反其道而行之，反过来从另一种角度、另一种消费动机、另一种偏好来考虑问题，分析市场，制造与众不同的竞争优势，寻找新的制高点。

当然采用新招并非是不顾条件、刻意造作，而是要建立在能够满足人们的某种需求的基础之上，给人出乎意料的惊喜，能激发人们的好奇心或兴趣。"人无我有，人有我优，人优我新"，别让自己死死陷入红海中吧。

　　企业需要做的就是瞄准用户需求，挖掘新的市场机会。

——北大管理理念

抓住特定的客户群，走市场细分之路

　　市场并非同质，消费者的需求也趋于个性化。无论企业的实力多么雄厚，它都无法为所有的顾客提供服务。在这个基础上，市场细分的概念应运而生。

　　市场细分是 1956 年由美国市场营销学家温德尔·斯密首先提出来的，温德尔·斯密的细分市场概念一提出，就受到企业管理界和学术界的重视，并得到越来越广泛的运用。

　　市场细分就是从顾客的购买欲望和需求的差异性出发，按照一定的标准将一个整体市场划分为若干个需要不同的产品和不同的市场营销组合的市场部分（分市场），从而确定企业目标市场的活动过程。

　　没有一个市场是天衣无缝的，因为新需求不断在增加，市场是不断变化的，总会存在"空隙"。市场上永远存在"尚未开垦的处女地"。很多企业管理者都明白这样一个道理：市场并不缺少机会，而是缺少发现。

　　奇瑞汽车公司精心选择微型轿车打入市场。它的新产品不同于一般的微型客车，是微型客车的尺寸，轿车的配置。2003 年 5 月推出 QQ 微型轿车，6 月就获得良好的市场反应，2003 年 9 月 8 日至 14 日，在北京亚运村汽车交易市场的单一品牌每周销售量排行榜上，奇瑞 QQ 以 227 辆的绝对优势荣登榜首。到 2003 年 12 月，已经售出 28000 多辆。

　　奇瑞 QQ 被称为年轻人的第一辆车。奇瑞 QQ 的成功就在于它的市场细分。它的目标客户是有知识品位但收入并不高的年轻人。为此，奇瑞 QQ 有着极其讨人喜爱的外形。虽然小车价格便宜，但是在滚滚车流中它是那么显眼，你看它那绚烂的颜色、婀娜的身段、顽皮的大眼睛，好似街道就是它表演的 T 型台。就这样，奇瑞公司成为行业内公认的车坛黑马。与此同时，奇瑞轿车还连创五个国内第一，六次走出国门，以自己的不懈努力创造了中国汽车史上的奇迹。

市场细分是指营销者通过市场调研，依据消费者的需要和欲望、购买行为和购买习惯等方面的差异，把某一产品的市场整体划分为若干消费者群的市场分类过程。

每一个消费者群就是一个细分市场，每一个细分市场都是具有类似需求倾向的消费者构成的群体。

在 20 世纪 60 年代末，米勒啤酒公司在美国啤酒行业排名仅仅处在第八位，市场份额仅为 8%，与百威、蓝带等知名品牌相比，差距十分明显。为了改变这种现状，米勒公司的领导决定进行严谨的市场调查，进行市场细分，从而找出战胜对手的机会。通过调查发现，若按使用率对啤酒市场进行细分，啤酒饮用者可细分为轻度饮用者和重度饮用者，而前者人数虽多，但饮用量却只有后者的 1/8。

随着进一步调查，他们还发现，重度饮用者有着以下特征：多是蓝领阶层；每天看电视 3 个小时以上；爱好体育运动。米勒公司决定把目标市场定在重度使用者身上，并果断决定对米勒的"海雷夫"牌啤酒进行重新定位和包装，改变宣传策略，加大宣传力度。

他们在电视台特约了一个"米勒天地"的栏目，广告主题变成了"你有多少时间，我们就有多少啤酒"。广告画面中出现的尽是些激动人心的场面：船员们神情专注地在迷雾中驾驶轮船，年轻人骑着摩托冲下陡坡，钻井工人奋力止住井喷，等等。结果，"海雷夫"的重新定位战略取得了很大的成功。到了 1978 年，这个牌子的啤酒年销量达 2000 万箱，仅次于 AB 公司的百威啤酒，在美国名列第二。

从这个例子我们可以看出，企业如果能够先于竞争对手捕捉到有价值的细分新方法，通常就可以抢先获得持久的竞争优势，就可以比竞争对手更好地适应买方真实的需求。

寻找潜在的细分市场，可以从以下几个问题着手：是否能够顾客需求但是目前市场上仍然没有的产品；改进的产品能否完成附加的功能；是否存在将服务和产品整合出售。

市场细分越来越多地被企业管理者所关注，海尔十分重视"市场细分"，并因此在市场竞争中获得了领先地位。

细心的消费者可以发现，在上海市场销售的一种冰箱瘦窄、秀气，这是海尔研发部门根据市场调研信息专门改进设计的。原来上海家庭住房普遍比北京窄小，消费者不喜欢冰箱的占地面积过大，另外，上海人更欣赏外观比较小巧的冰箱。于是，海尔就为上海市场设计了一种瘦窄型的冰箱，叫作"小王子"，推出后在上海非常畅销。

此外，海尔专门测试了农村的冰箱用电环境，电压最低时只有160伏。冰箱最怕的不是高压，而是低压，低压时间长了，压缩机就会烧坏。所以，海尔在开发农村冰箱时，瞄准农民的需求进行精确定位。首先大幅度削减现有冰箱的功能，降低价格。其次，把压缩机重新改造，使之适应低压启动。

在国际市场上，海尔同样要求根据不同国家的文化和生活习惯，设计、生产出不同的产品。

海尔作为中国家电第一企业，并在国际市场上占据一席之地，正是由于它精准的市场细分把握。

世界营销大师科特勒指出，市场的细分一般包括以下5个方面：

（1）地理细分。按所处的地理位置来细分市场，然后选择一个或几个市场部分作为目标市场。地理细分主要包括地区、城镇、气候条件和人口密度，以及生活习惯、地域文化等方面。

（2）人口细分。人口细分主要从年龄、性别和收入三方面进行。

（3）心理细分。是指根据购买者所处的社会阶层、生活方式、个性特点等心理因素细分市场。

（4）行为细分。这一标准比其他标准要复杂得多，而且也难掌握。行为细分主要分为购买习惯、寻找利益、产品使用者、使用量、忠诚程度等五个方面。

（5）偏好细分。偏好细分就是根据市场反应，寻找营销与产品的结合点进行产品的创新和完善。

在优秀管理者的眼里，永远没有"淡季"的概念。

——北大管理理念

淡季不淡：如何将淡季转为旺季

"没有淡季的市场，只有淡季的思想"展现了一种不怕竞争的气势。以"淡季"为借口，旺季也不会有太大的作为。让淡季变为旺季，从而获得出色的业绩，这绝不是口头上说说就能得到的。要吃樱桃先栽树，要想收获先付出。

一个企业的产品无论在任何时候，它在市场上的销量还是有的。我们要找的不是借口，而是开拓新的市场。

夏季被公认为洗衣机销售的淡季，销售人员都没有做"无用功"在家里等待。这个时间表面上看起来是淡季，但如果不把它看作淡季，同样也能创造市场。由此，海尔提出了开发适应淡季销售的产品要求。现在市场上出现的"小小神童"洗衣机就是在这种情况下产生的。

1990年，当海尔调查洗衣机市场时发现，夏天洗衣机卖得特别少。为什么夏天人们洗衣服洗得特别勤，洗衣机反而卖不动呢？经过市场调查才发现，当时市场上只有4公斤、5公斤的大洗衣机，消费者夏天的衬衣、袜子换下来天天洗，用大洗衣机洗又费水、又费电，干脆用手洗就行了。

并不是夏天人们不需要洗衣机，而是没有适合洗衬衣和袜子的小洗衣

224

机。根据消费者这个需求，海尔研制开发了一种"小小神童"洗衣机，洗衣容量为 1.5 公斤，3 个水位，最低水位洗两双袜子。这种洗衣机夏天投入市场后很快就供不应求了。

正因为如此，它不仅成为国内外市场的"明星产品"，也成为企业不断创新开拓市场的"典范之作"。"电风扇一转，洗衣机完蛋；电风扇一停，洗衣机准行"，是洗衣机业内对洗衣机市场淡季和旺季阶段性特点进行概括的一句"顺口溜"，"小小神童"洗衣机使这句顺口溜变得过时。

海尔员工利用创新把夏天洗衣机销售的淡季做到了淡季不淡，他们把夏天人们洗袜子、洗衬衣的问题解决了。所以，海尔现在的科研人员和销售人员都牢牢地树立了这样一种观念：只有淡季的思想，没有淡季的市场。

海尔的员工只是转换了一下思路，在别人向"大"的方向发展时，海尔选择向"小"的方向开发，把销售的淡季做到了淡季不淡。这也说明了：只要有开拓创新的精神，只要有赢得市场的必胜信念，再加上一些巧妙灵活的创意，就能在市场竞争中占得先机。

在优秀的管理者眼中，不存在"不能做"的市场，即使市场开拓比较难，他们也一定能在困难中找到突破的基点，运用灵活的思维和方法去打开市场，去赢得市场。

很多企业产品的销售在淡季一落千丈不是因为企业产品销售不出去了，而是因为企业淡季的思想在作祟。一到所谓的淡季，企业就认为目标顾客暂时不再需要企业的产品，企业无论怎么努力产品也无法销售出去，所以促销活动不做了，市场开发力度也减少了，客户拜访也不去了，经营战略僵化了，这样做的结果是直接导致销售业绩愈来愈低。但是总有人在"不景气"的市场中开拓出了"景气"的未来。

美国的约翰逊黑人化妆品公司总经理约翰逊是一个知名度很高的企业家。可是，当初他创业时，也曾为产品的销售伤透了脑筋。

那时，约翰逊经营着一个很小的黑人化妆品公司，因为黑人化妆品市场的总体销售份额并不大，而且，当时美国有一家最大的黑人化妆品制造商佛雷公司，几乎垄断了这个市场。

经过很长时间的考虑，约翰逊提出了一句措辞非常巧妙的广告语："当你用过佛雷公司的化妆品后，再擦一次约翰逊的粉质膏，将会得到意想不到的效果。"

约翰逊的这一招的确高明，不仅没有引起佛雷公司的戒备，而且使消费者很自然地接受了他的产品，达到了事半功倍的效果。因为他当时主推的只有一种产品，凡是用佛雷公司化妆品的黑人，大都不会在乎再增加一种对自己确实有好处的化妆品。

随着粉质化妆膏销量的大幅度上升，约翰逊抓住了这一有利时机迅速扩大市场占有率。为了强化约翰逊化妆品在黑人化妆品市场上的地位，他同时还加速了产品开发，连续推出了能够改善黑人头发干燥、缺乏亮度的"黑发润丝精""卷发喷雾剂"等一系列产品。经过几年的努力，约翰逊系列化妆品占领了绝大部分美国黑人化妆品市场。

做市场，是要讲求手段与策略的。如果一味跟随别人的步伐，而没有丝毫的创新，市场只能越做越小，越做越死。

有时候，一点小小的创意，一个小小的变化，便可以改变产品的市场格局，从而赢得良好的竞争优势。

第十六章

营销管理课：

尊重客户价值，持续创造差异和个性

百度这么多年之所以不断从成功走向成功，就是因为我们一直非常注重用户的体验，非常地关心用户需要什么。

——李彦宏

客户的抱怨就是你的订单，不要逃避

根据一项研究，如果抱怨能得到迅速处理的话，95%的抱怨者还会和公司做生意。而且，抱怨得到满意解决的顾客平均会向五个人讲述他们受到的良好待遇。因此，有远见的公司不会尽力躲开不满的顾客，相反，它们尽力鼓励顾客提供抱怨并尽力让不满的顾客重新高兴起来。

当今社会，企业间的竞争异常激烈，客户的需求是企业发展的根基。如果我们对客户服务不周，那么就可能错失许多商机，这样就会导致企业的效益下降，甚至拖垮企业。因此，要想立足于现代企业之林，我们就应该好好地为客户服务，应该感谢客户提供给我们的机会，因为客户的抱怨就是我们的订单。松下幸之助说："把抱怨当作是另一个机会的开始。"马云认为：在接到客户的抱怨或斥责时，不能马马虎虎地去处理，否则将从此失去一个客户。

马云在阿里巴巴经常充当客户的角色，对开发出来的新产品提出自己的"抱怨"。马云曾对技术人员说道："我不想看说明书，也不希望你告诉我该怎么用。我只要点击，打开浏览器，看到需要的东西，我就点。如果做不到这一点，那你就有麻烦了。因为我说的话代表世界上 80% 不懂技术的人。他们做完测试，我就进去用，我不想看说明书，如果我不会用就扔掉。

"即使在后来，使用淘宝和支付宝这些网站时，我也是个测试者。我和淘宝的总经理打赌，随便在路上找 10 个人做测试，如果有任何顾客说，他对使用网站有问题，那么你就会被惩罚，如果大家都能使用，完全没有问题，那么你就有奖励。所以这个测试是确保每一个普通人都能使用网站，不会有任何问题，只要进入，然后点击就行了。"

马云认为：是花钱购买产品的消费者掌握了产品的命运，这绝不是生产技术人员依靠产品的性能便可创造出来的。当我们的产品和服务因为没有满足消费者或客户而遭到抱怨时，我们应该认真听取他们的意见，找出自身的问题，及时加以解决和改进自己。

客户既是企业所要服务的对象，更是企业的财富来源、员工的衣食父母。没有了客户，企业便没了订单与回款；没有了资金和市场，员工便没有了工作和工资。因此，对于员工来说，客户是值得感恩的对象，满足客户的要求是员工的职责。

要正确对待和处理客户的抱怨，首先必须了解客户产生抱怨的原因。客户的抱怨一般来自以下两个方面。

第一，对销售人员的服务态度不满意。比如有些销售员在介绍产品的时候并不顾及客户的感受和需求，为了完成任务而一味地说产品多好，甚至还有夸大吹嘘的成分；或者是在客户提出问题后销售人员不能给出让客户满意的回答，有的甚至对客户加以指责和辱骂；或是在销售过程中销售员不能做到一视同仁，让客户感觉遭到歧视或不平等对待；等等。

第二，对产品的质量和性能不满意。这很可能是客户受到广告宣传的影响，对产品的期望值过高引起，当见到实际产品，发现与广告中存在差距，就会产生不满。

还有一些产品的售后服务不到位或价格虚高、产品以次充好等都会成为客户抱怨的诱因。

在日常工作中，员工要重视客户的抱怨，如果不重视客户的抱怨，你就失去了这个客户，进而导致失去更多的潜在客户，甚至对产品和企业的品牌造成影响。在面对客户的抱怨时，销售员最忌讳的是回避或拖延问题，要敢于正视问题，以最快的速度予以解决。要学会站在客户的立场上思考问题，并对他们的抱怨表示感谢，因为他们帮助自己提高了产品或服务的质量。面对客户的抱怨，员工必须以一种"是自己人生过程中的一种磨炼"的心态去应对。员工能够在客户的抱怨中发现自身的问题，这能够帮助员工改进自己的工作方法。正确地处理好客户的抱怨，不仅可以成功地留住客户，还能进一步取得客户的信任，为自己下一步的工作带来方便，也能为自己创造更好的业绩。

英国有一个叫比尔的推销员，有一次，一位客户对他说："比尔，我不能再向你订购发动机了！"

"为什么？"比尔吃惊地问。

"因为你们的发动机温度太高了，我都不能用手去摸它们。"

如果在以往，比尔肯定会与客户争辩，但这次他打算改变方式，于是他说："是啊！我百分之百地同意您的看法，如果这些发动机温度太高，您当然不应该买它们，不是吗？"

"是的。"客户回答。

"全国电器制造商规定，合格的发动机可以比室内温度高出华氏72度，对吗？"

"是的。"客户回答。

比尔并没有辩解，只是轻描淡写地问了一句："你们厂房的温度有多高？"

"大约华氏75度。"这位客户回答。

"那么，发动机的合格温度就大概是华氏147度，试想一下，如果您把手伸到华氏147度的热水龙头下，你的手不就要被烫伤了吗？"

"我想你是对的。"过了一会儿，客户把秘书叫来，订购了大约4万英镑的发动机。

客户的抱怨只要处理得当，也可以成就你的订单。所以，遇到顾客的抱怨，不要逃避，也不要无视，而是要仔细去分析顾客产生抱怨的原因，对症下药。一般而言，企业在面对客户的抱怨时，需要从以下几个方面来对抱怨进行正确的处理。

第一，仔细倾听抱怨的内容。倾听要本着有错必改的态度，要全面地了解客户存在的问题。

第二，向客户表示感谢。向客户解释由于他们愿意花时间精力来抱怨，让企业员工有改进的机会。

第三，诚心诚意道歉。万一有错，赶快为事情致歉，要是错不在己，仍应为客户的心情损失致歉。

第四，承诺将立即处理，积极弥补。

第五，提出解决方法及时间表。

第六，处理后确认满意度。处理过后再跟客户联系，一方面确认对方满意此次的服务，一方面了解自己的补救措施是否有效。

第七，检讨，避免重蹈覆辙。

正确对待客户抱怨以及加以处理根本在于认识到自己与客户的共同利益，以及为了共同的目标而努力。员工在面对客户抱怨时首先要想到自己与客户的利益其实是一致的，要明白：客户的抱怨不是麻烦，而是机会。

一方面，通过积极地面对和解决客户的抱怨，员工本身也得到了成长，同时能培养出体谅他人的心情。我们要把处理抱怨之事想成是一种磨炼，不断地去忍受、咀嚼这些痛苦，培养自己的忍耐性及各种优良的品质。

另一方面，通过解决客户的抱怨，替企业又多留住和挖掘了更多的客户，解决了客户对企业和产品的信任危机，更大地拓展了企业和员工的影响力。

因此，去直面客户的抱怨吧，你将会有着意想不到的收获。

我发现，在日常生活中，总能得到很多免费赠品，如打火机、食品袋、方便面、机票等。我和我的爱人就有疑问了，为什么会免费或者超低价格提供给我们？

——王建国

要吸引客户，就要先让客户获利

创业之初的俞敏洪为了给新东方做宣传，为了更快地实现自己的梦想，俞敏洪打出了免费的招牌：总共 40 多节课的培训班，俞敏洪提出前 8 节免费，学生听着满意再继续学习，听着感觉不好就可以退学走人。

在免费培训的号召之下，学生们蜂拥而至。那是 1992 年的冬天，北京图书馆 1500 人的大礼堂被挤得满满的。他正要开讲时，却发现还有 1000 多人在礼堂外。

企业要发展，就必须依靠客户来购物消费，客户之所以会买自己的产品，往往是考虑自己购买此商品后会有利可得。一个简单的道理，没有人会做亏本的买卖，企业要想做强做大，一定要让客户获利，客户真正得到了实惠、满意了，也就意味着企业有了稳定的需求，有了源源不断的资金来源，企业因此也可以快速发展、做大做强了。

1985 年，巴巴拉·本德·杰克逊提出了关系营销的概念，使人们对市场营销理论的研究，又迈上了一个新的台阶。所谓关系营销，是把营销活动看成是一个企业与消费者、供应商、分销商、竞争者、政府机构及其他公众发生互动作用的过程，其核心是建立和发展与这些公众的良好关系。关系营销体现的是一种"以人为本"的价值取向，其中最关键的就是处理好与客户之间的关系，坚持以客户为导向、客户至上的营销策略。

其中"公司要赚钱，先让客户赚钱"这一经营理念，是企业经营理念的提升，也是企业经营理念的革命！从客户的角度去经营公司，想方设法为客户省钱，让客户获利了，公司也就赚钱了。只有不断地站在客户的角度去思考问题，不断地降低成本使客户获利，市场做开了，自己的公司自然而然也赚钱了。

只有客户获利了，阿里巴巴才有钱赚，马云很清楚这个道理。在他的领导下，阿里巴巴一直想方设法为客户创造价值。马云认为正确地对待客户的理念应该是：把为客户创造更多的价值当成义不容辞的责任。作为员工，当我们与客户交往时，不要仅想着如何把客户的钱捞到手，而应该考虑用自己的产品和服务让客户先获利，只有客户觉得有利可图或者买卖很划算，我们才会赚钱。

2004年阿里巴巴推出"搜索关键字竞价拍卖会"。只要是"诚信通"会员，就可以通过拍卖来获得他们在每个产品类目下前三名的位置，上限价为每月16万元。每月16万元对于习惯了省吃俭用的中小企业而言，不是一笔小数目，可这一活动开始后却受到大量用户的追捧。有的客户甚至为了竞拍成功，偷偷带着有无线上网卡的笔记本电脑出去吃饭，然后利用午饭时间突然出价，只为让对手措手不及。据客户说，他这样做的原因是每年获得阿里巴巴竞价排名订单，光是加盟和保证金就有600万元，产品的销售利润就更大了。相比之下，十几万元的竞拍价就成了小菜一碟。这应了马云所说的："先把人家口袋里的5元变成50元，到时人家赚了45元，一定愿意给你5元。所以要赚客户的钱时，你要先去想想客户有没有赚钱，这才是做生意之道。从商者很多时候被金钱蒙蔽双眼，想尽一切办法要把别人口袋里的5元放到自己的口袋里，结果败得很惨。你为什么不想想办法去帮助别人创富呢？如果客户能通过阿里巴巴赚到100元、1000

元，他们不会拒绝分给阿里巴巴1元。"

在亲眼看到利润不断上涨之后，中小企业越来越相信阿里巴巴。客户的生意好起来，阿里巴巴的生意也随之好起来。

让客户获利确实是吸引客户的法宝，但是从一开始，客户的不信任会为营销带来很多障碍。一般而言，客户对上门推销的商品总存在一种防备心理，在这种心理面前，广告变得无力。任凭销售人员说得天花乱坠，只要客户看不到这种商品能为他们带来的真正实惠，就不会购买。所以说，实践是检验真理的唯一标准，商品的实际效果是最有说服力的广告。只要把好处展示在客户面前，让他们看得见、摸得着，而等到他们发现使用该产品真的能够为自己带来极大的好处时，他们就自然而然地乐意掏钱出来，甚至争先恐后地把钱塞到企业的口袋里。就好像只能徒步旅行的一群人突然有了开汽车旅行的机会，刚坐上车时他们会心怀忐忑，等到他们发现这种方式既快捷，又舒适，并渐渐形成了习惯时，就绝不会想要再下来。何况只要花费一点油钱就可以继续拥有一辆高档的汽车，他们又何乐而不为呢？

很多人好奇阿里巴巴为什么会受欢迎，马云告诉他们："阿里巴巴是商人们用来赚钱的工具，因为大家依靠阿里巴巴赚到了钱，所以受欢迎是再正常不过的事情。""帮客户赚钱"已经成为马云心中阿里巴巴的真实价值所在，阿里巴巴因此也成为"一等一"的产业。

通过阿里巴巴的成功案例，企业必须明白要想生存和发展，就要建立全套的满足客户要求的解决方法。只有让客户获利了，企业便能盈利，客户利益没有得到保障，便没人为企业埋单了，因此，往往客户能够直接决定一个企业的发展。

面对越来越激烈的市场竞争，客户对商品越来越挑剔苛刻，往往货比三家、千挑百拣。企业若不下足力气，很难留住客户的心。在客户的购买行为中，客户做出购买决定并不完全是因为产品本身的价值，而是取决于产品是否能够满足客户的需求，客户是否能够从购买产品中获利，即物超所值。当客户对某一产品感觉物超所值时，就会较为容易地做出购买决定。

某洗涤产品的单块价格是2.9元，按理说，其两块产品捆绑销售，价格应该等于或低于5.8元。结果定出的价格却让人大跌眼镜：5.9元。这种定价策略可以说是企业的严重失误，这种失误为企业带来客户的流失和利益的损失。一个50多岁的阿姨本来想买这种两块装的，但看到这个价格后就挑了个一块装的。企业的销售量就此降低了一半。

管理者应该以客户的需求和期望为中心，投其所好，为客户营造一个"物超所值"的环境，这不仅满足客户的期望，而且要超出客户期望，让客户获利，让客户有"心跳"的感觉。只有让客户感到心动，企业的产品才能为客户所喜爱，企业才能从客户那里获得更多的经济效益。

市场经济的根本特征是买方经济，也就是说消费者说了算。同样的一群目标顾客有很多。只有把产品卖出去，这个企业才能生存。

——王建国

主动从客户的立场寻找需求

北大管理理念总结出的一个理论是：主动的企业往往能取得先机，往往能取得一个好的结果。如果一个企业事先为客户准备好他们心里想要的东西，这会让客户有一种愉悦感，相反，总是让客户被动地提出要求，不断地等待，这样的企业是不会给客户留下好印象的，所以站在客户的立场上寻找客户的需求，并引领客户的需求，而不是追着客户问需求，是企业增加销售量的一个妙招。

俞敏洪认为，做生意实际上就是在看人们内心到底需求什么。像新东方学生学习什么呢？渴望更加成功，渴望更加幸福，渴望通过自己的努力，能走上人生新的一个台阶。这就是新东方所有教学和所有工作的着落点，也同样是学生的需要。如果你不知道你的顾客需要什么，那么就努力去挖掘，因为这才是你创业真正需要了解的。

现代社会，采取低价策略的产品不一定能够黏住客户，因为客户需求是多元化的，低价已不是黏住客户的灵丹妙药。那么，什么才是企业黏住客户的万能胶呢？显然是满足客户的真正需求。客户不会忠诚于某一企业或者产品，他只会忠诚于自己的需求。只有从解决客户的需求入手，精心设计和引领客户的需求，让客户的心跟随着能满足他需求的产品而动，才能让客户把自己的企业和产品放在优先选择的位置。

作为一家商场的团购创业者，李艾华非常善于挖掘客户的需求，然后予以满足，从而赢取客户大量订单。一天，某高级中学后勤部的刘先生给他打来电话，要求购买一批名牌名厂的饮水机。放下电话后，李艾华开始琢磨这件事情："虽然这个学校经常在自己这儿买东西，但据自己掌握的情况，这个学校自身有热水供应系统，刘先生为什么还要买能够加热的饮水机呢？"于是，他又给刘先生打电话了解情况。原来这家学校的开水处离学生宿舍有一定距离，很多学生因为偷懒，就在宿舍里用电热烧水器烧水，存在着巨大的安全隐患。

李艾华彻底明白了学校订购饮水机的目的。他想到，由于这家学校首次采购饮水机，刘先生肯定没有相关经验，所以他必须承担起挑选、推荐产品的责任。于是李艾华利用网络搜集相关信息，用了半天的时间了解了影响饮水机寿命的要素。另外，他又打听到，这个学校将在今年建设新的教学大楼，现在对各项费用控制很严，价格也是学校选择饮水机的重要考虑因素。

在反复比较多个品牌和多个产品后，李艾华选择了一款品牌知名度高、声誉好、价格较低的产品。他带着这款饮水机和另外一款普通的饮水机来到刘先生办公室，他将挑选产品的过程详述了一遍，然后把两款饮水机的价差报了给刘先生。随后又问该学校新教学楼的规划情况，暗示为刘先生节省费用考虑。刘先生会心地笑了，说："还是你能为我们着想。哈哈，马上签协议吧！"于是，李艾华又成功地接到了一大笔饮水机的订单。

从上面这个案例我们可以看出，李艾华在接到业务后，首先考虑的不是刘先生需要什么，而是首先弄明白他为什么会有这种需求。正因为李艾华主动地站在客户的角度上考虑客户的需求，正中客户的心思，所以他才给客户留下了好的印象，获得了客户的信任。

只有主动站在客户需求的角度考虑问题，才能准确把准客户的脉搏，从而在客户那里占得先机。和李艾华一样，孙晔也是一家大型商场的部门创业者。他也非常懂得从客户需求入手，打动客户的心。

临近春节时，很多单位都在忙着采购给员工的年货。有一天，孙晔接到一家福利院给打来的电话，希望采购一批价位不太高的保健品，这些保健品是福利院用来赠给社区内没有在福利院住宿的老人的。敏感的孙晔立即想到了一个问题，如果把这些保健品赠予没有在福利院住宿的老人，那么，那些住在福利院的老人们呢？难道福利院就不给他们发放年货了吗？于是孙晔断定该福利院对保健品一定还会有更大的需求。

第二天一早，孙晔就去了解情况，但是该福利院长告诉他暂时没有考虑给住宿的老人发春节礼物。听到这句话孙晔并没有气馁，因为他知道自己公司的产品在性价比上没有太显著的优势，必须想其他办法让院长同意选购公司的产品。于是孙晔开始思索怎样才能让福利院在这次交易中得到额外利益。

在从福利院走出来的时候，孙晔在福利院的公示栏上看到福利院号召大家积极报名参与春节联欢晚会的通知。他灵机一动：如果把自己公司的联欢会和福利院的联欢会联合起来举办，一定会受到福利院的欢迎。于是孙晔迅速与福利院院长联系，在给出保健品报价的同时提出"我们愿意承办福利院的春节联欢活动"。福利院院长听到后非常高兴，因为这将为他减轻不小的财政负担，福利院的资金向来都很紧张，办晚会的花费又是一笔不小的数目，所以院长很爽快地答应了孙晔的报价，并且一下子订购了大量的保健品。

孙晔在自身产品不具备竞争力的情况下能够成功获得福利院的订单，主要在于他能站在福利院的角度思考问题，想着如何为福利院谋取更大的利益，满足福利院更大的需求。但是现如今，很多企业不从客户的需求考虑，他们往往从自身是否赢利的角度出发，打一些价格战、促销战，给顾客提供价格低廉、质量不合格的产品，导致大量客户对企业产生不满情绪。所以，要从满足客户的需求出发，而不是一味地以低价来吸引客户。

一个企业要想获得飞快的发展、创造高额利润，只能主动从客户的角度去寻找客户的需求。然而，在一些特定的商业领域中，一些公司奉承"顾客至上"的服务理念，也努力地为满足顾客的需求而努力，但是结果却往往不尽如人意，并没有得到客户的认可和喜欢。因此，要想准确掌握客户的心理需求，就必须要掌握一定的方法和技巧。

1. 从客户性别判断其需求

男性客户与女性客户的消费需求差别是很大的。以汽车、电动车为例，男性客户来买车一般侧重于关注车的速度和质量，而女性客户一般侧重于关注这辆车的样式和色彩好不好看。女人容易受情绪左右，男人一般靠欲望支配；而情绪受环境影响，欲望则指向具体目标。所以，销售产品时，要注意其不同的需求。

2. 从客户职业了解其需求

不同职业的人往往对产品有不同的需求。首先要判断和了解客户是做什么工作的，一般从事某种工作或多或少都会在一个人身上留下印迹。根据不同职业人士的特点，讲述产品对他们的好处，这样才能正中客户心意，让客户有购买的欲望。如果不了解各个行业或各类人群的典型心理特点，往往就会弄巧成拙，错失良机。

3. 从客户扮演的角色来判断其需求

一般客户买东西，特别是买大件商品的时候，往往会拉上一两个好朋友来帮助其参考。所以，面对客户与参考者的时候，要两点兼顾，不能对参考者冷眼相加，虽然参考者起好作用的不是太多，但起坏作用的却不少。特别要关注他们之间是什么关系，比如是夫妻，是同性朋友，还是家长带孩子，要针对不同的关系，采取多样的营销策略。

4. 挖掘客户潜在的需求

对于一些自己缺乏主见的客户，要在与客户的前期接触过程中，特别注意挖掘连他们自己都没有意识到的潜在需求，而不要被客户表面的需求所迷惑。往往客户并不知道他们嘴里说的想买的某种产品，其实并不适合他们，所以要仔细问清楚这类客户购买产品的用途，大致的价位，再给他们推荐合适的产品。

在通常情况下，服务和产品的提供者总比客户要专业得多。以客户为中心，就是要站在有益于对方的立场上，提出各种建议方案供客户选择，同时挖掘客户的潜在需求、内心需求，而不是天天追着客户问需求。只有这样，在提高沟通效率，保证服务质量的同时，才能为公司创造利润，只有这样，一个公司才能很好地发展下去。

如果我们能以客户的标准为标准，超越客户的期望，那么我们的营销就能获得成功。因此，"坚持以客户为中心""主动从客户的立场寻找需求，而不是追着客户问需求"，是当今企业为客户提供优秀服务、满足客户正确需求、达到买卖双方共同目的的一大新理念。这一新的理念对于促进双方合作的高效性、愉悦性有着不可估量的作用。

迎合消费者的心理，从中发现商机。

——北大管理理念

消费者的懒惰心理中也有商机

随着人们生活水平的不断增长，生活节奏的不断加快，无所不在的网络让消费者变得越来越忙，同时也变得越来越"懒"。越来越多的消费者已经习惯不再去商店挑选和购买商品，而是通过特定的网站来购买商品，直接在家里等待快递送货上门，这样不仅省了奔波之苦，而且在网上往往能够买到比实体店价格更低的商品。我们以易趣和淘宝网为例。在 1990 年的美国，互联网成为人们的新宠，很多人被其惊人的发展速度所吓到。面对这一发展趋势，e-bay 的创始人皮埃尔·欧米迪亚认为，互联网一定会主导未来，目前的交易形式一定会移植到互联网上去，当前面对面的交易在将来肯定会在互联网提供的虚拟平台上进行。因为每个人都有懒惰心理，而电子商务恰恰能满足这一心理需求，必定会大受欢迎。e-bay 的快速发展，也证明了皮埃尔·欧米迪亚的判断是完全正确的。

淘宝网从 2003 年创立以来，其飞速成长的势头就没有停止过。淘宝网的出现，改变了许多人的购物方式，在淘宝网上购物已经成为许多消费者生活中越来越不能割舍的一个重要部分。2007 年，淘宝网的交易额就已经达到惊人的 433 亿元，超过了沃尔玛和家乐福在中国销售额的总和。而仅在 2012 年 11 月 11 日当天，淘宝网交易总额就达到了骇人的 191 亿。从淘宝网的大获成功我们就可以看出，消费者都有一种懒惰心理，如果企业能够让他们坐在家里就可以完成交易，这是一个多么值钱的商机。

湖南女孩赵晓就是因为从消费者的懒惰心理中敏锐捕捉到了商机，而使她的网店大获成功。

赵晓开了一家名为"懒人 e 家"的网店。在开业经营后不到两年的时间里，她就成了百万富翁。如此短的时间里，就获得了如此丰厚的利润，她的秘诀是什么？

其实赵晓与大多数人一样，也没有什么特别异于常人之处。2005 年 7 月，赵晓毕业于长沙一家本科院校，在老师的推荐下，她顺利进入长沙一家大型卖场担任客服。当时她的主要职责是收集顾客反馈的情况，并把信息做分类统计，然后把统计好的信息报给客服部经理。通过与顾客的大量接触，她发现顾客对方便实用的产品特别感兴趣，比如全自动酸奶机、多功能早餐机等，而且许多顾客尤其喜欢购买一次性用品。

顾客为什么会有这种购买习惯呢？赵晓为了弄明白这个问题，就在与顾客的沟通中，有意探寻顾客内心的真实想法。后来有顾客告诉她：因为需要上班，自由时间不多，不希望因为家庭生活而占据更多的休闲时间，所以就特别喜欢购买用起来很方便的产品。

说白了，大部分顾客就是有一种很强的懒惰心理。赵晓敏锐地察觉到，这是一个巨大的商机。于是赵晓建议卖场多购买一些一次性用品。事实证明赵晓的建议非常不错，卖场中的一次性商品的销量很好。这让赵晓深受启发：如果开一家网店，专门出售能够使消费者生活更为便捷的新型家居产品，会不会很受欢迎？因为网店还可以送货上门，更节省了消费者外出购物的时间。

说干就干，赵晓的"懒人e家"网店在2005年年底正式开业。这个网店很快就受到热捧，销量稳步上升。赵晓也从中赚到了人生的第一个一百万。

从赵晓的成功案例中我们可以总结出，便利快捷是一种重要的市场需求。随着社会的高速发展，人们生活节奏的日益加快，消费者开始要求生活各方面都能高效便捷。企业的根本是建立在消费者的需求上，显然，能够提供更为便捷的产品或服务的商家就会在竞争中更有优势，就会更容易获得顾客的青睐。

电子商务只是众多商业形态中的一种，但电子商务的飞速发展却给我们带来了重要的启示：一场新的消费变革正在发生，消费者对产品或服务的便捷性要求越来越高。著名零售企业苏宁电器公司曾在全国范围内做过一次服务调研活动，通过电话回访、街头拦截、VIP会员深度访谈等方式对全国近10万名消费者进行了满意度及服务需求的深入调研。在此次调研中，便捷性成为出现频率最高的词语之一。

消费者对产品或服务便捷性要求的提高，从另一方面也说明现代的消费者越来越懒，而企业只有迎合顾客的懒惰心理，提升产品和服务的便捷性，与消费者与时俱进，才能在纷繁复杂的商场中稳固自己的市场地位，不被市场所淘汰。

从商业竞争的角度来考虑，我们不能说市场中只有懒惰的顾客，而要说只有懒惰的商人。顾客的需求和期望都是正确的，哪怕它只是一种懒惰的心理在作怪，也都蕴含着巨大的商机。成功的企业之所以成功，就在于他们能够迅速捕捉商机，快速迎合消费者的懒惰心理，为消费者提供了更为便捷的产品或服务，让消费者在享受产品或服务上变得越来越轻松、越来越快捷，从而提升顾客的生活舒适度，获得消费者的忠诚和依赖。

迎合消费者的懒惰心理，提升产品或服务的便利性，需要从多个方面着手，比如提升产品的功能，使顾客享受到操作方便、经济实用的产品；提供便捷的购买渠道，降低顾客因为购买行为而付出的时间成本；提高售后服务标准，使顾客毫无后顾之忧。

北大管理理念要提醒管理者注意的是，无论通过哪种做法提升产品或服务的便捷性，其实都体现着企业处处为消费者着想的这一营销理念。管理者应该明白，只有处处为消费者着想，企业才能更好地提升产品或服务的便捷性，才能在激烈的市场竞争中站稳脚跟，企业才能发展壮大。

> 打火机本来是用的人和打火机制造商两方的事，现在加一个广告，整合了一个商家进来，它的价格就可以大大降低。
>
> ——王建国

打造产品卖点，成功吸引客户

众所周知，北京有故宫，巴黎有埃菲尔铁塔，伦敦有大本钟，悉尼有悉尼歌剧院……每当我们说起某个地方时，首先想到的就是这个地方具有标志性的东西，或者说是独具特色的东西。而说起一些企业，人们往往想到的是它具有代表性的产品，如百度搜索、新浪微博、腾讯微信、海尔电器、青岛啤酒等。那些真正深入人心的事物，都具有自己独一无二的特色，无法取代，不可复制。

因此，对于产品而言，要想吸引客户，给客户留下深刻的印象，必须要有自身的特色，这个特色其实就是产品的卖点。一个好的卖点往往更能体现一种产品的独到之处，对于消费者也更具有吸引力。

所谓"卖点"，就是指产品具备的与众不同的特色，而这个卖点可以是产品自身所具备的，也可以是通过营销策划人的想象创造出来的。卖点其实就是消费者购买产品的理由，最佳的卖点就是产品最强有力的消费理由。发掘并放大产品的卖点有利于产品销售，塑造企业独具特色的品牌。

绿箭是大家耳熟能详的一个口香糖品牌，只要是细心的消费者都能发现，小小的一片口香糖，也能有各自不同的特色。

绿箭牌口香糖有绿箭薄荷香型、白箭兰花香型、黄箭鲜果香型和红箭玉桂香型等4种不同的口味，每一种不同颜色和口味的口香糖，都有着独特的卖点。绿箭是"清新之箭"，以清雅的口味，令人全身爽快，清新舒畅；红箭是"热情之箭"，以独特的口味，使你热情似火，暗喻爱神丘比特的爱之箭；黄箭是"友谊之箭"，可以使你与他人迅速缩短距离，打开双方的心扉；白箭则是"健康之箭"，它的广告词是："运动有益身心健康，但是我们如何帮助脸部做运动呢？"

精准细致的定位，让小小的一片口香糖也具备了与众不同的卖点，让消费者能够很快记住绿箭这个口香糖品牌。

北大管理理念告诉我们，产品的卖点可以从以下几个方面提炼：

1. 从产品质量找卖点

可以从产品的质量和档次上做文章。比如，全聚德的烤鸭比小饭店的烤鸭贵很多，可是仍然有很多人宁愿花费时间排着长队也要去吃，就在于全聚德把它所独创的老字号秘方作为卖点。烤鸭出炉后会现场片成108片，不多不少，再加上精心制作的调料和辅料，使烤鸭的口感油而不腻、肉质嫩滑，口味独特，的确让人吃过不忘。而它的这个"老字号秘方"就是烤鸭质量的保证，别家无法取代。

2. 从产品价格找卖点

从产品价格上找卖点，就是要根据目标客户的消费水平将产品价格作为一种卖点。比如，有的人喜欢炫耀性消费，高价更能彰显他们的财富、地位。一款镶满钻石的手机跟普通手机的功能是一样的，而价格却高出了好多倍，但却依然能够吸引不少客户，就是因为产品的高价能与他们的身份、财力相匹配。而有的人只要东西便宜就好，所以一些小品牌的衣服、鞋子，即使不具备大牌的高质量和高价格，只以低廉的价格仍可以吸引大批顾客。

3. 从产品颜色找卖点

颜色也能够成功地营造卖点。比如手表，几乎所有的厂家都以品质做卖点，但客户认可的品牌和质量都是仅有的几家传统老牌企业才拥有，比如瑞士机芯，几十年内绝对准时；而有一家手表厂家则以手表的缤纷颜色做卖点，一经推出就深受重视装饰性的年轻人的喜爱。

4. 从产品文化内涵找卖点

并不是外来的产品就好卖，很多国外的产品到中国反而没有市场，原因就在于企业没有考虑到中国的文化特点和消费习惯。比如服装的尺码、暴露程度等如果全部照搬国外的样式，当然没办法畅销。而一些本土的服装企业，在衣服上设计带有中国传统味的山水画、汉字等，尺码上贴合中国人的身形特点，将中国人的审美标准融入衣服之中，标榜"中国人自己的服装"，结果广受好评。

5. 从产品造型找卖点

人人都有猎奇心理，造型美观、独特的产品更能吸引到顾客。美国一农民把西瓜放在盒子里生长，结果长出了一种方形西瓜，味道虽然和普通的圆形西瓜并没有什么差别，但是价钱却是普通西瓜的 20 倍，人们对这种形状怪异的西瓜感到新奇而竞相购买。还有一个品牌饮料从包装造型上也找到了卖点，该品牌饮料在口感上并没有什么过人之处，价格又高，但是饮料的包装是细长的三角形，在满货架一样的长方形包装饮料中特别显眼，也引发了人们因好奇而购买的欲望。

6. 从产品标志找卖点

产品的标志有时候也能成为卖点之一。比如深受大众喜爱的苹果产品的缺口苹果标志，简洁时尚又充满新意，并且这一标志还代表了苹果品牌的高档次和高质量。看到这一苹果标志，就会想起苹果产品，可以吸引客户去关注。所以产品的标志也可以作为卖点来提炼。

一个企业想要在众多企业中突出重围，突出产品卖点是关键。很多质量很好的产品却不如那些质量一般的产品销量好，原因就在于没有关注产品的卖点。尤其是同一种功能的产品，你有的人家也有，顾客怎么能找到一个消费的理由呢？只有提炼出让顾客心动的卖点，才能让顾客主动去消费，因为卖点才是真正引起消费者购买欲望的。企业不能只是围绕着自己的产品打转，要充分地抓住顾客的消费思想，发掘出不同于其他产品的卖点，这才是企业营销需要深入研究的。

产品的卖点可以有很多个，然而是不是卖点越多就越好呢？答案当然是否定的，过多的卖点会让顾客对产品的定位产生模糊，进而失去购买产品的欲望。在市场竞争异常激烈的今天，产品越来越同质化，卖点过多很容易与其他的产品相重叠。而顾客选择一个产品，有的时候并不是因为你的产品最便宜或者因为你的产品最好，而是你的产品和别人不一样。而企业要做的，就是将自身产品与众不同的卖点提炼出来，加以放大，而这种卖点只要有一个就能达到很好的宣传效果。

第十七章

成本管理课：

记住，企业内部只产生成本

谁拥有了成本优势，谁就能在竞争中胜出，就能获得最大的利润。

——北大管理理念

微利时代，节约的都是利润

随着竞争的加剧，微利时代的到来是一种必然，公司之间的竞争已经不仅仅局限于业务能力的竞争。尤其是经济全球化使公司之间的竞争越来越激烈的今天，节约是公司管理者必须掌握的一门技能，因为它关系着公司的成败，公司应该培养节约习惯和成本意识。

企业不赢利就等于死亡，这是每个管理者都明白的道理。然而利润从何而来？一是增加收入，二是节约成本。企业要想在激烈的市场竞争中得以生存和发展，就必须谋求降低成本。节约作为降低成本的最直接体现形式，已经成为众多企业降低运营成本的重要手段。

国内一家知名家电企业推出的《节约手册》规定：办公纸必须两面用；铅笔用到剩3厘米才能以旧换新；大头针、曲别针、橡皮筋统一回收反复使用；文件只要不是机密的，统一回收再用反面；员工洗手时，一湿

245

手就应拧住水龙头，打好肥皂后再重新拧开冲洗……

因为对于企业来说，节约的都是利润。控制好成本，把本来需要支出的部分节省下来，实际上就等于是赚到的利润，这同时也成了一个新兴的利润点。

凭借节约，可以创造尽可能多的利润。古今中外，从小作坊到跨国公司，无一不注重"节俭"的经营理念。很多名人名企得以成功，背后都是与"节约"分不开的。

被誉为台湾的"经营之神"的王永庆，尽管他掌管着台塑这个商业帝国，但他勤俭的一面并未随着他的企业的壮大而有所改变。

王永庆说："多争取一块钱生意，也许要受到外界环境的限制，但节约一块钱，可以靠自己努力。节省一块钱就等于净赚一块钱。"

王永庆对成本的控制可谓不遗余力。1981年，台塑以3500万美元向日本购买了两艘化学船，实行原料自运。在此之前，台塑一直租船从美国和加拿大运原料。如果以5年时间来计算，租船的费用高达1.2亿美元，而用自己的船只需要6500万美元，可以节省5500万美元。台塑把节省下来的运费用在降低产品价格上，从而使客户能买到更具价值的台塑产品。

农家出身的王永庆认为，最有效的摒除惰性的方法就是保持节俭。节俭可以使公司领导者和员工冷静、理智、勤劳，从而使公司获得成功。

凭借节约，可以降低企业的生产经营成本，也可以创造尽可能多的利润。在生产性资源日益紧张的今天，厉行节约就显得更加重要。像台塑这么一个如此看重节约的公司，在微利时代，怎么可能会倒下，怎么可能不获得利润，怎么可能不成为具有世界影响力的公司呢？

企业经营的目的就是赢得利润，因此不但要会开源，更要会节流，努力降低各方面的成本。降低了成本，就等于提高了利润，节约一分钱就等于挖掘出了一分利，因此，企业在经营过程中，必须将成本意识时刻牢记心中，尽力节约以降低企业的生产经营成本。

在生产性资源日益紧张的今天，厉行节约就显得更加重要。美国戴尔公司的前首席执行官凯文·罗林斯称："在其他公司，如果你发明了一个新产品，你就会被当成英雄。而在戴尔公司，你要想成为英雄，就得先学会如何为公司省钱。"

为了降低成本，增强企业的市场竞争力，戴尔公司推行强制性成本削减计划，要求在业绩上台阶的同时，把运营成本降下来。戴尔公司采取双重考核指标，让各部门、各分支机构既要完成比较高的业绩指标，又要持续地降低运营成本。

在戴尔公司，经理人的任务是"更高的利润指标，更低的运营成本"。为确保合理的利润回报，2001年，戴尔公司曾要求下属机构将运营成本压缩10亿美元。2002年，戴尔公司又下达了10亿美元削减成本计划。

中国客户中心也被戴尔公司总部下达了在外人看来不能够完成的任务。1998年，戴尔公司在厦门建厂的时候，运营成本只有IT厂商平均水平的50%左右。最近几年间，戴尔公司生产流程中的工艺步骤已经削减了一半。而戴尔的厦门工厂每年都很好地完成压缩成本的任务。到2003年，戴尔厦门工厂的运营成本跟1998年刚投产时相比，只有当初的1/3。2004年，戴尔厦门工厂在产品运输方面采取措施来降低成本，每年又节省1000多万美元。

戴尔的兴起及发展究竟靠什么？有人说是靠直销；有人说是靠供应链的快速整合。实际上，这和戴尔节约成本的企业管理方式是分不开的。这就是一个在微利时代，本着节约的精神铸造出的辉煌的戴尔。

利润不仅来自于企业创造的价值，同样来自于企业节约的成本。要想获得巨大的利润空间，就得想方设法地去降低成本，就像挤海绵里的水一样去挤，通过降低成本来增加利润。

要想更好地获利就必须节约，尽量减少不必要的开支。如果每位员工能意识到"节约就是创造价值，节约就是创造利润"，那么他和整个企业都将会因此受益。

培养节约习惯和成本意识固然重要，但是更重要的是将理念付诸行动。那么究竟如何做呢？

1. 处处节约

降低成本不仅仅是生产制造部门或财务部门的事情，每个人在各项活动中都有义务参与。认识到自己在成本改进方面尚待提高的地方，然后积极努力地去提高它。

2. 日常节约

节约涉及管理的方方面面，尤其是细节的节约。有的管理者认为一滴水、一度电并不算什么，但长期积累下来的浪费是惊人的。

3. 制度化节约

将节约等纳入公司的章程当中。这样一来，节约就像我们每个人身体里的 DNA 一样，伴随我们每一天的工作生活，让我们在工作过程中，不断地、自觉地去挖掘可以改进的地方，寻找一切可能的机会，这样就能够把成本领先的精髓贯彻到每一项价值活动中去。

4. 培养节约文化

节约文化和成本文化是任何一个要打造强有力竞争力的公司不能忽视的部分。"涓涓细流，汇成海洋。"形成节约文化，企业才能最大限度地节约成本，才能获得更多的利润。

"优化采购流程，从源头抓节约"，这是实现成本管理的重头戏之一。

——北大管理理念

砍采购成本，剔除毫无成效的投入

减少采购成本对一个企业的经营管理状况能产生巨大的效益。对大多数企业而言，都没有给予采购环节以恰当的重视。降低企业运营成本，必须首先从加强采购管理开始。

采购成本一般包括订购成本、维持成本、缺料（或缺货）成本三大部分。订购成本指企业为了完成某次采购而进行的各种活动的费用，如采购人员的办公费、差旅费、邮资和通信费等各项支出；维持成本指为保有物料或货物而开展一系列活动所产生的费用；缺料成本是指因采购不及时而造成物料或货物供应中断所引起的损失，包括停工待料损失、延迟发货损失和丧失销售机会损失等。

管理者必须重视采购成本的控制，采购是大手大脚还是斤斤计较，是疏忽大意还是谨慎细心，是迁就对方还是坚守原则，这对企业经营影响很大。采购人员在采购过程中，如果在与供应商的价格之争中退一小步，或者是对采购物品的质量检验粗心马虎，或者是经不起市场促销的利益诱惑而损公肥私，那么，就会给企业造成重大的经济利益损失。

日本的大荣公司原本只是一家小店，但是店长中内功却是一个雄心勃勃的人。因为他的商品比其他同类店的商品便宜，所以他的店内每天都积满了顾客，货架上的货物每隔两小时就被抢购一空。

可能有人会有疑问，为什么他的商品价格比别人的低呢？这是因为，中内功积极地与产地合作，在国内畜牧业发达的地区投资牧场，采取委托经营的方式。这一招使他在通货膨胀的年代保证了大荣公司的繁荣发展。

大荣公司发展壮大后，为了保证货源充足，中内功建立了世界性的商品采购网，从来不依赖日本的商社，而是派采购员到世界各地寻找价廉物美的商品。比如冬笋，他会在春季去中国台湾采购，夏季在日本本土采购，秋季在加拿大和新西兰采购，冬季到美国加州采购。所以一年四季都能保证有新鲜、物美价廉的冬笋上架。

除了在世界许多地方设立采购站外，"大荣"还先后与许多大百货公司建立良好的业务合作关系，拓宽财路。

大荣公司在世界许多地方建立采购站的方式，不仅使大荣公司有了廉价又充足的货源，也能使其在最短的时间内得到最新最准的市场信息。同时培养和锻炼了自己的从业人员，也学习了别国的经验。比如当时美国刚兴起"超级市场"，大荣公司立即就发现了，并以迅雷不及掩耳之势开始建立超级市场。等两年后超级市场在日本一哄而起的时候，大荣公司的超级市场连锁店已经在日本遍地开花，占据了最有利的市场。

大荣公司的发展建立在对采购严格控制的基础上，它积极向采购要利润，促进了自己的发展，这为它的持续辉煌打下了根基。

狠抓采购部门，对采购成本进行有效控制，是企业获得利润的第一关。

众所周知，一些知名的大企业，比如松下、通用汽车、戴尔、惠普等，都精心打造出一支强大的采购"军团"，力图最大化降低采购成本。这样的做法是值得称道的，因为采购可以说是企业最大的支出和成本投入之一。

西门子移动通信的供应商分布在全球的各个角落，实施全球集约化采购，是西门子进行供应链管理、节约采购成本的关键。

西门子在实施全球采购之前的很长一段时间里，其各个产业部门如通讯、能源、交通、医疗、照明、自动化与控制等在采购方面完全自主。随着西门子公司的逐渐扩大和发展，采购部门发现不少的元部件需求是重叠的。同时，由于购买数额的差异，使得选择的供应商、产品质量、产品价格与服务有着极大的差异。

西门子公司很快发现采购当中的巨大浪费，它们设立了一个全球采购委员会，委员会直接管理全球各材料经理，而每位材料经理只负责特定领域的全球性采购。同时，它还对全球的采购需求进行协调，把六大产业部门所有公司的采购需求汇总起来，这样，西门子可以用一个声音同供应商进行沟通。对采购流程的变革，使得西门子公司能吸引全球的供应商进行角逐。

这种变革不仅对西门子来说好处多多，对于供应商来说，这也是一件好事情。以前的供应商需要与西门子的各个产业部门打交道，时间、资金各方面浪费很大，现在他们只需要与一个"全球大老板"谈判，只要产品、价格和服务过硬，就可以拿到全球的订单，当然他们也极为欢迎西门子对其采购流程进行变革。

西门子公司的采购系统还有一个特色是，在采购部门和研发设计部门之间设立了一个"高级采购工程部门"（APE），其作用是在研发设计阶段就用采购部门的眼光来看问题，充分考虑到未来采购的需求和生产成本上的限制。作为一座架在采购部和研发部之间的桥梁，西门子的高级采购工程部门能够从设计源头上就开始采取措施压缩采购成本。如果设计原型中价格与目标价格有差距，那么设计就要做相应的修改：用更少的元部件或用更加集成的元部件。有的时候，用目标价格倒推成本价格成为高级采购工程部门的任务。

有了这些充分集权的中央型采购系统，还需要反应灵活的地区性采购部门与之相配合来进行实际操作。由于供应链分布在各个国家，西门子公司在各地区采购部门的角色很不一样。像日本西门子移动采购部门的角色类似于一个协调者。在日本的供应商如东芝和松下由于掌握着核心技术，所以它们直接参与了西门子手机的早期开发。

对于日本西门子移动而言，它必须知道哪些需求在技术上是可行的，哪些是不可行的，而东芝和松下等企业也要知道西门子想要得到什么产品。那么，与日本供应商的研发中心进行研发技术方面的协调、沟通和同步运作就成为日本西门子移动采购部门的主要工作。而中国西门子移动采购部门的角色重心就是利用中国市场的廉价材料，降低生产成本，提高西门子手机的全球竞争力。

西门子公司经过对采购流程进行这样的变革，创造出一种充分竞争和协调的环境，从而实现高效率地管理自己的供应链，节约采购成本。

全球 IT 业巨擘 IBM 公司过去也是用"土办法"采购：员工填单子、领导审批、投入采购收集箱、采购部定期取单子。企业的管理层惊讶地发现，这是一个巨大的漏洞——烦琐的环节，不确定的流程，质量和速度无法衡量、无法提高，非业务前线的采购环节已经完全失控了，甚至要减少。

低价是努力争取的，别指望供货商会主动给你最低价。向供货商展示自己的实力，要让供货商知道你的企业是个大客户，可以长期并且大量要货。与此同时，要向供货商说明自己经营的困难，最大化程度获得供应商的让步。

日本松下公司十分重视采购工作，每次采购时都要求供货商降价。松下采购人员总是这样说："你们的利润太高了，再降一步怎样？"或者说："你们的某项支出太高了，控制一下还可以降低！"

作为一家大型企业，松下要求供货商提供年度结算资料让其审查，如果供货商拿着掺了水分的资料说："如果再降价，我们就会亏本了。"松下电器就会使出撒手锏："那你们就不用交货了！"当然，松下并非盲目一味地压价，这样做是建立在科学分析的基础上。

实际情况是，产品的价格并不一定依成本而定，而是由市场承受力决定的。对很多商品而言，砍掉15%的价格是有可能的，而在服务业，可以砍掉更多——30%。

如何砍掉采购成本，最大限度地降低采购成本，以下几个建议，或许能对采购工作的顺利进行提供一些帮助。

1. 进行材料分类，把握主要的控制方向

进行材料分类，确定重点材料，然后在询价、比价、谈判、验货等各个环节上加以控制，最终使所采购的材料价格降至最低。

2. 选择合适的采购方式

根据企业需采购的物料及采购量，结合该物料的市场供应情况，选择合适的采购方式，能集中采购的不分散采购，并尽量利用联合采购的优势。

2009年3月20日，中国石油天然气集团公司《物资采购管理办法》（简称《办法》）正式颁布，这是中国石油物资采购领域第一份全面、统一、完整并具有很强操作性的物资采购管理办法。

《办法》明确了集团公司物资采购实行统一管理，集中采购，分级负责的体制。利用市场与资源的集中，最大限度地发挥中国石油规模优势，降低采购运营成本。

从 2008 年 12 月以来组织的石油专用管材、管线钢、储罐罐板等物资的集中采购情况看，通过带量集中招标，减少供货厂家，降低采购价格的效果明显。这几个项目都是物资采购中心牵头组织，各使用单位派代表参加，集中了中国石油的市场和需求，企业共同参与，以民主的方式、规范的操作达到了集中采购的目标。在采购结果确定之后，由各用户企业直接签订合同，减少了合同执行环节，减少了由于变更、验收、结算等带来的矛盾。"集中采购、分散操作"的模式是以最低操作成本达到规模化采购目的，降低集团化运营成本的有效方式。

3. 采购标准材料

标准材料因为大量制造、大量供应，其价格都不会太贵，如果定做则价格往往会高出很多，使采购成本上升。

4. 公开采购，引入竞争机制

企业应公开采购的清单，广泛接触各供应商的业务人员，形成供应商之间的竞争，这样有利于压低材料价格。

5. 规范价格审核工作

采购员应该填制《单价审核单》，使采购环节规范化。采购部必须经常进行分析或收集资料，作为降低成本的依据。当采购数量或频率有明显增加时，要求供应商适当降低单价。

6. 加强采购人员的管理，保证采购人员的廉洁

在企业内部加强监督，采取一定措施防止采购人员为了私利而损害企业利益。对外向供应商说明本企业的政策。

如何尽可能防止采购员私拿回扣等，堵住回扣的"黑洞"呢？

(1) 公司根据库存情况，确定需要采购的原材料、办公用品等物品的

需求量。

（2）采购经理根据采购员收集的资料和报价，确定几家合适的供应商，并对报价做出建议，建议谈判的价格范围。

（3）采购部根据物品需求量派出采购员去联系供应商。采购员的任务是联系供应商，收集供应商的报价，采购员没有谈判定价的权力。

库存是企业为满足市场需求，保证生产的连续性而进行的一项必要投资，但库存管理不善会带来较严重的经营问题。

——北大管理理念

争取实现零库存，减少无形耗费

一般生产企业的物料成本往往占整个生产成本的 60% 左右，但这只是有形成本。至于隐形成本，则指物料的储存管理成本。物料储存管理成本是指从物料被送到公司开始，到成为成品卖出去之前，为它们所投入的各种相关管理成本，如仓库管理人员的薪资、仓库的资金和折旧、仓库内的水电费、利息、管理不当所造成的损耗等。

因此，采用科学的库存管理策略，尽可能减少库存，甚至消除库存，对企业降低成本，提高适应现代市场能力，树立现代企业形象，最终提高经济效益有十分重要的意义。"零库存"这个概念便应运而生。

零库存的含义是以仓库形式储存的某种或某些物品的储存数量很低，甚至可以为"零"，即不保持库存。可以说，零库存符合低碳经济的发展要求。

生产零库存在操作层面上的意义，则是指物料（包括原材料、半成品和产成品）在采购、生产、销售等一个或几个经营环节中，不以仓库储存的形式存在，而均是处于周转的状态。也就是说零库存的关键不在于适当不适当，这和是否拥有库存没有关系，问题的关键在于产品是存储还是周转的状态。

戴尔的营运方式是直销，在业界号称"零库存，高周转"。在直销模式下，公司接到订单后，将电脑部件组装成整机，而不是像很多企业那样，根据对市场预测制订生产计划，批量制成成品。真正按顾客需求定制生产，这需要在极短的时间内完成，速度和精度就是考验戴尔的两大难题。戴尔的做法是，利用信息技术全面管理生产过程。通过互联网，戴尔公司和其上游配件制造商能迅速对客户订单做出反应：当订单传至戴尔的控制中心，控制中心把订单分解为子任务，并通过网络分派给各独立配件制造商进行排产。各制造商按戴尔的电子订单进行生产组装，并按戴尔控制中心的时间表来供货。戴尔所需要做的只是在成品车间完成组装和系统测试，剩下的就是客户服务中心的事情了。通过各种途径获得的订单被汇总后，供应链系统软件会自动地分析出所需原材料，同时比较公司现有库存和供应商库存，创建一个供应商材料清单。而戴尔的供应商仅需要90分钟的时间用来准备所需要的原材料并将它们运送到戴尔的工厂，戴尔再花30分钟时间卸载货物，并严格按照订单的要求将原材料放到组装线上。由于戴尔仅需要准备手头订单所需要的原材料，因此，工厂的库存时间仅有7个小时，而这7个小时的库存在某种程度上可看作是处于周转过程中的产品。

零库存管理要求对整个供应链系统的存货进行控制；强调对质量和生产时机的管理；采购批量为小批量、送货频率高；供应商选择长期合作，单源供应。零库存追求的就是节俭在库存方面的理想状态，这也正是众多企业追求的目标。

因此，要真正实现"零库存"，需要以下几个必要条件：一是整条供应链的上下游协同配合，仅靠某个企业是绝对不可能的；二是供应链上下游企业的信息化水平相当，并且足够高，因为零库存是与JIT精益生产相伴而生的，这样才能顺其自然地实现供应链伙伴间的"零库存"；三是要有强大的物流系统作支撑。

所以，"零库存"不是某个企业一厢情愿的事情，它不仅依托于整个供应链上下游企业的信息化程度，还需要有合适的产业环境、社会环境等。盲目追求形式上的"零库存"，只会使强势环节欺压弱势环节，最终破坏整个供应链的平衡。从现实需求和长远发展看，实现整条供应链的信息化联动，才能达到真正的零库存，从而实现减少耗费。

某些公司，如苹果公司，现今库存的运作时间甚至只有 6～8 天。那他们是怎么做到的呢？

（1）直接送到生产线。如果企业的原材料是本地供应商所生产的，让供应商根据生产的要求，在指定的时间直接送到生产线上去生产。这样，因为不进入原材料库，所以保持了很低或接近于"零"的库存，省去大量的资金占用。

（2）循环取货。每个供应商供货量比较小但供应商较多的情况，将他们在运输过程中加以整合。让运货车每天早晨从厂家出发。到第一个供应商那里装上准备好的原材料，然后到第二家、第三家，以此类推，直到装上所有的材料，然后再返回。

（3）聘请第三方物流。不同供应商的送货缺乏统一的标准化管理，在信息交流、运输安全等方面，都会带来各种各样的问题。聘请第三方物流，能有效节省自身的资源。

（4）与供应商时刻保持信息沟通。让供应商看到你的计划。根据你的计划安排自己的存货和生产计划。如果供应商在供应上出现问题，你也要让他提前给你提供预警。

（5）通过与供应商建立良好关系，确保优先送货，从而缩短了等待购买的时间。

（6）供应商也会为某些库存付费，应该探索这种可能性。比如说，卖不出去退货，为了换取长期或优先考虑的承诺，他们往往愿意商讨类似的建议。

（7）订货时间尽量接近需求时间，订货量尽量接近需求量。改善需求预测；缩短订货周期与生产周期；减少供应的不稳定性；增加设备、人员的柔性。这种方法通过生产运作能力的缓冲、培养多面手人员来实现。

(8) 采取互惠政策，与其他非本地区的竞争对手共享库存（也就是遇到紧急情况时，把货卖给外地的同行，在成本价上稍微加一点儿并支付处理费用）。

(9) 转移库存。对于那种有季节性特别是旺季持续时间比较短暂的产品，在旺季来临时往往需要有大量的存货以应对骤增的销量，这就会对库存产生极大的压力，同时占用大笔流动资金。曾经有一个内衣企业，其解决办法就是：要求各经销商在旺季来临前如果提前两个月提货付款，内衣按原出厂价的70%计算；如果提前一个月提货付款，按原出厂价的85%计算；如果到了旺季时再提货，就必须按原出厂价的全价付款。这种办法只要折扣收益低于库存成本和资金成本，就有利可图，而且还一同解决了应收账款的难题，加快了资金周转。

利润不仅来自企业创造的价值，同样来自于资源的节省。

——北大管理理念

以市场为导向，有效控制生产成本

生产成本是指在制造过程中所发生的成本，与非制造成本相对。在企业经营的总成本的构成中，生产成本所占的比重最大，因此，降低生产成本是降低企业经营总成本的最主要的途径，直接影响着企业的竞争能力。

浙江义乌有一个吸管厂，所生产的吸管90%以上都销售到了国外，年产量占全球吸管需求量的25%以上。吸管每支平均销售价约在8～8.5厘钱之间，其中，原料成本占50%，劳动成本占15%～20%，设备折旧等占15%以上，扣除这些成本，利润仅有8～8.5毫钱。这家吸管厂之所以能够依靠如此低微的利润迅速壮大起来，其中的奥妙就在于：在生产中绝不允许浪费任何资源。他们计算着每一厘每一毫的成本。由于晚上电费比白天要低，他们就把耗电高的流水线调到晚上生产；吸管制作工艺中需要冷却，生产线上就设计了自来水冷却法。就这样，他们硬是从成本中将利润节省出来，创造了自己的辉煌。

由此可见，众多在成本领先战略上获得巨大成功的企业，无一不是得益于他们从不浪费资源。对于成功企业如此，对于那些普通的企业来说，更是如此。

企业的生产过程，需要投入大量的人力、物力与财力，需要消耗大量的材料、能源和工时。那么，如何有效地降低企业的生产成本呢？具体举措有以下几个方面：

1. 建立原料用量定额标准

原料消耗定额，是指在一定的生产和技术条件下，企业生产单位产品或完成单位工作量应该合理消耗的原材料标准数量。

原料用量定额标准是其他成本控制手段的基准，对原料采购、库存、资金利用等有制约作用，消耗定额"合不合理"即意味着企业成本水平"合不合理"。

原料用量定额标准的订立原则如下：

（1）材料消耗定额应通过具体制造公式加以确定；

（2）成熟产品设计和工艺是定额制订的基础；

（3）制造程序、步骤和方法的标准化；

（4）定额是生产部门、设计部门、财务部门以及公司管理层多方面参与的结果。

2. 建立人工耗用量定额标准

人工耗用量定额标准，是规定完成每单位产品所耗用的人工时间，或每单位人工时间所能完成的产品数量。建立人工耗用量定额标准必须注意以下几点：

（1）以现在和过去的业绩相比较，测定所定的人工耗用定额是否代表了优良效率。

（2）直接人工成本属于变动成本，其中直接人工成本可以通过产量乘变动率求得，而后与实际成本相比较。但间接人工成本往往属于半变动成本，必须将其固定和变动部分加以划分，而后计算不同量杆下的限额，再与实际成本比较。

（3）每人工耗用定额，须考虑机器停顿、终了、修理以及正常休息的时间。

3. 控制制造费用

制造费用是一种间接成本，包括分摊、归属和控制，因此，要想在企业中制定统一的制造费用定额标准是一件困难的事。如无法用科学或精密方法衡量在一定的时间下，究竟需要多少成本。

针对上述困难，制造费用的控制不适宜用定额标准来控制，而须采用弹性控制，必须借弹性预算和责任会计的实施，方可实现。预算金额，是依据过去经验并参照未来趋势，或按标准成本原理来制定限额。

为适应固定和变动成本性质的不同，应就不同的生产能力规定不同的费用限额。

制造费用既不像直接材料和直接人工那样有耗用材料数量和人工时数等单位用以计量，控制时也没有实体资料可利用。因此，制造费用控制的时机，主要在费用发生之前和发生当时，会计报告只是事后控制的手段。

在小规模企业实施运营控制，可能足以削减浪费；但在大规模企业，会计控制甚为必要。

4. 控制其他有关制造成本

其他有关制造成本的控制主要有以下几个方面：

（1）材料收储成本的控制。

材料的采购、库存、搬运成本，往往数量可观，是控制制造成本的重点。材料收储成本的控制方法，可以用弹性预算，也可以用标准成本。

实施标准成本控制时，先要把材料管理过程标准化，而后制定各项有关材料工作的标准费率，再依标准费率将收储成本摊入材料成本或产品成本。

（2）材料损耗的控制。

企业存料价值，往往超过现金，由于材料损耗造成的损失往往是相当严重的。因此，对材料损耗的控制，成为企业成本控制的一项重要课题。

（3）奖酬制度。

奖酬制度，是提高工人工作效率，降低人工成本的有效手段。所谓奖酬制度，简单说来，就是按照工人的工作量或生产力分别给予不同的报酬，借以增加工人收入、同时提高工作效率降低成本的一种制度。

研究开发费用和广告费用均为沉没成本的例子。

——武常岐

会省钱，更会花钱：把钱花在刀刃上

有人认为省钱就是一种降低成本的有效方式，实际上有时候以为省钱并不值得提倡。对于管理者而言，该花的钱一定要花，不该花的钱一分钱都不能花，就是要把钱花在刀刃上。

降低成本不仅仅在于省钱，每一名员工都应当明白，只有更好地为公司使用好每一分资金，才是降低成本的最好表现形式。企业员工应当深入思考省钱与花钱的辩证关系，不仅为企业省钱，还应该更有效益地为企业花钱。英国航空公司的实践就深刻体现了"花钱即为省钱"的成本效益观念。

自1987年私有化以来，经过3年调研，英航近年陆续投入了6亿英镑，推出"21世纪航空旅行"的理念和最具革命性的产品——配有平躺式睡床的英航公务舱（世界上唯一在公务舱中推出平躺式睡床的国际航空公司），与超级经济舱一起（首次打破三级客舱的传统，为乘坐长途航班经济舱旅客独创的全新舱位，业界称其为"第四舱"），作为英航有史以来最大规模的产品改良计划的重要组成部分。

他们不仅为空中旅行的舒适度和技术创新设定了新的起点，而且成为"9·11"事件之后，英航与其他航空公司竞争并重新赢回利润的独门利器。

在上海推行的英航机票电子化也是个典型的佐证。通过电子机票，英航从每张机票上可减少25英镑的成本，乘客可以自助办理登机手续、选择座位。"在家里上网完成这些后，提上你的行李直接去机场就行了。不仅省了乘客的时间，也为我们省去人员开销。"

一边大手笔投入，一边开源节流，英航引以为傲的利润其实很好地诠释了最简单的道理：把钱用在刀刃上。节约并不是不花钱，关键是确定花在何处、如何花，如何发挥资金的最大效用而带来更高的收益。

企业的一切成本管理活动应以成本效益观念作为支配思想，实现由传统的"节约、节省"观念向现代效益观念转变。

有很多企业视节约为首要原则，但一旦遇到经营困难，或者市场环境发生剧烈变化，企业还是会很快倒闭。这些企业失败的关键就在于，没有把资金用在应该用的地方。随着市场经济的发展，卖方市场逐渐向买方市场转换，企业不能再将成本管理简单地等同于降低成本，现代成本管理的目的应该是以尽可能少的成本支出，获得尽可能多的价值。

不难发现，成本降低是有条件和限度的，某一项成本降低了，未必就意味着企业的利润一定会得到提高，而增加某一费用的开支，反而有可能提高企业的总体经济效益。

比如，为减少废、次品数量而产生的检验费及改进产品质量等有关的费用，虽然会使企业的近期成本有所增加，但因此提高了产品合格率和质量，提高了产品竞争力，收入增加幅度大于成本的增加，则有利于利润的增加。

又如，为充分论证决策的备选方案的可行性及先进合理性而产生的费用开支，既保证了决策的正确性使企业获取最大的利益，也可避免不必要的损失。

再如，引进新设备增加了企业资本性支出与折旧费用，但由此可节省设备的维修费用，改善产品性能，最终可为企业带来更好的经济效益。

万科集团前董事长王石说过："要想造就一个成功的企业，其中很关键的一点就在于自上而下地确立其资金的使用方向。钱不是用来浪费的，而是用来花的，而花在什么地方能够确保其最有效地使用，则是每一名员工需要思考的问题。"

作为企业的精英管理者，须明确一个理念："该花的钱一定要花，不该花的钱一分都不能花。"

第十八章

团队管理课：

团队建设就像"揉面团"，如何分配"利益与情面"

　　无论你身在何职，都要学着与人分享，因为没有分享就没有合作，分享是合作的前提条件。

——俞敏洪

俞敏洪的糖纸理论：学会分享

　　新东方总裁俞洪敏有个著名的糖纸理论，这一理论有一个典故：

　　小的时候，家里很穷，有一次，俞敏洪得到两颗水果糖。你知道那个时候，这对一个农村的小孩子是多么珍贵。可是这时来了两个小伙伴，他把糖剥开给了他们两个，自己舔糖纸。

　　这种分享思想的来由是基于俞敏洪小时候身体比较弱，怕被别的小朋友欺负，所以他通过这种"讨好"的方式结交到很多朋友。长大后，俞敏洪更是意识到了朋友的重要性，"合作"的重要性。他曾和学员们分享他在这方面的心得：

　　如果你是在团体里工作，你就必须遵守在一个团体里做人的道理。因为人是群体性的动物，所以必须学会在人群中生活。不管你的个性多么古怪，只要你选择了在办公室上班，在一群人中间工作，你人际关系的好坏就决定了你在一个地方的地位和威望。

俞敏洪糖纸理论的核心在于"分享"，共享胜利果实，甚至有时候宁愿自己亏一点。北大管理理念指出，分享是合作的基础，要想构建起强有力的合作团队，一定要先学会分享。在生活中，我们可能都有类似的体验，那些愿意与人分享的人才能够得到邻居的帮助，与周围的人友好地相处。

有这么一个寓言故事：

有个人在天使的带领下去观看天堂和地狱。他发现地狱里的人都围着大桌子吃饭，每个人手上都绑着一个长柄勺子，尽管餐桌上食物丰盛，勺子里面盛满了食物，他们却因为勺柄太长吃不到自己的嘴里，一个个饿得面黄肌瘦，痛苦不堪。天使又带他来到天堂。他看到天堂里同样是一群手上绑着长柄勺子在同样的桌子上吃饭的人，与地狱不同的是，这里的每个人都红光满面，精神焕发——因为他们在用自己的勺子喂对面的人。

各顾各还是分享互馈，地狱与天堂只有一念之差。分享与协同是团结和信任的纽带，只有与他人共享资源和机会，才能在团结互助的氛围下合作共赢。

构建团队也是如此，管理者首先要学会与他人进行分享，才能更好地合作。分享是合作的基础，不愿舍去只想得到的管理者是自私的，没人愿意与这样的人一同共事。

很多管理者，他们身边有很多的资源，但他们不愿意拿出来与员工分享。他们不明白，智慧与技术是越分享越多的。对于管理者来说，所谓"分享"就是能"分"才能"享"。

假如团队领导者是个喜欢独占功劳的人，相信他的员工也不会怎样为他卖力。反之，如果团队领导者乐于和员工分享成功的荣耀，员工做事也分外卖力，希望下次也一样成功。所以团队领导者正确的做法是与员工分享功劳，分享成功的幸福和喜悦。每个人做事都希望被人肯定，即使工作不一定成功，但始终是卖力了，谁也不希望被人忽视。一个人的工作得不到肯定，他的自信心必然会受到打击，所以作为管理者，千万不能忽视员工参与的价值。

在某大公司的年终晚会上，老板特别表扬了两组业绩较好的员工，并邀请他们的经理上台发表感言。没想到，两位经理的表现形成了极大的反差。第一位经理好像早有准备似的，一上台就夸夸其谈地说起他的经营方法和管理哲学来。不停向台下员工暗示自己为公司所做出的贡献，使得台下的老板及他自己的员工听了心里都很不舒服。

与第一位经理不同，第二位经理一上台就开始感谢自己的员工，并说："我很庆幸自己有一班如此拼搏的员工！"最后还邀请员工一一上台来接受大家的掌声。这使得台上、台下的反应大大不同。

像第一位经理那种独占功劳、常自夸功绩的人，不仅会使其他团队成员不满，就是老板也不会喜欢。第二位经理能与团队成员分享成果，令他们感到被尊重，那么他们以后一定会更加努力拼搏。其实老板心里最清楚功劳归谁，所以那不是你喜不喜欢与他人分享的问题。你是希望自己像第一个经理那样，还是像第二个经理那样？想必答案不言而喻吧！

美国零售大王山姆·沃尔顿在总结自己的成功经验时说："和帮助过我的人一起分享成功是我成功的秘诀。"山姆·沃尔顿认为，与所有员工共享利润是以合作伙伴的方式在对待他们，公司和经理通过这种方式，改变了与员工之间那种特定的关系，使得这些员工在与供应商、顾客和经理的互动关系中开始表现得像个合作伙伴。而合作伙伴是被赋予权力的一类人，所以员工伙伴会觉得自己也被赋予了权力，从而以更加认真和积极的态度来看待自己肩上的责任。山姆·沃尔顿说："让员工完全参与到公司中来，从而成功地给他们灌输了一种自豪感，使他们积极参加到目标确立和实现并最终赢得零售胜利的过程中来。"通过与所有员工共享利润以及赋予他们在工作岗位上的权力，山姆先生赢得了员工极大的忠诚，这也是他创办的沃尔玛如此成功的重要原因。

我们不妨向这些优秀的团队领导者学习，用他们分享的智慧来团结我们的员工，让每个人都心甘情愿地为团队的发展做出最大的贡献。

要想增加团队成员的凝聚力，管理者一定要学会与他人分享，让每个人都感受到你时刻在为大家考虑，如此，企业才能在市场上占领更为优越的位置。

那么，作为管理者，在具体的团队建设中，如何才能做到与他人进行分享呢？

（1）主动与团队成员分享信息。要想团队成员为了达成一个目标而努力工作，首先一定要保持内部信息的畅通，这是基础。所以，管理者一定要及时或定期与团队成员进行信息分享，并对团队成员进行合理的分工，让他们在合适的位置上发挥其聪明才智。

（2）主动与团队人员分享功劳。当取得了一定的成绩后，管理者不能独揽功劳，而是要学会分享，指出这样的成绩是大家共同努力的结果，从而增强员工的归属感、荣誉感和自豪感，让员工为下一个任务或目标努力发挥出自己的聪明才智。

只有对人才进行合理的搭配，才能让团队发挥出 $1+1>2$ 的效能。

——俞敏洪

优势互补，打造"西游团队"

《西游记》中的"取经团队"，虽然是虚拟的，但是师徒四人历经九九八十一难求取真经的故事，不仅家喻户晓，而且是中国文化精神的代表。这个团队最大的好处就是互补性，虽然历经磨难，但最后修成了正果。

唐僧与三个性格迥异的徒弟组成的取经团队，历经百险，坚定地朝目标前进，终于求得真经，这是一支非常成功的团队。由不同风格成员组成的企业团队，尽管会发生矛盾，但他们之间往往能形成优势互补，更容易取得成功。

阿里巴巴总裁马云就非常欣赏唐僧团队，认为一个理想的团队就应该在唐僧的领导下，具备这三种不同的下属。孙悟空能力超群，热衷于降妖伏魔，常说"抓几个妖怪玩玩"，这是一种工作狂的表现，他不近女色、不恋钱财、不惧劳苦，在降妖伏魔中找到了无限的乐趣。猪八戒虽然总是开小差，吃得多、做得少，时时不忘香食美女，但是在大是大非上，立场还是比较坚定。并且他作为枯燥旅途的开心果，活跃了团队中的气氛。沙僧则任劳任怨，心细如丝，在这个团队中少不了他这样的成员。

总的来说，唐僧团队之所以是一个成功的团队，关键在于这个团队的成员能够优势互补、目标统一，每个人都能发挥自己的效用，所以形成了一个越来越坚强的团队。

一个团队的成员各有所长，如果不能把各自的特点与其他成员之间形成互补，就不能成为一个有竞争力的团队。管理者应当秉承共享、互助、共进的理念，使优势互动、互补、互碰，实现团队的成长。

管理者要打造"黄金团队"，就要熟悉自己及队友的劣势与优势，然后各自发挥优势，弥补他人的劣势，这样才能让个人的力量在团队中发挥到最大。

一次，甲乙两个团队进行攀岩比赛。甲组强调齐心协力，注意安全，共同完成任务。乙组在一旁，没有做太多的士气鼓动，而是一直在合计什么。比赛开始了，甲组在全过程中几处碰到险情，尽管大家齐心协力，排除险情，完成了任务，但因时间拉长最后输给了乙组。那么乙组在比赛前合计什么呢？原来，他们把队员个人的优势和劣势进行了精心组合：第一个是动作机灵的小个子队员，第二个是一位高个子队员，女士和身体庞大的队员放在中间，最后当然是具有独立攀岩实力的队员。于是，他们几乎没有遭遇险情，就迅速完成了任务。

团队成功的必备条件是不仅要求团结协作，更要懂得优势互补，让团队成员的优点得到最大限度的发挥，从而弥补别人的不足。对于一个强悍的团队来说，成员之间的彼此关联一定是既能在才能上互补又能在工作中彼此协作的。

团队成员共同完成目标任务的保证就在于发挥每个人的特长，并注重流程，使之产生协同效应。

1. 有能力的人

孙悟空在唐僧团队中的重要性不言而喻，他能力很强，有个性、有想法，执行力很强，也很敬业、重感情，懂得知恩图报，是个非常优秀的人才。但这样的人才如何才能留住他，如何提升他的忠诚度，这要靠领导艺术，靠企业的文化。

管理者用什么方法才能让孙悟空这样的员工死心塌地呢？首先得有规矩，得有"紧箍咒"。此外，还要靠情感，唐僧就是靠他的情感管理，用他的执着和人品感化了孙悟空。

2. 调节团队气氛的人

猪八戒虽然总是开小差，吃得多、做得少，时时不忘香食美女，但是在大是大非上，立场还是比较坚定，从不与妖怪退让妥协，打起妖怪来也不心慈手软；生活上能够随遇而安，工资待遇要求少。从某种程度上也增加了唐僧作为领导的协调和管理作用。

3. 任劳任怨的人

如果唐僧这个团队只有他和悟空、八戒三个人，那是肯定不行的。担子谁挑？马谁喂？后勤谁管？可见一个团队，像沙僧这样的人必须要有。沙僧是个很好的管家，任劳任怨，心细如丝，企业的杂事可以交由他处理。

在具体的工作过程中，团队管理者应该根据工作的特点、技术含量、劳动强度等分类后，再结合每个成员的个性特点，做到强弱搭配、优势互补，使团队综合战斗力得到全面提高。

具体来讲，就是通过对每位成员的性格类型、体质变化周期以及情绪变化等各方面的情况进行客观分析，找出每个成员的个性特点，并进行综合调配。首先是"性格互补"。人有外向、内向、刚毅、脆弱等。所以管理者在调配组合人员时，考虑不同性格者的互补，对团队的各项工作的开展是十分有益的。其次是"技术互补"。每个人的技术水平不可能一般高。将技术娴熟者与技术一般者等不同能力类型的成员安排在一起，就容易形成一个互帮互学、互促互进的"小气候"。最后是"行为互补"。因文化、品德、思想、情绪诸因素的不同，往往有行为上的差异。根据人员的不同行为，并采取与之相对应的对策，能收到行为互补的效应。

如此搭配做到了优势互补，团队成员工作起来得心应手，互相之间密切配合、团结协作。通过互补必能造就完美的"唐僧团队"，成员彼此间紧密配合，拆开来便能以一当十，合起来则能以一当百！

在企业的经营管理中，矛盾冲突是难免的。这时候领导者如何处理就很重要，处理得好就人和万事兴，处理不好就可能翻脸成仇人。

——俞敏洪

让团队成员和谐共处

俗话说，一个橱柜里的碗碟难免会磕磕碰碰。作为上司，对下属间的摩擦，最好是采取循循善诱的方法，耐心细致地从思想引导着手。切不可采取强硬粗暴的态度，更不可以用"高压"的手段，乾隆皇帝在这方面就是一个很好的例子。

一天，乾隆在新任宰相和珅和三朝元老刘通训的陪同下，到承德避暑山庄的烟雨楼前观景赋诗。乾隆向东一望，湖面碧波荡漾，向西一观，远方山峦重叠，不禁随口说道："什么高，什么低，什么东，什么西。"饱有学识的刘通训随口和道："君子高，臣子低，文在东来武在西。"宰相和珅见刘通训抢在他的前面，十分不快，想了一下说道："天最高，地最低，河（和）在东来流（刘）在西。"这里，"河"与"流"明指热河向西流入离宫湖，但和珅却用谐音暗示自己与刘通训，并借皇家礼仪上的东为上首、西为下首的习俗暗示刘通训：你虽是三朝元老，但在我和珅之下。

刘通训听了，知道和珅诗意所指，甚是恼怒，便想寻机报复。这时，乾隆正要两人以水为题，拆一个字，说一句俗语，做成一首诗。刘通训望着清波中自己老态龙钟的面容，偷视了一下和珅自负的得意之形，灵机一动，咏道：

"有水念溪，无水也念奚，单奚落鸟变为鸡。得意的狐狸欢如虎，落魄的凤凰不如鸡。"

和珅听罢，既暗自赞叹刘通训的才华，又为诗中讽刺他是狐狸和鸡而恼怒，便反唇相讥道："有水念湘，无水还念相，雨落相上便为霜。各人自扫门前雪，哪管他人瓦上霜。"言外之意，暗示刘通训不要多管闲事。

乾隆听罢两人的诗，自然觉出了两人不和的弦音，便面对湖水说道："两位爱卿，朕也不妨对上一首：有水念清，无水也念青，爱卿协心便有情。不看僧面看佛面，不看孤情看水'情'。"

和珅和刘通训听罢，心中为之一震，顿时脸上烧得火辣辣的，知道皇上是在诱导他们应当同心协力。二人当即拜谢乾隆皇帝。从此，和珅和刘通训便结为忘年之交。

自己的下属，包括自己在内都是团队的整体，这个整体的运行态势取决于每个人，更取决于每个人的合作态度。有的人能力很强，但是喜欢独来独往，而有的人虽然成绩不突出，但是富于合作精神。在领导看来，其实更加喜欢后一种人，它能够使大家团结起来，共同工作。

日本西武集团的企业文化渗透于企业的方方面面。为了新职员的入社仪式，集团集合了旗下65个分社的高级职员，聚集于东京涩谷的青山学院。入社程序中有一项名为"擦皮鞋入社仪式"，首先是老资格的高级职员蹲下身子认真为新职员擦皮鞋，接着是新职员为前辈们擦。

西武集团利用这样一个仪式就是为了唤起职员的团结意识，它打破了资格等级的框框，把新老职员融为一体，共同为企业的发展目标奋斗。

在日常的工作中，大家强调团队精神，有害于团队精神的要及时予以制止。只有在全体成员的合作之下，工作效率才能够提高。能力高但不具备团队精神的会影响整个集体的运转。

身为管理者，经常会遇到一些十分棘手的问题，除了公事，还包括一些私事，比如下属闹情绪、不和……都需要你去调解。记住，在调解这些问题时一定要公正、不偏不倚。调解好了下属的矛盾，使他们都对你感恩戴德，你就可以从容地掌握下属了。

管理者不要忽视一两个"害群之马"的破坏力，他们会使一个高效的部门迅速变成一盘散沙。

——北大管理理念

啃下"特等公民"这个硬骨头

每个企业都有所谓的"特等公民"，他们在整个团队中显得格格不入，是团队中扯后腿的人。

如果把一汤匙酒倒进一桶污水中，你得到的是一桶污水；如果把一汤匙污水倒进一桶酒中，你得到的还是一桶污水。如果一个高效的部门里，混进一匹"害群之马"，会全盘破坏组织的健全功能，这就是有名的酒与污水定律。

在每一个企业的团队中，都会存在几个"刺头"员工，他们往往不会为组织增添多少成果，反而会拖团队的后腿，将事情弄得更加糟糕。这就是团队中的害群之马。

我们总说，破坏总比建设容易。一个能工巧匠花费时日精心制作的瓷器，一秒钟就会被破坏掉。如果一个团队中有一头害群之马，即使拥有再多的能工巧匠，也不会有多少像样的工作成果。作为管理者，遇到这样的情况，若想保持团队的高效，你只有一个选择，那就是迅速将其清除掉。

对一个公司来说，员工是老板最重要的资本，品牌、设备或产品都无法和他们相比。正是员工创造了这一切。

员工的技术能力和敬业程度是公司顺利发展的保证。如果他们拖拖沓沓、做事漫不经心，技术水平不行，缺乏向上的斗志等，这些不良因素最终都会在公司的生产、服务和销售中表现出来。

比如，接线员不接电话，销售员为难客户，这个公司即使有最优秀的生产能力，又有什么用呢？如果售货员对客户的态度爱理不理，商店装潢得再富丽堂皇，又有什么用？对这样的"特等公民"，必须剔除。

让我们看一下通用电气的首席执行官杰克·韦尔奇当时是怎样对待烂苹果员工的。

韦尔奇把员工分为 A、B、C 三类，C 类即烂苹果员工：

A 类是指这样一些人：他们激情满怀、思想开阔、富有远见。他们不仅自身充满活力，而且有能力帮助带动自己周围的人。他们能提高企业的生产效率，同时还使企业经营充满情趣。

B 类员工是公司的主体，也是业务经营成败的关键。公司投入大量的精力来提高 B 类员工的水平。公司希望他们每天都能思考一下为什么自己没有成为 A 类，经理的工作就是帮助他们成为 A 类。

C 类员工是指那些不能胜任自己工作的人。他们更多的是打击别人，而不是激励；更多的是使目标落空，而不是使目标实现。

对 ABC 三类员工，韦尔奇是怎样做的呢？

A 类员工得到的奖励应当是 B 类的两到三倍。对 B 类员工，每年也要确认他们的贡献，并提高工资。至于 C 类，则是什么奖励也得不到。每一次评比之后，公司会给予 A 类员工大量的股票期权。大约 60%～70% 的 B 类员工也会得到股票期权，尽管并不是每一个 B 类员工都能得到这种奖励。

失去 A 类员工是一种罪过。一定要热爱他们、拥抱他们、亲吻他们，不能失去他们！每一次失去 A 类员工之后，公司都要做事后检讨，并一定要追究造成这些损失的管理层的责任。有些人认为，把公司中底部的

10%清除出去是残酷或者野蛮的行径。事情并非如此，而且恰恰相反。让一个人待在一个他不能成长和进步的环境里才是真正的野蛮行径或者"假慈悲"。

对待"特等公民"，韦尔奇说得很明白——毫不"慈悲"，立即剔除！

当一个人没有危机感时就会懈怠。

——北大管理理念

鲶鱼效应：激发员工进取心

"鲶鱼效应"的实质是激励精神，通过激励产生上进的因素。"鲶鱼效应"的作用在于调动大家的积极因素，有效激活员工工作的热情和激情，让员工在刺激作用的驱动下，展现活力，使之更好地为企业的发展服务。

一个公司也一样，如果人员长期固定不变，就会缺乏新鲜感，也容易养成惰性，缺乏竞争力，没有紧迫感与危机感。只有有了压力，存在竞争气氛，员工才会有紧迫感、危机感，才能激发进取心，企业才能有活力。日本的本田公司在这一方面做得极其出色，很多企业争相效仿。

起初，本田公司并没有认识到"鲶鱼效应"的作用。

有一次，本田对欧美企业进行考察，发现许多企业的人员基本上由三种类型组成：第一类是不可缺少的精英人才，大约占人员总数的20%；第二类是以公司为家的勤劳人才，大约占人员总数的60%；第三类是终日吊儿郎当、不爱工作、效率低下的人。大约占人员总数的20%。与欧美公司相比，本田认为在本田公司的人员中，缺乏进取心和敬业精神的第三种人还要多些。

这部分人创造的价值和公司对他们的付出不符，是拖后腿的人。那么如何使前两种人增多，使其更具有敬业精神，而使第三种人减少呢？这个问题困扰了本田很久。他曾想到把这些人完全淘汰，但是，仔细思考后，他认为即使把目前这一批人淘汰，新招的人中还会继续有这样的一类人。全部淘汰，显然不是科学的办法。

本田决定进行人事方面的改革，为公司引进一条鲶鱼。他首先从销售部入手，因为销售部经理的观念离公司的精神相距太远，而且他的守旧思想已经严重影响了他的下属。如果不尽快打破销售部只会维持沉闷的气氛，公司的发展将会受到严重影响。经过周密的计划和努力，本田终于把松和公司销售部副经理、年仅35岁的武太郎挖了过来。

武太郎的到来，使本田公司销售部上下吃惊不小。接任本田公司销售部经理后，武太郎凭着自己丰富的市场营销经验和过人的学识，以及惊人的毅力和工作热情，受到了销售部全体员工的好评，员工的工作热情被极大地调动起来，活力大为增强。公司的销售出现了转机，月销售额直线上升，公司在欧美市场的知名度不断提高。

应该说，武太郎是一条很好的鲶鱼。本田对武太郎上任以来的工作非常满意，这不仅在于他的工作表现，而且销售部作为企业的龙头部门带动了其他部门的工作热情和活力。从此，本田公司每年重点从外部"中途聘用"一些精干的、思维敏捷的、30岁左右的生力军，有时甚至聘请常务董事一级的"大鲶鱼"。本田公司随着不同鲶鱼的到来，公司内部再无沉闷之气，业绩蒸蒸日上。

本田公司的事例说明，当一个组织的工作达到较稳定的状态时，常常意味着员工工作积极性的降低，"一团和气"的集体不一定是一个高效率的集体，这时候"鲶鱼效应"将起到很好的"医疗"作用。

松下电器（中国）公司副董事长张仲文在接受记者采时曾说过："保持一个企业充满生机，正常高效地经营，评价是很重要的人事管理手段。"

松下公司每季度都要召开一次各部门经理参加的工作会议，以便了解彼此的工作进程和经营成果。开会以前，把所有部门"按照业绩和完成任务的进度"从高到低分别划分为 A、B、C、D 四级。在开会中，按完成任务情况好坏而划分的四个部门中，A 级部门首先报告，然后依次是 B、C、D 级部门。

最后做报告的部门意味着业绩最差。这种做法充分调动了各个部门负责人争强好胜的心理，谁也不愿居人之后。无独有偶，美国西南航空内部杂志也经常以"我们的排名如何"来激发员工的斗志，公司管理者通过制定出西南航空公司各个项目的表现在业界中的排名，让西南航空的员工知道他们的表现如何。当竞争对手的排名连续高于西南航空几个月时，公司内部为如何赶超对手做专门讨论。到最后，员工则会为了公司荣誉而加倍努力工作。

优秀的管理者总是善于通过引进团体的两性竞争机制，以竞争来促进"释放"员工的工作积极性，使员工自觉摒弃安于现状的心理，从而实现人人积极进取。

人才是事业成败的关键，良性竞争机制要打破论资排辈，构造全新的人才晋升渠道。为人才提供一个能充分发挥自己优势的空间，使工作蕴含激励力量。

与从外面引进相对应的是，团队内部的竞争机制就是在企业内部找到"鲶鱼"。如果一个公司缺乏内部激励机制、竞争机制，就不会拥有富有活力的企业文化、员工就会丧失危机意识。内部鲶鱼型人才有以下几条评考标准：要有强烈的工作热情和工作欲望；具有雄心壮志，不满现状；能带动别人完成任务。通常，只要赋予其挑战性的任务和更大的责任，他就能完成更好的业绩，并表现出超过其现在所负担的工作能力；敢于做出决定，并勇于承担责任；善于解决问题，比别人进步快。

为挖掘、寻找企业内部的"鲶鱼"，企业可以采取以下 3 种有效的管理方法。

（1）推行绩效管理，用压力机制创造"鲶鱼效应"，让员工紧张起来。

（2）在组织中构建竞争型团队，通过公司内部的评选机制制造鲶鱼队伍。

（3）寻找公司的潜在明星并加以培养，通过发现和提升潜在的鲶鱼型人才去激活员工队伍。通过引进外部"鲶鱼"和开发挖掘企业内部"鲶鱼"相结合的办法，管理者就能充分利用"鲶鱼效应"保持团队的活力。

第十九章

企业文化课：

文化注入和思想改造，让内心沉淀企业基因

如果没有愿景，组织就失去了未来的发展方向。

——北大管理理念

愿景帮助企业得到员工真正的忠诚

德鲁克认为企业要思考三个问题：第一个问题，我们的企业是什么？第二个问题，我们的企业将是什么？第三个问题，我们的企业应该是什么？这正是企业战略与企业文化建立必须遵循的三个原点，而这三个问题集中起来正体现了一个企业的愿景。

愿景作为一种未来的景象，产生于领导者思维的前瞻性。如果领导者希望其他人能加入到自己的旅途中，他必须知道要往何处去。有前瞻性并不意味着要先知先觉，而是要脚踏实地地确定一个企业的前进目标。愿景能激励企业一步步迈向未来。

愿景能够帮助企业得到员工真正的忠诚。一个卓越的领导者必须首先明确自己对未来愿景的认识，然后才能争取下属接受共同的愿景。

斯巴达克斯领导一群奴隶起义，战败并被俘虏。对方说："你们曾经

是奴隶，将来还是奴隶。只要你们把斯巴达克斯交给我，就不会死。"在一段长时间的沉默之后，斯巴达克斯站起来说："我是斯巴达克斯。"之后他旁边的人站起来说："不，我是。"一分钟之内，被俘虏军队的几千人都站了起来。每一个站起来的人都选择受死。这个部队所忠于的并非斯巴达克斯，而是由他所激发的"共同愿景"，即有朝一日可以成为自由之身。这个愿景如此让人难以抗拒，以至于没有人愿意放弃它。

一个人做某事的动机分为外在和内在两种，外在的动机不可能让人把工作本身当作一种使命和事业，只有内在动机产生的动力才能成就超常的结果，而一个组织的内在动力就是来自于组织的共同愿景。

中国企业的愿景目前总体上仍处于"唯利是图"的初级阶段，很多企业在制定战略规划时，只想到了表象上的做大和做强，缺乏对存在理由、意义和价值等企业哲学的思考。

管理者必须明确，一个企业的愿景必须是共同的，是员工普遍接受和认同的。如果没有共同的愿景，企业就不可能基业常青。共同愿景就如企业的灵魂，唤起每一个人的希望，令人欢欣鼓舞，使每一个人都能激发出一种力量，为实现愿景而更加努力。一个没有共同愿景的企业很难强大，即使强大了也难以持久，而一个真正有共同愿景的企业会更容易获得成功。

稻盛和夫27岁时，与七条硬汉创立京都制陶公司。公司成立之初，业务发展迅速，为了赶工期，实现自己技术报国的理想，他经常要求员工加班到深夜，星期天也经常不休息。慢慢地，年轻的员工开始不满，一次加班后，年轻的员工提出了抗议，要求加薪、加奖金，并以集体辞职相威胁，稻盛和夫花费了三天三夜说服这些员工留下来。

这件事使稻盛和夫陷入了深深的思考："本来以为创立京都制陶是为了让我们的技术闻名于世，现在看来，应该有更为重要的事。公司究竟是什么？公司的目的和信誉是什么？"

经过思考他得出结论："让技术闻名于世其实只是低层次的价值观，

是次要的事情，那种想法应该把它抛得远远的，经营公司的目的是为员工谋求物质和精神方面的幸福，为人类社会进步贡献力量。"

从此以后，"为全体员工谋幸福，为社会进步贡献力量"就成为京都制陶公司的价值观，成为全体员工共同的使命。

直到现在，京都制陶公司的员工干到晚上 10 点，也没有人会视为"加班"，为了赶工期，全厂干到晚上 12 点也是经常的事。而京都制陶也以"工作狂"著称全日本。

正是基于对企业宗旨和愿景的认同，京都制陶的员工才甘愿奉献自己的力量，才赢得"工作狂"的赞誉。如果没有认同感，企业就很可能成为一盘散沙，山头林立，各个小集团、小集体为了自己的利益而扯皮、推诿、攻击、拆台。像这样内部分裂的状况，怎么能够在激烈的竞争中与齐心协力的企业比拼？不但企业的合力没有得到发挥，而且企业更可能因为内耗而消亡。

一家公司的总裁曾说过，"我们要求员工应该认同公司的使命和经营理念，与公司的核心愿景和宗旨一致。每次新员工进公司时，我都给他们讲，进一个公司很重要的一点就是认同公司愿景和宗旨。对企业而言，认同感就是一种强大的凝聚力，让大家可以朝一处使力。我会直截了当地对他们讲，大家到公司来，如果不认同公司的愿景、宗旨和经营理念，还不如趁早离开"。愿景和宗旨的重要性体现在以下几个方面：

1. 认同愿景和宗旨等于认同整个企业

每一个企业，都有一个发展的愿景。一个人认同了企业的核心愿景和宗旨，就代表他认同了企业文化中最本质的部分。"愿景"是企业中所共同持有的"我们想要创造什么"的图像。当这种愿景成为企业全体成员一种执着的追求和内心的一种强烈信念时，它就成了企业凝聚力、动力和创造力的源泉。

2. 对愿景的认同感带动员工的积极性

如果员工知道他们的公司代表什么，知道他们所拥护和追求的是什么，就能够主动做好公司需要的事，自觉维护公司的利益。也就是说，愿景和宗旨认同对于员工来说也是一种激励。在认同公司愿景和宗旨的基础上，员工的积极性和创新精神会得到充分发挥。当每一个员工都能自觉地坚持在自己的岗位上做好应该做的事情时，管理就变得十分容易了。

3. 愿景和宗旨赋予员工强烈的责任感

公司的愿景和宗旨还能够让员工把工作当成一项共同的事业。愿景和宗旨可以为员工注入强烈的责任感，在这种责任感的支持下，员工将会把工作看作是一项神圣的"共同事业"。这也使得公司里许多互不相干的业务、技术和人才紧密地结合成一个整体，将一个广泛的多元化的公司团结在一起，大家都能够为了一个共同的目标而奋斗。

对学生的让利使新东方获得了口碑，对员工的让利让新东方守住了人才，对管理者的让利实际上是形成新东方强大团队的根本原因。

——俞敏洪

建立企业文化，重在员工认同

目前，一些企业的所谓企业文化建设，仅仅是写在纸上，挂在墙上，就是没有深入到员工的思想深处，没有被员工认同。一个缺乏员工认同的企业文化，是无法形成强大的凝聚力的，更无法从根本上激发员工的工作积极性和创造性。

企业文化建设的核心是员工认同，要让员工清楚地知道为什么这是我们的文化，我们的文化如何解释，究竟如何做才能符合企业属性。

作为管理者，你要时时扪心自问：企业内部有没有令员工共进共退的发展目标？有没有经常与员工分享思路与价值观？有没有一种能让员工充满激情的工作氛围？如果你的回答是否定的，那么，你的企业就缺乏一种员工认同的企业文化。

如果员工不能认同公司的文化，企业就会形成内耗，虽然每个人看起来都很有力量，但由于方向不一致，企业的合力很小，在市场竞争中显得很脆弱。加强员工对企业的文化的认同感，并将之转化为他们自觉的工作行为，对企业文化建设十分重要。

当然，员工认同是一种自觉、自愿和自发，而不是被管理者甚至制度强迫认同。

建立员工认同的企业文化可以有效地提高员工的凝聚力，也是提高执行力最根本和最有效的途径之一。企业文化的建立是一个长期发展的过程，管理者如何才能建立让员工认同的企业文化呢？

主要可以从以下几个方面努力：

1. 员工参与文化建设

很多人把企业文化认为是老板文化、高层文化，这是片面的，企业文化并非只是高层的一己之见，而是整个企业的价值观和行为方式，只有得到大家认同的企业文化，才是有价值的企业文化。

要得到大家的认同，首先要征求大家的意见。企业高层管理者应该创造各种机会让全体员工参与进来，共同探讨公司的文化。

2. 确保高层管理者全力投入

一些企业高层管理者总是感觉企业文化是拿来激励和约束员工的，这种看法是错误的。企业文化更是用来约束和激励管理人员的，作为企业文化的建筑师，高层管理人员承担着企业文化建设最重要也最直接的工作。高层管理人员都要把自己塑造成企业文化的楷模！

3. 与员工的日常工作结合起来

企业确定了新的企业文化理念后，就要进行导入，其实也就是把理念转化为行动的过程。在进行导入时，不要采取强压的方式，要让大家先结合每个员工自己的具体工作进行讨论，首先，必须明确公司为什么要树立这样的理念，接下来是我们每个人应如何改变观念，使自己的工作与文化相结合。

4. 要改进和提高企业文化的宣传方式

宣传是让企业文化得到员工认同的一个重要方面，如何改进和提高我们的宣传方式呢？

首先，要学会理念故事化。企业文化的理念大都比较抽象，因此，企业领导者需要把这些理念变成生动活泼的寓言和故事，并进行宣传。

其次，要学会故事理念化。在企业文化的长期建设中，先进人物的评选和宣传要以理念为核心，注重从理念方面对先进的人物和事迹进行提炼，对符合企业文化的人物和事迹进行宣传报道。

最后，畅通员工沟通渠道。企业文化理念要得到员工的认同，必须在企业的各个沟通渠道进行宣传和阐释，企业内刊、板报、宣传栏、各种会议、研讨会、局域网，都应该成为企业文化宣传的工具，要让员工深刻理解公司的文化是什么，怎么做才符合公司的文化。

随着企业自身的发展，企业的企业文化也必然会发展和变化。从现实状况来看，企业文化也要与时俱进。

——北大管理理念

文化建设也需要时常更新

企业是发展变化的，企业文化建设也需要时常更新。世界上没有完全不变的企业文化，当英国航空公司向私有化转型时，一个首要的问题就是将漠不关心型的文化转化为热心服务型的文化，以利于在国际市场竞争。

国内的许多企业很重视企业文化建设，但多年以后，随着企业的发展，企业文化建设已经和当前企业的发展格格不入。这是因为企业认为企业文化建设是一劳永逸的事，没有认识到企业文化是发展变化的。

1999年，卡洛斯·戈恩在连年下滑的困境中出任日产公司新CEO，他一上任就立刻发现日产公司处于一片混乱中。该公司下属工厂的生产能力超出销售能力 100 万辆，采购成本比雷诺公司高 15％～25％，并且由于负债 110 多亿美元，公司现金短缺。戈恩的诊断是："日产公司缺乏明确的利润导向，对客户关注不够而过于注重与竞争对手的攀比，没有一种跨越职能、国界和等级界限而进行合作的企业文化，缺乏紧迫感，观点不一致。"于是，在接管日产后的第二个星期，戈恩就着手改造日产的企业文化。

他的这一大胆举措不久就得到回报：日产公司的下滑趋势得以扭转，重新走上了盈利的发展道路。日产的复兴理应归功于戈恩成功地改造了日产的企业文化。正如日产公司执行副总裁、董事会成员松村法雄所说："戈恩最重要的成就在于他能重塑人们的精神状态。"

由此可见，文化不变革，转型就不成功，真正的转型是从文化变革开始的。如果企业文化是永恒不变的范畴，那么企业文化就会对企业的发展不仅没有积极作用，反而还会成为企业发展的桎梏。

比如说，一个企业的企业文化是一百年以前形成的，形成以后就不变了。这显然是不行的，因为一百年前是什么时代？而现在又是什么时代？时代的剧变决定了企业文化不可能是不变的，所以不能把企业文化看成永恒不变的东西。正因为如此，我们应该随着企业的发展及企业文化的变化，不断地调整企业文化的内容。

韦尔奇上台后，在传承原有的 GE 文化基础上，对企业文化建设做出了大刀阔斧的改革。

他第一步就是对 GE 的理念进行了改革。在 20 世纪 80 年代末，企业管理者谈论的话题是"整合性多样化"，它的原则是 GE 的事业在以团队的方式密切合作的同时，也能保持经营的自主性。但韦尔奇认为，GE 人应该是"不分彼此"，在和供应者及顾客建立更密切的合作关系的同时，更应该打破层级、地域和功能等内部障碍。

速度、简洁和自信成为新的导向，韦尔奇认为自信可以使复杂问题简单化。而简单的程序，是使 GE 在市场上赢得胜利所需速度的先决条件。

在颁发年终奖时，在工作中充分发挥速度、简洁和自信的员工就会得到实际的金钱报酬。韦尔奇通过奖金来表达对他们工作行为和工作风格的肯定。

韦尔奇把大量力气花在了企业的沟通文化上。韦尔奇希望他的员工能够确实认识公司的目标。他要求员工不仅了解 GE 的目标，还要真诚信仰公司的目标。韦尔奇经常谈到赢得部属的"心和脑"。要赢得部属的"心和脑"就要正确处理情感的问题，在处理与人有关的事物时则需要将心比心。

经过韦奇一番大刀阔斧的改革后，到 1984 年，韦尔奇已将老 GE 脱胎换骨。1985 年，GE 经过了企业的重组，提出了适应市场环境变化的企业文化，提出了适应环境的新的价值竞争观念：

（1）市场领导：数一数二的原则。

（2）远高于一般水平的投资实际报酬率：韦尔奇不愿意制定不具弹性的数据目标。但是在 80 年代中期首次打破这个原则，要求股东权益的报酬率必须为 18%～19%。

（3）明显竞争优势：避免激烈竞争的最佳方式就是提供无人可及的价值。

（4）GE 特定优势的杠杆作用：GE 在需要大量的资本投资、维系力量和管理专业知识，GE 在大规模、复杂的事业领域已有深厚的基础，譬如喷气发动机、高风险贷款等。而在中小型企业占优势的快速变化的产业中发展，对 GE 反而不利。

韦尔奇是 GE 企业文化的重新塑造者，新的文化造就了新的 GE，也成就了韦尔奇。从韦尔奇对 GE 文化的变革主导上，可以看出企业文化建设与时俱进的重要性。

企业的管理者们一定要注意，没有哪种企业文化是一劳永逸的，不要让过时的文化来束缚企业的发展。

在继承的基础上确立新的价值观。这并非能在短期内奏效，需要一个经过既有价值观解冻、创新、深化的过程。要配合战略变革过程逐步推进，可以分三个阶段来运行。

首先，解冻阶段。组织专门人员对原有价值观的分析，按战略变革的思路，确定需要变革的因素，在审核评估的基础上扬弃既有的价值观体系。

其次，创新阶段。战略变革需要有新的价值体系来支撑，不然就会像空中楼阁一样，失去牢固的地基。如果战略变革是告诉人们怎么改变，那价值体系的创新则是告诉人们为什么要改变，因此创新就要员工共同探讨企业以后应该如何生存下去。

最后，深化阶段。要让新的价值观在组织成员中传播并逐渐被接受。

勿以善小而不为，公司任何一处小的不完美，都是你可以动手去改善的地方，而对公司而言，如果员工都愿意把公司的每件小事当成自己不可推卸的责任，那么这家公司就没有理由不成功。

——李彦宏

树立主人翁精神，做企业的代言人

企业文化的重要作用是让员工能融入企业的发展中。无论是信仰组织，还是认同组织，其实最终的目的都是希望员工能主动融入组织，只有融入组织，成为组织自己的人，才能把公司的事当成自己家的事干，这就是所谓的主人翁精神的高度体现。

在这个社会里，绝大多数人都必须从一个普通员工做起，在某个公司中奠定自己职业生涯的基础。优秀的企业文化具备这样的功能：员工脑中就应该有一个信念——"这里是我的家"，然后不找任何借口，投入自己的忠诚和责任心，将身心彻底融入公司，尽职尽责，处处为公司着想。

有这样一个故事：

一位父亲想勘验一下自己3个女儿的责任心。他坐在客厅，把家里的扫帚放倒在客厅门口，然后，他先叫大女儿。大女儿答应着走过来，看到地上的扫帚，似乎有些犹豫，但还是跨越而过，来到父亲身边。父亲摇摇头，又叫二女儿。二女儿过来时被扫帚绊了一下，也照样跨过去。叫到三女儿，她看见倒了的扫帚，犹豫了一下，也没有管。3个女儿问父亲到底有什么事。父亲叹了口气说："我想让你们看看妈妈是怎么做的。"于是他喊在厨房里的妻子过来。妻子一边答应着走过来，一边顺手弯腰扶起扫帚。父亲对女儿们说："看看你们的妈妈，她才没把自己当外人。"

故事中的母亲所具有的意识就是"家"的意识，当一个人真正把自己当成主人的时候，家里还有哪件事情不是自己分内的事情呢？做自己分内的事情还需不需要有人提示、监督呢？这就是责任心、责任感，也就是融入组织的具体体现，它决定了一个人事业的发展趋势。李嘉诚说过，用人最主要是看其责任心和忠诚可靠程度，对于这样的员工，企业将会给他最大的发展机会。

海尔公司的马建军就是一个把企业的事当作自己的事来做的员工，因其卓越的服务力曾一度成为海尔集团的形象代言人。

海尔公司售后服务部的马建军接到客户的电话，说是洗衣机出了点问题，请他上门服务。马建军就和客户约好，第二天早上8点上门服务。

客户的家在一个偏远的地方，离服务部很远，马建军算了算路程，考虑到路不好走，要早些动身，于是他决定晚上就动身。他套了一件外套，就去了车站，可是他所乘坐的公交车驶到一段山路前突然停了下来，原来这几天一直下雨，山体滑坡，阻断了前面的路，所有的车都不能走了，只能返回。

马建军要求司机打开车门，他说就在这里下车。司机刚开始时不答应，告诉他这里下车十分危险，可是马建军一再坚持，他说："我是海尔售后部的，无论如何也要及时赶到，请您一定让我下车。"

司机实在没有办法，就打开了车门。马建军毫不犹豫地下了车，披了件雨衣，在风雨中坚持步行前往客户的家。

当客户打开门的时候简直不敢相信自己的眼睛，他原以为马建军不会来了，因为他一大早听了天气预报说连日的大雨导致了山体滑坡，交通阻断，他理所当然地认为马建军不会来了。

马建军一身湿漉漉的样子让客户当场感动得流下了眼泪。

正是在"家意识"的指导下，马建军遇到再大的困难，也要兑现对客户的承诺。而正是因为有这样的员工，海尔电器才能一直走在同行的最前面。

"家"意识就是融入组织的一种表现，对于一个企业的竞争力来讲，这种意识是非常重要的。如果每一个人都有"家意识"，都把企业内部的事当作自己的事来做的话，企业无形当中会产生强大的竞争力。企业产生的所有可能的成本，包括信息的成本、合约的成本、监督的成本、实施的成本，都可以大幅度地下降；对于企业的发展，大家也能够献计献策，对自己的工作也能够尽职尽责，这一切，都保证了企业的竞争力。

那么，如何让心"过门"把员工当作企业的管家的呢？一位管理学讲师曾对此做出如下阐释，他认为，具备了以下几个因素，才可能称得上拥有了"过门"意识，很值得我们借鉴：

1. 从"我"到"我们"

很多情况下，你可以用"我们"一词代替"我"，这样可以缩短你和同事的心理距离，促进彼此之间的感情交流。例如："我建议，今天下午……"可以改成："今天下午，我们……好吗？"

2. 维护企业的形象和利益

维护企业的形象和利益是我们每个员工的责任。我们就是企业的代言人，我们的形象在某种程度上代表了企业的形象。我们在任何时候都不能做有损企业利益和形象的事情，这也是作为一个员工最起码的责任。

3. 忠诚于自己的公司

任何时候，忠诚永远是企业生存和发展的精神。只有忠诚于自己的企业，才有权利享受企业给个人带来的一切。

百度希望给大家创造这样一种氛围，不仅有能力，不仅是安全的，而且还有亲情在里面。

——李彦宏

为员工创造家的文化氛围

中国人素来对"家"怀有深厚的感情，这是五千年的文化积淀，流淌在中国人的血液中，不可割舍。是的，"家"是人们渴望长久驻足的地方。而工作是人们不得不为之，如果能够将企业塑造出一种家庭的氛围，让员工在工作中也能够感觉到家一样的温暖，员工自然会更有归属感，也更愿意努力，付出。

这也是很多优秀的企业都拥有强大的血浓于水的团队的原因。企业为员工创造家的氛围的基础是对员工真正去关爱。

李嘉诚说过："企业养活职工已经是过时的经营理念，现在新的经营理念应该是职工养活公司、养活企业。企业就像家庭，员工就是家庭中不可缺少的一分子。"

曾经有一位在李嘉诚公司工作了十年的会计，因为不幸患上青光眼，无法继续在公司上班，而且他早已花尽了额度之内的医疗费，生活面临着极大的困难。李嘉诚关心地询问会计："太太是否具有稳定的工作可以维持家庭生活？"他支持会计去看病，而且说，如果他的生活不够稳定，他可以让他的太太在他的公司工作，使这家人不必再为生活奔波。

这位患病的会计经过医生的诊治，退休后定居在新西兰。本来这件事该这样结束了，但值得一提的是，每次李嘉诚从媒体上获知治疗青光眼的方法，都会叫人把文章寄给那个会计，希望对他有所帮助。他的行为使会计的全家都十分感动，那个会计的孩子尚处幼年，不到 10 岁，为了表达

288

全家对李嘉诚的感激之情，孩子画了一张卡片，寄给李嘉诚，礼轻情义重。由此，也可见李嘉诚优秀的人品和对员工的关爱之情。

有人看到李嘉诚如此善待员工，不由得感叹道："终于明白老员工对你感恩戴德的原因了。"李嘉诚认为："一家企业就像一个家庭，他们是企业的功臣，理应得到这样的待遇。现在他们老了，作为晚一辈，就该负起照顾他们的义务。"别人夸奖李嘉诚精神难能可贵，不少老板等员工老了就一脚踢开，他却没有。这批员工过去靠他的厂养活，现在厂没有了，他仍在为员工考虑。李嘉诚急忙否定别人的称赞，解释说，老板养活员工，是旧式老板的观点，应该是员工养活老板、养活公司。

相比较而言，日本的企业，在新员工报到的第一天，通常要做"埋骨公司"的宣誓。李嘉诚却从不勉求员工做终身效力的保证，他总是通过一些小事，让员工认为值得效力终身。他自豪地说，他的公司也有人跳槽，但是公司的行政人员流失率极低，可以说是微乎其微。这是因为员工真的将公司当成了家，将自己当成了家庭中的一员。

微软公司为了营造家的环境，想尽办法让员工工作中有家的感觉。

方法一：每位员工都有一间单独的办公室，里面可以听音乐、调整灯光，做自己的工作，可以在墙壁上随意贴自己喜欢的海报，或在桌上摆置自己喜欢的东西，让这间办公室更像自己的一个家。

方法二：在微软不需穿制服，员工可以任意穿他们自认为最舒适的服装上班，短裤或汗衫都可以。公司对员工是以其工作表现好坏而非穿着好坏做评估的。

方法三：公司提供无限的免费饮料，包括汽水、咖啡、果汁、牛奶和矿泉水，让员工口渴就可以喝，使其能够专心地工作。

方法四：公司的材料室公开，公司信任员工去拿他们所需的材料，包括文具、办公用品等，不必填表格或排队等待。

方法五：微软没有设定工作时间表，而是让员工自己选择工作时间。结果，大多数人为了完成工作，都比一般按常规上下班的人工作的时间更长。微软要求的是完成工作，而非工作时间长短。

可见，不仅仅是心理上的关怀，微软所创造的办公环境同样让员工感觉自由自在、被尊重和信任。可见，不管是"软件"环境还是"硬件"环境，只要让员工感受到家的温暖关爱或温馨舒适，员工都会更加专注于工作，进而提高效率。

第二十章

危机管理课：

繁荣时代不要忘了自己的"渴求"

　　每一个企业要做强，就要有很强的抗风险能力，你要经得起现代经济的波澜起伏。

——周春生

21 世纪，没有危机感是最大的危机

　　北大管理理念中，非常重视危机管理的重要作用。一个企业的成长需要时刻保持危机意识，在没有危机出现时制定相应的危机处理机制，并将危机意识不断灌输给企业的全体员工。"一个商人不想到破产，好比一个将军永远不预备吃败仗，只算得上半个商人"。巴尔扎克这句耐人寻味的名言，对企业管理者不乏启发意义。

　　科学家做过一项实验：把一只青蛙放到盛满凉水的大锅里，然后，用小火慢慢加热，青蛙没有感到温度慢慢升高，一直在水中欢快地游动。随着水温逐渐增高，青蛙的游动渐趋缓慢。等到温度升得很高时，青蛙已变得非常虚弱，无力挣扎，慢慢而又安乐地被煮死。

　　第二次，科学家把一只青蛙放到盛满开水的大锅里。这只青蛙一入水，便立刻感觉到环境的变化，迅速挣扎，急速蹦出来，虽受轻伤，却避免了被煮死的命运。

两只青蛙不同的命运告诉我们：在时刻变动的环境中，觉察不到危机的存在是最大的危机。如果企业像故事中的第一只青蛙那样，对生存环境的变化浑然不觉，就会失去竞争力，待意识到危机来临，已无力应变，最终被市场淘汰。

活生生的案例一再告诉我们，一个人、一个企业如果不想着如何谋发展，是很快会被淘汰的。每一年，我们都可以看到许多企业在突如其来的危机面前不知所措，其中也不乏一些实力雄厚的企业。

1999 年 6 月 9 日，比利时 120 人（其中有 40 人是学生）在饮用可口可乐之后发生呕吐、头昏眼花及头痛的症状，与此同时，法国也有 802 人出现类似的症状。已经拥有 113 年历史的可口可乐公司遭遇了历史上罕见的重大危机。

但是，可口可乐公司事发后并没有意识到此次事件的严重性，表现在：没有立即采取积极的姿态声明自己的态度；甚至没有宣布要收回受污染的产品，以免连累其他市场的可口可乐的产品信誉；一再声明自己的产品安全可靠。消费者并不买账，可口可乐针对此事的态度激怒了消费者，最后造成比利时和其他临近国家饮料零售商采取局部或全部停售可口可乐产品。

可口可乐公司在这场危机中的表现令公司的形象遭到前所未有的损害。

作为管理者，需要在危机出现时做出正确的判断，而不能心存侥幸。否则的话，一个本不会产生多大影响的事件也有可能被放大，给企业带来极大的损失。

在任何时候，任何企业中，危机是无处不在、无时不有的。管理者如果不能意识到这一点，后果将会是很严重的，即便企业有着很强的实力，也仍会给企业带来不利影响，甚至是破产的命运。

提起三鹿，这个曾经的中国奶业巨无霸，在 2006 年《福布斯》评选的"中国顶尖企业百强"乳品行业排第一位。经中国品牌资产评价中心评定，三鹿品牌价值达 149.07 亿元。

但就是这样一个中国奶业的巨无霸，在 2008 年奥运会之后，瞬间倒塌。事发 2008 年 8 月 13 日，因三聚氰胺污染毒奶粉，死亡 3 人，数百名儿童出现不同程度的泌尿系统病变，2008 年 12 月份三鹿集团最终破产。看看三鹿集团面对危机时的反应：

混淆视听：面对甘肃省发现"结石婴儿"的报道，三鹿集团声称，"委托甘肃权威质检部门对三鹿奶粉的蛋白质含量等多项指标进行逐一检验，结果显示各项指标符合国家的质量标准，因此三鹿奶粉质量是合格的"。

转嫁责任：2008 年 8 月 6 日三鹿集团称，婴幼儿奶粉受到三聚氰胺的污染，系不法奶农向鲜奶添加三聚氰胺以提高蛋白质含量所致。

掩盖事实：奶粉事件暴露的几个月时间里，三鹿一直在瞒报，不仅封锁了传统媒体，还企图封锁电子商务领域和网络媒体，进行了大量的媒体公关，欲盖弥彰。

由此可见，三鹿集团的失败在于平时缺乏危机意识，以及企业面对危机时处理危机的能力，任何隐瞒、掩盖，都于事无补，几乎所有危机处理失败的案例，都存在着态度上的偏差。此时企业最明智的办法是，面对事实，正视事实，认真对待，敢于公开真相。

实际上，那些能够在很长一段时间内保持竞争优势的企业都有着强烈的危机意识和完善的危机处理措施，当危机真正出现的时候，便能够有效地将其化解，最大程度地减少危机给企业带来的影响。

对于每个企业来说，危机也许是不期而遇的，因此，最重要的就是要树立危机意识。北大管理理念指出，在一个多变的环境中生存，谁准备得更为充分，谁就能够第一个崛起。这也就是说，必须具备危机意识，就是当危险来袭时，可以化腐朽为神奇，可以将别人所认为的危险转化为你发展壮大的机遇。

危机的突然来临的确很可怕，但是，比危机更可怕的是缺乏危机意识。就像温水煮青蛙一般，很多企业都是生于忧患，死于安乐。

作为企业管理者，一定要时时拥有危机意识，让危机意识时刻给我们以警醒。要明白，我们今天所担心的可能就是明天将要发生的，这样才能提前做好防范措施。

如果每人只错一点点，将会酿成大灾难。

——北大管理理念

每人只错一点点，小错也能酿成大祸

在《环球时报》上曾经登载过一篇震撼人心的文章，大意是这样的：

巴西海顺远洋运输公司门前立着一块高5米宽2米的石头，上面密密麻麻地刻满了葡萄牙语。以下就是石头上所刻的文字：

当巴西海顺远洋运输公司派出的救援船到达出事地点时，"环大西洋"号海轮消失了，21名船员不见了，海面上只有一个救生电台有节奏地发着求救的摩斯密码。救援人员看着平静的大海发呆，谁也想不明白在这个海况极好的地方到底发生了什么，从而导致这条最先进的船沉没。这时有人发现电台下面绑着一个密封的瓶子，打开瓶子，里面有一张纸条。有21种笔迹，上面这样写着：

一水理查德：3月21日，我在奥克兰港私自买了一个台灯，想给妻子写信时照明用。

二副瑟曼：我看见理查德拿着台灯回到船上，说了句这个台灯底座轻，船晃时别让它倒下来，但没有干涉。

三副帕蒂：3月21日下午船离港，我发现救生筏施放器有问题，就将救生筏绑在架子上。

二水戴维斯：离港检查时，我发现水手区的闭门器损坏，用铁丝将门绑牢。

二管轮安特耳：我检查消防设施时，发现水手区的消防栓锈蚀，心想还有几天就到码头了，到时候再换。

船长麦凯姆：起航时，工作繁忙，没有看甲板部和轮机部的安全检查报告。

机匠丹尼尔：3月23日上午，理查德和苏勒的房间消防探头连续报警。我和瓦尔特进去后，未发现火苗，判定探头误报警，拆掉探头交给惠特曼，要求换新的。

机匠瓦尔特：我就是瓦尔特。

大管轮惠特曼：我说正忙着，等一会儿拿给你们。

服务生斯科尼：3月23日13点到理查德房间找他，他不在，坐了一会儿，随手开了他的台灯。

大副克姆普：3月23日13点半，带苏勒和罗伯特进行安全巡视，没有进理查德和苏勒的房间，说了句"你们的房间自己进去看看"。

一水苏勒：我笑了笑，也没有进房间，跟在克姆普后面。

一水罗伯特：我也没有进房间，跟在苏勒后面。

机电长科恩：3月23日14点我发现跳闸了，因为这是以前也出现过的现象，没多想，就将闸合上，没有查明原因。

三管轮马辛：感到空气不好，先打电话到厨房，证明没有问题后，又让机舱打开通风阀。

大厨史若：我接马辛电话时，开玩笑说，我们在这里有什么问题？你还不来帮我们做饭？然后问乌苏拉："我们这里都安全吧？"

二厨乌苏拉：我回答，我也感觉空气不好，但觉得我们这里很安全，就继续做饭。

机匠努波：我接到马辛电话后，打开通风阀。

管事戴思蒙：14点半，我召集所有不在岗位的人到厨房帮忙做饭，晚上会餐。

医生莫里斯：我没有巡诊。

电工荷尔因：晚上我值班时跑进了餐厅。

最后是船长麦凯姆写的话：19 点半发现火灾时，理查德和苏勒的房间已经烧穿，一切糟糕透了，我们没有办法控制火情，而且火越来越大，直到整条船上都是火。我们每个人都犯了一点点错误，酿成了船毁人亡的大错。

看完这张绝笔纸条，救援人员谁也没说话，海面上死一样的寂静，大家仿佛清晰地看到了整个事故的过程。

后记：巴西海顺远洋运输公司的警示方式很有效，此后的 40 年，这个公司再没有发生一起海难。

读完这个小故事，我们仿佛看到那 21 名船员在苍茫的大海上，在"环大西洋"号上，在自责，在叹息，在惊恐，在挣扎……

细究这场悲剧，是对细节管理的疏忽，才酿成了这场危机的爆发。虽然他们每个人只是错了一点点，或许对于他们来说只是极其稀松平常的一点点，但无论"环大西洋"号在当时是多么先进、多么坚固，却无奈于那一点点错误。

我们不难推断这次危机是如何发生的：

台灯被理查德私自买回来后，并没有人制止这件事，同事找他时又把台灯随手打开。负责安全巡视的人漏掉了这个正在肇事的房间。实际上，由于底座太轻，开着的台灯在船的颠簸中掉到了地上，在地毯上点燃了第一个火苗。然后，火苗慢慢地爬上桌腿、桌布、床单……房间过热，电路烧断，出现跳闸，电工却对这个重要的危险信号习以为常。问也不问就随手把闸合上。因为房间里的消防探头被拆掉了，新的尚未安装，所以无法报警，火苗静悄悄地肆虐着。焦煳的气味传了出来，三管轮闻到了，就直接打电话给厨房，厨房觉得没问题，却没有一个人追究不良气味从何而来。下午几乎所有的人员都离开岗位，去了厨房；晚上，医生放弃了日常的巡检，放弃了发现问题的一个机会，就连值班的电工也私自离岗！最后，当大火被发现，着火的房间已经被烧穿，水手区的门被绑死了，怎么也进不去，消防栓锈蚀打不开，无法灭火。闭门器和救生筏被牢牢绑住，无法逃生。而这些问题船长在此前根本没有发现，因为他没有看甲板部和轮机部的安全检查报告。

"环大西洋"号就这样沉没了！这个灾难难道不可以避免吗？答案肯定是能。这里，我们概括出这条错误链的发展模式：首先，一个小的错误或事故发生了，没有被发现，或没有被解决；随后发生的事件加剧了初始事故的破坏力和严重性；有关人员不相信，也未能立即评估问题的严重性，在试图解决问题的同时，也在试图掩盖问题；当意识到情况已经完全失去控制时，重大灾难性事件发生；最后，在对事故进行的调查和反思中发现，错误链的第一环——初始的"小问题"总发生在人们没有考虑到的地方。事实上，事故完全可以避免！

其实你可能早已发觉，这些船员的错误在我们的企业管理中似乎随时可见。那么，你是不是在无意中也犯了这样的小错？你是不是也仿佛生活在这艘沉船上呢？技术先进，海况良好，这艘大船表面上是那么的安全，但是只要看看船员的小错误，我们就会强烈地感觉到它危机四伏！

在现实生活中，"环大西洋"号与一般的企业表面上没有任何相似之处，但沉船事故所揭示出来的"错误链条"模式却与绝大部分企业的"坠落"过程惊人地相似。在2011年温州动车事故中，同样可以清楚地看到这一"错误链条"不断发展、延伸，直至酿成大祸。

2011年7月23日20时30分05秒，甬温线浙江省温州市境内，由北京南站开往福州站的D301次列车与杭州站开往福州南站的D3115次列车发生动车组列车追尾事故，造成40人死亡、172人受伤，中断行车32小时35分，直接经济损失19371.65万元。

国务院事故调查组通过周密细致的现场勘察、检验测试、技术鉴定、调查取证、综合分析和专家论证，查明"7·23"甬温线特别重大铁路交通事故的原因是：通号集团所属通号设计院在 LKD2－T1 型列控中心设备研发中管理混乱，通号集团作为甬温线通信信号集成总承包商履行职责不力，致使研发的 LKD2－T1 型列控中心设备存在严重设计缺陷和重大安全隐患。铁道部在 LKD2－T1 型列控中心设备招投标、技术审查、上道使用等方面违规操作、把关不严。当温州南站列控中心采集驱动单元采集电路电源回路中保险管 F2 遭雷击熔断后，采集数据不再更新，错误地控制轨道电路发码及信号显示，使行车处于不安全状态。

雷击也造成 5829AG 轨道电路发送器与列控中心通信故障，使从永嘉站出发驶向温州南站的 D3115 次列车超速防护系统自动制动，在 5829AG 区段内停车。因轨道电路发码异常，司机三次转目视行车模式起车受阻，7 分 40 秒后转目视行车模式才以低于 20 千米/小时的速度向温州南站缓慢行驶，未能及时驶出 5829 闭塞分区。

因温州南站列控中心未能采集到前行 D3115 次列车在 5829AG 区段的占用状态信息，使温州南站列控中心管辖的 5829 闭塞分区及后续两个闭塞分区防护信号错误地显示绿灯，向 D301 次列车发送无车占用码，导致 D301 次列车驶向 D3115 次列车并发生追尾。

上海铁路局有关作业人员安全意识不强，在设备故障发生后，未认真正确履行职责，故障处置工作不得力，未能起到可能避免事故发生或减轻事故损失的作用。

小小的错误造成了永久的遗憾，让人痛心不已。小错误很容易酿成大祸，这警示我们：不要完全避免孤立和偶然的错误，我们应该立刻采取措施，切断这条错误链，防止危机的发生。

现代企业确实普遍存在着一种浮躁，动不动就说要做世界 500 强，要学杰克·韦尔奇实施"数一数二战略"，但回过头发现，危机往往发轫于小的细节，每人只需要做错一点点，就会酿成大灾难，更遑论世界 500 强、"数一数二"了。

不断有人提醒说这儿可能出问题，那儿可能出问题，我们就想办法去看是不是真的有可能在这些方面出问题，如果有隐患的话，我们怎么去避免。

——李彦宏

找到"蚁穴"，注意危机前的隐性信号

当危机出现的时候，总给人一种猝不及防的感觉，很多人不会想到怎么自己或者企业一下子陷入如此被动的境地。

"千里之堤，溃于蚁穴。"当危机前的隐性信号没能引起管理者的重视，任其发展到一定程度的时候，就会表现出一连串的很直观的危机迹象。

在危机发生之前，总会或多或少地暴露出一些异常的蛛丝马迹，展现出一般正常状态下不正常的反应，这些不正常的反应就有可能是危机出现前的一些征兆。在面对这些问题的时候，管理者不能松懈、麻痹大意。

在现代安全生产工程学研究中，有一条著名的"海因里希法则"，即每一起生产事故背后有29个事故征兆，一个事故征兆背后有300个事故苗头，一个事故苗头背后有1000个事故隐患。

海因里希法则又称"海因里希安全法则"或"海因里希事故法则"，是美国著名安全工程师海因里希提出的，海因里希法则的另一个名字是"1：29：300法则"；也可以是"300：29：1法则"。这个法则意思是说，当一个企业有300个隐患或违章，必然要发生29起轻伤或故障，在这29起轻伤事故或故障当中，必然包含有一起重伤、死亡或重大事故。"海因里希法则"是美国人海因里希通过分析工伤事故的发生概率，为保险公司的经营提出的法则。这一法则完全可以用于企业的安全管理上，即在一件重大的事故背后必有29件"轻度"的事故，还有300件潜在的隐患。可怕的是对潜在性事故毫无觉察，或是麻木不仁，结果导致无法挽回的损失。了解"海因里希法则"的目的，是通过对事故成因的分析，让人们少走弯路，把事故消灭在萌芽状态。

海因里希认为，人的不安全行为、物的不安全状态是事故的直接原因，企业事故预防工作的中心就是消除人的不安全行为和物的不安全状态。海因里希的研究说明大多数的工业伤害事故都是由于工人的不安全行为引起的。即使一些工业伤害事故是由于物的不安全状态引起的，则物的不安全状态的产生也是由于工人的缺失、错误造成的。

危机可以预防，也可以避免，关键在于人，在于每一个员工，在于每一个员工在工作中的每一个细节。要从根本上防止事故的发生，就必须把安全生产中一切潜在的危险因素事先辨识出来，加以控制和解决。由"海因希里法则"我们可以看出，危机发生之前一定有其信号。

当这些尚处于隐性的危机信号没有引起管理者的重视时，一旦越积越严重，便会导致危机的爆发。

那么，危机前的隐性信号有哪些呢？在众多的案例中我们可以总结出这样几个方面，如企业有少部分优秀的人才流失、所占的市场份额逐渐萎缩、企业的盈利能力相对较差、执行力差、信息沟通与传递不畅、创造力低下、缺乏发展后劲等。

任何危机的发生都会有一个酝酿的过程，不要对潜在的危机视而不见，更不要纵容危机！作为管理者，在发现一些不好的苗头、认识到危机前的隐性信号的时候，就要采取有效的措施进行处理，把可能出现的危机消灭于萌芽阶段。

惠普曾经也在中国遭遇了危机。但这场危机本可以迅速解决却没有有效解决，大大影响了惠普在中国的销售。2009年以来，惠普DV2000、V3000等型号的笔记本电脑集中出现质量问题，引发消费者集体投诉，但惠普公司一直没有给予积极回应。

同时，根据有关媒体报道，中国惠普公司客户支持中心的有关人员否认惠普笔记本存在任何质量问题。客户体验管理专员袁明在接受采访时，称惠普笔记本出现故障与消费者笔记本使用环境的脏乱差有关，导演了一场"蟑螂门"。

直到 2010 年 3 月 17 日，惠普才召开紧急新闻发布会，承诺将在今后的 30 天中展开综合整顿计划，但整个发布会只用了 20 分钟便草草收场。

可以说，惠普的质量问题在很久之前就已经暴露了出来，面对消费者的不满，不仅显得反应缓慢，更是显得傲慢，"蟑螂门"一出，也让惠普的产品销量急骤下降，品牌形象一落千丈。

其实，对于危机前的信号只有防而不实，没有防不胜防。预见和防范危机才能更好地避免危机。很多悲剧和意外事件的发生都是因为人们没有很好地防范而造成的

2010 年 4 月 20 日夜，位于墨西哥湾的"深水地平线"钻井平台发生爆炸并引发火灾，事故造成 11 名工作人员死亡。

"深水地平线"钻井平台属于瑞士越洋钻探公司，事故发生时由英国石油公司（BP）租赁。自事故之前的两天，该钻井平台底部油井就漏油不止。但是并没有引起相关人的重视。就是事发半个月后，各种补救措施仍未有明显突破，沉没的钻井平台每天的漏油就达到 5000 桶，并且海上浮油面积不断扩大。此次漏油事件造成了巨大的环境污染和经济损失。

有关调查显示，墨西哥湾原油泄漏主要是由美国过早开放深海石油开采以及英国石油公司忙赶工期导致。从理论上来讲，作为防止漏油的最后一道屏障"防喷阀"安装在井口处，在发生漏油后关闭油管，但"深水地平线"的"防喷阀"并未正常启动。而美联社报道，自从美国联邦政府监管人员放松设备检测后，数年间数座钻井平台的"防喷阀"未能发挥应有作用。

如果"深水地平线"钻井平台所属公司和租赁公司有防范意识，并将这种意识落实到实处，那么，4 月 20 号的危机就不能避免吗？"今天不做，明天就会后悔"，赶在危机之前就解决问题，这或许也是应对企业危机最好的办法。

美国一家船运公司每年都评选一次最优秀的船队，这样的船队首先要满足一个条件：出海的过程中出现事故最少。有一个船队每年都会被评

上，因为在海上航行的时候，这个船队几乎没有出过什么事故，当然，一些自然事故是无法避免的。

当有人问及是什么让这个船队如此优秀时，那个优秀船队的船员说："其实没什么，我们只是定期进行细心的船舶检修，尤其是航行前。因为我们知道，今天不做，明天就会后悔，仅此而已。"

熟悉航海的人都知道，由于船舶运行的故障和磨损、海水较强的腐蚀性、海洋生物强烈的附着力和快速的生长力，使得船体很容易出现问题，产生难以清除的锈斑、锈皮，严重影响船舶的行使效率和行驶安全。所以必须对船舶进行定期检修，这样才能不出问题或者少出问题。

我们要尽量在错误发生过程中准确地辨认出问题并有效地解决它，这样可以避免不必要的损失。

作为管理者，对危机前的隐性信号不予重视已然是失职，而危机前的显性信号还不能引起重视更是无法原谅。危机给企业的危害是不容忽视的，当管理者已经发觉的时候，一定要马上采取行动，冷静地面对危机。

任何一个组织机构的生存和发展，都需要一条健康、有效的资金链。

——俞敏洪

居安思危，在不需要钱的时候借钱

在资金没有用完的时候就去找钱，这是李彦宏和他的百度成功的一大秘诀。若干年后，当百度成功登陆纳斯达克，李彦宏对大学生们说，永远不要在你的钱花完的时候去融资，因为这个时候，你急需用钱救命，很难与投资者站在平等的位置上。

李彦宏的第一笔融资是 120 万美元，最初计划用半年，结果李彦宏精打细算，按照坚持一年的计划来花。据百度知情人透露，到 2000 年 6 月时，才花了 60 万美元，李彦宏手里还有 60 万美元，到 9 月份获得第二笔融资时，李彦宏手头应该还有几十万美元。

在不需要钱的时候借钱，企业才能在任何时候都能硬起腰板。手中握有底牌，才能使自己立足于"不败"境地。

在食肉动物当中，狼是少数懂得储存食物的动物之一。尤其是在寒冷的冬天，狼群往往要一个月甚至更长的时间才能进行一次大规模的狩猎。但是，狩猎完成以后，狼群却不是大吃特吃，撑得肚皮滚圆，而是根据猎物的多少，把一定的食物埋在雪里。比如，冻羊，利用雪地保鲜。这些埋起来的食物往往就会成为它们的救命粮。因为它们知道，明天的早餐说没就会没了。

资金链短缺是企业危机的主要表现形式之一，因为资金短缺让许多曾经的知名企业，或轰然倒下，或受重创放缓脚步，令人叹息。例如，曾经名噪一时的地产黑马——顺驰地产，后来因为大面积购地，遭遇地产"寒冬"，无资金支撑新开发的楼盘而土崩瓦解；赵新先的"三九胃泰"曾经传遍大江南北，却因盲目多元化导致资金危机，连立在纽约曼哈顿广场的巨幅广告牌都被悄然拆除；巨人集团的史玉柱因为高估当时企业和市场的大好形势盖巨人大厦，结果因资金不足，不仅让大厦没有树立起来，还拖垮了其他业务。

事实上，任何一个企业的生存和发展都需要一条健康、有效的资金链来维系。同为培训行业，也有不少企业败在资金短缺上。

南洋集团在20世纪末是中国民办教育的翘楚，南阳集团是从太原起家的，后来快速扩张。南洋集团的"教育储备金"促进了企业的迅速发展。其内容是如果学生家长一次性交一笔8～20万元不等的储备金，此后就不需要交纳任何学费和伙食费等费用。等学生毕业之后，储备金将全额不加利息如数返还家长。所收取的储备金，学校则用来继续扩大规模，开设新学校，快速发展。

但是，成也萧何，败也萧何，1998年亚洲金融危机爆发后，受其影响，央行为了鼓励消费连续8次降息。这使得靠"教育储备金"的集资方式运作的民办教育成为高危险群体。到 2005 年秋季，南洋到期的各校教育储备金无法兑现，各地形成挤兑风潮，2006 年，南洋集团由于储备金问题全面崩盘。除南洋外，双月园、金山桥也因同样的原因相继垮掉。

同样是民营培训学校，新东方的资金链问题也引起了社会的关注，尤其是 2006 年新东方的上市，让人们有这样的猜测：新东方上市是不是因为缺钱呢？俞敏洪就这些问题发表了自己的看法，他说，新东方不缺钱，也无须圈钱。为什么还要上市？真实原因之一是上述问题的延续。他希望用严厉的美国上市公司管理规则来规范内部，以制度说话，避免前面出现的人情和利益纠葛。

他还说，那些学校垮掉有两个原因：一是资金链问题，一是模式的问题。比如南洋采取的储备金模式，学校收取学生高额储备金，承诺学生毕业时返还，只收取利息用来办学。这在早些年利息高达 10% 以上的环境下还行，但后来国家降息，低到只有 3 个多百分点，学校就难以为继，不得不动用学生的储备金，最后出了问题。

这番话是俞敏洪在 2006 年新东方在美国纽约证券交易所上市的时候说的，对民营培训行业的分析是一针见血的。俞敏洪给予坚决、自信的回答：新东方上市，坦率地说是个例外，因为新东方从来没有缺过钱，新东方的账上加起来，原则上一般都不会少于 2 亿人民币，所以从来没有缺过钱。

新东方的任何投资都没有超过现金流的警戒线，新东方已经形成了自己的投资原则，其中有一条就是"30% 原则"——新东方投出去的钱不能超过储存现金的 30%。"30% 原则"是大多数国际公司所实施的财务安全原则，这一做法新东方是经过咨询许多财务顾问公司和专家才最终确定下来的。俞敏洪进一步解释新东方的财务原则：尽管新东方的商业模式非常好——先进钱后花钱、基本没有应收账款，但是新东方一定不要把应收账款都当成公司的现金流，所以也应该恪守这个原则。

资金链，是一个企业的鲜血，如何保证资金链的连续性发展，可以说是企业经营的根本。当一个企业核心业务趋于成熟，或者转向其他领域的时候，以资金链为主的财务风险会徒然增大，管理者必须谨慎对待。

中国最大印染企业浙江江龙控股集团有限公司就是死于资金链断裂的典型。

江龙印染由陶寿龙夫妇创办于2003年，是一家集研发、生产、加工和销售于一体的大型印染企业。2006年4月，新加坡淡马锡投资控股与日本软银合资设立的新宏远创基金签约江龙印染，以700万美元现金换取其20%的股份。同年9月7日，江龙印染（上市名为"中国印染"）正式在新加坡主板挂牌交易，陶寿龙因此一夜成名，迅速成为绍兴印染行业的龙头老大。

大好形势之下，陶氏夫妇的"印染王国"迅速膨胀——在短短几年间，江龙控股总资产达22亿元，旗下拥有江龙印染、浙江南方科技有限公司、浙江方圆纺织超市有限公司、浙江红岩科技有限公司、浙江方圆织造有限公司、浙江百福服饰有限公司、浙江百福进出口有限公司、浙江春源针织有限公司等多家经济实体及贸易公司，业务范围极广。

2007年，江龙控股的销售额达到20亿元，陶氏夫妇达到了事业的巅峰，并成为各地政府招商部门眼中的红人。不过，受国家宏观调控的影响，2007年年底，绍兴某银行收回了江龙控股1个多亿的贷款，并缩减了新的贷款额度。银行的意外抽贷更是让陶寿龙大伤脑筋。江龙控股的现金流和正常运营随即受到重大影响，百般无奈之下，陶氏夫妇开始转向求助于高利贷，公司经营也每况愈下。

"只要沾染上了高利贷，有几个企业能够全身而退的？"江龙控股的另外一个供货商陈先生说。在江龙控股出现资金危机后，除了借高利贷维持公司正常的周转外，陶寿龙夫妇还展开了一系列的自救行动，以维持公司的运行。据《第一财经日报》报道，该公司资金链断裂或将涉及高额的民间借贷，其中拖欠供货商的货款就达2亿元左右。加上一些对外担保和其他债务，总数额已远远超过20亿元。

2008 年 10 月初,董事长陶寿龙及其妻子失踪。随后不久,陶寿龙被绍兴县人民检察院批准逮捕,该公司总经理、陶寿龙的妻子严琪也因涉嫌故意销毁会计凭证罪被批捕。江龙控股被重组。

江龙控股的陨落,资金链断裂是主要原因。现金流就是一个企业的命脉,中国有句古语叫"一文钱憋死英雄汉",其实讲的就是现金流对企业的重要性。但是在现金流这个问题上,中国企业的很多创业者缺乏充分的认识。将企业做得更好,就需要企业居安思危,管控好企业的钱袋子,在不需要钱的时候就未雨绸缪,真正做到在危机来临前就做好了充分的准备。

遇事必须深思熟虑。先考虑可行性,考虑的方面越广越好。

——季羡林

关口前移,事前防范胜过事后弥补

在危机管理过程中,关口前移,做好事前防范,发现并解决问题,杜绝隐患,能够极大地降低企业发生危机的可能性。

"所有事故都是可以防范的"这一理念告诉人们,传统的"事故追究型"管理已经不再适应现代生产的发展,为了确保人员、财产的安全,把危机降低最低限度,我们必须转变到"事故预防型"管理阶段。

要防范危机,关键就在于从源头上找到危险源的所在,要对危险源进行识别和预防。西汉文学家刘向在其名著《说苑·权谋》中记载了这样一个故事:

有一位客人去探访一家主人,他看到主人家的烟囱是直的,旁边还堆放着很多木材,于是劝告主人说:"你家的烟囱应该改成弯的,把木材搬走,否则将来可能着火。"

主人大为恼火,认为朋友是存心和他过不去,在他乔迁大喜之日故意说这种不吉利的话，于是对朋友的建议毫不理睬。朋友觉得自讨没趣，滴酒未沾就走了。

过了几天，主人家果然失火，正是由于直的烟囱和木材引起的。邻居们都来救火，最后火被扑灭了，但损失严重。

主人杀猪宰羊，大设筵席，以酬谢那些救火的人，但却没有请那位当初劝他将烟囱改弯，将木材搬走的人。

一位邻居提醒他说："其实，你最应该感谢的不是我们，而是那位劝你的朋友。如果你当初听了他的话，就不会发生火灾了，也不用宴请我们了。原先给你建议的人没有被感恩，而救火的人却是座上客，真是很奇怪的事呢！"

主人恍然大悟，忏悔不已，连忙请那位有先见之明的朋友来吃酒。

这就是成语"曲突徙薪"的由来，这就要求管理者懂得"防微杜渐"，要事先发现隐患的苗头，将危机扼杀在摇篮里。

任何重大危机发生后，总有许多人放马后炮说，主事者原本应能料到灾难可能会发生。过去 30 年来，心理学家已经归纳出一种"事后诸葛亮效应"，他们提出有系统的证据，显示人们在事后回顾时，会相信某一事件比实际上来得更容易预料。

危机的发生尽管具有不确定性，但还是有一定的规律可循，这也是我们提倡管理必须要有预见性、超前性、创造性和可靠性的原因所在。有隐患并不可怕，可怕的是对隐患的熟视无睹、敷衍塞责。

一辆破旧的中巴车，已经超载了，但许多人为了赶路认为多几个人没关系，还是硬往上挤；非法小煤矿，没有完善的安全设备和个人保护设施，工人仍旧进行采煤作业；交通法规定，驾驶员和乘坐小型车者都应系安全带，但现实生活中安全带却往往"拴不住"人，形同虚设；汽车到加油站加油，警示牌写有严禁烟火，可仍有人视而不见，还在车上吸烟……

忧患常常是从微小的事情积累而酿成的。由于小隐患本身并不是事